本书为中华文化港澳台及海外传承传播协同创新中心项目"中华文化的核心价值及其对人类文明的贡献"（JNXT2021006）的阶段性成果

暨南史学丛书

会通与流变：明清以降中国的知识、文化与信仰

陈才俊　著

中国社会科学出版社

图书在版编目(CIP)数据

会通与流变:明清以降中国的知识、文化与信仰/陈才俊著.—北京:中国社会科学出版社,2022.8
(暨南史学丛书)
ISBN 978-7-5227-0672-6

Ⅰ.①会… Ⅱ.①陈… Ⅲ.①基文化交流—研究—中国、西方国家—明清时代②基文化交流—研究—中国、西方国家—近代 Ⅳ.①G04

中国版本图书馆 CIP 数据核字(2022)第 144901 号

出 版 人	赵剑英
责任编辑	刘 芳
责任校对	李 剑
责任印制	李寡寡

出　　版	中国社会科学出版社
社　　址	北京鼓楼西大街甲 158 号
邮　　编	100720
网　　址	http://www.csspw.cn
发 行 部	010-84083685
门 市 部	010-84029450
经　　销	新华书店及其他书店
印　　刷	北京明恒达印务有限公司
装　　订	廊坊市广阳区广增装订厂
版　　次	2022 年 8 月第 1 版
印　　次	2022 年 8 月第 1 次印刷
开　　本	710×1000　1/16
印　　张	25
插　　页	2
字　　数	396 千字
定　　价	128.00 元

凡购买中国社会科学出版社图书,如有质量问题请与本社营销中心联系调换
电话:010-84083683
版权所有　侵权必究

序　言

　　一般以为，西方文明进入近代是以 15 世纪中叶至 16 世纪初期发生的几件大事为标志的。它们分别是 1453 年奥斯曼帝国（Ottoman Empire，1299—1923）攻陷君士坦丁堡，1455 年古腾堡（Johannes Gutenberg，1398—1468）发明铅活字印刷术，1492 年哥伦布（Cristoforo Colombo，1451—1506）发现新大陆，1517 年马丁·路德（Martin Luther，1483—1546）开启宗教改革（Reformation）。而这其中，尤以新大陆的发现对人类社会和世界历史产生的影响最大。很难想象，如果没有 15 世纪下半叶开启的"地理大发现"（Age of Discovery），欧洲的近代思想文化与科学技术何以会传播到世界各地。"地理大发现"时期既是欧洲由中世纪晚期过渡到近代初期的重大转折时期，亦是西方文明走出欧洲、远播全球的重要历史阶段。正是"地理大发现"缩短西方与东方的距离，促进欧洲进一步认识中国，同时也使中国的知识、文化与信仰"走出中世纪"。这个过程始于明朝中期，绵延若干世纪。

　　明中叶以前，中国与欧洲的交往曾经出现几次高潮，且以中国的产品与技术"输出"为主。秦汉时期，中国丝绸远销罗马；唐宋之际，中国"四大发明"先后传至欧陆；元代和明初，中国瓷器更是风靡欧洲。而与此同时，域外对中国的影响则主要伴随宗教文化的"输入"：汉唐时期是佛教，宋元时期乃至明初是伊斯兰教。总体而言，明中叶以前中国与欧洲的交往主要体现在经济层面，有时也伴随战争，但思想文化交流只是附属品。

序 言

中国历史上几次大规模的对外文化交流均肇始于宗教传布，具体而言，就是儒家文化与外来的佛教文化、伊斯兰教文化、基督宗教文化的交流。明中叶以前，主要是佛教、伊斯兰教与古老中华文化的相遇与会通，其次则是基督宗教与儒家文化的碰撞与融合。明末以降，中国与西方世界的接触，中西文化的直接对话，均以基督宗教（包括天主教、新教和东正教）之在华传播为媒介。

16世纪以来的中西文化交流，是人类历史上最重要的文化交流之一。明末清初，中国与欧洲的交往成为人类文化交流的主线。此时的中国，无论是综合国力还是科学技术均日渐式微，但是，西方文明的东渐和中国文化的西传依然保持着大体平等互惠的格局。此期，承担中西文化交流使命的是以耶稣会士（Jesuit）为主体的天主教传教士。耶稣会士多是在宗教信仰上坚定、热忱，在学术领域颇有造诣的地理学家、天文学家以及其他实用科学家。他们视野广阔、学识精博，把欧洲文艺复兴时期发展起来的科学文化知识介绍到中国，利用西方的科学技术来取信于中国官民。同时，他们还把中国的许多思想经典翻译成西方文字在欧洲传播，开启中西文化空前的大规模交流。因此，耶稣会士成为明末清初西学东渐与中学西传之中坚力量。

明末清初的中西文化交流，是一个中学西传明显盛于西学东渐的流动过程。传教士虽然将部分西方文化与科学技术传入中国，但其为迎合中国官民的喜好，也会"违心地"传播一些谬误。如将中国的地理位置绘制于世界地图的中心，即属典型例证。而且，其传播范围仅限于庙堂之上和官宦阶层，对整个中国社会影响甚微。相反，中国的思想文化对18世纪的西欧，特别是对启蒙运动，影响至深且巨。欧洲早期有关中国的比较具体的知识，正是由传教士传回。他们塑造的整体中国形象，成为其时欧洲人认识中国的起点和勾画自己心目中"中国"的基础，深刻地影响了欧洲人对于中国的看法与态度。这些传教士既是广泛意义上中国思想文化西渐的最早传播者，亦是欧洲汉学的奠基者。

进入19世纪，西方殖民主义走向全球扩张的帝国主义阶段，西方文化的"输出"亦与帝国殖民扩张结伴而行,相得益彰。19世纪初,因为新教传教士来华,中西文化交流再次拉开大幕,且持续近一个半世纪。虽然这一百多年间中国发生过诸多重大历史事件,导致中西文化交流跌宕起伏,甚至波涛汹涌,但总体而言,其发展趋势是交流领域日渐广泛,交流程度逐渐深入,交流规模不断宏大。同时,中国迎来"数千年未有之大变局"。

由于中国因为鸦片战争被迫打开国门而脚步沉重地迈向近代,所以与明末清初相反,晚清民国中西文化交流呈现出西学东渐远盛于中学西传的另一种流动态势。新教传教士在华创办报刊、兴建学校、编译书籍、传播西学,将西方的价值理念、科学知识、教育思想、医疗技术乃至生活方式等传播至中国,很快让长期置身于闭关锁国之境的中国知识分子"睁眼看世界",并极大地推动中国社会转型,加快中国现代化进程。正是因为此次中西文化交流的广泛深入与巨大影响,激发几代中国知识分子从提出"师夷长技以制夷",到主张"中学为体,西学为用",再到强调"天下为公,世界大同",并最终结束中国几千年的封建帝制。中华文化的现代化,就是在西方文化和中国传统文化既互相冲突又融合会通的过程中渐趋形成的。

异质文化的相遇,会导致冲击、竞争乃至败落,亦有可能走向交流、融合并达至会通。中国和西方的接触,对双方的历史都起到过冲击作用,所以影响是相互的。在中西文化交流的历史大舞台,由东而西和自西徂东,始终是双向互动的。西方对近世中国的影响肯定巨大,而与此同时,中国对西方的影响也不可小觑。无论是明末清初还是晚清民国,传教士在向中国引介西学的同时,也把中国的文明传播到西方,使西方对中国有进一步的认识,对西方文化的发展同样产生冲击与促进作用。

明末清初,耶稣会士将中国的经籍、史地、文学、艺术等广泛传入欧洲,对欧洲的政治、思想、文学、艺术、建筑、生活等方面,尤其是启蒙运动产生很大影响。晚清民国,一些新教传教士更能直接阅读中国古籍,深谙中国的风土人情。他们将《论语》《中庸》《大学》

序言

等中国的重要经典翻译成西方文字，介绍到西方，让西方人了解并研究中国的儒家思想与传统文化，再次掀起欧美的汉学热潮。所以，文化交流从来不会是单向的，只是某一方时强时弱而已。

自明末中西文化交流大幕拉开，中国知识分子便开启关于东西方文化异同、优劣的论争，可以说持续至今。佛教文化与儒道文化一起，构筑成中国古代精神生活的支柱与中华文化的基石。基督宗教文化背后，屹立着由源远流长的"希伯来—希腊"文化发展至今的西方现代工业社会的物质文明和精神文明。明末清初和晚清民国，是西方学术思想在中国传播的两个重要阶段，一直由传教士充当主角。但由于传教士所代表的西方宗教价值体系与中国传统思想理念格格不入，所以，两种文化的相互融合可谓荆棘丛生，举步维艰。但是，无论过程如何曲折，明末以降四个多世纪的中西文化交流，很大程度地改变了中国的知识、文化与信仰结构，却是不争的事实。

传统儒家文化与基督宗教文化的交融，远远没有获得像与佛教文化那样水乳交融的成果。在这个意义上，吸收、消化西方文化并使之"中国化"，还远远没有形成。从历史来看，中国的主体文化不可能被佛教文化或基督宗教文化同化，但也不可能把佛教和基督宗教排斥于国门之外。无论人们的主观意愿如何，现代科学技术的迅猛发展必然使得中西文化从碰撞、交流走向融合，而且无法阻挡。总之，对待异质文化要有包容和开放的心态。只有做到包容和开放，才能更好地吸收和借鉴外来文化，并达至文明互鉴。

故此，如何在人类文化的整体结构中认识东西方文化的角色、性质及其对人类文明的意义，以帮助人类为未来的继续生存做出最佳选择，是一个非常重要的课题。

目　　录

上编　西学东渐与中学西传

"耶稣会风格"教堂与澳门城市空间早期建构 …………………（3）
从《铎书》看早期儒者天主教徒之以耶合儒 …………………（23）
早期美国来华传教士与美国对华鸦片贸易政策 ………………（44）
容闳赴美留学与中学西传 ………………………………………（66）
晚清基督徒知识分子之信仰抉择与爱国救国思想 ……………（87）

中编　文化会通与教育交流

澳门圣保禄学院与中国西式高等教育的开端 …………………（109）
香港西医书院与中国近代医学高等教育的肇始 ………………（129）
文化会通与中国教育现代化的尝试
　　——以马相伯教育哲学理念为中心 ………………………（147）
刘廷芳与燕京大学宗教学院之肇基与谋新 ……………………（164）
陈垣与北京辅仁大学之大学理念 ………………………………（184）
华人掌校与教会大学的"中国化"
　　——以陈裕光执治金陵大学为例 …………………………（206）
基督新教来华与中国学校英语教学的发端 ……………………（221）
教会大学与中国近代建筑形态的转型 …………………………（237）

目 录

下编 知识传播与文明互鉴

东西方文化对话与中华文化的抉择
——章开沅教授访谈录 …………………………………（257）

构建基督宗教在华传播史的学术地标
——汤开建教授访谈录 …………………………………（288）

近代早期天主教改革与天主教世界的复兴运动
——评夏伯嘉《天主教世界的复兴运动：1540—1770》 ……（311）

自西徂东：从内部审视明清耶稣会中国传教团
——评柏理安《东方之旅：1579—1724 耶稣会传教团在中国》 ……………………………………………………（319）

全球史视阈下明清天主教教育史研究的典范
——评李向玉《澳门圣保禄学院研究》…………………（328）

全球地域化：基督宗教在华传播史的一种诠释
——评章开沅《传播与植根——基督教与中西文化交流论集》 …………………………………………………（337）

中国基督教大学历史的理性重构
——评吴梓明《基督宗教与中国大学教育》……………（350）

《圣经》中译与晚清本土圣经话语体系的构建
——评赵晓阳《域外资源与晚清语言运动：以〈圣经〉中译本为中心》 …………………………………………（356）

征引文献 ……………………………………………………（365）

后 记 ………………………………………………………（390）

上　编

西学东渐与中学西传

"耶稣会风格"教堂与澳门城市空间早期建构

澳门被喻为一座"海风吹来的城市"①。这"海"乃是地中海；这"风"则是欧陆风。漫步在享有"东方蒙特卡洛"（Eastern Monte Carlo）之誉的澳门半岛，徜徉于以天主教堂为地标、充满欧陆风情的西洋建筑群中，仿佛置身于地中海边的欧洲中世纪都市。故此，有人将澳门称为"世界上最欧洲化的城市"②。

1557年，葡萄牙人获准寓居澳门。随之，因回应欧洲宗教改革（Reformation）而诞生的罗马天主教新兴修会耶稣会（Society of Jesus）传教士接踵而至，并迅速建造教堂，为澳门城市的始建拉开序幕。1576年，被教宗格列高利十三世（Pope Gregory XIII，1502—1585）在通谕中命名为"天主圣名之城"（Cidade do Nome de Deus）的澳门正式成为主教区，更进一步推动耶稣会的教堂兴建活动，并为澳门城市空间的早期建构奠定基本格局。1586年，葡属印度殖民地副王颁布法令，正式授予澳门享有与宗主国的埃武拉（Évora）同等的城市自治权。自此，澳门在法律意义上成为一座远东殖民地城市。

众所周知，城市的诞生是以公共建筑的出现为前提的，而澳门开埠之初公共建筑的最重要表现形式则多与天主教的宗教场所密切相

---

① 严忠明：《一个海风吹来的城市：早期澳门城市发展史研究》，广东人民出版社2006年版。
② Melchior Yvan, *Six Months Among the Malays, and a Year in China*, London: James Blackwood, Paternoster Row., 1855, p. 281.

关。故此,"澳门城市作为葡人社群在华商贸与传教的主要活动空间,自其始建就烙下了西方宗教的痕迹"①。此所谓"西方宗教的痕迹",即罗马天主教会的印迹。澳门城市始建中最早出现的公共建筑是天主教堂。这些教堂对澳门开埠初期的城市奠基起到过至关重要的作用,不仅肇基澳门欧洲中世纪城市空间格局,而且奠定澳门城市规划的核心架构。澳门天主教堂的兴建最早由耶稣会开启,其后则有方济各会(Franciscan Order)、奥斯定会(Augustinian Order)、多明我会(Dominican Order)等其他罗马天主教修会的参与,直至17世纪30年代而告一段落。此期既是澳门城市空间建构的早期阶段,也是澳门城市建设的奠基时期。澳门城市空间的早期建构始终由耶稣会主导,深受耶稣会价值理念的影响,呈现出浓郁的"耶稣会风格"。

一 西教东传与澳门"耶稣会风格"教堂之诞生

葡萄牙人入居澳门之前,澳门半岛"还是一个幽美而富饶的小渔村"②;"只有稀少的流动人口聚居,并没有形成村落"③。因为聚居人口零散,所以澳门开埠以前并未出现多少固定建筑物,且为数不多的几处建筑乃用木板、稻草等简单材料搭建而成,颇为原始。澳门开埠之初,只是葡萄牙人的一个临时生活居留地和沿海贸易商业点,仅有一些供交易、贮存和居住的临时建筑分布于海边和山坡之上,尚不具备城市雏形。④

澳门作为一座城市的诞生,无疑是以公共建筑的问世为标志。澳

---

① 汤开建:《天朝异化之角:16—19世纪西洋文明在澳门》,暨南大学出版社2016年版,第580页。
② 马若龙(Carlos Marreiros):《澳门的多元化建筑风格和城市布局》,张雨虹译,《文化杂志》(中文版)2003年秋季刊总第48期。
③ 陈泽成:《从澳门城市建筑看中西文化交流》,《文化杂志》(中文版)2003年春季刊总第46期。
④ 参见刘托《濠镜风韵:澳门建筑》,文化艺术出版社2005年版,第7页。

门最早出现的公共建筑是天主教堂，早期最具代表性和影响力的建筑亦乃天主教堂。故此，从某种意义而言，澳门城市的诞生与早期建设几乎就是天主教堂建造的历史，也是一座"天主圣名之城"或者"基督城"建设的历史。澳门开埠初期，以耶稣会为主体的罗马天主教各修会纷至沓来，积极兴建教堂。耶稣会作为明末清初天主教在华传教的开拓者与中坚力量，作为在澳门具有绝对影响力的修会，主导着澳门最初的天主教堂建造，在澳门早期教堂建筑风格的形成乃至日后享誉全球的"东方蒙特卡洛"之城的建设中均起到决定性作用。

耶稣会是由西班牙人依纳爵·罗耀拉（Ignacio de Loyola，1491—1556）1534年在巴黎发起创立的一个天主教新兴修会，1540年获得教宗保罗三世（Pope Paul Ⅲ，1468—1549）的批准而正式成立。其创建背景，乃是回应16世纪初欧洲爆发的宗教改革运动；其重要目的之一，则是投身海外传教运动。所以，耶稣会自成立之日起，便开始奔赴遥远而陌生的大陆，传布基督宗教；①进军亚洲、巴西和非洲，以弥补天主教因宗教改革而在欧洲的损失。②

虽然耶稣会并非第一个远赴中国的天主教修会，亦非最早抵达澳门的传教组织，③但却是澳门教区的开拓者与奠基者。1557年，随着澳门的正式开埠，耶稣会士（Jesuit）接踵而至。1560年，第一批由耶稣会正式派遣的传教士抵达澳门；1562年，耶稣会士意大利人乔瓦尼·巴蒂斯塔·德·蒙特（Giovanni Battista de Monte，1528—1587）和葡萄牙人傅礼士（Luís Fróis，1532—1597）到达澳门；1563年，耶稣会士弗朗西斯科·佩雷斯（Francisco Peréz，1514—1583）、曼努

---

① 参见［德］彼得·克劳斯·哈特曼（Peter C. Hartmann）《耶稣会简史》，谷裕译，宗教文化出版社2003年版，第39页。
② 参见［印度］桑贾伊·苏布拉马尼亚姆（Sanjay Subrahmanyam）：《葡萄牙帝国在亚洲1500—1700：政治和经济史》，何吉贤译，纪念葡萄牙发现事业澳门地区委员会1997年版，第92页。
③ 1555年，葡萄牙人格雷戈里奥·龚萨雷斯（Gregório Gonçálves）神父抵达澳门，成为最早抵达澳门的天主教传教士。参见［葡］罗理路（R. M. Loureiro）《澳门寻根》附录文献12——《格雷戈里奥·龚萨雷斯神父给胡安·德·波尔哈的信》（约1571年），陈用仪译，澳门海事博物馆1997年版，第140页。

埃尔·特谢拉（Manuel Teixeira，1536—1590）神父及安德烈·平托（André Pinto，1538—1588）修士来到澳门。① 1576年1月23日，教宗格列高利十三世颁布敕令，正式设立澳门主教区，管辖中国、日本、朝鲜、安南及相关毗连岛屿的传教事务。于是，澳门成为明清时期中国第一个天主教传教中心。此后，耶稣会在澳门发展稳步，势力渐增，影响日甚，直至1762年被澳葡当局逐离、遣返。总体而言，明末清初耶稣会在澳门存在的两百多年时间里，不论是传教的人数还是对澳门的影响，均一直处于在华天主教各修会势力顶端。特别是16世纪末以降，"耶稣会更发展为澳门的主导力量，在一定程度上可以说，在澳门教区的管辖范围内，耶稣会成为了澳门社会的最高主宰"②。

教堂是传播基督信仰的媒介，是向世人展示基督荣光与力量的载体。自16世纪中叶始，耶稣会在所到之处都积极兴建教堂。其在澳门之传教活动亦复如是。甫抵澳门，耶稣会士便着手建造教堂，以满足社区生活不可或缺的信仰需求。未几，一批"耶稣会风格"教堂陆续耸立于澳门地势高敞、视野开阔之地，成为澳门最早的公共建筑，并为澳门城市的始建拉开序幕。

澳门最古老的天主教堂，乃耶稣会建造的圣拉匝禄堂（Igreja de São Lázaro）、圣老楞佐堂（Igreja de São Lourenço）和圣安多尼堂（Igreja de Santo António）。葡萄牙史学家若瑟·热苏斯·玛利亚（José de Jesus Maria）1744—1745年在澳门完成的《中国与日本的亚洲》（Ásia Sínica e Japónica）一书记载："根据一些记录，1558至1560年间一些耶稣会神父已经到了这里（指澳门——引者注），在他们的帮助和建议下，建造了两三间小教堂，圣拉匝禄教堂、圣老楞佐教堂和圣安多尼教堂，他们还修建了舒适的住所，神父们可以在这里居住，

---

① 参见［葡］施白蒂（Beatriz Basto da Silva）《澳门编年史：16—18世纪》，小雨译，澳门基金会1995年版，第15—16页。
② 汤开建：《天朝异化之角：16—19世纪西洋文明在澳门》，第610页。

聊作贫穷的神父们精神上的慰藉。"① 此乃迄今学界所知有关澳门最早三座天主教堂的最原始记录。

圣拉匝禄堂（亦称望德堂、发疯寺）建造于1558—1560年，被视为"澳门第一座天主教教堂"②。其最早建筑构造是木板加茅草屋顶，直至16世纪末才改为砖石结构、"人"字形屋顶的两层楼建筑。1637年，该堂再次重建，并获得教会特权，奠定其在澳门主教区之权威地位。其后，该堂又经过多次拆建。圣拉匝禄堂不仅是耶稣会在澳门建造的第一座教堂，而且"是澳门最早居民中的基督徒举行祈祷的地方"③。自1632年始，圣拉匝禄堂"成为澳门华人社会中的天主教宣教中心"④。

圣老楞佐堂（亦称风顺堂、风信堂）始建于1558年。该堂最初是一座木制的小教堂，1618年改建成花岗石教堂，后又经过多次重建、改建。据《澳门记略》载："西南则有风信庙，蕃舶既出，室人日跂其归，祈风信于此。"⑤ 故此堂乃祈祷顺风、祝福平安之所。

圣安多尼堂（亦称花王堂）建造于1558—1560年。该堂初建时仅为茅草覆盖的简陋建筑，至16世纪末才变成有塔楼的多栋"人"字形屋顶砖石建筑，1638年大规模重建之时则全部换成花岗石材料。其后，该堂多次被毁坏和重建。圣安多尼堂供奉的安多尼（Anthony the Great，约251—365，亦译"安东尼"）是天主教圣人，被尊为"婚姻主保"，故华人称其为"花王堂"。⑥

圣拉匝禄堂位于澳门旧城东部，圣老楞佐堂位于澳门旧城东南方

---

① José de Jesus Maria, *Ásia Sínica e Japónica*, Vol. I, Macau: Instituto Cultural de Macau, 1988, p. 126. 转引自汤开建《天朝异化之角：16—19世纪西洋文明在澳门》，第507页。
② 郭永亮：《澳门香港之早期关系》，"中央研究院"近代史研究所1990年版，第46页。
③ ［瑞典］龙思泰（Anders Ljungstedt）：《早期澳门史》，吴义雄、郭德焱、沈正邦译，东方出版社1997年版，第28页。
④ 汤开建：《天朝异化之角：16—19世纪西洋文明在澳门》，第508页。
⑤ （清）印光任、张汝霖：《澳门记略校注》，赵春晨校注，澳门文化司署1992年版，第150页。
⑥ 参见汤开建《天朝异化之角：16—19世纪西洋文明在澳门》，第511页。

向的风信堂街，圣安多尼堂位于澳门旧城西北的花王堂广场。这三座耶稣会教堂"三足鼎立"，均匀地占据澳门半岛葡萄牙人可以控制的区域。三大教堂地理位置的确定，划定了澳门城市的最初范围，确立了澳门城市的核心区域，奠定了澳门早期城市空间的基调。自此，"葡萄牙人以一种和平的宗教方式，定义了澳门城市最初的范围"①。

耶稣会在澳门最具影响力的教堂当属圣保禄教堂（Igreja de São Paulo，亦称三巴堂、大三巴教堂）。该堂位于圣安多尼堂附近，1565年建成，最初由木架与稻草搭建，1573年重新由黏土筑成。其后，该堂屡被焚毁又屡次重建，直至1637年建成大三巴牌坊而成为澳门城市之地标。圣保禄教堂不仅是澳门历史上规模最大、影响最甚的天主教堂，而且是远东地区最宏伟、最壮丽的教堂建筑典范之一。其规模在当时仅次于罗马的圣彼得大教堂（Basilica di San Pietro）。"早期的文献和绘画资料都可以反映，澳门圣保禄教堂其建筑之宏伟，装饰之华丽，设备之完善，皆堪称远东教堂之冠。它不仅是一座教堂，而且是一规模宏大的公共建筑群。"② 圣保禄教堂是耶稣会鼎盛时期在澳门的杰作，更是其时澳门城市的象征。

耶稣会在澳门建造的代表性教堂，还有进教寺（Igreja de Nossa Senhora do Amparo）、主教座堂（Igreja de Sé）等。进教寺，亦名唐人庙，初称荫庇之母小堂，又称圣阿白露圣母教堂（Igreja de Santo Amparo），1602年初建于大三巴山脚，后被焚毁，复于1634年在澳门关前后街葡文名为"Rua de Nossa Senhora do Amparo"的地方异地再建。该堂专为华人讲授福音，乃澳门城内早期重要堂区教堂之一，与不远处的圣保禄教堂、圣安多尼堂互为呼应，成为澳门其时主要的天主教中心。主教座堂，亦称大庙、大堂，位于澳门城内最高处的几条狭窄街巷之交会处。教宗格列高利十三世1576年颁布敕令，将澳门圣母玛利亚教堂（即圣保禄教堂前身）升格为主教座堂。正式的

---

① 严忠明：《一个海风吹来的城市：早期澳门城市发展史研究》，第123页。
② 汤开建：《天朝异化之角：16—19世纪西洋文明在澳门》，第521页。

主教座堂始建于1622年或1623年，乃澳门天主教之中枢。

1576年澳门主教区建立之后，罗马天主教其他修会亦纷至沓来，并建造各类教堂。1579—1580年，方济各会建起嘉思栏堂（Igreja de São Francisco，亦称噶斯兰庙）。该堂位于澳门旧城南湾街最东部的丘陵之上，占地面积广阔。1634年，方济各会又建成圣家辣堂（Igreja de Santa Clara，亦称圣克拉拉教堂、圣克拉拉修道院、尼姑庙）。该堂位于东望洋山麓，华人俗称"尼寺"。1587年，奥斯定会开始建造圣奥斯定堂（Igreja de Santo Agostinho，亦称龙嵩庙、龙嵩堂）。该堂位于澳门旧城内风顺堂区岗顶广场。1622年，奥斯定会建成西望洋教堂（Igreja de Nossa Senhora da Penha，亦称主教山教堂、法国之岩圣母教堂）。该堂位于澳门最高地点之一的泥流山（又称主教山）上，处于西望洋山之顶，为奥斯定会的隐修院。1587年，多明我会建成圣多明我堂（Igreja de São Domingos，亦称板樟庙、圣母玫瑰堂）。该堂位于澳门旧城中部板樟堂广场两条街巷交界处，乃"澳门现存唯一能证明多明我会修士曾于澳门活动的建筑遗迹"①。

另外，澳门早期的教堂中也有个别不隶属于任何修会，著名者如东望洋教堂（Igreja de Nossa Senhora da Guia）。东望洋教堂亦称松山教堂、基亚教堂，位于澳门半岛最高点之一的东望洋山的炮台内，大约始建于1622年。首任澳门总督唐·弗朗西斯科·马士加路也（Dom Francisco Mascarenhas，1623—1626年在任）曾言："我们在1623年抵达澳门时，三巴炮台、东望洋炮台、噶斯兰炮台、西望洋炮台、妈阁炮台，及烧灰炉炮台，都有了雏形。"② 该堂乃澳门最小之教堂，初建之时名为"白雪圣母隐修院"，又称"导航圣母教堂"，而民间则讹称"圣母雪地殿教堂"。

总体而言，虽然澳门早期所建之天主教堂特色各异，但唯有耶稣会的教堂无论在规模上、体量上还是气势上均傲视群雄，独领风骚。

---

① 汤开建：《天朝异化之角：16—19世纪西洋文明在澳门》，第517页。
② 转引自郭永亮《澳门香港之早期关系》，第69页。

从耶稣会抵达澳门至其1762年被逐离开的两百多年间，澳门的代表性教堂多为耶稣会所建，澳门城市的整体基调亦充满"耶稣会风格"。尤其是1637年圣保禄教堂大三巴牌坊的竣工，既标志着澳门整体空间格局的形成，亦标志着澳门城市早期建设告一段落。①

二　巴洛克式教堂与澳门早期建筑风格之形成

天主教特伦托大公会议（拉丁语：Concilium Tridentinum；英语：Council of Trent，1545—1563，亦译"特利腾大公会议"）之后，教会革新运动催生出巴洛克（Baroque）文化和巴洛克虔敬形式。它们是典型的天主教文化，注重对感官的作用，以富丽堂皇的教堂建筑、规模盛大的宗教仪式等为显著特征。② 特伦托大公会议举行之际，正值耶稣会创立发展之时。耶稣会不但充当起特伦托大公会议精神的代言人，而且成为会议理念的践行者，尤其是在促进巴洛克建筑风格的形成及其在欧洲和海外的传播方面发挥着举足轻重的作用。

16世纪的最后30年至18世纪中期，耶稣会一直得到持续发展。耶稣会试图通过一切手段来荣光基督，而其中非常重要的表达形式便是艺术。艺术可以将信众与圣人及众天使连接起来，并且让信众切身体验。于是，耶稣会借助其良好的发展态势，积极在欧洲所有天主教地区和海外传教区展开大规模的工程建设，建成一大批"耶稣会风格"的教堂、修院、学校。气势雄伟的教堂乃是耶稣会赢得信众的重要媒介，也成为其向世人展示基督宗教的核心载体。根据特伦托大公会议精神，罗马教廷要求将天主教堂装饰得特别富丽堂皇。故此，耶稣会所建教堂大多为典型的巴洛克式，极其华美壮丽。巴洛克式建筑在古典造型的基础上大量使用曲线、曲面以及采用破裂的山花与麻花

---

① 17世纪中叶以后，除新建一些较小的修院以外，澳门基本没有重要的建筑物落成。直至18世纪中叶之后，澳门城市建设才有新的起色。
② 参见［德］彼得·克劳斯·哈特曼（Peter C. Hartmann）《耶稣会简史》，谷裕译，第26页。

形柱子，装饰复杂考究，花纹变化多样，反映出自由创造的意向。耶稣会在罗马建造的巴洛克式教堂——耶稣堂（Chiesa del Gesù，建于1568—1575）和圣依纳爵堂（Chiesa di Sant'Ignazio di Loyola，建于1626—1650），不仅成为耶稣会教堂建筑之典范，而且是新型天主教堂建筑之楷模。它们按照特伦托大公会议制定的标准建造，空间宏大，且因不设立支柱，故在各个方向均可清楚地瞻仰到圣坛。[①]

耶稣会历来使用"自己的模式"，并不仅仅是考虑"美学方面的追求，而是旨在表达对在建设耶稣会房屋、神学院和教堂时应遵循的标准的忠诚"；表现出"对灵活和对每个时代艺术发展的适应，对地理环境的适应，对当地建筑传统的适应，以及对经济条件的适应等"[②]。耶稣会的这种"自己的模式"理念，可由戈麦斯·瓦斯（Gomes Vaz）神父1593年从果阿写给罗马教宗的申请信中得到证明。在致教宗的信中，他请求选派技术精湛的高水平耶稣会建筑师主持新开辟传教区的教堂建造工程，因为当地的世俗建筑师过于偏重使用艺术加工，而把成本定得很高。根据这种实用上的理解而非风格上的理解，耶稣会开始使用"il nostro modo"一词，意即"我们自己的建筑方式"。如耶稣会明末在华传教开拓者之一巴范济（Francesco Pasio，1554—1612）神父亦曾在弥撒文中提及"con tutte le solenità possible, conforme al modo della Compagnia"，意思是说"根据耶稣会的方式，力求庄严"[③]。

所谓"耶稣会风格"建筑，乃是耶稣会按地域及人文对象，在原来欧洲流行的古典建筑形式基础上加以适应性改变而形成的不拘一格的建筑形式。"耶稣会风格"教堂固然存在许多相似之处，但也有许多教堂体现出不同时代、不同地区的特征。尽管耶稣会在建筑风格上

---

① 参见［德］彼得·克劳斯·哈特曼（Peter C. Hartmann）《耶稣会简史》，谷裕译，第61—62页。
② ［葡］Clementino Amaro：《圣保禄神学院和大炮台：考古挖掘和解读》，曾永秀译，载澳门博物馆专案组编《与历史同步的博物馆——大炮台》，澳门博物馆1998年版，第138—139页。
③ 参见邢荣发《明清澳门城市建筑研究》，华夏文化艺术出版社2007年版，第66页。

力求统一，但对于这个国际性修会来说，却不可能存在一个放之四海而皆准的模式，也不可能存在一个统一的教条来规范教堂和学校的建造方式、图纸设计、内部装饰。① 除了因地、因人制宜之外，耶稣会在建筑上不拘形式、重复设计的特点，也是为了运用有限的资源达到建筑表达的最佳效果。

毋庸置疑，葡萄牙人在澳门建造的早期建筑中都有明显的耶稣会痕迹。耶稣会在澳门存在的两百多年间，澳门的代表性建筑多为巴洛克式"耶稣会风格"。如由澳门教区首任主教贾尼劳（D. Belchior Carneiro Leitão, 1516—1583）1558—1560 年建造的圣拉匝禄堂，早期的建筑风格是欧洲乡土式风格，镶以尖顶的边饰（此乃澳门耶稣会早期惯用的檐头装饰），加上屋顶尖端的十字架，然后将钟楼置于教堂左边。同样由贾尼劳 1569 年建成的澳门最重要的教会慈善机构——仁慈堂（Santa Casa da Misericórdia），则以与圣拉匝禄堂同样的建筑方式建成。此外，早期的仁慈堂还建有欧洲古典式的门楼，朴实中显出庄严。此亦为耶稣会在"自己的建筑方式"上对欧洲古典建筑风格的自由发挥。同为澳门最古老三大教堂之一的圣安多尼堂，因为以主持婚礼为主要任务，所以除采用耶稣会其时的朴实理念建造外，立面还选用大型希腊山形墙作顶，并附上简单的直线线条予以装饰，彰显出大方可观的一面。上述三大建筑，以一种接近民众的朴实建筑作为理念，充分体现耶稣会的建筑宗旨与风格。② 这些教堂的建造理念构成澳门早期城市建筑风格的基本底色。

圣保禄教堂更是耶稣会澳门建筑之经典。其气势之磅礴，规模之宏大，装饰之华丽，陈设之精良，均可与其时世界著名教堂比肩。以教堂内部装饰为例，据 17 世纪英国著名商人、旅行家兼作家彼得·芒迪（Peter Mundy, 1596—1667）1637 年 7 月描述："附属于神学院（即澳门圣保禄学院——引者注）教堂之穹顶，建造得非常优美，乃

---

① 参见［德］彼得·克劳斯·哈特曼（Peter C. Hartmann）《耶稣会简史》，谷裕译，第 64 页。
② 参见邢荣发《明清澳门城市建筑研究》，第 67—68 页。

我记忆中前所未见。那种精巧的手工出自中国工匠之手。他们以木镶嵌并漆成金色，还漆上其他优美颜色，如朱红色、天蓝色等。穹顶分成多个方格，且在方格接口之间置以一个木制雕刻的大玫瑰及很多叶瓣，重叠盘绕，向所有末端缩小成为一个圆球；最宽处有一码（英美制长度单位，一码等于0.9144米——引者注）直径之大小，及有一码长垂直于圆球处而自屋顶垂下。"① 由彼得·芒迪的描述可知，澳门圣保禄教堂的装饰确实富丽堂皇，工艺精巧，精美绝伦，彰显出澳门早期城市建筑风格之华丽个性。

耶稣会在远东开展传教事业的过程中，经费是通过民间的捐献以及进行货物贸易而获得的。基于远东的海路艰险以及贸易兴衰的影响，教会的经济收入很不稳定，故此他们在澳门建造教堂时不得不考虑成本，节约开支。另外，因为要遵循以最适当的花费建造最好教堂的原则，耶稣会在澳门的教堂建造便形成一套独特的设计与建造方式，那就是由耶稣会内的神父设计及监督建造教堂。耶稣会士既谙熟教会的理念，又理解建筑的功能，便催生出澳门的"耶稣会风格"教堂建筑。② 同时，耶稣会士皆为学识渊博之士，在处理城市建筑和世俗事务时往往善于变通。他们根据澳门本地的环境、气候、空间、建筑材料等，学习和吸收不同文化的建筑传统及风格，故其建造的教堂具有中西合璧的特点。因此，澳门建筑往往是葡萄牙式的庭院与中国式的院落融为一体，地中海特色的宫门、门廊与岭南派的屋檐相映生辉，房屋的装饰则既有马来西亚、菲律宾、印度风格，也有中国元素。③

由于耶稣会影响并主导澳门教堂建筑两百多年，故其他天主教修会在澳门所建教堂均或多或少受到耶稣会建筑风格的影响。最典型者

---

① Lt.-Col. Sir Richard Carnac Temple ed., *The Travels of Peter Mundy, in Europe and Asia, 1608–1667*, Vol. III, Second Series, No. XLV, Cambridge: Printed for the Hakluyt Society, 1919, pp. 162-163.
② 参见邢荣发《明清澳门城市建筑研究》，第66页。
③ 参见严忠明《一个海风吹来的城市：早期澳门城市发展史研究》，第134—135页。

有奥斯定会始建于1587年的圣奥斯定堂和多明我会1587年建成之圣多明我堂。前者主体建筑形式为三角形屋架硬山顶，立面部分为巴洛克风格，正面入口饰以巴洛克山花，且有数十级台阶直接通往教堂大门，是澳门耶稣会教堂的常见建筑形态。后者最初为木板相隔的简陋建筑，后经几次重建和修缮。修缮后的圣多明我堂明显受澳门圣保禄教堂立面设计的影响，呈现出典型的"耶稣会风格"平面表现手法。这些不同天主教修会在澳门建造的教堂，形成澳门早期城市建筑的整体风格。

葡萄牙建筑史学家巴拉舒（Carlos Baracho）认为，澳门这一葡萄牙海外殖民城市的最大特点是葡式中世纪结构。他引用另一位葡萄牙同侪亚历山大·阿尔维斯·达·科斯塔（Alexandre Alves da Costa）的描述："在葡萄牙占领的各个地区都可以清楚地看到我们的城市从中世纪以来的形态特点，即自发组织的机体，或者更确切地说，一个伟大的人类群体之手所体现的坚强意志。在逆改革和巴洛克风格风行之时，教会确立其地位的历史时刻出现了大量宏伟的宗教建筑群，它们虽然也受到文艺复兴运动和军事用途关于理性和秩序方面的思想局限，但与当时城市建设的结构形式形成鲜明对照。"① 耶稣会早期在澳门建造的大量"耶稣会风格"教堂不仅很大程度地影响到其他修会在澳门的教堂风格，而且或多或少濡染到澳门的其他城市建筑样式，并最终形成澳门典型的欧洲中世纪城市建筑特色。而且，受教堂建筑影响，澳门其他公共建筑也融入了西方人的宗教情感和由此形成的城建思维模式。

澳门被视为中国近代建筑的博物馆，其建筑形态丰富多彩，建筑形制琳琅满目。澳门开埠之后，欧洲中世纪城建模式主导着澳门的建筑风格，许多建筑类型在澳门均为第一次出现。由于中西文化的混合与交融，澳门这座城市形成多元文化共生的特点。这一特点在澳门早

---

① ［葡］巴拉舒（Carlos Baracho）：《澳门中世纪风格的形成过程》，范维信、喻慧娟译，《文化杂志》（中文版）1998年夏季刊总第35期。

期城市建筑史上尤其明显。许多西方建筑风格被移植过来，一些中国传统建筑形制也得到弘扬，于是，中西合璧的建筑形态便成为澳门早期城市建筑的一大特色。

三　欧洲中世纪教堂建筑与澳门早期城市空间之建构

欧洲中世纪早期城市一般由教堂、教会慈善机构、城堡、居民区组成，且一直按此模式发展演进。中世纪后期是欧洲城市形成的主要时期，城市空间大致表现为：一道城墙将城市中心与其他区域隔离；城内有作为宗教生活中心的标志性建筑——教堂，有作为市民生活中心的居民区（包括市场），有作为行政与防卫中心的城堡。教堂是影响欧洲中世纪城市空间的核心元素。大教堂一般都是城市的标志性建筑，小教堂则是社区居民之聚会场所。大小教堂与公共广场连为一体，彰显居民精神生活与世俗生活相得益彰的和谐关系。居民围绕教堂、修院聚居，渐趋形成居民中心——教区或堂区，并由此奠定欧洲早期城市的雏形。

欧洲中世纪城市建筑有一个非常显著的特征，即当存在统一而强大的教权时，教堂便占据城市的中心地位，其超出其他建筑物的高度和极其庞大的体量主导着城市的整体空间。教堂广场是城市的中心所在，是市民集会、狂欢和从事各种文娱活动的中心场所。在中世纪的葡萄牙，教会领袖拥有无可争议的统治地位，教会亦对社会发展具有难以撼动的影响力。故此，在葡萄牙的早期城市建设中，教会扮演着极其重要的角色。耶稣会作为在欧洲宗教改革与反改革运动中出现的新兴修会，1540年进入葡萄牙后，不仅迅速成为影响国家宗教信仰的至关重要的教会组织，而且在世俗事务中，尤其是城市建设方面，发挥着举足轻重的作用。澳门开埠之后，很快成为完全由葡国教会（主要是耶稣会）控制的"政教合一"地区，所以，教会毫无疑问对澳门早期城市的建设和规划发挥了决定性作用。

葡萄牙是欧洲众多国家中最早进行海外扩张者之一。在开辟东方航线的过程中，葡萄牙人建造起一座座城堡和商站。这些城堡和商站有的最终演变为城市。在葡萄牙人的宗教热情与英雄主义的推动下，耶稣会将具有葡萄牙建筑特色和欧洲中世纪后期城建模式的共性，在远东地区予以实施，渐趋形成"葡萄牙人东方建筑模式"。耶稣会自创立之日起便极力开拓海外传教事业，大力在传教地区兴建巴洛克式教堂。在其看来，巴洛克式教堂具有庄严高贵、气势宏伟、生机勃勃、富有动感、注重光效等特征，是"教会为上帝的子民建造的人间天堂"。这种教堂建筑形态既主导着葡萄牙的城市空间布局，也决定了葡萄牙人在海外所建殖民地城市的特点。① 澳门城市空间的建构亦不例外。葡萄牙人被允许入居澳门后，传教士即刻着手建造教堂，并在教堂附近竖起栏杆，修建房屋，以作为宗教、生活和军事的中心，形成最初的定居点。② 教堂的问世促使澳门出现大的定居点，并逐渐形成完善的生活区域。葡萄牙人的住宅群慢慢在教堂周围建立起来并辐射出去，形成澳门早期城市的雏形，亦即"天主圣名之城"的雏形。③

教堂建造是深刻影响澳门早期城市空间的核心元素。与欧洲中世纪城市一样，澳门天主教堂不仅是形体高大、装饰考究的中心建筑，在整个区域一目了然，而且是广大信徒的精神归宿。民众围绕教堂、修院建造住宅，逐渐形成居民点。澳门的城市空间同样是以教堂及其附属的医院、学校、慈善机构为核心，每个大的教堂辐射一"片"，然后形成"区"（堂区）；"片""区"相连，最终形成一个整体。④ 1557 年至 17 世纪 30 年代，是澳门城市建设的初期。在此期间，天主教各修会先后在澳门建造诸多教堂，然后以教堂为中心建立社区，向

---

① 参见严忠明《一个海风吹来的城市：早期澳门城市发展史研究》，第 27—29 页。
② 参见马若龙（Carlos Marreiros）《澳门的多元化建筑风格和城市布局》。
③ 参见陈泽成《从澳门城市建筑看中西文化交融》。
④ 参见刘先觉、陈泽成主编《澳门建筑文化遗产》，东南大学出版社 2005 年版，第 56 页。

四周辐射，形成城市的雏形。具体而言，澳门最初由圣拉匝禄堂（望德堂）、圣老楞佐堂（风顺堂）和圣安多尼堂（花王堂）三大堂区组成。葡萄牙人根据自己的信仰和贸易需求，散居在三大堂区周围。17世纪以前，澳门城内只有大约五组居民聚居区，居民区松散地聚集于以教堂为主体的公共建筑周围，尚未形成街区概念。至17世纪30年代，澳门已发展成为五个堂区，每个堂区均隶属于一座教区中心教堂。至此，澳门已经有明确的城市空间分区，并发展成为一座具有相当规模的城市。这种以教堂为居住区域中心和城市标识的城建模式，完全来自欧洲中世纪的城建理念。

1586年，葡萄牙政府承认澳门的城市地位，并给予其"天主圣名之城"的称号。"1586年4月10日，印度总督达罗卡伯爵唐·杜阿尔特·德·梅内塞斯在该日的信中证实赐名澳门为'中国上帝圣名之城'。"① 澳门作为新兴的远东城市，甫一诞生即被赐以此名，充分说明天主教在其早期建设中之重要作用。从物质层面来讲，天主教堂是澳门早期城市建设的主体。自1557年至17世纪30年代，澳门建造大量天主教堂，为其后来成为世界上教堂密度最高的城市奠定了坚实基础。从精神层面而言，天主教会是澳门早期城市建设的灵魂。尤其是耶稣会，对澳门早期城市建设影响颇巨。耶稣会以圣保禄教堂为核心建成一个庞大的宗教建筑群和军事综合体——"大三巴"区域（"三巴"即"圣保禄"之音译），形成澳门的制高点，即顶峰。1637年落成的大三巴牌坊乃是澳门的城市标志与精神象征。"大三巴"不仅是一座教堂，而且是一个规模宏大的公共建筑群。耶稣会士兴建这一宗教综合体的目的，就是要在澳门表达基督至上的理想。因此，从某种意义而言，葡萄牙人在澳门建立的这座上帝之城，既体现在有许多教堂和忠诚的传教士，也彰显出这里的信徒对上帝无比忠诚。②

---

① [葡]施白蒂（Beatriz Basto de Silva）:《澳门编年史：16—18世纪》，小雨译，第23页。

② 参见严忠明《一个海风吹来的城市：早期澳门城市发展史研究》，第62—65页。

澳门早期城市空间的形成，主要是对欧洲中世纪城市空间结构的移植。其重要特征为：一是有一条明显的不规则线性"直街"（A Rua Direita）；二是有一串连接教堂节点的"前地"（Largo，Praça 或 Praceta）。这种模式延续葡萄牙人的筑城传统，是葡萄牙中世纪城市建设的标志。①

葡萄牙的城市和乡镇中成千上万条大街、马路、小巷和广场都有着各自不同的名称，但是全国的大部分城镇都有一条称为"直街"的街道。葡萄牙人在东方兴建的城市中，也都将最主要的街道命名为"直街"。在伊比利亚半岛，"直街"的观念来自《圣经》中对使徒保禄的记载，以弘扬其在异邦传教的精神。葡萄牙学者官龙耀（Luís Sá Cunha）曾指出："这一街名之所以广为流传，是因其与使徒圣保禄的生平有关。相传圣保禄就出生在西利西亚（Cilícia）充满生机的塔尔索（Tarso）城内的'直街'。圣保禄被认为是西方世界最敏锐的天才之一，是地地道道的犹太人；在去大马士革的道路上，耶稣突然出现在他的面前，他同耶稣有一段精彩的对话。从此，他成了基督（宗）教杰出的使徒，他的名字在欧洲特别是在地中海一带广为流传，备受人们的尊崇。"② 所以，葡萄牙城建理念中的"直街"，乃是对圣保禄的纪念。

澳门城市的始建也承继了葡萄牙城建模式的"直街"理念。"直街"既是澳门早期城市空间的核心框架，也是连接各教堂节点的最重要街道，更隐含耶稣会的精神追求。澳门"直街"始建于1557年开埠时的沙栏仔街附近，连接圣安多尼堂（花王堂），直达大三巴街附近，通向圣保禄教堂，然后向营地大街延展。而营地大街则通过圣多明我堂（板樟堂）、仁慈堂和议事亭，与龙嵩街相接，最终通向圣老

---

① 参见童乔慧、盛建荣《澳门城市规划发展历程研究》，《武汉大学学报》（工学版）2005年第6期。

② Luís Sá Cunha, *Portugalbum: 55 quadros para conhecer Portugal e o seu povo*, Macau: Institito Cultural de Macau, 1990, p. 39. 转引自汤开建《天朝异化之角：16—19世纪西洋文明在澳门》，第468页。

楞佐堂（风顺堂）附近。其走向连接着居民聚居点与教堂、教堂与教堂，并最终形成完整的街区。① 澳门"直街"最后通向的中心则是圣保禄山（Monte de São Paulo）。这既充分显示"直街"理念与圣保禄崇拜之间的密切关系，也恰好说明耶稣会对圣保禄精神的高度崇拜，同时彰显澳门葡萄牙人对圣保禄的虔诚信仰。

在澳门城市的早期建设中，随处可见耶稣会对圣保禄崇敬的印迹。首先，耶稣会把最初居住的城市"顶峰"命名为圣保禄山，并将其宗教、教育和军事综合体分别命名为圣保禄教堂、圣保禄学院、大三巴炮台，凸显该会对传播基督宗教的坚定信念。其次，圣保禄山周围的街道被命名为大三巴斜街、大三巴右街、大三巴街、大三巴巷等，体现耶稣会对圣保禄异邦传教精神的弘扬。另外，澳门北部城墙一个通往中国内地的城门也叫三巴门（即圣保禄门），折射耶稣会希望以基督征服中国的理念。圣保禄山是澳门葡萄牙人宗教信仰的象征。圣保禄教堂也因为宏伟的结构和砖石建筑而成为澳门的标志性建筑。

在澳门城市的早期建设中，还诞生出一个特有的城市空间名称，即"前地"。它是由"Largo""Praça"和"Praceta"三个葡萄牙词语汉译而成，意即"广场"。不过，Largo 指小广场；Praça 比 Largo 稍大，乃是与军事、商业有关的广场；Praça 和 Praceta 二者的空间则大致相同。在西方，广场概念历史久远，是欧洲古代城市最重要的城市空间，也是市民集会、狂欢和从事各种文娱活动的中心场所，在整个城市环境和社会生活中都占有十分重要的地位。葡萄牙人 16 世纪中叶在澳门定居建造教堂之时，也在教堂前面开辟空地作为活动中心。这便是澳门最早的"前地"。澳门的"前地"与欧洲中世纪城市的广场相若，更接近于伊比利亚半岛上葡萄牙、西班牙两国的小广场。"前地"在澳门教堂前面的最初出现，乃是作为教会聚会之用而开辟，成为城市的宗教活动核心场地。对于当时的澳门葡萄牙人来说，

---

① 参见严忠明《一个海风吹来的城市：早期澳门城市发展史研究》，第 108 页。

教堂被视为"社区中心",教会在那里定期举行礼拜仪式。澳门教堂前设置"前地",一方面出于方便信众的宗教生活,对城市有利;另一方面则与中世纪葡萄牙人崇尚户外生活的习惯大有关系。这也说明,此类空地从最早具有城市宗教凝聚的功能已转变为适合市民日常生活的功能,从一种宗教生活的需求转化为一种世俗生活的需求。①

"前地"被视为澳门城市空间建构的一大特色。它形状小巧,布置随意,既是扩大的街道,又是街道与建筑之间的过渡,还是市民休憩的小广场。② 其时,在澳门各条弯弯曲曲、自由延伸的道路的交叉点上,每隔一段距离便有一个广场作为舒缓交通、分散人流的中心点,形成澳门古代道路系统的节点状布局。这些道路节点分布松散,自由而均匀,形成澳门古代道路系统的结构性框架。在完全依托地形、经由历史缓慢积淀筛选的情况下,澳门古代道路系统形成自身极不规则却又极为合理的自然布局。只有澳门才具有这样的道路布局,也只有这样的道路布局才完全属于澳门。同时,这些广场往往位于各大教区的中心,并直接与各教区的中心教堂连接在一起。实际上,广场本身往往成为各教区中心教堂的"前地"。这种城市空间的处理手法,显然具有欧洲中世纪城市的特点,然而又与典型的欧洲城市广场处理方法有所小异而成为澳门独有的特点——这种道路广场结合城市教堂的处理手法构成澳门古代道路系统的鲜明特色。据文献记载,至17世纪30年代,澳门城内大概有五个教堂"前地",分别为圣安多尼堂前地(亦称花王堂前地)、圣保禄教堂前地(亦称耶稣会纪念广场,或大三巴广场)、大堂前地、板樟堂前地和仁慈堂前地。至此,在城市建设总体框架的基础上,澳门城市空间的早期建构基本完成。

---

① 参见林永胜《澳门前地空间》,《文化杂志》(中文版)2004年冬季刊总第53期。
② 参见许政《澳门宗教建筑》,中国电力出版社2008年版,第68页。

四　结语

　　天主教堂是欧洲早期城市诞生的必要前提，是构建欧洲中世纪城市空间的核心元素。中世纪早期的欧洲民众围绕教堂聚居，渐趋形成居民中心，即教区教堂或堂区，然后发展成为城市的雏形。澳门城市空间的早期建构乃是对欧洲中世纪城市空间的移植。

　　16世纪中叶，伴随葡萄牙人东方航线的开辟，以耶稣会士为先驱的罗马天主教传教士抵达澳门，很快将澳门建设成为远东地区的重要传教基地。耶稣会所到之处，不仅把基督宗教传播给异教民众，而且让基督宗教的价值理念、文化内核融入当地文化。其最直接有效的途径则是通过教堂。教堂作为传播基督信仰、展示基督荣光的重要载体，被耶稣会在开辟新教区的进程中赋予浓郁的欧洲中世纪色彩，对远东地区现代意义城市的诞生与建设具有重要影响。耶稣会是罗马天主教在澳门最具影响力的修会，主导着澳门的教堂建造。其所建之巴洛克式"耶稣会风格"教堂，不仅成为澳门最早的大型公共建筑，为澳门城市的始建拉开序幕，而且分布于澳门半岛各地，构成澳门早期城市的标识。虽然天主教其他修会，如方济各会、奥斯定会、多明我会等接踵而至抵达澳门，建造各具特色之教堂，但均或多或少受到耶稣会建筑风格的影响。耶稣会在澳门所建之教堂，不仅形成澳门城市建筑的主体风格，而且奠定澳门城市空间的基本结构，并极大地影响到澳门城市的早期规划与发展格局。

　　因为深受天主教会影响，所以澳门开埠不久即成为世界上土地单位面积天主教堂数量最多的城市，是名副其实的"天主圣名之城"。澳门早期天主教堂乃精心设计和审慎施工而诞生的建筑形态，既是城市景观的核心，也是城市构图的中心，同时还起到勾勒城市轮廓的作用。这些教堂沿着连接山顶的一条轴线依次排开，构成城市的纵轴，在布局和视觉上控制着整个城市。天主教堂塑造并彰显澳门早期城市的空间格局和整体特征，构成澳门城市建设的重要节点，具有颇为鲜

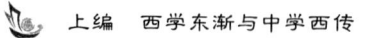

明的城市识别意义。澳门作为城市自诞生之日起，其空间结构便由以教堂为中心的几个教区或堂区组成，宗教活动构成城市社会活动的核心和市民精神生活的主要依托。故此，天主教堂乃是阐释澳门欧洲中世纪城市空间特征的重要载体和显性标识。

（原载《世界宗教文化》2021年第6期。收入本书时有修订）

从《铎书》看早期儒者
天主教徒之以耶合儒

儒耶相遇所引发之文化适应问题,弥久为学界讨论研究之热门与焦点。明末士大夫、天主教名士韩霖崇祯十四年(1641)所著之《铎书》,正是儒耶两种异质文化早期碰撞所衍生之特殊思想变体。该书假借天主教义理阐发中国传统伦理哲学,在中国思想文化史上占有举足轻重的地位。相对于明代众多运用儒家传统思想教化规约世人之著述以及现存大量与明清天主教相关之原典,"《铎书》的内容可说是仅见,而韩霖此一传布教义的方式,亦与其他教中人士迥异,然学界对此书仍较少注意"①,其丰富之思想资源尚待进一步发掘。② 本文试图以《铎书》为文本,在借鉴前人研究成果的基础上,既充分挖掘该书以耶合儒之思想本源,亦深入探究第一代中国儒者天主教徒

---

① 黄一农:《两头蛇:明末清初的第一代天主教徒》,上海古籍出版社2006年版,第258页。

② 学界关于《铎书》的研究,主要有:李凌瀚《韩霖〈铎书〉与中西证道:明末天主教徒参与的地方教化活动》(博士学位论文,香港中文大学,2005年),侧重对《铎书》中之中国经典与西方文献的比对;黄一农《两头蛇:明末清初的第一代天主教徒》,考证韩霖究竟透过何种人脉网络和编写策略,以达到利用《铎书》进行宣教之目的;孙尚扬《上帝与中国皇帝的相遇——〈铎书〉中的儒耶互动与伦理建构》[(明)韩霖:《〈铎书〉校注》,孙尚扬、肖清和等校注,华夏出版社2008年版,"代前言",第1—37页],详细分析和介绍《铎书》中的儒耶伦理思想及其互动;徐思源《从〈铎书〉看儒耶对话的真正题域和天主教带来的新主题》(载赵建敏主编《天主教研究论辑》第4辑,宗教文化出版社2007年版,第176—199页),通过横向、纵向的比对,得出天主教带来的一个新问题——畏、爱二情,但其研究重点仅集中于《铎书》之"尊敬长上"篇。

于耶教中国化之努力。

一　儒耶相遇与《铎书》问世

明朝末年，西教东渐，儒耶相遇，儒学再次遭遇外来文化之正面冲击。值得提及的是，明末之国家统治，如患膏肓之疾，已无回天之术。政治上，首先是自然灾害与外敌入侵导致军事形势恶化，社会秩序动荡。其次是统治者的荒政、怠政造成政权机器瘫痪；尤其是万历年间，皇帝甚至多年"不补京师和省的许多重要职位的空缺，高级官员们的辞呈也不予答复"[①]。最后是统治机构吏治败坏，贪污横行，朋党纷争，引发士人深重的思想信仰危机。经济上，商业经济的问世与兴盛，不仅重组国家之经济结构，而且改变社会之风尚习俗和生活方式。受奢华享乐之风渲染，"士大夫们都注意寻求生活的乐趣，每每'放情竭意'，'穷欢极乐'，生活大都流于佚荡"[②]。与政治经济环境相对应，明末思想领域亦诸学交织，各端杂存。诚如嵇文甫（1895—1963）所言："晚明这短短数十年，一方面是从宋明道学转向清代朴学的枢纽，另一方面又是中西两方文化接触的开端。其内容则先之以王门诸子的道学革新运动，继之以东林派的反狂禅运动，而佛学，西学，古学，错综交织于其间。这一幕思想史剧，也可算得热闹生动了。"[③] 然明末思想界尽管芜杂纷乱，却仍有迹可寻，大体而言，"是各界对王学所造成之挑战的回应，是对王学的反省时期"[④]。此语有两层含义：一是指王阳明学说在晚明思想界占有举足轻重的霸主地位；二是说在王学流衍的基础上蕴含着改革思潮，即"要求回到早期儒家经典，回到儒家正统，反对与佛道的折中；要求以儒之实

[①] ［美］牟复礼、［英］崔瑞德编：《剑桥中国明代史 1368—1644》上卷，张书生、黄沫、扬品泉、思炜、张言、谢亮生译，中国社会科学出版社1992年版，第501页。
[②] 夏咸淳：《晚明士风与文学》，中国社会科学出版社1994年版，第37页。
[③] 嵇文甫：《晚明思想史论》，东方出版社1996年版，"序"第1页。
[④] 龚鹏程：《晚明思潮》，商务印书馆2005年版，"自序"第6页。

学，矫正王学末流之空疏弊病"①。以天主教传教士为中介的西学正是在这种文化氛围下传入中土的。

王阳明（1472—1529）的"心学"体系是在对程朱理学的扬弃中形成的，与其时的官方意识形态分庭抗礼，显示出王阳明敢于冲破传统观念束缚而独树一帜的勇气与魄力。其后，王学的盛行，极大地促进了晚明士人的思想解放，为其接受西学提供了一定的思想准备。朱维铮认为："从晚明到清初，人们反对王学，只是因为在空谈误国这点上，王学信徒已变得同程朱信徒毫无二致。但谁也不否定王学信徒接受外来文化，皈依西方宗教。这就反映出一个事实，即王学藐视宋以来的礼教传统，在客观上创造了一种文化氛围，使近代意义的西学在中国得以立足……"② 如前所述，明末统治近乎"天崩地陷"，轻触即覆，日益深重的社会危机疾呼思想界的鼎新革故。故此，东林学派力图以程朱之学矫王学之弊，开启经世致用之实学风潮。此"实学"含义较广，既包括士人躬行力践之道德修养，更包括那些与富国强兵相关的"可施于用"之学问。明末西学传入，不仅带来形而下的器用之学，而且引入形而上的数理之识，并由此改进中国实用科学和理论思维之形态，故深受其时一批富有认知精神的儒家学者所热捧。另外，"西儒"本身所体现的"实心实行实学"之人格魅力，亦吸引部分儒家学者关注西学西教，期冀以耶补儒、儒耶融合，稳固或重建明末儒家社会秩序。"西学实际上已被纳入当时经世致用的实学范畴，成为推动明清之际思想文化发展的一股不可忽视的力量。"③就是在这样的社会风潮之下，明末士大夫、天主教名士韩霖以一种创新的文本方式注解儒家之"圣谕六言"，催生出儒耶融合之特殊文本《铎书》。

---

① 张晓林：《天主实义与中国学统——文化互动与诠释》，学林出版社2005年版，第58页。
② 朱维铮：《走出中世纪》（增订本），复旦大学出版社2007年版，第143—144页。
③ 沈定平：《明清之际中西文化交流史——明代：调适与会通》，商务印书馆2001年版，第527页。

韩霖（1598？①—1649），"字雨公，号寓庵居士"②，山西平阳府绛州（今新绛县）人，皈依天主教后"教名多默克（Thomas）"③，乃明朝末年天主教于山西繁荣兴盛之重要推动者。④ 据时人考证，韩霖之皈依天主教乃其家族行为之一部分；韩氏家族之最早皈依者可能是韩霖之兄韩云（约1596—1649），韩云之受洗时间应在万历四十八年（1620）之前。⑤ "泰昌元年（1620）年底，明末著名耶稣会士艾儒略应韩云之邀赴绛州宣教，随即为韩云之母和其二子二女施洗，韩霖应在此受洗者之列。"⑥ 韩氏家族乃明末集体皈依天主教之典型家族，奉教虔诚，弘教积极，对天主教于山西之传播影响甚巨。天启七年（1627），韩霖与其兄韩云捐资在绛州城东南购置房屋两栋，改建为天主教堂。此乃中国教徒于地方捐建教堂之始。韩霖之师徐光启（1562—1633）曾为此撰《景教堂碑记》。⑦ 其后，韩霖还先后于崇祯十二年（1639）和十五年（1642）分别协助高一志（Alphonsus Vagnoni, 1566—1640）、金尼阁（Nicolas Trigault, 1577—1628）于平阳府城和太原购买房屋，建立教堂。⑧ 另外，在文字事工方面，"韩霖亦颇有值得称述之处，著有护教弘教著作多种，如《圣教信证》（与张赓合著）、《辨教论》（与山西另一著名天主教徒段衮合著）、《铎书》、《耶稣会

---

① 关于韩霖之生年，史书并无明确记载。据黄一农考证，"粗估韩霖约生于万历二十六年前后两三年"，即1598年前后（参见黄一农《两头蛇：明末清初的第一代天主教徒》，第233页）。
② （清）刘显第等修纂：康熙《绛州志》卷2，第56页。
③ 黄一农：《两头蛇：明末清初的第一代天主教徒》，第240页。
④ 有关韩霖之生平，时人黄一农、孙尚扬有详细考证。详见黄一农《两头蛇：明末清初的第一代天主教徒》，第229—253页；孙尚扬《上帝与中国皇帝的相遇——〈铎书〉中的儒耶互动与伦理建构》，第4—5页。
⑤ 参见黄一农《两头蛇：明末清初的第一代天主教徒》，第239—240页；孙尚扬《上帝与中国皇帝的相遇——〈铎书〉中的儒耶互动与伦理建构》，第5页。
⑥ 孙尚扬：《上帝与中国皇帝的相遇——〈铎书〉中的儒耶互动与伦理建构》，第5页。艾儒略（Giulio Aleni, 1582—1649），耶稣会意大利传教士。
⑦ 参见（明）徐光启撰《景教堂碑记》，载朱维铮、李天纲主编《徐光启全集》（玖），上海古籍出版社2010年版，第378—379页。
⑧ 参见黄一农《两头蛇：明末清初的第一代天主教徒》，第240页。

西来诸先生姓氏》、《敬天解》（已佚）等"①。此足见韩霖奉教之诚挚，弘教之热心。

明太祖朱元璋（1328—1398）晚年，颁布《教民榜文》，"教人为善"。"宣讲'圣谕六言'"更是其精髓所在。"洪武三十年（1397）九月，命户部下令天下人民，每乡里各置木铎一，内选年老者，持铎徇于道路曰：'孝顺父母，尊敬长上，和睦乡里，教训子孙，各安生理，毋作非为。'"②崇祯十四年（1641），绛州知州孙顺为推广乡约，召集士大夫、学官及生员宣讲"圣谕六言"，然"诸家之解，意义肤浅，多学究长谈"。孙顺认为韩霖"宜衍其义"，故延请之。③是以，韩霖借机融天主教义理于儒学教化之中，创作出明清两代各种乡约出版物中最特殊之变体——《铎书》。该书"取明太祖'圣谕六言'，以中西古近圣贤之说，为之逐条分疏，演绎详解"④；"引教会书，但一经转述，即不带教中人口吻，而不致为教外人所拒绝"⑤；"虽绝无一字直接提及'天主'，却是一本扎扎实实以天主教义理出发所写成的乡约"⑥。

二 《铎书》之以耶补儒与以耶合儒

陈垣（1880—1971）于《重刊铎书序》中言："韩霖虽山西人，其所与游，则大抵海内外方闻之士，其所言敬天爱人之说，亦不尽囿于吾国古先昔贤之书，故所言往往有中国士夫所未闻。其所引《七克》，则西班牙人庞迪我著也；《齐家西学》、《童幼教育》，则意大利人高一志著也；《涤罪正规》，则艾儒略著；《哀矜行诠》，则罗雅谷

---

① 孙尚扬：《上帝与中国皇帝的相遇——〈铎书〉中的儒耶互动与伦理建构》，第5页。
② （明）韩霖：《〈铎书〉校注》，孙尚扬、肖清和等校注，第57页。
③ （明）韩霖：《〈铎书〉校注》，孙尚扬、肖清和等校注，第57页。
④ 陈垣：《重刊铎书序》，《陈垣全集》第2册，安徽大学出版社2009年版，第393页。
⑤ 方豪：《中国天主教史人物传》，宗教文化出版社2007年版，第179页。
⑥ 黄一农：《两头蛇：明末清初的第一代天主教徒》，第255页。

著，皆非中国人也。"① 是故，《铎书》乃是一部典型的以耶补儒、以耶合儒的融合儒耶伦理之学的集大成著作。具体而言，大致可从如下三个方面观之。

（一）"天"意之流变

"天"是中国古代儒学体系中一个颇为重要的概念。"读四书五经，古人无时无事不言天。孔子言，知我其天，天生德于予；获罪于天。孟子言，知天事天；顺天者存，逆天者亡。《春秋》言，天命天讨。《礼》称天则。至于《易》、《诗》、《书》三经，则言天甚多，又有不可枚举者。"② 但是关于"天"之界说，"古来经典，只教人'钦天'、'奉天'、'知天'、'达天'，未尝明言何者为天"③。然"天"一直是中国古人崇拜的最高对象。商朝，"天"混同于作为祖先神的"帝"或"上帝"的称呼，是既有人格又有人形的神。周朝，"天"成为超越祖先神形象的具有普遍正义价值的神明。汉代，在传统的五帝崇拜上又加入"至上神"，称"太一""皇天上帝"等，由此"天"与"帝"的称呼遂渐趋分离。隋代，"天"明确指称昊天上帝，五帝只是人帝，不得称"天"。而昊天上帝不具人形，故"天"只是一团元气。④ 至宋明理学，程朱等人综合先贤之"天""帝"说，提出"理主宰"说："天下莫尊于理，故以帝名之。'惟皇上帝降衷于下民'，降，便有主宰意。"⑤ "天理说"为儒家学说寻找到一个形而上的本体层面的根据。此终极依据，为宇宙之最高实体，既是自然界之最高准则，亦乃人类社会之最高准则。它总摄世界之一切，是一种能动的精神实体。同时，"理"虽有一定的超越性，但与形而下之

---

① 陈垣：《重刊铎书序》，《陈垣全集》第2册，第395页。
② （明）陆世仪撰：《陆桴亭思辨录辑要》，中华书局1985年版，第25页。
③ （明）杨廷筠：《代疑续编》，载徐光启、李之藻、杨廷筠著，李天纲编注《明末天主教三柱石文笺注——徐光启 李之藻 杨廷筠论教文集》，道风书社2007年版，第284页。
④ 参见李申《儒学与儒教》，四川大学出版社2005年版，第21页。
⑤ （宋）黎靖德编，王星贤点校：《朱子语类》第1册，中华书局1986年版，第63页。

器联系紧密,"天下未有无理之气,亦未有无气之理"①。后阳明心学提出"心即理",将外在的、抽象的"理"世界转移至人的内心,由此更重视人的作用,指明对"天"的关注亦是为人服务。从以上儒学中"天"之历史演变来看,其发展趋势乃是从有神论向无神论之过渡。

故此,利玛窦(Matteo Ricci,1552—1610)等"西儒"根据自己的需要,在对"天"的认识上自觉地容古儒、斥今儒。《天主实义》云:"吾国天主即华言上帝,与道家所塑玄帝玉皇之像不同,彼不过一人修居于武当山,俱亦人类耳。人恶得为天帝皇耶?吾天主乃古经书所称上帝也。《中庸》引孔子曰:'郊社之礼,以事上帝也!'……《礼》云:'五者备当,上帝其飨。'又云:'天子亲耕,粢盛、秬鬯,以事上帝。'《汤誓》曰:'夏氏有罪,予畏上帝,不敢不正。'……历观古书,而知上帝与天主特异以名也。"②在此,利玛窦大量征引先秦儒家经典,力图证明中国典籍所载之"上帝"与天主教之"天主"等同。同时,利氏还利用形象对比批判中国古人之天地崇拜。其言:"远方之氓,忽至长安道中,惊见皇宫殿宇巍峨嶻嶪,则施礼而拜,曰'吾拜吾君'。今所为奉敬天地,多是拜宫阙之类也。智者乃能推见至隐,视此天地高广之形,而遂知有天主主宰其间,故肃心持志,以尊无形之先天,孰指兹苍苍之天,而为钦崇乎。"③利玛窦借用中国典籍,强调"天"之人格性,并以此为基点对古儒中的人格之神附以天主教中"天主"之核。"西儒"对"天"的诠释,为早期中国儒者天主教徒所接受和传扬,韩霖之《铎书》即为明证。

《铎书》首篇"孝顺父母"云:"吾人要知,天为大父母。《诗》云:'悠悠昊天,曰父母且。'非苍苍之天也。上面有个主宰,生天、生地、生神、生人、生物,即唐、虞三代之时五经相传

---

① (宋)黎靖德编,王星贤点校:《朱子语类》第1册,中华书局1986年版,第2页。
② [意]利玛窦(Matteo Ricci):《天主实义》,载中国宗教历史文献集成编纂委员会编纂《中国宗教历史文献集成》之《东传福音》第2册,黄山书社2005年版,第41页上。
③ [意]利玛窦(Matteo Ricci):《天主实义》,第42页上。

之上帝。今指苍苍而言天，犹以朝廷称天子也。中有至尊居之，岂宫阙可以当天子乎？"① 在此，韩霖对"天"的阐释已近于"西儒"。围绕中国古代的敬天之学，韩霖扬弃儒学观念，对"天"的认识和总结进一步向耶教中的"天主"靠近，显示其虔诚之天主教信仰。但综观《铎书》，对与儒学有所出入的观念，韩霖却落笔审慎，着墨较少，且重在渲染"天主"之祸福赏罚，以此来规范世人之道德生活。如，"天报善人，断然不爽"。"请看好刚使气，动辄凌人者，几人善终？若乃柔恶之人，笑里藏刀，暗中放箭，自谓得计，明眼人静观细数，一一遭天刑，招奇祸，即不然，亦必受地狱永苦。""使徒知畏主，主不见，何畏焉？惟真知天上有主，明鉴其私，且权其生死，而报偿至公，将内外上下，必有所畏，以禁其念之邪。""夫天心至公，赏罚祸福至当。均是人也，而富贵贫贱不同，必与其人善恶丝毫不爽……"② 在末篇"毋作非为"中，韩霖进一步总结道："非小心翼翼，对越在天，即行善俱归无用。凡为恶者，至人所不知而始大；为善者，至人所不知而始真。……盖造物主聪明神圣，至明至公，察人善恶，表里纤悉毕见，岂若世人肉目可以伪售哉？"③

天主教中"天主"的祸福赏罚与儒学中"天"的报应论乃形似神异。"天主"的赏罚集中在人死之后，而儒家的报应却着重于现世；"天主"的赏罚针对个体本身，而儒家的报应可绵延及至子孙。此外，在"天"与"人"的天平上，天主教重视"天"，而儒家则靠近"人"。宋明理学心性论的发展，更强调个人的活动与修养，强调个人的反省与自求，认为"是非之心，人皆有之"④。然而从现实生活经验来看，儒家所追求的个人绝对自律不可能存在，实为一种理想、一种精神依托。最终，理想与现实的落差使得许多社会成员不免

---

① （明）韩霖：《〈铎书〉校注》，孙尚扬、肖清和等校注，第60—61页。
② （明）韩霖：《〈铎书〉校注》，孙尚扬、肖清和等校注，第64、94、118、126页。
③ （明）韩霖：《〈铎书〉校注》，孙尚扬、肖清和等校注，第167页。
④ 朱杰人、严佐之、刘永翔主编：《朱子全书》第6册，上海古籍出版社、安徽教育出版社2002年版，第399页。

走向堕落。所以,中国古代社会是"治世"少而"乱世"多。正如梁漱溟所评价的那样:"离现实而逞理想。卒之,理想自理想,现实自现实。终古为一不落实的文化。"① 由此可见,韩霖是从明末社会现实出发,选择性地接受耶教思想,希冀借助一种具有外在超越意义之道德资源,来更好地规范中国传统儒家之道德生活。

(二)"仁""爱"之调和

天主教伦理观之中心乃是爱之诫命——爱主与爱人。"'你应全心,全灵,全意,爱上主你的天主。'这是最大也是第一条诫命。第二条与此相似:你应当爱近人,如你自己。全部法律和先知,都系于这两条诫命。"② 两条诫命互相完善,彼此补充。爱人建立于诚心爱天主之基础,爱天主则意味着爱天主所爱之人,包括罪人和自己的敌人。此乃天主教之圣爱观。③

"仁"作为中国传统儒家之基本题旨,含义广泛,后世儒家根据需要对其多有发挥和扩充。在此,笔者主要借助理学集大成者朱熹(1130—1200)对"仁"的解说——"仁"主要有三个特征,即公、恕、爱。朱熹言:"仁是人心所固有之理,公则仁,私则不仁。未可便以公为仁,须是体之以人方是仁。公、恕、爱,皆所以言仁者也。公在仁之前,恕与爱在仁之后。公则能仁,仁则能爱能恕故也。"④ 由此可知,"公"乃"仁"之基础,"恕"和"爱"则为"仁"之表现。

儒家之"仁"和天主教之圣爱观,二者所要处理的都是人与人之间的关系。二者之关注点实则相同,双方只是需要一个对话的平台。

---

① 梁漱溟:《中国文化要义》,上海人民出版社2005年版,第253页。
② 《新约圣经》"玛窦福音"22:37—40。"玛窦福音"是天主教对此福音书的称呼,基督新教则称之为"马太福音"。
③ 圣爱观不仅仅局限于"爱"这个字眼(所以不应将其与下文"仁"所包含之"爱"混淆)。它是天主教伦理观的基础,内涵丰富。为更好地理解和比较,下文套用"仁"的三个基本特征(公、恕、爱)来具体分析之。
④ (宋)黎靖德编:《朱子语类》第6册,王星贤点校,中华书局1986年版,第2455页。

故此，笔者即尝试以"仁"之三个基本特征为线索，具体分析《铎书》中二者之调和。

"公只是无私，才无私，这仁便流行。"① 对于传统中国伦理社会而言，"公"强调个人的义务，以维护社会和谐稳定。"若与斯人痛痒不相关，必其各自为而不和也，其心已死，便是不仁之人。"② 可见，古代中国"伦理社会所贵者，一言以蔽之曰：尊重对方"③。若置"公"于群体社会之中，则天主教之"公"在《铎书》中亦有体现。《铎书》"和睦乡里"篇云："论其大原，斯人同是天之所生，同是天之所爱，所以敬天爱人者，要爱人如己。"④ 此中"天"之意，前已明确，指天主教之"天主"。依此可解释这句话为：既然大家都是天主的子女，共有天上的父母，大家应该做彼此的弟兄，组成天主的一个大家庭。韩霖用此语来论证"爱人如己"，仅仅是借用了顺应儒家语境所阐发的"天为大父母"之概念。但究其深处，儒家所谓的大家庭与天主教之大家庭却有本质区别。儒家认为："齐家之道，其要在于别男女，其法在于闲与节、严与威，其情在于交相爱，其本在于反身而修言行。"⑤ 由此便引申出儒家五伦中之三伦，即父子、夫妇、兄弟。由家伦推至社会，则导出另外二伦：君臣、朋友。此二伦拟君于父，拟朋友于兄弟。如此这般组成的儒家社会，人与人之间的相处，在尊重对方之外还有等级之别。以《铎书》"尊敬长上"篇为例，"在宗族外亲之长上，当以仁之和蔼为主。在爵位管辖之长上，当以礼之森严为主。在传道、授业、受知之长上，邻里、乡党、通家、世谊之长上，当以义之恰当为主"⑥。与儒家关系复杂之大家庭相比，天主教的大家庭则显得简单许多——以教会为依托。"根据圣保禄的说法，教会是一个身体，那些属于这个身体的就是这个身体的

---

① （宋）黎靖德编：《朱子语类》第7册，王星贤点校，中华书局1986年版，第2833页。
② （明）韩霖：《〈铎书〉校注》，孙尚扬、肖清和等校注，第82页。
③ 参见梁漱溟《中国文化要义》，第80页。
④ （明）韩霖：《〈铎书〉校注》，孙尚扬、肖清和等校注，第82页。
⑤ （明）韩霖：《〈铎书〉校注》，孙尚扬、肖清和等校注，第117页。
⑥ （明）韩霖：《〈铎书〉校注》，孙尚扬、肖清和等校注，第68页。

成员；信徒们通过圣神内的洗礼而成了这个身体的成员，身体的头是基督。从基督那里，整个身体获得了生命、成长、团结和领导。"① 由此可知，天主教认为人是基督身体的一部分，成为对身体有用的人是他们的责任；教会作为天主的身体，存在的终极理由是"天主自身的光荣"②。

儒耶双方群体社会观念的本质区别，或许能为对"恕""爱"的分析提供一种思路，即"同中有异"。先看"恕"。儒家谓："仁爱之人，以恕存心。"其具体表现是"宁人负我，勿我负人；宁我容人，勿人容我"③。也就是说，仁人要有容人、忍事的雅量。于天主教言之，则为"有人掌尔右颊，则以左颊转而待之；有欲告尔于官，夺尔一物，则以二物倍与之"④。再如《铎书》"和睦乡里"篇云："奉劝世人除冤雠之必不可不报者，明告官司，凭公处段，其余只是忘怨的好。"⑤ 此语虽意在强调人们应存恕人之心，但明显留有余地。"除冤雠之必不可不报者"，什么样的深仇大恨不可不报？古语有云："父母之仇，不共戴天。"依此推测，儒家家伦的影响浸入骨髓，难以撼易。天主教则不然。"在基督（宗）教的势力下，宗教的义务，是远超过家族的要求，教会的凝结力，是以家族的凝结力为牺牲的。《新约》里有两段文字……其一段记载耶稣说'假若任何人到我这里来，而不憎恶他的父母、妻子、儿女、兄弟和姐妹，甚至一己的生命，他就不能做我的门徒。'另一段记载耶稣说'我来并不是使世界安宁的，而是使他纷扰的。因为我来了，将使儿子与他的父亲不和，女儿与她的母亲不和，媳妇与她的婆婆不和。'"⑥ 由是而知，耶教之

---

① ［德］卡尔·白舍客（Karl H. Peschke）：《基督宗教伦理学》第1卷，静也、常宏等译，上海三联书店2002年版，第67页。
② ［德］卡尔·白舍客（Karl H. Peschke）：《基督宗教伦理学》第1卷，静也、常宏等译，第69页。
③ （明）韩霖：《〈铎书〉校注》，孙尚扬、肖清和等校注，第90页。
④ （明）韩霖：《〈铎书〉校注》，孙尚扬、肖清和等校注，第93—94页。
⑤ （明）韩霖：《〈铎书〉校注》，孙尚扬、肖清和等校注，第93页。
⑥ 张荫麟：《论中西文化的差异》，载李洪岩编，张荫麟著《素痴集》，百花文艺出版社2005年版，第181—182页。

"恕"可以做得更彻底，可以牺牲家族之小群而尽忠超越家族之大群。韩霖仅强调并调和双方表面的相同之处，对其深层的相异之处，并未阐发。

若以"同中有异"思维继续分析"仁"的最后一个特征"爱"，便可发现，韩霖对"爱"的阐析明显偏向于儒家伦理。《铎书》"孝顺父母"篇云："孝顺者，爱人之第一端也。"[①] 孝顺的对象依次为：天、皇上、父母。其中，"天"和"皇上"亦是"父母"意义之延伸，说明儒家"仁"之"爱"是以忠孝为指导的亲亲之爱和等差之爱。韩霖对"孝"之看重，亦表明其"敬天爱人"说虽受天主教启发，但终归仍被纳入儒学伦常范畴之内。再如《铎书》"和睦乡里"篇，韩霖在其中大量且直接引用耶稣会（Society of Jesus）传教士罗雅谷（Giacomo Rho，1593—1638）之著作《哀矜行诠》。其主要内容为天主教"爱"之实际表现，即饥则食之，渴则饮之，无衣则衣之，无屋则舍之，忧患则恤之、慰之，愚蒙则诲之，既死则葬之，如此"七端"。此"济人七端"与儒家乡约中"患难相恤"有异曲同工之处。"何谓患难相恤？患难，谓一曰水火，二曰盗贼，三曰疾病，四曰死丧，五曰孤弱，六曰诬枉，七曰贫乏。凡是患难同约之人，当救恤者，不得坐视。"[②] 韩霖罗列儒耶"仁""爱"之实际内容，其意或许有二：一为充实儒学；二为宣扬耶教。到底二者孰轻孰重，我们看其最后之阐述便可得知。韩霖云："凡富贵之人，皆是天之所厚，或借祖宗之荫，或从自己勤俭中来，必先有克己济人之功，而后享安富尊荣之报。若常常爱人，福泽必然绵远，子孙必然蕃昌。"[③] 这是劝诫富人要爱人。之后他又谓："凡乡里之病，多是富贵者不怜贫贱，贫贱者嫉妒富贵。请观叛寇所到之处，富贵之家，毕竟作何结果，贫贱者亦要陪着性命。孰若富贵怜贫贱，贫贱卫富贵，和气格天，协力

---

① （明）韩霖：《〈铎书〉校注》，孙尚扬、肖清和等校注，第62页。
② （明）韩霖：《〈铎书〉校注》，孙尚扬、肖清和等校注，第89页。
③ （明）韩霖：《〈铎书〉校注》，孙尚扬、肖清和等校注，第82页。

固圉为愈哉？"① 此乃劝诫穷人安守本分。韩霖从不同社会阶层民众的立场出发，劝诫其应践行"仁""爱"，目的是维护儒家社会等级秩序之稳定。此外，《铎书》中所体现之爱人观，处处与儒家成人成己之世俗价值观相符。如，"詈人者，是易口而自詈也；殴人者，是贷手以自殴也"。"君子要敬人爱人，济人教人，凡事让人，成人之美，扬人之善，慰人之忧，拯人之难，息人之争，俱是自己受用处。""或富能周急，或贵能荐贤，未有周急而己贫者，未有荐贤而己贱者，便是长久生理。"② 此显然与天主教之"爱"相去甚远。天主教之"爱"，要求人们在为天主的奉献中培养出一种无尽的、忘我的"爱"，即以天主为中心，一切皆为天主之荣光，因此是一种宗教信仰伦理价值观。

综而言之，在处理人与人之间的关系上，儒耶都倡导和谐相处。这使得二者在一定程度上可以相容，然亦仅限于此。细究其实，双方一世俗一宗教的伦理价值观，显示二者的调和处在一种互相误读的语境中。其时，儒耶力量之强弱对比，或者说儒家所占之"主场"优势，使二者调和的重心更易向儒家偏移。

（三）"人性说"之补充

人性说，依儒家之传统思想，乃是教导世人"趋善避恶"。《铎书》"各安生理"篇和"毋作非为"篇便集中阐此要义。"各安生理，亦修己廉静之一端。至为圣为贤，只须'毋作非为'之一语，此高皇帝教人为善四字诀也。"③

具体分析，韩霖对"各安生理"的解说并非拘于表面，而是究其内里，将其上升至传统儒家修身之高度。韩霖谓："每见诸家解说，读书便是士的生理，耕田便是农的生理，造作器用便是工的生理，买卖经营便是商贾的生理。未尝不是，却只说得外面一层，不曾见到里

---

① （明）韩霖：《〈铎书〉校注》，孙尚扬、肖清和等校注，第85页。
② （明）韩霖：《〈铎书〉校注》，孙尚扬、肖清和等校注，第90、96、127页。
③ （明）韩霖：《〈铎书〉校注》，孙尚扬、肖清和等校注，第143页。

面一层。"其后，他列举富贵无常的例子，感叹道："细数数十年中富贵之家子孙衰败，有因为善而贫者乎？可见循理得生，不循理不得生。"① 此"理"即韩霖所强调的"里面一层"，意指人本性中之善。韩霖此语乃顺承传统儒学中性善论而言。朱熹谓："性者人之所受乎于天者，其体则不过仁义理智之理而已。"② 因为人性中这些道德的显现，不仅表明人性本质至善，而且亦是人性与物性的本质区别，"盖徒知知觉运动之蠢然者，人与物同；而不知仁义礼智之粹然者，人与物异也"③。然韩霖对人性说的解读，则在传统儒学的基础上渗入了"西儒"思想。

天主赋性论受"原罪"说教义影响，所以西方思想家在人性善恶问题上一般不下定论。明末耶稣会士（Jesuit）来华后，为促进传教，始附会儒家采用人性论中性善说。"西儒"认为："人也者，以其前推明其后，以其显验其隐，以其既晓及其所未晓也，故曰能推论理者，立人于本类，而别其体于他物，乃所谓人性也。仁义礼智，在推理之后也。"④ 由此可知，儒耶之性善论是有区别的，虽然二者都把对人性的规定看作人所独有的、区别于其他生物的能力。朱熹认为，人和万物的本质区别在于人有仁义礼智等道德，其他生物则没有。但当他分析出现这种现象的原因时又认为，人之所以能认识把握天生禀有的仁义道德等，是因为人心能认识与自己结合的理，将理所成的性发掘出来，努力根据自己的性来过有道德的生活；而万物则因为禀气蠢笨，机体不灵，没有意识，不能认识到自己的性，所以也没有自己的道德生活。⑤ 由此可见朱熹在区别人性和物性方面的不彻底性。与此相比，"西儒"则把人性规定为人之理性推理能力，并囊括仁义礼智于其间，更彰显其哲学范畴的逻辑性和严密性。

---

① （明）韩霖：《〈铎书〉校注》，孙尚扬、肖清和等校注，第124、125页。
② 朱杰人、严佐之、刘永翔主编：《朱子全书》第6册，第1009页。
③ 朱杰人、严佐之、刘永翔主编：《朱子全书》第6册，第396页。
④ ［意］利玛窦（Matteo Ricci）：《天主实义》，第78页。
⑤ 参见郭美华《与朱熹王阳明对话》，上海古籍出版社2002年版，第111—112页。

韩霖在接受"西儒"对人性阐释的基础上，延伸展开对人性说的深入探讨。《铎书》"毋作非为"篇云："盖天生万民，即将敬天爱人两念，铭刻人心。是性中有善，所以近于天神，而别于禽兽者也。"①结合上下文分析，韩霖的"性中有善"是对其人性说的高度概括。具体而言，其中包含三层意思：首先，"天命之谓性"，认为性是天主赋予人的一种永存不灭的灵性，即人的理性灵魂具有主观能动性；其次，天主指引人发挥能动性的目标或方向是敬天爱人；最后，人性中的"向理之心"可以控制和领导"向欲之心"，是"毋作非为之大把柄"。孙尚扬认为，韩霖的人性说因引进"西儒"的自由意志论，所以在解释人性恶的问题上更游刃有余。②此论十分精辟。与儒家通常在"理""欲"二元对立的框架里讨论人性善恶不同，"西儒"将人性区分为三重：理智、意志和欲望。③其中"意志"是发自每个人内心的行为支配力。天主教强调意志自由，因这是其"原罪"说之前提（"原罪"之形成即是人类始祖滥用自由意志之恶果）。韩霖解释自由意志，即"与以自主之权，可以为善，亦可以为恶"。由此说明，恶不是必然的，人要对自己的选择负责。韩霖引进自由意志说，不仅为廓清恶之来源，更强调道德生活中个人之主体意识。"故曰：'志之所至，气必至焉。'奋发有为，未有不能自主者，此毋作非为之大把柄也。"他以此激励世人要有向善之决心。其后他又举"曾子之慎独，子夏之战胜，孟子之强恕"的例子，说明"圣贤亦由勉强而到自然，非天生成者"，强调个人后天之努力。④故此，"西儒"的自由意志说与王学末流之心性论相比，无异具有更强烈的道德实践意义。此或许为韩霖接受自由意志说的重要原因之一。

---

① （明）韩霖：《〈铎书〉校注》，孙尚扬、肖清和等校注，第143页。
② 参见孙尚扬《上帝与中国皇帝的相遇——〈铎书〉中的儒耶互动与伦理建构》，第32页。
③ 参见赵敦华《性善和原罪：中西文化的一个趋同点》，载［芬］罗明嘉、［芬］黄保罗主编《基督宗教与中国文化：关于中国处境神学的中国北欧会议论文集》，中国社会科学出版社2004年版，第15页。
④ 参见（明）韩霖《〈铎书〉校注》，孙尚扬、肖清和等校注，第143—144页。

在有关成善之路的论述中，韩霖博采众长。他先给出一个大的儒家框架，而后以"西儒"之著述和民间流行之善书伦理加以充实，最后达到"西儒"所谓"善德"之境界。儒耶的德性伦理体系虽不尽相符，但其中蕴含之美好意境却彼此相通。需要注意的是，在"知""行"关系上，因"西儒"以"智"为首德，① 所以它更注重"知"，先知后行，与程朱理学相似。而阳明心学所主张之知行合一，实际上更强调"行"。王阳明认为："真正的知，必须是出自行动后的真切认识，没有行动过、没有去做过，不是真知。"② 在此，阳明心学扩大了"行"的意义，把"知"亦当作"行"，并得出"一念发动处，便是行"③的结论，岂不是以不行为行？所以相较而言，"西儒"在成善之路上所遵行的知行关系比较合理。知行关系虽紧密，但还应有区别。韩霖对"西儒"德性伦理体系的接受，笔者以为，既反映出其时实学风潮对阳明心学之冲击，而更有可能源于其信仰选择之内因。

三　从《铎书》看西学对儒学之影响

天主教传入中国之前，儒学有过一次较大的整合，并诞生宋明理学。宋明理学是以儒学为核心，吸收佛、道二说之宇宙构成、万物化成问题以及思辨哲学而建立的相当完备的儒家哲学体系。明末天主教传入，对儒学又是一次大的冲击和挑战。天主教独断的一神教义，决定它不甘于也不可能被儒学同化。由此，儒耶融合之后儒学的真实情状，究竟是儒家道统之延续抑或是背离？学界一直在广泛讨论。

---

① 对于"智"的理解，孙尚扬从西方思想源头出发，把它解释为"智慧""知识"。笔者则从儒学的角度理解，认为它属于知、行说中"知"的范围。这样便扩大了"智"的含义，既指"智慧""知识"，又包括道德意识等。

② 郭美华：《与朱熹王阳明对话》，第171页。

③ （明）王守仁撰，（清）张问达辑：《王阳明先生文钞二十卷》卷2，载四库全书存目丛书编纂委员会编《四库全书存目丛书·集部四九》，齐鲁书社1997年版，第468页下。

详解《铎书》，我们不难得知，其乃一部为履行儒学教化功能而撰写之乡约，本质为"中体西用"。"从救时弊的理想，到作为哲学依据的'良心'，乃至认为'尊敬长上'与'孝顺父母'之间有必然逻辑关系的论证方式"，都说明"韩霖受明代儒学影响至深"①。《铎书》中之儒耶融合，或附会儒学，或补充儒学，目的在于"补益王化，左右儒术"②，以期达至儒家理想中三代之治。故此，当儒学与西学发生冲突时，儒家学者取舍的标准往往是传统社会秩序之稳定与否。《铎书》所体现的对待女性之态度，可为明证。《铎书》"尊敬长上"篇谈及"兄友弟恭"时举有一例："隋牛弘为吏部尚书，弟弼尝醉，射杀弘驾车牛。弘还宅，妻迎，谓曰：'叔射杀牛。'弘无所怪问，惟答曰：'作脯。'坐定，妻又曰：'叔射杀牛，大是异事。'弘曰：'已知。'颜色自若，读书不辍。"对此，韩霖评论说："若此人者，于兄弟之爱，岂财产妇女所能夺乎？大抵兄弟虽然不睦，良心到底尚存，其不和者，半由妇女以言激怒其夫。盖妇女所见，不广不远，不公不平，故轻于割恩，易于修怨。"③ 此乃韩霖对女性之明显歧视，与传统儒学"惟女子与小人为难养也"④ 之立场可谓殊途同归。另"教训子孙"篇，韩霖附有短文《维风说》，以专门强调男女有别，"请革相聚而观之陋风，以避瓜田李下之嫌"⑤。明末之际，与儒学传统中男女地位极不平等之情状相较，天主教伦理思想中女性的价值和地位已得到肯定和提高，早于耶稣与女性之关系中即表现明显：耶稣在安息日里治好驼背十年的女人；耶稣宽恕一个行淫时被捉的女人；耶稣接受一个有罪妇女的抹膏；在耶稣被钉十字架到复活这一关键过程中，始终有几个妇女在他身边，而男性信徒却与这些妇女相反——为不受牵连而四散奔逃，以至女性成为这一关键事件

---

① 徐思源：《从〈铎书〉看儒耶对话的真正题域和天主教带来的新主题》，第179页。
② （明）徐光启撰：《辨学章疏》，载朱维铮、李天纲主编《徐光启全集》（玖），第251页。
③ （明）韩霖：《〈铎书〉校注》，孙尚扬、肖清和等校注，第74页。
④ 朱杰人、严佐之、刘永翔主编：《朱子全书》第6册，第226页。
⑤ （明）韩霖：《〈铎书〉校注》，孙尚扬、肖清和等校注，第121页。

的见证人。① 作为上帝之子,耶稣与女性这种相互影响的亲密关系,不仅提高了女性的地位,同时也为基督宗教成为世界性宗教清除了理论上尤其是性别观念上的障碍。虽然在历史现实生活中,西方也有歧视妇女的现象,但西方社会赋予女性的社交自由是中国社会所没有的。在明末的中国人看来,女性参与社交不利于家庭和社会的稳定。② 此传统观念是天主教在华传播的一大障碍。1616 年,南京诸神父被审判的原因之一,便是认为他们近女色,"擦油洒水,妇女皆然,而风俗之坏及矣"③。而韩霖作为一名天主教徒,即使接受部分基督教义,亦不愿意破坏中国传统之风俗习惯。

从分析《铎书》可知,韩霖是在儒学传统的思想场域下接受、容纳西学的。当然,他亦并非特例。明末,一批开明的士人群体之所以对传教士输入之西学抱以积极吸纳接受之态度,"在于他们通过细心的比较研究和对西方社会的夸张性想象,在西学中找到了他们认为可以解决令其困惑而又急欲解决的一系列问题的答案。这些问题包括:政治道德的、个人救赎、哲学思想上的,有关民众、社会福祉的,等等"④。因为他们无法逾越历史的窠臼,所以更多的是试图将西学纳入自己的传统之中;因为他们儒家救世的使命感,所以借鉴异质思想文化,以期解决自己所面临的理论和实践困局。

但主观意图毕竟只是一种理想,往往无法控制客观实际的发展。明末儒家学者在西学冲击下试图建立的儒学体系,因为引入天主教中单一、至高的人格神,所以已背离儒家道统的无神论;又因其注重彼世的宗教价值取向,所以已背离儒家"未知生,焉知死"⑤、专注此

---

① 参见王世翔《〈旧约〉中女性文化的考察》,载赵建敏主编《天主教研究论辑》第 3 辑,宗教文化出版社 2006 年版,第 310—311 页。
② 参见林仁川、徐晓望《明末清初中西文化冲突》,华东师范大学出版社 1999 年版,第 298 页。
③ 转引自[法]谢和耐(Jacques Gernet)《中国与基督教:中西文化的首次撞击》(增补本),耿昇译,上海古籍出版社 2003 年版,第 171 页。
④ 孙尚扬:《基督教与明末儒学》,东方出版社 1994 年版,第 258 页。
⑤ 朱杰人、严佐之、刘永翔主编:《朱子全书》第 6 册,第 159 页。

世情怀的人生价值；此于《铎书》中多有体现。如，"故学者要务，第一须知天帝惟一。自形体而言谓之天，自主宰而言谓之帝；至尊无二，全知全能，为万善万福之原本；人间善恶祸福，皆天自主之；无有在其上者，亦无与之齐者"①。又如，"呜呼！富贵而至三公，考而至百岁，人生受享如是止矣；身填沟壑，肉饱鸟鸢，人间凶祸如是止矣。岂知身后赏罚，有千万此而无算者哉！"② 正基于此，有学者认为，明末中国儒者天主教徒接受部分西学思想所建立之思想体系，已脱离儒家道统，应被视为中国学统中区别于儒释道的一个独立分支。③

明末儒耶相遇所引发之儒学整合运动，不管是对儒家道统的延续抑或背离，都只是学者从不同关注点出发而得出的不同结论。其实从历史的发展来看，儒耶融合之过程自明末一直持续至今。康熙（1654—1722）因"礼仪之争"颁布禁教之令，亦只代表天主教在华传教活动之暂时失利。而思想上，西学运动则从未停滞，且大行其道。据考证，"禁教"之后，不仅下层学者公开阅读谈论西学思想，如戴震（1724—1777）那样的主流学者亦偷偷阅读西书。④ 鸦片战争之后，基督宗教大举入华，不仅新教引领大潮，天主教亦东山再起。然此次基督宗教入华是与西方殖民势力相伴而至，所以传教士以盛气凌人之势，期冀在双方的思想博弈中确立西学之本体地位，但终未成功。其结果是，西学东渐的核心载体基督宗教并未"（教）化中国"，反而被"中国化"了。据此，我们或许可以说，自明末开始之儒耶融合运动，实为一持续发展之思想运动。儒学遭遇西学，始有比较和突破。二者之结合，不仅促成清代独树一帜之考据哲学，混成王朝没落时代农民起义之反叛精神，甚至构筑戊戌变法时期启蒙运动之思想基础，最后影响到20世纪初之新文化运动。⑤ 伴随历史发展，西学在

---

① （明）韩霖：《〈铎书〉校注》，孙尚扬、肖清和等校注，第162页。
② （明）韩霖：《〈铎书〉校注》，孙尚扬、肖清和等校注，第165页。
③ 参见张晓林《天主实义与中国学统——文化互动与诠释》，第345—346页。
④ 参见张晓林《天主实义与中国学统——文化互动与诠释》，第352页。
⑤ 参见张晓林《天主实义与中国学统——文化互动与诠释》，第348页。

儒耶融合思想运动中之地位亦日趋重要。

四 结语

明朝末年，一批开明的士人群体，秉持"累朝以来，包容荒纳""褒表搜扬，不遗远外"①之传统，悦纳以天主教传教士为媒介之西学在中国的传播，且欲借为裨助，发扬光大。于是乎，中西异质文化的碰撞催生出特殊的思想场域，特殊的思想场域衍生出特殊的价值伦理。《铎书》即是这一特殊历史时代、特殊文化场域所诞生之特殊思想文本。作为东西方思想首次大规模交汇之产物，《铎书》"可以说是中国天主教史上集中于会通天主教与中国传统伦理思想、并颇有建树的代表作之一"②。其于中西文化交流史和中国基督宗教史之重要地位，乃不争之实。

传统中国思想文化具有一种泛道德化的思想倾向，天主教中的伦理资源亦内涵深刻，底蕴厚实，这就给早期儒者天主教徒开辟了一条伦理化诠释天主教义理的路径，使得天主教与中国传统伦理资源之间的对话、互释与会通在理论与实践中均富有成效。③韩霖作为第一代华人天主教徒，显然有别于明末之一般开明士大夫，乃更加"开明"之儒者天主教徒典范。他接受传教士对中国文化尤其是儒学之界定，即从自然法或自然理性的角度肯定儒学在伦理道德方面的积极价值，从救赎论的角度或从终极性的宗教问题的角度指出其不足，认为其至多只能作为通向天堂永福或终极救赎之预备，或为基督预备道路，但对终极性的救赎没有意义。他这种对儒学的批判性反思，正乃其所阐发的耶教可以补儒、超儒之根本所在。韩霖还指出，"耶教与儒教具有根本的差异：前者是神所立之教，后者为人所立之教。而彰显该差

---

① （明）徐光启撰：《辨学章疏》，载朱维铮、李天纲主编《徐光启全集》（玖），第251页。
② 孙尚扬：《上帝与中国皇帝的相遇——〈铎书〉中的儒耶互动与伦理建构》，第30页。
③ 孙尚扬：《上帝与中国皇帝的相遇——〈铎书〉中的儒耶互动与伦理建构》，第30页。

异之根本旨趣则在于说明这样一个结论：遵从由人所立之教的人们不可能仅凭自力全力践行和持守那些违背人之常情与本性的规诫"①。

早期皈依天主教的中国士大夫们，均或多或少会在精神生活中出现认同方面的问题。对此，他们大多会像传教士利玛窦等人一样，极力证明儒耶合一，以此克服由信仰上的转化可能带来的认同危机。②故此，他们竭尽所能假借天主教义理阐述中国传统伦理哲学，从补儒、融儒、超儒之初衷进而期冀对儒学予以整合，其最终目的则是在中国构建一套天主教伦理。从另一个角度来看，韩霖亦是借用传统儒家思想来诠释天主教的伦理观念。韩霖继续了利玛窦的诠释策略，将天主教的道德他律、人格化的上帝等重要内容，引入儒家的伦理体系之中，构建出既能与儒家士大夫进行对话，又能为天主教徒所认可的伦理思想体系。此体系之特点在于融合儒家天主教的固有伦理观念，并在诠释的基础上形成创造性的转化，最终为明末社会秩序的改良、中国文化的更新提供儒家之外的新方案。徐光启在《辨学章疏》中所提出的天主教能够"补益王化""左右儒术"也正是基于这一点而言的。此乃儒耶融合、耶教华化之历史起点，一直绵延至今，历久弥新。

（原载《道风：基督教文化评论》总第 40 期，2014 年春）

---

① 参见孙尚扬《明末天主教徒韩霖对儒教伦理的批判性反思》，载许志伟主编《基督教思想评论》第 2 辑，上海人民出版社 2005 年版，第 190—191 页。
② 参见孙尚扬《明末天主教徒韩霖对儒教伦理的批判性反思》，载许志伟主编《基督教思想评论》第 2 辑，第 191 页。

早期美国来华传教士与
美国对华鸦片贸易政策

众所周知，1842年8月29日在江宁（即今南京）签订的中英《江宁条约》（俗称《南京条约》，*Treaty of Nanking*）及10月8日在虎门签订的中英《五口通商附粘善后条款》（俗称《虎门条约》，*Treaty of the Bogue*），均是英国殖民者为维护其对华鸦片贸易而武力逼迫清政府签订的不平等条约，其重要目的之一便是实现对华鸦片贸易合法化。事实亦证明，上述条约签订之后，英商的对华鸦片贸易更加肆无忌惮，走私活动愈益疯狂猖獗。然而，1844年7月3日在澳门附近望厦村签订的中美《五口贸易章程：海关税则》（俗称《望厦条约》，*Treaty of Wanghia*）却规定："合众国民人凡有……携带鸦片及别项违禁货物至中国者，听中国地方官自行办理治罪，合众国官民均不得稍有袒护。"① 由此可见，英、美两国政府所持对华鸦片贸易的态度与政策迥然有异。

由于《望厦条约》之前美国政府处理对华事务以及制定对华政策，均很大程度上依赖于那些通晓中国语言、谙熟中国文化的早期美国来华传教士，所以，美国政府当时禁令本国商人从事对华鸦片走私活动，亦主要源于这些传教士的极力反对。而这些传教士之所以反对鸦片贸易，则是因为他们认为这种贸易不仅有悖于基督宗教的伦理道

---

① 王铁崖编：《中外旧约章汇编》第1册，生活·读书·新知三联书店1957年版，第56页。

德，而且会严重破坏基督宗教在中国的广泛传布。①

一　美国政府与美国早期对华鸦片贸易

美国和中国直接发生贸易关系，始于1784年美国商船"中国皇后"号（*Empress of China*）首航广州成功。中美贸易早期，美国对中国的茶叶、丝绸和土布需求量甚大，而其能与中国进行贸易之货物仅为人参、毛皮、檀香木等，且自身货源有限。因此，美国对华贸易的结果是逆差日趋严重。为了减少现银的大量外流，扭转美中贸易的巨额逆差，美国商人便步英国殖民者之后尘，渐趋染指被视为"特殊商品"——鸦片的走私活动，先后从土耳其和印度将鸦片贩售至中国。据美国历史学家丹涅特（Tyler Dennett, 1883—1949）考证，"美国人的土耳其鸦片贸易始于1805年，也许更早一些"②。由于当时美国从土耳其到中国的直航并不常见，所以，美国商人贩运的鸦片要么先直接运往美国口岸，除留存供给美国市场所需数量外，其余再转船运至中国；或者先运达英国口岸，然后再转装开往中国的船只。"因为走私量巨大，在中国交付的土耳其鸦片数量实在无法精确统计。广州方面最早期的进口数字如下：1805—1806年度，102箱；1806—1807年度，180箱；1807—1808年度，150箱。据一个自1827年至1830年大规模经营鸦片贸易的人声称，美国人每年销出的鸦片有1200担至1400担。"③ 1815年之后，美国商人还从波斯贩运价格更加低廉的鸦片，或替英国商人从印度代运鸦片至广州，从中获取3%的佣金，

---

① 本文所讨论的时间限定于1830年美国传教士来华至1844年《望厦条约》的签订。就笔者阅读所限，中外学者深入讨论此问题者甚少。西方学者在有关传教士的个人传记中略有所述；中国学者吴义雄的《基督教道德与商业利益的较量——1830年代来华传教士与英商关于鸦片贸易的辩论》（《学术研究》2005年第12期）、甘开鹏的《美国来华传教士与晚清鸦片贸易》（《美国研究》2007年第3期），初有所涉。

② Tyler Dennett, *Americans in East Asia: A Critical Study of United States' Policy in the Far East in the Nineteenth Century*, New York: The Macmillan Company, 1922, p. 115.

③ Tyler Dennett, *Americans in East Asia: A Critical Study of United States' Policy in the Far East in the Nineteenth Century*, p. 116.

外加1%的红利。① "美国人在从印度进口的鸦片中所占的份额,更加难以断定。"②

19世纪30年代以后,美国商人对华鸦片走私活动更加猖獗,运输效率日益提高。他们不仅逃避中国海关检查的办法越来越多,而且贩运鸦片的工具更加先进。美商走私船只多为武装飞剪船,中国海关的缉私船只根本追拿不及。一些美国商行船只还以珠江口的伶仃洋为据点,专门包揽鸦片走私业务。旗昌洋行(Russell & Company)是美国向中国输出鸦片的主要商行,不仅大力贩卖土耳其鸦片,而且还致力于印度鸦片的托售业务。他们在印度拍卖市场购入鸦片,然后运往广州等地,从中牟取暴利。另外,美国在华较有影响的普金斯洋行(Perkins & Company)、琼记洋行(Augustine Heard & Company)也都在广州从事过鸦片贸易。在林则徐禁烟以前,美国商人的鸦片走私活动已经渗透至天津等地的一些北方港口城市。由于鸦片是走私贸易,"所以,美国输华的鸦片数量无从精确估算";据估计,1807年以前,每年在105—150箱;1811—1820年,平均每年为473箱;1821—1827年,平均每年为579箱;1828—1833年,平均每年为1081箱。但事实上,"可以肯定,美国贩运来华的各类鸦片远远超过我们现在所掌握的数字"③。不过总体而言,"1840年以前,美国人在广州寄售或者用美国船只装运的鸦片,通常不超过进口总额的10%,其价值在某些年份中也仅略微超过美国对华输入总额的10%。"④

美国商人在中国染指鸦片走私之初,美国政府的政策是放任自流,因为鸦片贸易可以一定程度地缩短美中贸易形成的巨大逆差,缓解美国现银大量外流而造成银根紧缩的危机情状。"当美国商人们的

---

① 参见梁碧莹《略论早期中美关系史》,《史学月刊》1985年第5期。
② Tyler Dennett, *Americans in East Asia: A Critical Study of United States' Policy in the Far East in the Nineteenth Century*, p. 116.
③ 汪熙、邹明德:《鸦片战争前的中美贸易》,载汪熙主编《中美关系史论丛》,复旦大学出版社1985年版,第113—114页。
④ Tyler Dennett, *Americans in East Asia: A Critical Study of United States' Policy in the Far East in the Nineteenth Century*, p. 117.

资本还比较小,且能为中国人所接受的现银供应量尚有限的时候,鸦片贸易就像奴隶和酿酒厂一样,成为许多美国大资产的基础。"① 所以,面对许多大商行在中国走私鸦片,美国政府最初从美国国家利益出发,基本上采取默认的态度。这种态度显然是符合其时美国海外扩张政策的,实际上是为美国早期资本主义发展提供必要的原始积累。

毋庸置疑,美国商人早期对华鸦片贸易所造成的危害是显而易见的。对中华帝国而言,"鸦片流入中国,近害则耗民财,远害则伤民命,贻患无穷"②。而于中美关系来说,同样弊大于利。

其一,影响早期中美友好关系。早期中美关系是以"友善"和"平等"为主要基调的贸易关系,美国的对华贸易主要通过正常渠道进行。然而,随着美商参与对华鸦片走私活动,美国人在中国人心目中原有的"安分守法"形象便大打折扣;两国官民之间因鸦片问题而引致的纠纷摩擦也不时发生。这就严重影响了中美之间原有的和睦关系。诚如丹涅特所言:"美国鸦片贸易的存在是对与中国政府维持和睦关系的一个经常威胁,因为……和平对于美国人而言乃是至高无上的美德。在林钦差莅临广州20多年以前,美国人已经感觉到贩运鸦片对和平贸易的危险了。"③

其二,破坏中美两国贸易秩序。因为鸦片的泛滥,中华帝国"已经变成一个购买国而非销售国了"④。美国对华鸦片贸易的急剧发展,致使中国对美贸易逐渐由顺差转为逆差,白银大量外流,财源渐趋枯竭,导致中国民众购买力和消费力锐降。这就严重损害两国之间正常的贸易秩序,同时也影响到美国对华其他商品的输出。中国白银大量

---

① Tyler Dennett, *Americans in East Asia: A Critical Study of United States' Policy in the Far East in the Nineteenth Century*, p. 119.

② (清)文庆等纂:《筹办夷务始末(道光朝)》卷2,载沈云龙主编《近代中国史料丛刊》第56辑,文海出版社1970年版,第118页。

③ Tyler Dennett, *Americans in East Asia: A Critical Study of United States' Policy in the Far East in the Nineteenth Century*, p. 119.

④ Tyler Dennett, *Americans in East Asia: A Critical Study of United States' Policy in the Far East in the Nineteenth Century*, p. 73.

外流，社会购买力严重衰弱，对美国所导致的直接后果便是，其努力扩大中国市场的企图随之化为泡影。《亨特氏商人杂志》(*Hunt's Merchants Magazine*) 1841年1月的社论明确指出，从印度输入中国的鸦片已为英国商务创造有利条件，然于美国人却并无裨益。有一种普遍感觉，鸦片贸易的根绝将不仅有助于中国的道德和健康幸福，而且有助于美国的商业利益。文章作者进而阐明："美国和中国的利益在这一点上，就像在其他各点上一样，乃不谋而合。"①

其三，损害美国在华传教事业。就美国在华传教利益而言，肮脏的鸦片贸易不仅损害中国人的肌体，而且引致中国人对宗教传布者——西方人的普遍恶感和愤怒，从而影响中国民众对基督宗教的接纳。对此，虔诚的基督徒、一直反对鸦片贸易的美国同孚洋行（Olyphant & Company）投资人奥立芬（David W. C. Olyphant, 1789—1851）早有认识。他曾指出，鸦片走私"已经成为一道阻隔基督宗教与4亿中国人民的坚固壁垒，已经成为那些商品市场的破坏者"②。很多年后，英国来华传教士杨格非（Griffith John, 1831—1912）对此有深刻的剖析。他说："传教士始终感觉到，这种有着不光彩历史的致命的贸易，更加不用辩驳和令人信服地促使中国人心灵深处对基督宗教的抵抗，远胜于其能为中国所做的和能做的。这种贸易已造成中国人对传教士和福音的一种强烈的偏见。中国人无法理解，何以同样的人会一边带给他们救赎的福音，另一边又带给他们毁灭性的毒品。他们不明白，何以当我们在大规模地摧毁他们的肌体时，竟然会觉得对他们的灵魂有益；他们必然怀疑，一个带来这种买卖（指鸦片走私——引者注）的民族是否有资格向他们传播宗教，激励他们向善。虽然身为传教士的我们，与这种可恶的行为无甚干系，但是中国人却无法分辨其中的界限（指传教士与其他西方人的区别——引者注）。

---

① Tyler Dennett, *Americans in East Asia: A Critical Study of United States' Policy in the Far East in the Nineteenth Century*, pp. 105–106.

② D. W. C. Olyphant, "Premium for on Essay on the Opium Trade", *Chinese Repository*, Vol. V, No. 9, January 1837, p. 418.

而且他们会问:'鸦片贸易难道不正是基督宗教合法的产物吗?'"①显然,"鸦片贩子即西方人""西方人即鸦片贩子"的认知已深深烙印在中国民众的脑海之中。所以,同样是蓝眼睛、白皮肤的美国传教士,就理所当然地会遭到中国人的愤怒和敌视。这无疑是对美国传教组织拓展在华传教事业的极大阻遏。

于是乎,当中、英两国因鸦片问题即将爆发战争时,美国政府权衡利弊,了解到清政府的禁烟决心与政策之后,遂改变其原来的默许态度,转而采取符合清政府禁烟政策的立场。由此可见,《望厦条约》签订以前,虽然美、英两国对华贸易的目的与性质一样,都想牟取暴利,但二者在对待鸦片走私问题的态度上却是不尽相同。

二 美国传教士对鸦片贸易的抨击

当鸦片走私活动在中国猖獗泛滥之时,最先认识到其重大危害与严重后果并极力予以谴责者,乃是早期美国来华传教士。首先,他们很清楚鸦片贸易有悖于基督宗教的伦理道德,肯定会殃及破坏整个对华传教事业。其次,这些传教士在其所创办的医院里医治病人时,曾目睹那些因鸦片成瘾而损害健康的受害者,对鸦片于中国民众家庭和社会的巨大冲击尤其敏感。"因此,他们成为鸦片贸易的最强烈反对者和将鸦片从中西方贸易关系领域中清除的最极力鼓吹者,也就不足为奇了。"②

美国首位来华传教士裨治文(Elijah Coleman Bridgman,1801—1861),"自1830年抵达广州后不久,即对鸦片贸易深感忧虑"③,是

---

① Benjamin Broomhall, *The Truth about Opium Smoking*, London: Hodder and Stoughton, Paternoster Row., 1882, pp. 62 – 63.

② Michael C. Lazich, *E. C. Bridgman (1801 – 1861), America's First Missionary to China*, Lewiston · Queenston · Lampeter: The Edwin Mellen Press, 2000, p. 175.

③ Michael C. Lazich, *E. C. Bridgman (1801 – 1861), America's First Missionary to China*, Lewiston · Queenston · Lampeter: The Edwin Mellen Press, 2000, p. 175.

最早关注对华鸦片走私活动的美国传教士。他对鸦片自身的危害曾予以极力痛斥,对鸦片贸易的罪恶曾表示出极大的愤慨。由于早期美国来华传教士为传播宗教之目的,多少与西方鸦片贸易商有些瓜葛,有些传教士或传教组织甚至受助于从事对华鸦片贸易的商行,所以裨治文最初还颇为谨慎,尽量避免公开表达其反对鸦片贸易的观点。比如,他曾在早期一份致美国海外传教委员会(American Board of Commissioners for Foreign Missions,亦译"美国公理会差会",俗称"美部会")的报告中谴责毒品,但又明确表示不要轻易将其抨击鸦片贸易的言论发表在《传教先驱》(*Missionary Herald*)月刊上,因为这是一个"非常敏感的话题"。① 然而,随着裨治文在中国工作环境及声望的渐趋稳固,他便开始公开抨击被其视为"中国社会最大灾祸之一"的鸦片贸易。这在很大程度上也有赖于资助其来华传教的商人奥立芬是鸦片贸易的坚定拒绝者。1832年5月,《传教先驱》节选刊载裨治文日记片段,揭露中国"从皇宫至草庐,抽吸这种'黑色商品'实际上已极度泛滥;对整个帝国及所有的社会阶层,均造成最致命的影响"②。此可能为美国传教士首次公开在西方媒体上评论对华鸦片贸易问题,亦可能为美国公众了解西方商人在中国从事鸦片走私活动之始。

19世纪30年代中后期,裨治文已经成为最重要的鸦片贸易抨击者之一,并撰写大约16篇谴责鸦片贸易的文章发表于其主持编辑的《中国丛报》(*Chinese Repository*)月刊。其中,《欧洲、中国和印度的罂粟生产》(Cultivation of the Poppy, in Europe, China, and India)、《论供应中国市场的鸦片制造》(On the Preparation of Opium for the Chinese Market)、《对华鸦片贸易》(The Traffic in Opium Carried on with China)、《中国的鸦片制造方法》(Chinese Method of Preparing

---

① Bridgman to Evarts, Canton, June 19, 1830, *Papers of the American Board of Commissioners for Foreign Missions*, reel 256, microfilm, Woodbridge, Conn.: Research Publications, 1985.

② "Bridgman Journal, April 8, 1831", *Missionary Herald*, May 1832, p. 138.

Opium for Smoking)、《鸦片贸易危机》(Crisis in the Opium Traffic)、《论目前鸦片贸易危机》(Remarks on the Present Crisis in the Opium Traffic) 等文,对鸦片于中国社会的危害有深刻论述;《对鸦片使用的新抗议书》(Sin pun keën yang yen, "A New Paper Remonstrating against the Use of Opium")、《劝诫图》(Admonitory Pictures) 等文,则向读者表述中国人对鸦片毒瘾祸害的看法。此外,他还翻译一篇题为《洋烟十毒论》(Foreign Opium a Poison: Illustrated in Ten Paragraphs) 的文章——该文通过骇人听闻的细节详析鸦片如何"耗尽人体的精气,损毁人体的骨血,挥霍所有的财产,导致淫乱与践踏法律"。

在《欧洲、中国和印度的罂粟生产》一文中,裨治文参考西方鸦片研究文献,评论罂粟的种植方法和加工程序,描述其在英国殖民地印度的种植及传入中国的历史过程。[①] 在《论目前鸦片贸易危机》一文中,裨治文呼吁要"首先讨论重大的道德问题"。他强调,造成鸦片危机的首要原因是英印政府"低下的道德状态",而且"孟加拉(英人)的道德水平也就是其祖国(即英国——引者注)的道德水平";鸦片贸易使英国这样一个"主要基督宗教国家"处于"与它的责任与荣誉不相称的地位",而中国的"异教徒政府在反抗由一个基督徒民族施加的道德沦丧的诱惑时所表现出来的原则性力量",则必将"发挥它的作用"。他认为,鸦片利益集团将鸦片泛滥的原因归结为中国官吏的贪污腐败是不能成立的,应看到几十年来中国毕竟一直在实行禁烟政策;长期以来西方人抱怨的中国人排外、自大观念和苛刻的对外政策,一个重要的原因就是贩卖鸦片使西方人在中国的形象自毁……"在中国人的眼里,我们的品性低下……西方政府在此地推动的事业,被认为是降低而不是提高外国人的道德形象……由于我们的愚蠢和轻忽,我们的民族特性跌落到尘埃之中。"他还指出,要

---

① E. C. Bridgman, "Cultivation of the Poppy, in Europe, China, and India", *Chinese Repository*, Vol. V, No. 10, February 1837, pp. 470–475.

改变这一切，西方人在中国就必须按"真正高贵的和基督宗教的准则"行事，放弃鸦片贸易。① 这篇文章从道德角度阐述鸦片贸易之危害，试图以基督宗教伦理的精神唤醒鸦片贸易者之良知，在当时引起很大反响。

1839年5月25日，以奥立芬为首的部分美国在华商人集体向美国国会呈递一份备忘录，宣称他们坚决反对美国人从事对华鸦片贸易，并表示："无论是从道德的和仁爱的角度考虑，还是仅仅作为一个商业主张……我们都极希望看到中国的鸦片进口和消费彻底终结。"② 同时，备忘录也向美国政府告知美国商人同意与林则徐具结保证书的决定，声明他们相信中国政府禁烟的决心，并且表示将来不再参与毒品交易。有学者指出，"虽然不知道裨治文是否直接参与了这份文件的起草，但其中的建议则与他在《中国丛报》上长期倡导的主张几乎一致"③。不过有一点可以肯定，美国在华商人向国会所呈递的备忘录，肯定包含裨治文等早期来华传教士所追求的心愿。尽管传教士们意识到鸦片问题可能会引发中、英两国矛盾激化，但他们还是将此次向国会呈递备忘录视为迈向结束鸦片贸易的一个重大进步。因此，裨治文在当时向"美部会"呈递报告时写道："鸦片，……正向走私者显示法律效力。我们希望鸦片走私能得到彻底根除。英国、印度乃至基督宗教王国，现在必须认清'这种祸患'的罪恶。"④ 同时，裨治文又在《中国丛报》上阐明类似的观点。他说："当西方国家的人适时地觉察到这些他们曾长期充当帮凶的可怕罪恶时，他们不仅会终止以前的活动，而且会像真正的基督徒慈善家一样，去努力弥补其

---

① E. C. Bridgman, "Remarks on the Present Crisis in the Opium Traffic", *Chinese Repository*, Vol. Ⅷ, No. 1, May 1839, pp. 1 – 8.

② Tyler Dennett, *Americans in East Asia: A Critical Study of United States' Policy in the Far East in the Nineteenth Century*, p. 123.

③ Michael C. Lazich, *E. C. Bridgman（1801 – 1861）, America's First Missionary to China*, p. 181.

④ Bridgman to Anderson, Canton, May 15, 1839, *Papers of the American Board of Commissioners for Foreign Missions*, reel 257.

所造成的破坏。"①

紧随裨治文之后被"美部会"派至中国（1833年来华）的传教士卫三畏（Samuel Wells Williams，1812—1884），对发生在中国的鸦片贸易同样反应激烈。他明确表示："鸦片走私的罪恶是不能容忍的，需要课以重税作为对鸦片贸易的阻遏和耻辱标志。"② 针对英国的鸦片贸易政策，他曾尖锐地指出："中国政府真诚地希望发展除鸦片贸易之外的其他一切贸易；但是，受目光短浅、自私自利贸易政策支配的英国政府，却拒绝合作去阻遏一种受害者比破坏者更了解其后果的罪恶，虽然这是一种令人绝望的努力。在异教徒眼里，英国已经丧失将道德标准置于唯利是图目的之上的黄金时机，并将永远不能复得。"③ 关于英国发动的鸦片战争，他坦言，"在我看来，（英军的）整个远征是非正义的，因为它的到来与鸦片贸易有密切的关系"；"英军在这里的军事胜利，将有助于其扩大这项罪恶的贸易"④。卫三畏直言不讳地批评英国人将商业利益置于基督宗教伦理之上的劣行，并指责其导致的恶果。

与卫三畏同时来华的"美部会"传教士帝礼士（Ira Tracy，1806—1875，亦译杜里时、特雷西），是最早以文字劝阻中国人远离鸦片的传教士。他借助华人基督徒梁发（1789—1855）的帮助，于1835年在新加坡印行一本名为《鸦片速改文》的6页小册子，其中提出6个禁食鸦片的理由：违反法纪，使人失责，败人家庭，害人健康，损人仪容，毁人灵魂。⑤《鸦片速改文》后来被美国传教士不断

---

① E. C. Bridgman, "Remarks on the Present Crisis in the Opium Traffic", *Chinese Repository*, Vol. Ⅷ, No. 1, May 1839, p. 4.

② Samuel Wells Williams, *The Middle Kingdom: A Survey of the Geography, Government, Literature, Social Life, Arts, and History of the Chinese Empire and its Inhabitants*, Vol. Ⅱ, New York: Scribner, 1883, pp. 563, 657.

③ S. Wells Williams, *Our Relations with the Chinese Empire*, San Francisco: 1877, p. 6.

④ Frederick Wells Williams, *The Life and Letters of Samuel Wells Williams, LL. D. Missionary, Diplomatist, Sinologue*, New York: Press of G. P. Putnam's Sons, 1888, p. 122.

⑤ Alexander Wylie, *Memorials of Protestant Missionaries to the Chinese*, Shanghai: American Presbyterian Mission Press, 1867, pp. 79 – 80.

修订、改编，在宁波、上海、福州等地广泛使用。

美国第一个来华医疗传教士（medical missionary）伯驾（Peter Parker，1804—1888，1834年来华），不仅对鸦片贸易予以谴责，而且还间接参与到林则徐的禁烟事务。1839年6—7月，他曾致函林则徐称："鸦片之祸已有摧毁贵国财富和幸福的危险。""自从首次闻知有此大员即将到来，我的内心便极为喜悦，仁慈的上帝终于从贵国选中一位拯救者，前来拯救贵国于可悲的邪恶之中；我每天都向上帝做最热忱的祈祷，求上帝引领和指导钦差大臣圆满完成这项困难的任务。鉴于如此频繁地目睹鸦片的巨大破坏，以致我怀着痛苦的心情问道：阻遏鸦片泛滥的力量在何处？我对自己说，也许会来自西方国家；为此，我们已经发表实际的声明，呼吁西方国家的权贵和善良之士，高声抗议罪恶的鸦片贸易。"① 伯驾作为一个基督宗教伦理的护卫者，渴望上帝帮助人类消除鸦片泛滥罪恶的心情，由此可见一斑。伯驾还在该函中向林则徐建议，只有了解西方国家的法律，与其建立条约关系，根治鸦片贸易才能"药到病除"。1839年7月，林则徐曾通过中间人向伯驾寻求一个"可以治疗所有吸食鸦片者的药方"。伯驾呈给林则徐一份有关鸦片对人体系统作用及治疗鸦片瘾基本原则的报告。后来，林则徐又希望伯驾能够为其提供一种"对鸦片吸食者的特效药""一种可以解决无论年龄、性别及患有其他疾病的所有鸦片受害者的药方"。伯驾再次表示并无快速治愈的药物可用，唯一的希望就是通过减少吸食量来逐渐降低鸦片瘾，而这在哪里都是一两个月乃至两年的过程。②

在林则徐收缴鸦片和英国人被逐出广州后数月，美国在华传教士向"美部会"报告他们在中国的状况。报告中，传教士将鸦片祸患描述为"一种丝毫不亚于奴隶制和纵欲的罪恶，甚至比二者加起

---

① George B. Stevens, *The Life, Letters, and Journals of Peter Parker, Missionary, Physician and Diplomatist, the Father of Medical Missions and Founder of the Ophthalmia Hospital in Canton*, Boston and Chicago: The Congregational Sunday-School and Publishing Society, 1896, p.170.

② Edward V. Gulick, *Peter Parker and the Opening of China*, Cambridge, MA: Harvard University Press, 1973, p.89.

来还有过之"。他们还指出:"使得这一现代罪孽显得尤其罪大恶极的臭名昭著的事实是,外国人、开化民族、基督徒,已成为生产和贩售这种毒品的主犯。"① 此时的美国在华传教士,不仅对鸦片贸易于人体的侵蚀感到深恶痛绝,而且对鸦片贸易于基督宗教伦理的危害深感不安。

美国在华传教士不仅在舆论上谴责对华鸦片走私活动,而且在行动上支持林则徐的禁烟运动。1839年6月15日,裨治文应邀前往虎门观看鸦片销毁实况。旋即,他便在《中国丛报》发表一份极为详尽的考察报告。该报告称:"我们反复检查过销烟程序的每一个环节。他们在整个工作中所体现的细心和忠实程度,远远超乎我们的预料;我不能想象有比执行这个工作更为忠实的了。"② 裨治文之所以非常详尽地描述中国政府销毁鸦片的具体细节,旨在向西方人阐明中国政府禁烟的鲜明态度与坚定决心,打消鸦片走私者的侥幸心理。

美国在华传教士从基督宗教伦理的层面对鸦片贸易进行谴责与抨击,主要借助于《中国丛报》。该刊先后发表数十篇长短不一的文章或评论,揭露鸦片贸易对中华民族道德、商业和政治生活方面的恶劣影响,还曾发起一场反对吸食鸦片的激烈论战,成为包括美国传教士在内的、有良知的西方人士声讨鸦片贸易的重要阵地。作为西方国家了解19世纪上半叶中国的主要窗口,《中国丛报》对大洋彼岸美国人反对鸦片贸易的舆论起到了重要的引导作用。1836年11月,该刊登载《论对华鸦片贸易》(Remarks on the Opium Trade with China)③ 一文,通过深刻阐述鸦片对人体的危害以及鸦片贸易与基督宗教伦理的冲突,对当时泛滥成灾的鸦片走私活动予以痛斥。作者声明其写作该

---

① Mission to Board, Macao, September 7, 1839, *Papers of the American Board of Commissioners for Foreign Missions*, reel 257.

② E. C. Bridgman, "Crisis in the Opium Traffic", *Chinese Repository*, Vol. Ⅷ, No. 2, June 1839, pp. 57 – 83.

③ J. C. Stewart, "Remarks on the Opium Trade with China", *Chinese Repository*, Vol. Ⅴ, No. 7, November 1836, pp. 297 – 305. 据悉,该文由在印度传教的基督新教传教士斯图尔特(J. C. Stewart)撰写,曾于1836年8月11日由加尔各答(Calcutta)教会书局印行。

文之目的,乃是希望引起人们对于鸦片贸易是否符合人类道德的拷问。随后,声名狼藉的英国鸦片贩子因义士(James Innes,? —约1840)12月在该刊以"一位读者"致该刊编辑函的名义发表反驳文章,为鸦片贸易进行辩护。① 接着,该刊1838年1月又以"另一位读者"的名义,发表反对鸦片贸易的《广州纪录报》(Canton Register)编辑、英国商人基廷(Arthur S. Keating,1807—1838)的文章。此后,这两个"读者"以《中国丛报》为阵地,在1838年还分别发表两篇文章阐述各自的观点,从而展开一次关于对华鸦片问题的论战。在此期间,《中国丛报》还陆续发表一些文章,证明鸦片的毒品特性及其危害。英国散文家托马斯·德·昆西(Thomas de Quincy,1785—1859)曾于1821年在英国发表一篇题为《一个英国鸦片吸食者的自白》(Confessions of an English Opium Eater)的文章。作者以其切身经历,详细描述自己成为一个鸦片瘾君子的过程,证明鸦片对人身心的摧残。该文在西方世界具有极其广泛的影响。《中国丛报》遂于1840年7月将其重新刊载,以期用西方人的亲历其害现身说法,说明鸦片作为一种毒品只会给吸食者带来精神上和肉体上的双重毁灭。②

坚持不从事鸦片贸易的同孚洋行的主要成员是奥立芬和查尔斯·金(Charles W. King,1805年以前—1849年之后),都是怀有强烈道德感的商人,也是基督新教对华传教活动的积极赞助人。该行在1836年捐出100英镑,征求研究鸦片问题的优秀论文,曾引起舆论界的瞩目。查尔斯·金在1837年1月为征文写给《中国丛报》的信中指出,发起此次活动的原因之一,就是不能容忍因义士将鸦片粉饰成"无害的奢侈品"。他认为,对于基督徒来说,在鸦片贸易问题上"洗手不干"是不够的,还应该"通过正当手段来阻止这一邪恶"。因此,他们希望有人能对鸦片贸易的政治、经济和道德后果予以透彻

---

① J. Innes, "Remarks on the Opium Trade", *Chinese Repository*, Vol. V, No. 8, December 1836, pp. 367–370.

② 吴义雄:《基督教道德与商业利益的较量——1830年代来华传教士与英商关于鸦片贸易的辩论》,《学术研究》2005年第12期。

的研究。① 裨治文也期望尽可能地促进鸦片贸易问题的公开讨论，遂决定在《中国丛报》开辟一个研究和争辩鸦片贸易问题的专栏，刊登大量有关中国鸦片贸易历史和现状的文章，其中多数文章阐述鸦片对中国道德、商业和政治生活产生的罪恶影响。

然而令人遗憾的是，尽管裨治文、卫三畏、伯驾等美国传教士及《中国丛报》等媒体从舆论上大肆抨击、从道德上强烈遣责非法鸦片贸易的恶行，但是西方对华鸦片的输出却丝毫没有停止急剧上升的态势。也就是说，良心和道德并没有从实质上影响鸦片贸易。"这个事实说明，传教士们引为自豪的基督（宗）教道德，在鸦片利益面前是苍白无力的，巨额利润的诱惑使鸦片贩子克服了对上帝的敬畏。"②

三 美国传教士对美国鸦片贸易政策的影响

中美关系早期，美国关于中国的讯息主要来自在华传教士，对中国的了解亦主要依赖于在华传教士的认知。传教士在很大程度上主导着其时美国政府的对华政策。所以，美国传教士在公共媒体上表达的有关对华鸦片贸易的态度以及发回美国国内的各种反对鸦片走私的报告，无论是对美国社会的舆论导向，还是对美国政府的对华政策，都产生了重要影响。

鸦片战争以前，美国的对华政策很大程度上受到裨治文等在华传教士，尤其是传教士主办的报刊的影响。他们的言论，对美国政府政要和普通民众认识中国、研究中国、接触中国，具有极强的说服力和重要的导向作用。同样，美国来华传教士的鸦片贸易观也就是美国政府制定对华鸦片贸易政策的理论依据。诚如丹涅特所言，"已在中国

---

① Charles King, "Premium for an Essay on the Opium Trade", *Chinese Repository*, Vol. V, No. 9, January 1837, pp. 413–418.
② 吴义雄：《基督教道德与商业利益的较量——1830年代来华传教士与英商关于鸦片贸易的辩论》，《学术研究》2005年第12期。

工作十来年的美国传教士们的报告，在美国激起人们对中华帝国境内的慈善事业的日益浓厚的兴趣；他们那些关于鸦片贸易种种恶端的报告乃是形成公众舆论的一个有力因素"①。所以，当从传教士的声讨与论战中认识到鸦片贸易的严重危害时，"美国政府官员远比他们的英国同侪更愿意承认鸦片贸易的固有罪恶，并采取反对鸦片贸易的正式立场"②，以禁止美国商人从事与鸦片贸易有关的任何商业行为。

鸦片战争爆发后，1840年底返回美国的伯驾，即刻向"美部会"和美国公众传递有关鸦片走私输华和鸦片战争的最新信息，将美国在华传教士的鸦片贸易观反复传递给美国普通民众和政府官员。在华盛顿政要之间游说有关中国问题期间，伯驾受到总统范布伦（Martin Van Buren，1782—1862）和国务卿约翰·福塞思（John Forsyth，1780—1841）的会见，并被引见认识影响甚巨的参议员、后任国务卿丹尼尔·韦伯斯特（Daniel Webster，1782—1852）。韦伯斯特对伯驾所持的包括反对鸦片贸易在内的一些对华政策表示出极大的兴趣，并要求其写成书面报告。在精心准备的书面报告中，伯驾建议美国政府介入中英冲突，调解双方矛盾。他认为，"中国人只希望在政府不'丢脸'或声誉的情况下，找到一种实现和平、恢复贸易的方式，同时有效取缔鸦片贸易"③。尽管伯驾所呈递的报告未能促使美国政府直接介入中英矛盾的调停，但他本人通过各种不同场合的布道与演讲，使美国政府和公众对中国的鸦片贸易问题形成前所未有的认识，并使中美关系成为其时美国朝野热衷讨论的焦点问题之一。

鸦片战争期间，美国政府密切关注战争对美国在华利益的潜在风险。同时，受到传教士鸦片贸易观的影响，美国政府多次强调反对鸦

---

① Tyler Dennett, *Americans in East Asia: A Critical Study of United States' Policy in the Far East in the Nineteenth Century*, p. 102.

② Michael C. Lazich, *E. C. Bridgman（1801 - 1861）, America's First Missionary to China*, p. 192.

③ George B. Stevens, *The Life, Letters, and Journals of Peter Parker, Missionary, Physician and Diplomatist, the Father of Medical Missions and Founder of the Ophthalmia Hospital in Canton*, p. 186.

片贸易的立场。1840年,美国海军准将劳伦斯·加尼(Lawrence Kearny,1789—1868)奉派前往中国,出任东印度舰队(United States Naval Forces, East India and China Seas)司令,以保护美国在华侨民利益。同时,他还肩负一项重要使命,即设法严禁一切美国人参与对华鸦片贸易,禁止美国人或其他国家的人利用美国的国旗向中国走私鸦片。加尼1842年4月抵达中国不久后便发现,"美国旗帜正被广泛地用于包庇鸦片走私;美国公民,即使不是以公司身份,至少也是以个人身份,积极从事于这种贸易"①。于是,他即刻致函美国驻广州副领事:"《香港公报》(Hongkong Gazette)24日刊载一份航运报告,其中出现一艘从事装运鸦片的美国船只名称——故而,我请求你以同样的方式公告,美国政府不接受悬挂美国旗帜的船只违反中国法律在本海岸的'鸦片走私',并将此告译成中文通知中国当局。自该公告发布之日起,任何船只如因经营此项非法贸易被中国缉获,从而引起麻烦,申请人绝不会在我的训令下得到我这方面的支持或任何排解。"②

1843年,美国另一位海军准将老福克斯霍尔·A.巴克尔(Foxhall A. Parker,1788—1857)在孟买迎接新任美国驻华委员时,亦接到与加尼赴华时所奉大意相同的命令:"你应该随时给中国人和中国当局加深一种印象,你此行的重要目的之一,就是防止美国人或其他国家利用美国国旗的庇护在中国进行鸦片走私。倘有企图走私情形,必须加以惩处。"③

1843年5月8日,美国国务卿韦伯斯特在给首位使华特命全权公使顾盛(Caleb Cushing,1800—1879)的训令中强调指出,美国政府不但不支持其公民从事任何走私活动,而且宁愿放弃对此类商人的所有司法管辖权,也"不会出面袒护,使其免于承担自身非法

---

① Tyler Dennett, *Americans in East Asia: A Critical Study of United States' Policy in the Far East in the Nineteenth Century*, p. 124.
② "Journal of Occurrences", *Chinese Repository*, Vol. XI, No. 4, April 1842, p. 239.
③ Tyler Dennett, *Americans in East Asia: A Critical Study of United States' Policy in the Far East in the Nineteenth Century*, p. 119.

行为的后果"①。6月13日，韦伯斯特的继任者又向顾盛发出训令，责成其调查有关对新任驻广州领事"似乎与一个公开走私鸦片的美国商行有关系"的指控，并谓倘若此事属实，除非该领事自动辞职，便立即予以撤换。② 此亦足见美国政府确有严禁美商走私鸦片之决心。

早期美国来华传教士反对鸦片贸易的明确立场，当然也受到清政府的重视。林则徐1839年6月15日在虎门销毁鸦片时，还特意邀请裨治文等人前往观看。裨治文后来担任中美《望厦条约》谈判的美方代表，对早期中美文化交流和中美关系的建立产生很大的影响。林则徐邀请裨治文等人观看销烟，是清政府第一次试图打开中美关系的大门，也是对美国政府不支持本国商人走私鸦片的态度的正面回应。

由于美国在华传教士所发挥的重要作用，美国政府反对鸦片贸易的政策最终在《望厦条约》中得到确立。条约规定："合众国民人凡有擅自向别处不开关之港口私行贸易及走私漏税，或携带鸦片及别项违禁货物至中国者，听中国地方官自行办理治罪，合众国官民均不得稍有袒护；若别国船只冒合众国旗号做不法贸易者，合众国自应设法禁止。"③ 虽然在当时的条件下，《望厦条约》是一个对中国不平等的条约，但它至少表明美国政府在处理鸦片贩卖问题上的态度与英国政府有着本质上的区别。"不过美国政府的立场并不能体现在美国商人的实际行动中，事实上，美国商人的走私鸦片活动在19世纪从未停止过。"④

还值得一提的是，美国政府反对鸦片贸易政策的形成并非仅仅因为在华传教士的斥责与呼吁，其原因是多方面的。首先，美国国内舆论反对鸦片贸易。如1841年11月，众议院外交委员会主席约翰·昆西·亚当斯（John Quincy Adams，1767—1848）在马萨诸塞州历史学

---

① Tyler Dennett, *Americans in East Asia: A Critical Study of United States' Policy in the Far East in the Nineteenth Century*, p. 138.
② Tyler Dennett, *Americans in East Asia: A Critical Study of United States' Policy in the Far East in the Nineteenth Century*, pp. 139 – 140.
③ 王铁崖编：《中外旧约章汇编》第1册，第56页。
④ 仇华飞：《早期美国对华贸易的几个特点》，《学术月刊》1999年第11期。

会（Massachusetts Historical Society）发表为英国鸦片贸易辩护的演讲，即刻引起国内狂风暴雨般的抗议，"以至于《北美评论》（*North American Review*）拒绝发表该演讲"①。又如1843年3月，《亨特氏商人杂志》公开发表声明，谴责鸦片贸易"明显地违反国际法"②。其次，同美国鼓吹的对外推行尊重别国自主自决的理想主义政策分不开。美国建国初期，由于羽翼未丰，奉行和平外交的路线，非常重视对外的友好关系和自己的国家形象，所以，东印度舰队司令加尼将鸦片走私与玷污美国国旗联系起来，也就不难理解了。最后，实用主义在美国对外政策中起着作用。美国不愿意因鸦片贸易而失去中国市场，商人们更希望填补因英国人退出广州后出现的贸易真空。于是，当中、英两国之间发生冲突时，美国则在进一步扩展中国市场。这一政策有利于美国保持同中国正常的贸易关系。实践证明，在中英贸易大幅度下降时，美国对华贸易从总体上看却没有受到多大损害。

四 美国传教士反对鸦片贸易的原因

早期美国来华传教士对鸦片贸易的态度，主要取决于他们所奉行的"利益准则"。其最高利益准则乃是国家的长远利益和教会的传教利益。传教士开启对华传教事业及早期在华拓展教务，均恪守这一准则。遭遇中华帝国的闭关锁国，他们曾鼓吹使用武力打开中国的大门，应用的也是这一准则。同样，面对美国商人的鸦片走私活动，他们所奉行的仍是这一准则。对华鸦片贸易严重阻遏基督宗教在中国的传播，无疑是美国传教士对之予以反对的重要起因，而基督宗教伦理的价值体系更是导致传教士斥责鸦片贸易罪恶的内发原因。

美国传教士历尽千辛，远涉重洋到中国传教，固然有其深刻的政

---

① Kenneth Scott Latourette, *The History of Early Relations between the United States and China, 1784 – 1844*, New Haven: Yale University Press, 1917, p. 125.
② *Hunt's Merchant Magazine*, Vol. 8, March, 1843, p. 205.

治文化背景，并与早期中美贸易有着水乳交融的关系。但是，传教士与唯利是图的商人毕竟不可同日而语。他们来华的主要目的"让基督征服中国"，是出于对耶稣基督的信念和宗教热忱，故始终具有传播信仰以使异教徒皈依上帝的强烈使命感。然而，要使中国人皈依上帝，除了以武力为后盾外，还必须具备两个前提：一是开启中国民智，让中国人接触并了解基督宗教文化；二是赢得中国人的好感，使基督宗教文化更容易被中国人所接受。因此，传教士来华之初便致力于从文化教育方面入手，通过各种方式与渠道向中国人介绍和灌输西方文化，为传教活动做好准备工作。① 然而，西方人的鸦片走私活动却对基督宗教的传布造成极大的负面影响。关于这一点，1847年抵达上海的美南浸信会（Southern Baptist Convention）传教士晏玛太（Matthew Tyson Yates，1819—1888）曾深有体会地指出："中国人何以如此强烈反对一切外国人，因为他们分不清楚其国别。他们说：'外国人把鸦片带入我们国家，造成我们成千上万的同胞死亡，导致所有阶层的贫穷。鸦片引发战争，导致我们无数的同胞被杀戮。现在他们竟然要来教给我们一个新的宗教。让他们先去教导他们自己的百姓吧！'""所以，当我们在上海展开传教事工时，我们不得不与一个已经被征服但却不可以掉以轻心的对立者进行斗争。"② 晏玛太虽然描述的是鸦片战争之后的情状，但实际上自鸦片进入中国始，中国人对西方人的抵触情结就已经存在。罪恶的鸦片贸易"玷污了基督宗教的声名"。所以，美国传教士们在1839年9月致"美部会"的报告中指出："尽可能向所有的人行善，避免邪恶行为的出现，乃基督徒所奉行的信条。当一名信徒奉行这些原则时，他便成为我们神圣宗教完美教义的鲜活代表；他的生活无可指责；他的美名遐迩传颂；即便遭受磨难，他也永远不会成为行恶之人。基督徒停止作恶、学会行善

---

① 参见何大进《晚清中美关系与社会变革——晚清美国传教士在华活动的历史考察》，江西人民出版社1998年版，第28页。
② Charles E. Taylor, *The Story of Yates the Missionary, as Told in His Letters and Reminiscences*, Nashville, Tennessee: Sunday School Board, Southern Baptist Convention, 1898, p. 59.

之日，乃是中国的幸福之时。"① 另外，吸食鸦片更为耶稣基督所不允许，而19世纪的中国人中，鸦片吸食者则占相当大的比例。以教义教规而论，这些人肯定不符合入教条件，所以鸦片贸易实际上成为西方在华传教事业的直接障碍。

美国是一个新教色彩浓郁的国家。新教伦理主张依靠持续的、理性的、交易的方式来获取财富。它虽然鼓励人们获取财富，但是反对采取任何非理性的方式。它认为人只是财富的受托者，这些财富只能经由上帝的荣耀才可被给予人。故此，新教徒不能容忍有悖于新教伦理与道德的商业行为，厌恶通过不正当手段获取的财富。人必须——就像道德寓言中的仆人一样——向上帝说明他的每一分钱是怎么来的，要怎么花。如果他出于自身的享乐而不是服务于上帝的荣耀花掉任何一分钱，那都是危险的。人对于自己占有的财富，有着向上帝承担的责任。在这方面，人服务于上帝就像一个温顺的服务员，甚至是上帝的赚钱机器。人占有财富越多，对上帝负有的责任就越大。这种责任，一是为了上帝的荣耀而不能使财富减少，二是要用不懈的努力来增加财富。然而，鸦片战争前后发生在中国的鸦片贸易，显然是有违人类道德的、非法的商业行为。肮脏的鸦片贸易与传教士"劝人为善"的说教背道而驰，不仅破坏了中国的社会经济，侵蚀了中国人的肌体，而且引致中国人对西方人及其文化的普遍反感和愤怒。这对传教士的宗教文化活动显然产生消极负面的作用。于美国来华传教士而言，他们主要关心的是美国的长远利益，而不是鸦片贸易商的眼前利益。他们期冀输往中国的是触及人类灵魂的"精神食粮"，而不是侵蚀人类肌体的毒品鸦片，所以当前者的利益受到后者的损害时，他们态度鲜明地选择前者，并对后者予以斥责。因此，美国传教士来到中国后，很快对鸦片贸易造成的社会恶果大肆报道，对吸食鸦片带来的人类弊害大声疾呼。

---

① Mission to Board, Macao, September 7, 1839, *Papers of the American Board of Commissioners for Foreign Missions*, reel 257.

1843年底，美国政府派遣首位特命全权公使顾盛使华，迫使清政府签订不平等条约。顾盛来华使美国传教士看到一丝希望，他们期冀美国能够通过正式的条约形式来反对鸦片贸易。"美部会"向来禁止其在东亚的传教士参与任何政治外交活动，但它的执行委员会却对顾盛代表团表现出不同寻常的关注。1843年6月，"美部会"秘书长鲁弗斯·安德森（Rufus Anderson，1796—1880）在给裨治文的信中提到："据我们的理解，美国代表团的外交目标与你们的使命存在着一致性，尽管不完全一样；我们相信，该代表团在很大程度上将有助于宗教教义在中国的传播，这也正是我们所期待的。"[①] 由此可见，"美部会"为了传教目的，打破其反对传教士从事政治活动的禁令，允许美国来华传教士参与美国代表团在华期间的政治事务，并为代表团提供极为关键的咨询和翻译服务。安德森还特别向代表团推荐裨治文及精通中国事务的伯驾，协助顾盛进行与中国代表的谈判。由此可见，为了自身的传教利益，为了捍卫新教伦理，美国传教组织甚至不惜突破一定的传统戒律，积极支持美国在华传教士的传教事业。

五　结语

鸦片战争前后发生在中国的鸦片贸易，有悖于人类的基本道德，更为基督宗教伦理所禁止，所以鸦片在中国的出现，自然引起中国人对西方人的普遍反感和愤怒，并严重阻碍基督宗教在华传布。早期美国来华传教士反对鸦片贸易，一方面由于这种贸易违反基督宗教伦理；更重要的原因还在于，这种贸易有碍"让基督征服中国"终极目标的实现。美国传教士们关注的是宗教的传布，并不关心鸦片贸易商人的经济利益，所以当传教利益受到鸦片贸易的阻扰时，他们便在言论上和行动上极力反对这种贸易。这些传教士的言行，不仅得到母

---

① Michael C. Lazich, "American Missionaries and the Opium Trade in Nineteenth-Century China", *Journal of World History*, Vol. 2, June 2006, pp. 198–220.

国传教组织的积极支持,而且获得美国民众的普遍认同,甚至引起美国政府的高度重视,并最终对美国政府反对鸦片贸易政策的确立起到了决定性的作用。

(原载《世界宗教研究》2011年第1期)

容闳赴美留学与中学西传

1915 年，容闳（Yung Wing，1828—1912）所撰英文自传 *My Life in China and America*① 之汉译本在上海出版。译者选择《西学东渐记》② 作为书名，可谓对容闳参与和见证晚清西学东渐特定历史之传奇人生的经典诠释。也正是因为《西学东渐记》的问世，一个多世纪以来，容闳一直被视为近代中国西学东渐的鲜明标识，而其于中学西传、在西方构建中国形象之开创性贡献则未引起学界的足够关注。

其实，容闳是整个中国近代历史的见证者、参与者乃至推动者，在近代中国绝大多数引人注目的重大事件中均扮演过重要角色。然而，与晚清时期立于历史潮头的其他显赫人物相较，容闳更多表现在"践于行"，而没有留下多少文献史料，所以学界对其研究很长时期都是"浅尝辄止"，难以深入。直至 1988 年，章开沅在耶鲁大学图书馆"手稿与档案部"（Manuscripts and Archives）发现一批珍贵的容闳文献，陆续将其整理、翻译、发表，容闳研究才开启新的局面。③ 自 2010 年始，吴义雄亦着手搜寻、编辑和翻译稀见容闳文献，并于

---

① Yung Wing, *My Life in China and America*, New York: Henry Holt and Company, 1909.

② 容纯甫：《西学东渐记》，徐凤石、恽铁樵译，商务印书馆 1915 年版。此书英文书名 *My Life in China and America* 直译应为《我在中国和美国的生活》。章开沅认为："中文译者把它改名为《西学东渐记》，可谓画龙点睛，深得其神髓，决非误译与歪曲。"（参见章开沅《西学东渐与东学西渐——对容闳的再认识》，载氏著《传播与植根——基督教与中西文化交流论集》，广东人民出版社 2005 年版，第 109 页）。

③ 参见章开沅《先驱者的足迹——耶鲁馆藏容闳文献述评》，载氏著《传播与植根——基督教与中西文化交流论集》，第 111—125 页。

2015年出版《美国所藏容闳文献初编》①一书，公布大量容闳书信、日记、手迹以及耶鲁大学同学为容闳毕业纪念册所题赠言，再次拓展容闳研究的新视域。

通过章开沅、吴义雄等学者翻译发表的耶鲁大学图书馆所藏容闳档案文献，不难发现，容闳1847—1854年在美留学期间不仅倾心致力于西学东渐，成为近代中国西学东渐的先驱者，而且努力投身于东学西传，成为晚清早期中学西传的开拓者。一方面，他主动通过各种途径、各种方式将中华优秀文化传播到西方；另一方面，在当时罕有中国人出现的美国，容闳本身就是中华文化的鲜活符号，所以他倾尽己力身体力行为中华文化代言。

一 弘扬中华传统美德

人不仅是文化的创造者，也是文化最重要的载体。一种文化所蕴含的价值观念、伦理道德、宗教信仰、风俗习惯等都会在该文化熏陶下的个体的人身上集中体现。容闳作为晚清早期中学西传的开拓者和践行者，其最大贡献就是让西方人直接从其身上认识和了解中国人，进而认识和了解中华文化。

中华文化的重要体现之一是中华民族的传统美德。中华民族传统美德源远流长，内涵丰富，主要表现为优秀的道德品质、优良的民族精神、崇高的民族气节、高尚的民族情感以及良好的民族习惯。其核心是"修身、齐家、治国"。《礼记·大学》言："古之欲明明德于天下者，先治其国；欲治其国者，先齐其家；欲齐其家者，先修其身；欲修其身者，先正其心；欲正其心者，先诚其意；欲诚其意者，先致其知，致知在格物。"②修身是为了齐家、治国，修身的标准是个人达到较高的品德素养。个人美德则主要体现于志存高远、诚实守信、

---

① 吴义雄、恽文捷编译：《美国所藏容闳文献初编》，社会科学文献出版社2015年版。
② （清）吕留良撰：《四书讲义》（上），中华书局2017年版，第2页。

刚正不阿、自强不息、重德贵义、律己修身。容闳出国之时，年已十八九岁。此前，他生活于深受儒家传统伦理影响的岭南文化圈内，濡染于淳良质朴民风，所以很早便尊崇秉承中华民族的传统美德。

另外，容闳自幼接触西方教会，年轻时即已皈依耶稣基督，在海外又接受西式教育，并渐趋形成适应于西方文明的价值观与世界观，所以有人误将其视为业已归化美国的"假洋鬼子"。但是，容闳毕竟出国之前生活于南粤大地（包括澳门、香港），沐浴于东方文化，中华传统文化很早就铭刻于其幼稚的心田，所以，其本位文化仍然是东方文化。中华文化早已根植其心。可以说，无论在中国还是在美国，容闳都始终深怀浓郁故国情结，秉持传统中华美德。

1835 年，7 岁的容闳入读英国来华女传教士、郭实猎夫人玛丽·温施娣（Mary Wanstall，1799—1849）① 在澳门开办之女校。鸦片战争爆发前夕，因中英关系恶化之故，郭实猎夫人遂关闭女校前往美国。临行前，她特意留信给英国伦敦传教会（London Missionary Society）医疗传教士（medical missionary）合信（Benjamin Hobson，1816—1873），嘱咐其一旦马礼逊学校（Morrison School）招生，定要找到容闳，送其至该校上学。1840 年秋，合信找到正在澳门一间葡萄牙天主教传教团印刷所上班的容闳，请其离职并回家征得母亲同意，然后到马礼逊学校读书。不过，合信提出，在去该校读书之前，容闳必须到合信开办的医院待上一段时间，以便更好地了解他。合信通过在医院对容闳约两个月的观察，觉得其品行端正，品格优良，遂非常乐意将其介绍给马礼逊学校校长鲍留云（Samuel Robins Brown，1810—1880，亦译布朗、勃朗）。1847 年初，鲍留云因本人及家人的健康问题而返回美国，并将容闳、黄胜（Wong Tat-kuen 或 Wong Shing，

---

① 玛丽·温施娣（Mary Wanstall），英籍独立传教士，原荷兰传教会（Netherlands Missionary Society）普鲁士籍基督新教传教士郭实猎（Karl Friedrich August Gützlaff）第二任妻子。其在澳门开办女校之详情，参见 Jessie Gregory Lutz, *Opening China：Karl F. A. Gützlaff and Sino-Western Relations, 1827–1852*, Grand Rapids, Michigan / Cambridge, U.K.：William B. Eerdmans Publishing Co., 2008, pp. 60–65。

1827—1902)、黄宽（Wong Fun，1829—1827）三位该校中国学生带到美国继续完成学业。① 由此不难看出，容闳应该是一位品德优秀的中国学生。首先，他若没有良好的品格，郭实猎夫人不会将其嘱托给合信医生，送其入读马礼逊学校；其次，他若没有良好的品格，合信医生也就不会将其介绍给鲍留云校长，让其接受西式教育；最后，他若没有良好的品格，鲍留云校长更不会带其前往美国深造。

耶鲁大学图书馆所藏"容闳文书"（*Yung Wing Papers*）中保存最早的容闳书信，是其1848年6月1日致托马斯·H. 盖劳德特（Thomas H. Gallaudet，1787—1857）牧师之函。此信写于容闳赴美留学第二年的暑假。其时，他正就读于新英格兰地区一所著名的大学预备学校——康涅狄格州的孟松学校（Monson Academy）。托马斯·H. 盖劳德特早年毕业于耶鲁大学，后进入波士顿安多佛神学院（Andover Theological Academy）学习，是美国著名的聋人教育家，在康涅狄格州创办北美第一家聋人学校，成为北美聋人教育之先驱。他虽然主要从事教育事业，但同时也是圣公会（Protestant Episcopal Church）的牧师。② 这是一封容闳因失约而写给对方的致歉信。容闳首先表达歉意："我曾在赴纽约的车上承诺去拜访您，但未能兑现，让您失望了，非常抱歉。"紧接着，他说明失约的具体原因："我原计划在纽约和费城两处只待一周，然后经哈特福德（Hartford）回家时，到您家中逗留数日。但鲍留云先生在两地的友人挽留我至整个假期将要结束之时，以致我在开学前只剩一天时间返回孟松家中。"最后，他表示将如何弥补自己的失约："现在我给您写此短信，祈求原谅失约之过。……我将在离美前设法另寻时间赴哈特福德拜访。"③ 另外，从

---

① Yung Wing, *My Life in China and America*, pp. 10–12, 18–19.
② 参见吴义雄《大变局下的文化相遇：晚清中西交流史论》，中华书局2018年版，第293页。
③ Yung Wing to T. H. Gallaudet, June 1st, 1848. 吴义雄、恽文捷编译：《美国所藏容闳文献初编》，社会科学文献出版社2015年版，第3页。本文所引容闳书信以及后面所引耶鲁大学同学为容闳所题赠言，原件收藏于耶鲁大学斯特林纪念图书馆（Yale Sterling Memorial Library），汉译文均引自吴义雄、恽文捷编译《美国所藏容闳文献初编》。

此信可以看出，容闳入读孟松学校不久便与托马斯·H. 盖劳德特一家有较为密切的交往，并建立深厚友谊。此信充分显示，容闳是一位诚挚友善、敦厚质朴的青年学子；他的身上充满中华传统美德中的"诚实"品格。

耶鲁大学图书馆所藏"容闳文书"中数量较多的是容闳写给在华美国传教士卫三畏（Samuel Wells Williams，1812—1884）的书信。目前所见容闳致卫三畏的第一封信写于1849年4月15日。月底，与容闳、黄宽一起赴美学习的黄胜因身体原因回国，故容闳托其带信给在中国的卫三畏。在此信中，容闳谈及最多的是其家人。首先，他认为自己在美国读书，不能让家里有经济上的后顾之忧。他对卫三畏说："我有一件特别重要的事情要在此信中与您交流。我万分希望您能帮忙，欲成此与我未来生活密切相关之事，即恳请您为我兄长容阿林（Yung Alum）觅一工作"；"若我兄长能受雇，则我留在这里之事当可无忧。同时，这样安排也可在我留下后仍能让我小弟入学读书"。其次，他担心因家人受传统观念影响之故而误解其打算继续在美国接受西式教育的决定，请求卫三畏向其家人做好解释工作。他说："烦请您向我叔父容名彰（Yung Ming Cheong）说明我欲在美多留数年。……当然，您知道我实不愿离开母亲和兄弟姐妹，我在离开中国时曾答应他们两三年后即返回。……若我留美，还请您尽力就我在美国再留学6年的目标说服我叔父，告诉他教育会带来的成果；用简短的故事，说明知识如何增加幸福；我以后的生活又将会如何。您同他说过后，他就能找机会向我母亲进言。"① 从信中内容不难看出，容闳原先答应家人到美国学习两三年之后便回国。而他若要在美国大学继续深造，困难不仅来自原先经济资助的断绝，而且来自等待其挑起养家重任的家庭，所以，他虽然不能亲自回家克尽孝道，也想方设法在上大学之前妥善处理好家人的忧患与生活。

---

① Yung Wing to S. W. Williams，April 15th, 1849. 吴义雄、恽文捷编译：《美国所藏容闳文献初编》，第14—15页。

1850年圣诞节，容闳在写给卫三畏的一封长信中再次表达强烈的思亲之情。此时，他已如愿入读耶鲁大学。他在信中说："我很高兴母亲和您见面了，而且她的身体也很好。然而上封信给我带来一些坏消息。母亲在信中告知我长兄去世的消息，以及她自己的状况。那封信让我有两周心神不安。"当容闳获知家庭不幸的噩耗时，心情非常沮丧，虽然正在全力备考大学，却产生了想完全放弃的念头。他谈道："有时候我觉得自己就要放弃已经开始的事业，带着已经学到的知识回国，去改善我的母亲和那些在血缘上与我紧密相连的亲人的境况。我可以用灵魂之眼看到他们的处境。"他甚至表示："我的思亲之情甚于一切。若非认为有比对克尽孝道更重要的理由，我早已回乡。"① 容闳虽然远隔重洋，身处异国，求学艰辛，但心中却始终惦念着自己的家人，尤其是母亲。游子愁肠跃然纸上，赤子之心溢于言表。

1852年12月30日，容闳写信给卫三畏，称将托人带给对方自己求学期间挣得的30元钱。如果他母亲还活着的话，请卫三畏将其中的25元转交给其母。容闳当时的确不知道母亲的生死，因为已有一整年未得到任何音讯。如果母亲不幸已经去世，他则请卫三畏帮忙把那25元分给其弟弟妹妹。容闳颇为动情地写道："我非常担心失去母亲。如果她能够等到我回国，我将认为这是上帝给我的最好赐福。我坚信她将会得到上帝的眷顾，真希望我还有机会同她说话。"② 仅仅半年之后，容闳又于1853年7月27日迫不及待地致函卫三畏，打听母亲的情况。他说："我想知道母亲是否健在。您比其他人更了解此事，请务必告诉我实情……我很长时间没有收到家信了，我很怀疑我的朋友们不给我写信的原因是他们不想让我知道有关母亲的任何事，怕我得知她已不在人世后，我可能就不回中国了。请写信告诉我一切

---

① Yung Wing to S. W. Williams, Dec. 25th, 1850. 吴义雄、恽文捷编译：《美国所藏容闳文献初编》，第16页。

② Yung Wing to S. W. Williams, Dec. 30th, 1852. 吴义雄、恽文捷编译：《美国所藏容闳文献初编》，第18页。

重要之事。"① 容闳在写此信的时候，已经离开家乡 6 年半。愈是临近毕业，他愈益思亲念乡。容闳信中那些朴素的话语充分吐露其对故土亲人的真挚情感，同时也足见其满怀中华传统美德中的"孝悌"品格。

1854 年夏天，容闳成为耶鲁大学毕业的首位华人。毕业之际，同学惜别，互留赠言。耶鲁大学图书馆所藏容闳 1854 年毕业纪念册，留存大量耶鲁同学给容闳题写的赠言，其中不乏对其优秀品格的高度赞赏。如，查尔斯·H. 巴瑞特（Charles H. Barrett）留言："很乐意在这一页纸上写下对你的爱心和勤勉的赞誉。我愿意永远把你当做亲近和珍爱的朋友。"② 巴奈特·P. 布里斯托尔（Barnet P. Bristol）写道："尽管出生在地球的另一边，你成长为一个男子汉。你的人格力量让人钦佩。你注定会成为让人依赖的伟大崇高之人。"③ 威廉·考其索（William Kautchisow）吐露心声："我会一直怀着愉快的记忆想到你。无须提起你的才华，因为更好的评判者已经多次予以褒奖。你的君子之风使我获益匪浅。"④ 詹姆斯·T. 巴提荷鲁斯（James T. Batiherus）一直与容闳在孟松学校和耶鲁大学是同学，相处时间较长。他回忆："我们相伴度过了 6 年的漫长求学时光。其间我们的友谊和感情得以巩固。……将来我会经常想到你，因为同孟松学院和耶鲁大学相关的许多往事将会把你带入我快乐而感激的回忆中。""我希望你的记忆中会有我这个挚友的一席之地，相信我对你的友情，对你人格的欣赏和对你崇高事业深深的兴趣。"⑤ 约翰·C. 萨克尔福特

---

① Yung Wing to S. W. Williams, July 27th, 1853. 吴义雄、恽文捷编译：《美国所藏容闳文献初编》，第 19 页。

② Selected Autographs to Yung Wing by His Classmates of 1854, Yale College, Charles H. Barrett. 吴义雄、恽文捷编译：《美国所藏容闳文献初编》，第 26 页。

③ Selected Autographs to Yung Wing by His Classmates of 1854, Yale College, Barnet P. Bristol. 吴义雄、恽文捷编译：《美国所藏容闳文献初编》，第 27 页。

④ Selected Autographs to Yung Wing by His Classmates of 1854, Yale College, William Kautchisow. 吴义雄、恽文捷编译：《美国所藏容闳文献初编》，第 31 页。

⑤ Selected Autographs to Yung Wing by His Classmates of 1854, Yale College, James T. Batiherus. 吴义雄、恽文捷编译：《美国所藏容闳文献初编》，第 32 页。

(John C. Thackelford)赠言:"我和你熟识因而得以发现你性格的优点,你的个性赢得我的赞赏和友谊。"① 罗伯特·E. 泰勒(Robert E. Taylor)诉说道:"由于你的温情和善意,我常常会想起你。"② 查尔斯·E. 特朗布尔(Charles E. Trumbull)表示:"请相信我对你才华的坦诚羡慕以及对你的尊重。无论你在地球的什么地方,我始终保持对你的欣赏。"③ T. C. 华纳(T. C. Warner)赞赏道:"我欣赏你的能力和处事风格。你是那种缜密思考的年轻人。当大众都沉迷于盲目崇拜的时候,你有希望成为国之栋梁——坚强的栋梁。""如果有人质疑上述观点,请让他来找我。"④ 艾斯克林·N. 怀特(Erskine N. White)则不无幽默地调侃:"尽管一个中国佬从这所学校的'美国本地佬'手里拿走了不少奖状,我想你会发现人们无不对你这个聪明人的成功感到高兴。"⑤

上述赠言,虽然角度有别,语气各异,但似乎可以还原出容闳在美国同学心目中的大致形象,那就是品格崇高、天资聪颖、学习勤勉、思维缜密、精力过人、才华出众、充满爱心、勇于进取。也正是容闳所具备的这些优良品质,构筑起美国人最初关于中国人和中华文化的形象。

二 秉持忠贞报国情怀

容闳虽然完备接受西方教育,深受基督宗教文明濡染,然而,其

---

① Selected Autographs to Yung Wing by His Classmates of 1854, Yale College, John C. Thackelford. 吴义雄、恽文捷编译:《美国所藏容闳文献初编》,第33页。
② Selected Autographs to Yung Wing by His Classmates of 1854, Yale College, Robert E. Taylor. 吴义雄、恽文捷编译:《美国所藏容闳文献初编》,第35页。
③ Selected Autographs to Yung Wing by His Classmates of 1854, Yale College, Charles E. Trumbull. 吴义雄、恽文捷编译:《美国所藏容闳文献初编》,第35页。
④ Selected Autographs to Yung Wing by His Classmates of 1854, Yale College, T. C. Warner. 吴义雄、恽文捷编译:《美国所藏容闳文献初编》,第36页。
⑤ Selected Autographs to Yung Wing by His Classmates of 1854, Yale College, Erskine N. White. 吴义雄、恽文捷编译:《美国所藏容闳文献初编》,第36—37页。

出国之前长时间浸润于历史悠久而又博大精深的中华文化氛围之中，无疑已经建立与故土、国家之间的深厚情感纽带。所以，在美留学期间，他虽然思想渐趋"西化"，更确切地说是"美化"，但仍怀着一颗对祖国的赤诚之心。事实亦证明，容闳一生矢志追求的正是以西方之学术灌输于中国，使中国日趋于文明富强之境。

1850年夏天，容闳被耶鲁大学录取时，原先资助其赴美留学的合约已经到期，且无其他经济来源，所以他必须获得新的资助。帮助容闳赴美留学的原马礼逊学校校长鲍留云和时任孟松学校校长查尔斯·哈蒙德（Charles Hammond，1813—1878）建议他向孟松学校理事会提出申请。然而，该校理事会却告知容闳，获取此项资助的前提是，他必须具结"誓约"，保证大学毕业之后回中国成为传教士。容闳当面回绝了学校理事会的要求。他说："第一，具结这样的誓约会妨碍和限制我的作用。我需要行动上最大限度的自由，以便自己利用一切机会在中国最大程度地做好事。如果有必要，一旦发现旧有条件不利于我实施为中国谋求最高福祉的计划，我就得竭力创造新的条件。第二，无论在中国还是在其他地方，传教士这种职业不是一个人一生中能为国家谋求最大福祉的唯一途径。在如此幅员辽阔的中华帝国，只要一个人具有基督精神，那么，其立志为国家谋求福祉的抱负就几乎没有任何限制；反之，一个人若没有这种精神，则世上任何誓约都不能融化他那冰封的灵魂。第三，这种性质的誓约会妨碍我利用在像中国这样国家的生活中可能出现的任何机遇，为之做出伟大的侍奉。"[①] 可见，容闳当时的人生目标非常明确，就是学成之后返回中国，报效国人。事后，鲍留云和查尔斯·哈蒙德均对容闳不因物质利益而牺牲自己的抱负和志向的勇敢决定而大加赞赏。

1850年圣诞节，只身一人在纽黑文（New Haven）[②]的容闳感到特别孤单。与其同赴美国求学的黄宽，已于当年夏天转赴英国攻读医

---

① Yung Wing, *My Life in China and America*, 1909, pp. 35 – 36.
② 纽黑文（New Haven），美国康涅狄格州第二大城市，耶鲁大学所在地。

学学位,而黄胜则早于1849年因身体有恙而归国。此时,容闳离开家乡已近三年,在一种完全脱离中华文化氛围、亦无机会接触华人同胞的语境下,其出国之前受过的有限中文教育几乎遗忘殆尽。容闳在写给卫三畏的信中表达出强烈的对故国思念的心情和对中文学习的渴求。他写道:"他(指黄宽——引者注)离我后去了苏格兰。我倍感孤独,无人与我用中文谈话。我的中文写作能力快速丧失,对如何度过大学生活毫无主意。"他痛苦地说:"我非常期望收到中国同学的来信。我给他们每人都写了信,但没有任何回音。黄胜离去后没有给我写信。来自地球彼端的消息对我都很珍贵,但甚少得到,而愈发使人向往。"可以想象,当时的容闳生活在一个无法以任何形式使用或者接触母语的环境之中,是何等的孤独与绝望。所以,他请求卫三畏:"我离开中国时没带任何中文书籍,因此我在信中附上一个单子,写明我所需要之物,请您帮我购买。"[①] 他随信寄上钱,请卫三畏帮他购买一些中文书籍寄来。容闳甚至因为"已忘记了中国日期",故在信的附言中要求卫三畏帮其购买美国在华医疗传教士波乃耶(Dyer Ball,1796—1866)编纂之中英文对照年历——《华番和合通书》。他还补充道:"由于我的中文知识有限,请您在寄给我之前为这些书做些断句。"[②] 上述话语清晰表明,容闳虽然身处异乡,但决不愿舍弃中华文化之根。而且,他也在利用可行的方法学习中国语言,巩固中文知识,努力避免与中华文化"渐行渐远"。

1852年底,容闳已经在耶鲁大学读完两年半。此时,他更加坚定地期盼毕业之后回家报效祖国。在致卫三畏的信中,他说:"我将在1854年夏拿到学士学位,其后将考虑回乡,再学习专门的职业。至于何种职业,我还没有完全确定。但可以肯定的是我将学习农业化学。也许会学习内科学和外科学。有那么多的东西可以学,对于一个

---

① Yung Wing to S. W. Williams, Dec. 25th, 1850. 吴义雄、恽文捷编译:《美国所藏容闳文献初编》,第16—17页。

② Yung Wing to S. W. Williams, Dec. 25th, 1850. 吴义雄、恽文捷编译:《美国所藏容闳文献初编》,第17页。

想报效祖国的学子来说，任何一样都很有价值，而尝试了解自己的选择是非常令人兴奋的。"① 在此信中，容闳还提及其曾在纽黑文见到阔别多年的美国在华传教士裨治文（Elijah C. Bridgman, 1801—1861）夫妇，并和裨治文商讨将化学引进中国之事。可见，此时的容闳刚刚接触西方科学文化，而且是一些实用技术，尚处于期冀引进西方科技使中国走向富强之境的初期理想——实业报国。

容闳大学毕业之时，面临诸多选择。他的好友约瑟夫·H. 特威切尔（Joseph H. Twichell, 1838—1918，旧译吐依曲尔）牧师对其当时的矛盾处境和艰难抉择有较透彻的分析。他说："容闳毕业时受到莫大的劝诱，以使他改变自己的人生。对其而言，是有可能的。他在美国的逗留时间足够长久，完全可以加入美国国籍。确切地说，他已经是美国公民。他在理智和道德上的一切兴趣、情感和喜好，使他感到美国就是故乡。而且，他的毕业引起人们对他的关注，非常诱人的机会已向他开放：只要他愿意，就可以在美国留下来成就一番事业。"② 而容闳回到中国之后将面对的情形，约瑟夫·H. 特威切尔指出，"中国对他来说反倒像是异乡客地。他甚至差不多已经完全忘记自己的母语。而且他在中国也没有什么事情可做。除了卑微的亲属之外，他在那里没有什么朋友；没有什么能带给他地位和尊重，没有表达的地方，没有立足之地。不仅如此，而且考虑到他曾在哪里待过，已经变成什么样的人，其目的为何，所以他无法躲避来自其同胞的偏见、猜疑和敌意。显然，如果回中国去，那么他将面对的是一派阴郁险恶的前景。回国的想法就是放逐。"③ 很显然，对容闳而言，留在美国是一条幸福的康庄大道，而回到中国则充满荆棘坎坷。即便如此，他最后还是选择归国。从当时中国的社会环境和容闳的个人情况

---

① Yung Wing to S. W. Williams, Dec. 30th, 1852. 吴义雄、恽文捷编译：《美国所藏容闳文献初编》，第18页。

② "An address by the Rev. Joseph H. Twichell, delivered before the Kent Club of the Yale Law School, April 10, 1878", in Yung Wing, *My Life in China and America*, pp. 256-257.

③ "An address by the Rev. Joseph H. Twichell, delivered before the Kent Club of the Yale Law School, April 10, 1878", in Yung Wing, *My Life in China and America*, p. 257.

来看，他的这种选择风险颇大。

其实，容闳选择学成归来报效祖国，不仅是他长久形成的坚定信念，而且是他面临抉择时的深思熟虑。他晚年回忆道："大学最后一年结束之前，我已在心中规划出自己将要付诸行动的事业。我决心要做的事就是：中国的年青一代应当享受与我同样的教育条件；这样，通过西方教育，中国将得以复兴，日趋文明富强。"① 这是容闳当时发自内心的期冀以西学改造中国，实现中国复兴富强，并为之奉献终身的强烈愿望。他渴盼能够培养造就一大批像他那样懂得西方政治学说、掌握西方科学技术、通晓西方思想文明的青年学子来改造中国。正是因为容闳当时的矢志坚持，才有二十多年之后他所倡导的载入中国史册的海外留学运动。晚年的容闳对此颇感欣慰。他说："我的志向就是去实现这一目标。朝着这一目标，我倾尽了所有心力与精力。"②

如上所述，容闳之所以有如此坚定的报效祖国的信念，是经过长时间思考的结果。他曾对此有较为合理的解释："我远渡重洋，求学深造，凭借勤奋刻苦和自我克制，最终在竞争中得到梦寐以求的收获。尽管收获所得并不如期待的那么完美圆满，但我完全达到了大学教育的常规标准，获得了人文教育的理念。因此，我能够称自己是一个受过教育的人，而且有必要问一下自己：'我将用自己所学去做些什么呢？'"③ 应该说，正是强烈的渴望中国富强的使命感，迫使容闳不能留在美国，而是催促他回到中国。

作为容闳的好友、同时也是教会牧师的约瑟夫·H. 特威切尔曾经回忆说，容闳临近毕业之时，《圣经》上有条经文就像上帝的声音那样一直萦绕在他心头，盘旋在他耳畔。这条经文说："如果一个人

---

① Yung Wing, *My Life in China and America*, p. 41. 徐凤石、恽铁樵所译《西学东渐记》将此句译为"以西方之学术，灌输于中国，使中国日趋于文明富强之境"，堪称经典，为学界所广泛引用。

② Yung Wing, *My Life in China and America*, p. 41.

③ Yung Wing, *My Life in China and America*, p. 41.

不能供养他自己，尤其是不能供养他自己的家人，那么他就已经背弃了信仰，于是比一个不信仰者更坏。"① 约瑟夫·H. 特威切尔认为，"对容闳来说，'他自己'（his own）和'他自己的家人'（his own house）这些字眼意味着孕育他的祖国。这条经文赢得了胜利。可以说，他是从整个民族中挑选出来获得了利益，他的正义之感和感恩之心都不允许他只为自己的利益着想。所以，虽然他不知道自己将会遭遇什么，但是依然决定返回中国；于是他就去做那些他已经做过的事情。"② 故章开沅在分析容闳决意归国的心路历程时认为："他把西方基督（宗）教的使命感与奉献精神，与中国传统文化的以天下为己任与回报祖国整合起来；又把西方近代化以个性解放为基础的 ambition（雄心），与中国古代经典所提倡的大丈夫气概贯通起来。因此，他留学美国的起因与归宿都是以近代西学改造中国，而不是纯粹归化于西方。"③ 这应该是较为客观和精准的诠释。

当然，容闳为了报效祖国，在美国留学期间也是付出了超出常人的努力与艰辛。首先，他要面对语言问题。他在 1849 年 4 月 15 日写给卫三畏的信中说："自我来美后，几乎把所有时间投入英文各科的学习中。上年底我开始学习拉丁语。我现在的目标是学习这门枯燥语言以便进大学。"④ 1850 年圣诞节，他在致卫三畏的信中又提到："我入学前花在语言学习上的时间是一年半。当我问及他人所花的时间时，我惊奇地发现，绝大多数同班同学都花了至少 3 年时间，有些人更花了 6 年时间。因此学术水平差异显现出来，相互之间在不同的基

---

① 此经文出自《新约圣经》"提摩太前书" 5：8，英译为："If any provide not for his own, and specially for those of his own house, he hath denied the faith, and is worse than an infidel."《圣经和合本》汉译为："人若不看顾亲属，就是背了真道，比不信的人还不好。不看顾自己家里的人，更是如此。"

② "An address by the Rev. Joseph H. Twichell, delivered before the Kent Club of the Yale Law School, April 10, 1878", in Yung Wing, *My Life in China and America*, pp. 257 – 258.

③ 章开沅：《先驱者的足迹——耶鲁馆藏容闳文献述评》，载《传播与植根——基督教与中西文化交流论集》，第 121 页。

④ Yung Wing to S. W. Williams, April 15th, 1849. 吴义雄、恽文捷编译：《美国所藏容闳文献初编》，第 15 页。

础上竞争。"① 此足见容闳当时学习之刻苦与用功。其次，他要经受乡亲乃至家人的不理解。诚如其对卫三畏所言："如您所熟知，中国人偏见甚深，颠倒本末，无法像您或其他开明人士那样理解求学之旨趣、优势和价值。无知和迷信蒙蔽了他们大脑的多数机能，因而不能欣赏真正有价值的事物。"② 晚清时期，中国人缺乏对近代西方文明和教育的了解，所以容闳的乡亲和家人也就无法理解他为何需要在美国留学如此之久。而容闳已接受西式教育十余年，且在美国切身体会到这种新式教育的先进之处，认识到这种优质教育的巨大价值，所以尽管面对诸多困难，还是坚定意志，以比其美国同学更高的目标要求自己，最后完成学业。

在耶鲁大学同学们给容闳题写的毕业赠言中，有许多是对容闳求学期间表达出的报国之志的赞赏和祝愿。这些赠言大致可分为三类：

第一类是对容闳坚定不移报国宏志的赞赏。如 N. W. 布朗（N. W. Brown）写道："我知道你灵魂的崇高追求——时刻为了伟大的行动而准备着。希望你能够达到热切追求的善果。我希望以后能经常得到你的消息，没有比你的成功更让我高兴喝彩的了。"③ 与容闳同为"辛利亚划船俱乐部"（Thinlia Boat Club）第一小队成员的托马斯·W. 卡特林（Thomas Willys Catlin）留言："我保证不会忘记自己的中国同学，我深为你的热心肠，对我们文化的热爱以及为中国的利益而献身的愿望所感染。""我的心中有如许怀想，也知悉你的能力和心愿。我将期待和希望听到你在未来中国历史上创下的大业——我真的希望你为她所立的伟大计划终会实现，而你将在你同胞的生活中成为一位伟大、善良和有用之人。"④ W. C. 弗莱格（W. C. Flagg）表示：

---

① Yung Wing to S. W. Williams, Dec. 25th, 1850. 吴义雄、悝文捷编译：《美国所藏容闳文献初编》，第16页。
② Yung Wing to S. W. Williams, April 15th, 1849. 吴义雄、悝文捷编译：《美国所藏容闳文献初编》，第14页。
③ Selected Autographs to Yung Wing by His Classmates of 1854, Yale College, N. W. Brown. 吴义雄、悝文捷编译：《美国所藏容闳文献初编》，第27页。
④ Selected Autographs to Yung Wing by His Classmates of 1854, Yale College, Thomas Willys Catlin. 吴义雄、悝文捷编译：《美国所藏容闳文献初编》，第28页。

"你掌握着知识的力量。用它来帮助你的国人和全人类吧。"① 詹姆斯·T. 巴提荷鲁斯（James T. Batiherus）祝愿："你要离开美国回到祖国，为你深爱的同胞效力。我祝你前途似锦，一帆风顺。我的思念和祈祷与你同在。"②

第二类是对容闳提出的一些具体报国规划的认可。如小 W. H. 诺里斯（W. H. Norris Jr.）回忆："我一直非常感兴趣地听你详述未来促进国人福祉的规划。我不会嘲笑你，而是希望你成功，预祝你成功。你拥有如此才华并非偶然，注定有其使命。希望你生的快乐，死的伟大。"③ 小亚历山大·H. 何文思（Alexander H. Hevens Jr.）祝福："希望未来你的规划都能成功，这样你就不会为离开祖国来到这个陌生的地方求学而后悔。"④

第三类是对容闳期冀中华帝国走向自由、民主、共和政体愿望的共鸣。如 A. 摩根·史密斯（A. Morgan Smith）预言："你将要回到天朝，愿你看到她成为天朝共和国，愿彼时你能加入推翻压迫者的胜利合唱。……我相信亲爱的闳将在自由之树成长中扮演尊贵的角色，使中国人得其庇荫，为其供给秋之硕果。"⑤ 罗伯特·E. 泰勒（Robert E. Taylor）则说："我会经常关注你，关注你为你民族的福祉所选择的光荣使命。如果得知（我希望如此）你，亲爱的闳，参加那将你的祖国从专制暴政和迷信的桎梏下解脱出来的事业，我的喜悦会无限升华。"⑥

---

① Selected Autographs to Yung Wing by His Classmates of 1854, Yale College, W. C. Flagg. 吴义雄、恽文捷编译：《美国所藏容闳文献初编》，第 29 页。
② Selected Autographs to Yung Wing by His Classmates of 1854, Yale College, James T. Batiherus. 吴义雄、恽文捷编译：《美国所藏容闳文献初编》，第 32 页。
③ Selected Autographs to Yung Wing by His Classmates of 1854, Yale College, W. H. Norris Jr. 吴义雄、恽文捷编译：《美国所藏容闳文献初编》，第 33 页。
④ Selected Autographs to Yung Wing by His Classmates of 1854, Yale College, Alexander H. Hevens Jr. 吴义雄、恽文捷编译：《美国所藏容闳文献初编》，第 34—35 页。
⑤ Selected Autographs to Yung Wing by His Classmates of 1854, Yale College, A. Morgan Smith. 吴义雄、恽文捷编译：《美国所藏容闳文献初编》，第 34 页。
⑥ Selected Autographs to Yung Wing by His Classmates of 1854, Yale College, Robert E. Taylor. 吴义雄、恽文捷编译：《美国所藏容闳文献初编》，第 35 页。

容闳在美国留学期间自始至终秉持的忠贞报国宏志与福佑民族情怀，无疑为美国人认识中华民族和中华文化提供了颇为直观、鲜活的早期素材。

三 传播中华优秀文化

容闳赴美留学之时，年已十八九岁，无疑已经具备中华文化基因。其时，美国人除了从在华传教士撰写的文章或书信中对古老东方文明略有耳闻，基本上对中国所知甚少。所以，对于耶鲁师生乃至新英格兰地区的美国人而言，容闳就是中国，就是中华文化的代表。他们通过容闳捕捉有关中国社会和文化的种种信息，渐趋了解中国人和中华文化。容闳作为中华文化的符号和代表，则自然而然地向美国人展示、传播中华文化。这种展示和传播是无形的、潜移默化的。

尽管容闳的中文水平颇为疏浅，但在耶鲁大学读书期间，他却充分利用与师友的密切交往向他们展示、传播中国文化，让美国人增进对这一文明古国的认识与了解。此可从同学们给容闳题写的毕业赠言中得到证明。如，托马斯·W. 卡特林（Thomas Willys Catlin）写道："我将乐于忆起你这位好友，愉快地回想你告诉我关于你的国家的那么多的事，以及你对她的怀念和期盼。"[1] 这说明容闳曾向同学们介绍过许多有关中国的事情。路易斯·M. 吉布森（Luis M. Gibson）则说："让我们用对彼此的友爱推进各自的专业（我的研究对象都是已死的）——让我们来交易——你服用我的药，我喝你的茶。"[2] 显然，容闳让美国人知道茶是中华文化的重要表现形式之一。正是因为容闳对中华文化的展示与传播，所以，其美国同学渐趋对中国和中华文化产生兴趣。如，威廉·R. 伊斯特曼（William R. Eastman）明确表示：

---

[1] Selected Autographs to Yung Wing by His Classmates of 1854, Yale College, Thomas Willys Catlin. 吴义雄、恽文捷编译：《美国所藏容闳文献初编》，第28页。

[2] Selected Autographs to Yung Wing by His Classmates of 1854, Yale College, Luis M. Gibson. 吴义雄、恽文捷编译：《美国所藏容闳文献初编》，第30页。

"我们现在对中国比以前更感兴趣。"① 威廉·考其索（William Kautchisow）甚至说："我清楚地记得，我曾认为能做一个中国人是件激动人心的事。现在我相信我有一个中国好朋友。""如果我更年轻的话，我会跟你一起回去。"②

当然，从同学们的赠言中，也可以找到一些容闳对晚清腐败政治与愚昧陋习的失望。如，路易斯·雷德亚德·维尔德（Lewis Ledyard Weld）对容闳说："当你再次习惯于看到小脚女人和长辫子男人，希望你不会忘记我们也有优点。"③ A. 摩根·史密斯（A. Morgan Smith）乐见容闳"回到天朝"，"能加入推翻压迫者的胜利合唱"④。罗伯特·E. 泰勒（Robert E. Taylor）则希望容闳"参加那将你的祖国从专制暴政和迷信的桎梏下解脱出来的事业"⑤。美国同学也正是通过容闳了解到晚清社会的腐朽没落，才勉励容闳将所学到的西方近代文明与科技带回中国，改良中国，造福国人。约翰·C. 萨克尔福特（John C. Thackelford）说："我希望你把使我们美国人自由和幸福的实用知识以及上帝赐予的技能带回你的祖国。这些会使你成为一个快乐而有用之人。"⑥ 路易斯·M. 吉布森（Luis M. Gibson）鼓励："希望你能让国人惊奇，斩获头奖，手捧银杯，成为天朝共和国的总统……"⑦

---

① Selected Autographs to Yung Wing by His Classmates of 1854, Yale College, William R. Eastman. 吴义雄、悝文捷编译：《美国所藏容闳文献初编》，第29页。
② Selected Autographs to Yung Wing by His Classmates of 1854, Yale College, William Kautchisow. 吴义雄、悝文捷编译：《美国所藏容闳文献初编》，第31页。
③ Selected Autographs to Yung Wing by His Classmates of 1854, Yale College, Lewis Ledyard Weld. 吴义雄、悝文捷编译：《美国所藏容闳文献初编》，第36页。
④ Selected Autographs to Yung Wing by His Classmates of 1854, Yale College, A. Morgan Smith. 吴义雄、悝文捷编译：《美国所藏容闳文献初编》，第34页。
⑤ Selected Autographs to Yung Wing by His Classmates of 1854, Yale College, Robert E. Taylor. 吴义雄、悝文捷编译：《美国所藏容闳文献初编》，第35页。
⑥ Selected Autographs to Yung Wing by His Classmates of 1854, Yale College, John C. Thackelford. 吴义雄、悝文捷编译：《美国所藏容闳文献初编》，第33—34页。
⑦ Selected Autographs to Yung Wing by His Classmates of 1854, Yale College, Luis M. Gibson. 吴义雄、悝文捷编译：《美国所藏容闳文献初编》，第30页。

尽管容闳通过与师友的交往来展示、传播中华文化是一种较低层次的中学西传，但由于他对西学和西方社会的稔谙，所以仍不失为晚清早期中学西传的重要途径。

耶鲁大学图书馆"容闳文书"中收藏着一件颇为珍贵的文献，即容闳1853年6月26日手书中文偈语及其英译："善似青松恶似花，如今眼前不及他。有朝有日霜雪下，自见青松不见花。"（容闳英译为：The good resembles the evergreen, the wicked resembles the flower, At present the one is inferior to the other. There is a morning and a day when frost and snow fall, We only see the evergreen, look not the flower.）① 此偈语本为容闳为勉励自己所撰，大学毕业时则将其用中英文手书，赠送给同学，以充分展示"中国元素"。

耶鲁大学拜内克善本图书馆（Beinecke Rare Book and Manuscript Library）则收藏着另一件珍贵的容闳文献，即1854年5月16日手书中文格言及其英译："大人者不失其赤子之心。"（容闳英译为：A great man never forget the heart he had when a child.）毕业之时，容闳则用中英文将此格言抄录给斯莱德（Slade）、阿德里安·梵·辛德伦（Adrian Van Sinderen）等同学，作为毕业赠言。②

耶鲁大学图书馆所藏"容闳文书"中留存有若干容闳毕业时为学友手书的颇具东方色彩的赠言。如容闳为亨利·L. 哈伯尔（Henry L. Hubbell）毕业纪念册留言时，抄录唐代文学家刘禹锡（772—842）的诗作《岁夜咏怀》："弥年不得意，新岁又如何？念昔同游者，而今有几多？以闲为自在，将寿补蹉跎。春色无新故，幽居亦见过。"③他还将此诗译成英文，供对方理解其深邃意境及深刻含义。

容闳题写给学友的毕业赠言，首先抄录中文格言、警句，接着将其译成英文，然后再写上祝福的话语。所抄录的中文格言、警句，除

---

① 吴义雄、恽文捷编译：《美国所藏容闳文献初编》，第156页。
② 吴义雄、恽文捷编译：《美国所藏容闳文献初编》，第41—42页。
③ 吴义雄、恽文捷编译：《美国所藏容闳文献初编》，第40页。刘禹锡原诗，《全唐诗》《刘梦得文集》为"春色无情故"，《唐诗归》为"春色无新故"。

了上面的"大人者不失其赤子之心"外，还有"人为万物之灵"（容闳英译为：Of all created things, human being is the most spiritual.）"礼之用，和为贵"（容闳英译为：The most valuable thing in politeness is concord.）"有志者事竟成"（容闳英译为：When there is the will the work is effected whatever it may be.）"手拈一管笔，到处不求人"（容闳英译为：He who know how to use the pen is an independent man wherever he goes.）等。① 容闳写给学友的赠言，凡中文大多用毛笔正楷书写，笔画尚称工整，可见他即使长期旅居海外亦未中辍习字。在其学友看来，这些手书汉字一定有着丰富的东方情调。

从容闳与学友之间的毕业赠言可以看出，容闳给美国学友的赠言充分展示了中华文化的博大精深；美国学友给容闳的赠言则充分显现美国人对代表中华文化的容闳的高度认可与极力赞赏。

容闳作为一名外国留学生，在耶鲁大学求学期间表现得非常优秀。他第一个学期的各科平均分为2.12，第二个学期则达2.45（2分为及格，3分为优秀）。更令人惊叹的是，他在大二的两个学期中获得过3次英语作文一等奖。② 容闳的出色表现，使其成为学校引人注目的人物。所以，该校1854年的毕业典礼成为耶鲁校史上的重大事件。当时，有一些人是冲着一睹这位中国毕业生的风采而来参加毕业典礼的。哈特福德城的贺拉斯·布什内尔（Horace Bushnell，1802—1876）博士即是其中之一。他听说过容闳，对中华民族有强烈的兴趣，所以很渴望能够认识容闳。当他们被相互介绍的时候，布什内尔立即解释说，他非常想认识容闳的原因之一，是渴望弄清楚谁是在报纸上撰写过几篇有关中国问题文章的华人作者，因为那几篇文章显示作者具有治国之才的天赋，引起了他的注意。他认为容闳可能知道作者是谁。然而，当贺拉斯·布什内尔得知那几篇文章的作者正是

---

① 吴义雄、恽文捷编译：《美国所藏容闳文献初编》，第40—43、158—160页。
② Edmund H. Worthy, Jr., "Yung Wing in America", *Pacific Historical Review*, Vol. 34, No. 3 (Aug., 1965), pp. 269–270.

容闳本人时，更是由衷地敬佩眼前这位年轻的中国人。[①] 显然，这种人与人之间的直接交流在两种异质的文化交流中发挥着独特的作用。一些美国人正是通过知道容闳而知道了中国，进而想认识中国，或者加深对中国的了解。

四 结语

古往今来，人类的文化交流是双向互动的，即使难免有主动与被动之分，有先进与落后之别。总体而言，东西方文化交流一直是彼此互动的，很难说有什么绝对的主动与绝对的被动，更何况中华传统文化还具有极其悠久的历史和极为丰富的内涵。晚清以降，虽然由于西方的强盛与东方的衰落，西学长期以强劲的态势东渐，但是源远流长的中华文化也并没有完全中断自己的西传。容闳赴美留学期间积极致力的中学西传即是明证。

留美期间，容闳通过各种途径、各种方式将中华优秀文化传播到西方，倾心尽力为中华文化代言。虽然受物质条件、生活阅历、认知水平、影响范围等限制，容闳其时所践行的中学西传尚处于一种较低层次，但无论是在个人形象上还是在具体行动上，他都称得上是中华文化在美国传播的早期开拓者，其开创性贡献更是不可磨灭的。尽管容闳留美期间躬身践行的中学西传所产生的效果至今难以评估，但至少可以肯定，中华文化通过他给新英格兰地区一部分美国人留下了良好的印象，并且使他们增加了认识和了解中华民族、中华文化的兴趣。西方人本来就为东方文化的固有魅力所吸引，加之容闳故国文化的基因也在其与美国师友长期相处中有所展现，于是乎，美国人早期关于中国的形象就慢慢构筑起来了。

1881年，英国人H. N. 肖尔（H. N. Shore）曾经通过对容闳的评

[①] "An address by the Rev. Joseph H. Twichell, delivered before the Kent Club of the Yale Law School, April 10, 1878", in Yung Wing, *My Life in China and America*, pp. 255–256.

价来认识中国:"一个能够产生这样人物的国家,就能够成就伟大的事业。这个国家的前途不会是卑贱的……可以在真正完全摆脱迷信的重担和对过去的崇拜时,迅速给自己以新生,把自己建成一个真正伟大的国家。"① 历史亦证明,西方人正是通过对中国人的认识和交流,进而认识和了解中华民族和中华文化,从而诱发进一步认识和理解博大精深中华文化的强烈愿望,促使中西文化的广泛交流。

从这个意义来说,容闳不仅是近代中国西学东渐的先驱者,而且是晚清早期中学西传的开拓者,更是中西文化交流的巨大贡献者。

(原载《唐廷枢研究》总第 1 期,2020 年 4 月)

---

① 转引自钟叔河《容闳与西学东渐》,载氏著《走向世界——近代知识分子考察西方的历史》,中华书局 1985 年版,第 138—139 页。

晚清基督徒知识分子之
信仰抉择与爱国救国思想

  1840年爆发的鸦片战争，渐趋打破中华帝国之固有格局，将其纳入一个殖民霸权所掌控的世界体系。晚清70年，殖民主义宰制的政治话语、市场体系主导的经济话语和民族主义激发的思想话语，不断解构王朝中国原有天下观之"中心"与"边缘"——"天下"裂变为"万国"；"中央王朝"沦落为万国"边缘"；"华夷之辨"被强势的"西洋""东洋"所打破与重构。与此同时，中华民族被逼从民族自在走向民族自觉，① 中华帝国被迫向现代民族国家转型。中国突遇"数千年未有之变局"，虽有封建统治者愚妄顽腐之内因，而主因则是来自外部之巨大冲击——既有坚船利炮，亦有西方文明。基督宗教思想作为西方文明之核心价值理念，渐趋为晚清华人基督徒②知识分子所吸纳崇尚。这些深受西方文明濡染的基督徒知识分子冲破传统儒家思想之窒碍，吸纳西方政治文明之精义，创设现代民主共和之政体，成为瓦解中国几千年帝王专制统治之重要力量。

---

  ① 费孝通认为，"中华民族作为一个自觉的民族实体，是近百年来中国和西方列强对抗中出现的"。参见费孝通《中华民族多元一体格局》，中央民族学院出版社1989年版，第1页。
  ② 晚清时期，华人基督徒的构成颇为复杂，既有在中国内地本土出生成长者，亦有在中国内地出生后移居海外者，还有在英国殖民地香港出生成长者，更有在海外出生成长者。另外，还有在香港出生后移居海外或在海外出生后移居香港者。为行文方便，本文统以"华人基督徒"或"晚清基督徒"概称之。

晚清以降，伴随基督宗教第四次在中国传播的渐趋深入和影响的日益扩大，华人基督徒知识分子群体逐渐形成。至19世纪末20世纪初，华人基督徒知识分子已广布海内外，声势浩大，成为中国社会与思想界一支举足轻重的力量。他们或在国内、国外的教会学校直接接受西式教育，或借助西方传教士在华创办的报刊、编译的书籍、传播的西学"睁开眼睛看世界"，或通过口岸租界甚至走出国门直接洞鉴西方现代文明。他们眼界开阔，思维新式，既对西方的现代价值观念有一定的感悟与体认，亦对中国的固有传统文化有深刻的反思与批判，并由此建构个性鲜明的爱国救国思想。晚清基督徒知识分子试图将基督宗教信仰融入自己的民族国家情怀，进而实现信仰抉择与爱国救国思想的有机结合。

西语"知识分子"一词有英语、法语、俄语三个来源。英语以"intellectual"一词指称人，最早出现于1652年，意为"理解力强的人""智者"。此后，"知识分子"的词义虽随时代更迭而有所变化，但迄今为止，其基本义或词面义仍是"智力水平高的人"。法语"intellectual"、俄语"интеллектуал"均出现于1846年左右，含有"对社会现状不满""批判""反叛"之义。汉语"知识分子"一词是五四运动时期及稍后一代学人在"知识""分子"二词已被广泛使用，"知识阶级"一词业已十分流行的情况下，依照汉语本身表达需要而创造的新词。[①] 一般而言，中国近代意义的"知识分子"，是指鸦片战争之后在西方文明影响之下，伴随废除科举、倡办新学而出现的，一群受过相当教育、对封建社会现状持批判态度和反抗精神的人。他们或传播新思想、新知识，或从事学术研究，或创办近代实业，或致力于现代化建设。本文所言之晚清基督徒知识分子，顾名思义，即晚清知识分子中之基督徒群体。

[①] 参见王增进《后现代与知识分子社会位置》，中国社会科学出版社2003年版，第2—11、14页。

一 晚清基督徒知识分子群体的形成

一般认为，晚清时期基督宗教之在华传播以及中国教会之发展大致经历了三个阶段，即"草创期"（1807—1860）、"发展期"（1860—1900）与"黄金期"（1900—1911）。与之相因应，晚清基督徒知识分子群体也经历了"诞生""发展"与"兴盛"三个时期。

1807年，英国伦敦传教会（London Missionary Society）传教士马礼逊（Robert Morrison，1782—1834）抵达广州，正式揭开基督宗教第四次在华传播历史的序幕。然而，由于其时清朝政府实行严厉的禁教政策，直至马礼逊1834年在华去世，基督宗教在深受传统儒家文化浸润的中国人之中仍影响甚微，仅有蔡轲（1788—1818）、梁发（1789—1855）等极少数华人皈依耶稣基督。而正是从此时开始，中国社会中渐趋出现一个新的群体——华人基督徒。

晚清早期的华人基督徒，多因受雇于西方来华传教士或者就读于传教士所创办之教会学校而受洗皈依。不过，他们皈依的缘由不尽相同，有的是受传教士身体力行的影响，有的是出于个人的灵修需要，有的甚至是出于某些功利性目的。其时，一般中国人都不愿意派送自己的子女进入教会学校读书，故早期教会学校的学生大都出身卑微，家境贫寒，其中不少还是街头乞丐。①另外，大部分新教皈依者是农民、小店业主、医师、工匠、街头小贩和劳工，②来自社会底层，文化程度较低，且受人鄙视。所以，晚清早期华人基督徒的文化水平普遍不高，甚至不乏文盲，可能仅有梁发勉强称得上基督徒知识分子。

第一次鸦片战争之后，随着五口通商及西方传教士进入通商口岸，教会教育逐步进入内陆，华人基督徒的文化程度才渐趋有所改

---

① Jessie Gregory Lutz, *China and the Christian Colleges, 1850 – 1950*, Ithaca & London: Cornell University Press, 1971, pp. 14 – 15.

② Kenneth S. Latourette, *A History of Christian Missions in China*, London: Society for Promoting Christian Knowledge, New York: Macmillan, 1929, pp. 479 – 480.

变,但基督徒知识分子仍属凤毛麟角。总体而言,其时信仰上帝的华人尚为数极少。据统计,1853年,"新教教会据说已有350名教友"①;1855年,中国人"每周做礼拜人数"为304人。② 至此,何福堂(原名何进善,1817—1871)、梁发之子梁进德(1820—1862)等已具备典型的基督徒知识分子特征。

第二次鸦片战争期间,晚清政府被迫于1858年与俄、美、英、法四国签订《天津条约》。条约"宽容条款"规定,传教士可以在中国全境自由传教;清廷有责任保护传教士及中国信徒。1860年,中英、中法签订的《北京条约》更规定,容许传教士在中国各地"租买田地及建造自便"。此后,由于受到不平等条约的保护,西方差会和修会不断向中国投入更多的传教力量,传教士也能更广泛地接触中国人,故华人基督徒人数急剧增长。据两次在华基督新教传教士大会统计,中国基督徒的数量,1877年已达13305人;③ 1889年更增至37287人。④

19世纪下半叶,教会教育在华得到飞速发展,教会学校迅即遍布中国各地,且逐渐为各阶层民众所认可与接纳,培养出大量华人青年知识分子。不少教会学校的华人学生,因深受基督宗教信仰濡染而皈依耶稣基督。早期华人牧师和西方传教士助手的子女,较普通人而言有更多机会在当地或外国接受教会教育,大都自然而然成为基督徒。到欧美谋生或留学的华人,不少也因为直接受到西方基督宗教文明的洗礼而成为信徒。另外,更有一些传统的中国读书人,因受教会出版机构及其出版物的影响而接受西学,并最终信仰西教。而且,伴

---

① Kenneth S. Latourette, *A History of Christian Missions in China*, London: Society for Promoting Christian Knowledge, New York: Macmillan, 1929, p.479.
② 参见[美]卫三畏《基督教会在中国传教活动的统计》,史其志译,《太平天国起义前后外国传教士在华活动的几项资料》,载北京太平天国历史研究会编《太平天国史译丛》第2辑,中华书局1983年版,第146—147页。
③ *Records of the General Conference of the Protestant Missionaries of China*, held at Shanghai, May 10-24, 1877, Shanghai: Presbyterian Mission Press, 1877, p.487.
④ *Records of the General Conference of the Protestant Missionaries of China*, held at Shanghai, May 7-20, 1890, Shanghai: American Presbyterian Mission Press, 1890, p.732.

随西学在华影响的日益扩大，中国读书人之中信教者亦逐渐增多。正因此，华人基督徒中出现一批思想先进的知识分子。他们不像上一两代的基督徒那样文化层次不高，相反，眼界开阔，思维新式，知识广博，且对中国以外的西方世界有一定的体悟和认知。①

19世纪60年代以降，华人基督徒知识分子群体渐成气候，开始在晚清的现代化事业乃至政治变革中发出声音。洪仁玕（1822—1864）、容闳（1828—1912）、王韬（1828—1897）、伍廷芳（1842—1922）、王煜初（1843—1902）、区凤墀（1847—1914）、何启（1859—1914）等，是这个时期的代表人物。

进入20世纪，中国在政治、社会、文化等方面均发生重大变化。清末十年，改良与革命成为主流话语，相映生辉。一方面，晚清政府下诏变法，推行新政；另一方面，立宪与革命的呼声此起彼伏，不绝于耳。尤其是经历庚子事变国人排外反教的极端情绪之后，整个社会渐趋走向西化（Westernization）。作为西方文明核心价值理念之基督宗教思想，在清末举国向西方学习的热潮中自然得到相当的重视。以前作为"洋教"而被排拒的基督宗教，反而因为中国社会的西化趋向而更受国人认同与接纳。中国人对基督宗教已经采取一种较为开放和宽容的态度。中国教会迎来前所未有的发展良机。信徒人数，1900年为95943人，1905年已增至256779人。② 与此同时，华人基督徒的个人素养与整体素质均明显提高。

1885年，基督教青年会（Young Men's Christian Association）从美国传入中国，中华基督教青年会逐渐发展壮大，并提出"发扬基督精神，团结青年同志，养成完美人格，建设完美社会"的理念，使作为教会主要新生力量的在校与在职青年信徒的灵性修炼及人格塑造得到保障。另外，中国急欲西化图强，亟需大量西学人才，所以，教会学

---

① 参见梁寿华《革命先驱——基督徒与晚清中国革命的起源》，香港：宣道出版社2007年版，第25页。

② *China Centenary Missionary Conference*, held at Shanghai, April 25 – May 8, 1907, Shanghai: Centenary Conference Committee, 1907, p. 782.

校毕业生因曾接受西学训练而备受欢迎。与此同时,教会教育进一步专业化、高等化,为中国社会培养出大量专业人才。据统计显示,1900年后华人基督徒之增加,大多得益于教会学校。[1] 教会学校学生中基督徒人数的急剧增加,直接提升了华人信徒的整体文化素质。华人基督徒素质的全面提高又反过来对教会产生积极正面的影响,吸引更多中上阶层知识分子皈依教会。与之相因应,基督宗教在国人心目中的形象明显改善,华人基督徒的社会地位亦显著提升。华人基督徒不再受到"盲从洋教"的指控,而被视为学习西方现代文明的先进人物,其信仰的西教甚至成为部分国人救国的其中一个选择。[2]

20世纪初,华人基督徒知识分子群体已经颇具规模,且广布于海内外,成为中国社会及思想界一支不容小觑的力量。杨衢云(1861—1901)、孙中山(1866—1925)、陆皓东(1868—1895)、陈少白(1869—1934)、谢缵泰(1872—1938)、王宠惠(1881—1895)、宋教仁(1882—1913)等,是这个时期的杰出代表。孙中山成为此期该群体之中当之无愧的精神领袖与灵魂人物。

晚清基督徒知识分子接受西方宗教的同时,也接受西方的思想与文化。对其而言,基督宗教信仰与西方价值体系密切相关,基督宗教思想是西方现代文明的核心组成部分,是西方社会之基石。[3] 1909年1月,有位伍姓基督徒在"三巴会"[4] 出版之《德华朔望报》上指出:"(西方)慈善之事业、文明之器械、高尚之思想,几无一不以

---

[1] Frank J. Rawlinson, "Change & Progress in the Christian Movement in China during the Last two Decades (1900 – 1920)", in Milton T. Stauffer ed., *The Christian Occupation of China: a General Survey of the Numerical Strength of Geographical Distribution of the Christian Forces in China*, Shanghai: China Continuation Committee, 1922, p. 39.

[2] 直至1919年五四运动前夕,华人基督徒的发展态势均一路高扬。参见梁家麟《五四前后新文化运动思潮与基督教》,载氏著《徘徊于耶儒之间》,财团法人基督教宇宙光传播中心出版社1997年版,第212—218页。

[3] John King Fairbank, *The Great Chinese Revolution, 1800 – 1985*, New York: Harper & Row, 1987, p. 146. 费正清(John King Fairbank,1907—1991)认为,孙中山接受基督宗教,即为其西化的一部分。

[4] 即巴陵会(信义会)、巴色会(崇真会)、巴勉会(礼贤会),同属欧洲信义宗教会。

基督（宗）教为其原动力、制造厂。"① 晚清基督徒知识分子皈依耶稣基督，因由各异，路径有别。有人是先接受西教之后才接触西学；他们既然皈依西方的宗教，也就敞开心怀，欣然接受西学。反之亦然，有人是先接触西方的文明之后再接受西方的宗教；他们既然有心追求西学，也就比较容易接受西教。② 清末不少以革命手段作为救国方略的基督徒知识分子，便是由接受西学而接纳西教。如教会长老、兴中会的左斗山（生卒年不详）就明确表示，"崇救世之神教"（西教）和"设上下之议院，商务邮政次第振兴"（西学）乃西方国家的强国之本。③

晚清不同时期的基督徒知识分子虽然成长经历各异，但最终均殊途同归，走向追寻爱国救国之道。比如，容闳与王韬同出生于1828年。容闳先系统接受美国初等、中等、高等教育之后，再返国重温中国传统文化；王韬则先接受中国传统文化教育，再到国外观察西方文明。容闳虽然日益西化，但仍然保持着中国之根。他不讲究什么主辅、道器、体用之分，目光全部集注于"以西方之学术，灌输于中国，使中国日趋于文明富强之境"④。他具有基督宗教文明博爱与献身的精神，而这多少又包含若干士大夫以天下为己任的传统气概。而王韬经过多年亲身经历业已真正近代化的西方文明，耳濡目染，才能进一步理解中西文化之异同，并且全盘加以比较和做出抉择。⑤ 再如，比容闳、王韬晚出生38年的孙中山，则属于另外一种类型。他不仅先后在檀香山（Honolulu）、广州、香港的教会学校接受完整的西式初等、中等和高等教育，而且长期居住、奔走于以基督宗教思想文化

---

① 何树德：《宗教别择论》，《德华朔望报》第26册（1909年1月），第6页。
② 参见梁寿华《革命先驱——基督徒与晚清中国革命的起源》，第25—26页。
③ 参见左斗山《人事有更天道不移论》，《万国公报》卷113（合订本第28册），华民书局1968年复印本，第17752页。
④ Yung Wing, *My Life in China and America*, New York: Henry Holt and Company, 1909, p.41.
⑤ 参见章开沅《章开沅文集》第6卷，华中师范大学出版社2015年版，第61、67、77页。

为根基之欧美地区,最终成为一位饱受现代西方文明影响的进步基督徒知识分子。①

二 晚清基督徒知识分子爱国救国思想的建构

鸦片战争爆发之后,西方势力东渐,列强虎视眈眈。中华帝国不仅内忧外患,危机四伏,而且积贫积弱,积重难返。如何力挽衰颓,图谋富强,顿成刚刚从昏睡中觉醒的中国知识分子需要思考的重要问题。晚清基督徒知识分子表现出积极、深切的爱国救国情怀。他们将关怀个体的灵魂得救与忧心国家的深重苦难融为一体,互为观照。他们的救国主张,无论是思维视角还是理念意识,均呈现独到之处。最初,这些基督徒知识分子试图以富强之策来拯救国家,而且提出两种具体方略:一是政治制度的变革,二是意识形态的更新。就前者而言,他们与同时代的其他知识分子一样,尝试透过不同维度的改革言论,促使中国摆脱积贫积弱之劣势。然而他们更强调后者,主张以基督宗教之"天道"来更新国人之意识形态。其所言"天道"即"上帝所垂之真道",且视其为"振兴中国之大纲"②。

检验某个思想、学说或者宗教是否具有实际运用价值,可以从奉行该思想、学说或者宗教之国家的政治生态与文化形态中得到验证。此亦为晚清基督徒知识分子探寻富强救国方略之重要标准。何以中国自身传统的儒、释、道不能创制富强救国之策?基督徒知识分子的解释是,儒家"专论生前而略于身后",势必导致"民心易荡,荡则易变,易荡易变国必繁"。相反,释家则"专论死后而略于生前",结果造成"民心易忽,忽则易怠,易忽易怠国必痿"。而道家虽不如释

---

① 参见陈才俊《基督宗教与孙中山之"自由、平等、博爱"观》,《暨南学报》(哲学社会科学版)2012年第12期。
② 参见南溪赘叟《救时策》,《万国公报》卷75(合订本第24册),华民书局1968年影印本,第15125页。

家重死，亦非如儒家忘死，"然符术之害有甚于儒、释者，后世之邪法，实道家之流弊也"①。故此，晚清基督徒知识分子认为基督宗教可以代替儒家以改良人格及心性，并进而强调"十字架之道"不仅能"赦罪救灵"，更可"安邦治国"，挽救国家于衰亡之中。②

至19世纪90年代后期，中国人仍普遍深信，国家只有透过"洋务""新法"才能走向富强。然而，这种思想早已被基督徒知识分子所否定。他们很早就提出"天道"为本、技术为末的富强救国理念；认定"天道"是中国富强的一个根本性条件，其他一切"传统""洋务""新法"均不过"末叶"而已。晚清基督徒知识分子确信，西方文明的进步与基督宗教信仰不可分割。所以，中国如果想"现代化"（modernization），必须先"基督化"（Christianization）。毋庸置疑，他们的这种主张与一些西方传教士强调以基督宗教的"格致之学"弥补儒家"物论"之缺的想法如出一辙。如德国传教士花之安（Ernst Faber，1839—1899）便深信，西方国家的美好，其根本就在于信奉耶稣之道。因此，"今中国欲图富强，有以振兴，尚未能从耶稣之真理，虽有从道之人欲助中国，势有不能，如柄凿之不相入也"③。但无论如何，晚清基督徒知识分子对富强救国方略的反省与探究，肯定是其以信仰回应时代处境和现实问题的重要思考。他们在寻索信仰于社会及国家群体的角色和地位时，正好赶上富强救国这一时代性的话题，因而尝试证明基督宗教完全可能对中国的现代化变革贡献智慧。

晚清基督徒知识分子接受基督宗教信仰和西方现代文明之后，虽然不一定彻底反对中国的固有传统，却切身体悟到基督宗教思想比本国传统观念更有价值。基督宗教信仰成为晚清华人基督徒知识分子新的价值观，而这种新的价值观又促使他们重新认识、反省中国的传统

---

① 参见王炳耀《时要论下》，《万国公报》卷8（合订本第3册），华民书局1968年影印本，第1646页。
② 参见杨友真《十安架道有关国家兴衰论》，《德华朔望报》第30册（1909年5月），第17页。
③ ［德］花之安：《自西徂东》，"自序"，上海书店出版社2002年版，第3页。

文化。对这些基督徒知识分子而言，基督宗教的价值正是中国传统思想和学说所缺乏的，所以，基督宗教的理想也就自然成为中国现实的参照。晚清基督徒知识分子所选择的新价值观，带给他们批判性思维，激发他们对中国的现实从理所当然的接受到予以反思批判。首位新教华人牧师梁发便是其中的典型。梁发 11 岁入私塾，15 岁辍学，且只是个雕版工人。然而，他皈依基督耶稣后所写的通俗福音小册子，就有意无意地对中国人心态保守、迷信偶像、道德低俗等现实予以批判。他还建议国人"虚心理会，忘乎国之礼义文华，泯乎道之传自何方，准情度理，只思神天上帝生我为人"①。显然，梁发接受新的信仰之后，就不再将现实视为理所当然。

晚清基督徒知识分子之所以会产生对中国传统文化的反思与批判，是因为他们接受了中国传统以外、与中国传统格格不入的基督宗教信仰。基督宗教要求皈依者委身于上帝。换言之，这种信仰是个人的"终极关怀"（ultimate concern）。基督宗教带来的对中国传统文化的反思与批判，并不止于揭露现实的问题，更是对现实有所诉求。基督徒的终极诉求是奔向天国，而世间的善工虽然不是得救的依据，却是得救的标志和显现。因此，他们会依据终极诉求来观照现实、批判现实和改变现实。于是，他们便要求国家、社会按照基督宗教理想的样式（包括信仰和文明）来变革。对于那些没有受过多少中国传统思想教育或已摆脱其影响的基督徒知识分子来说，他们对中国传统的批判显然毫无羁绊，无所顾忌。而对部分原先传统的读书人来说，他们一旦信奉耶稣之道，便将儒家价值视为次要，甚至将其树为批判的对象。②

晚清基督徒知识分子对中国传统的反思与批判，既有基督宗教理想作为参照，更有一种超越的上帝的观念。及至清末，这种观念使基督徒敢于毫无顾忌地以君主作为批判甚至革命的对象。在基督宗教的

---

① 梁发：《劝世良言》，台湾学生书局1965年版，第367页。
② 参见梁寿华《革命先驱——基督徒与晚清中国革命的起源》，第31页。

传统中,早在使徒时期就有"上帝比世俗权柄更超越"的观念。保罗曾以"没有权柄不是出于神的","凡掌权的都是神所命的"① 为根据,教导信徒要顺服地上的政权。早期教父在政教问题上也承继这一主张:地上政权是神所赋予的,所以要顺服。但后来这种"上帝比世俗权柄更超越"的观念,却发展和演变为反抗腐败政权的理论武器。罗马大公教教宗更以此作为辖制皇权的根据。② 被视为"西方现代工业民主政治肇始者"的清教徒则认为,君王的统治不是绝对的,视君王和上帝为平等便是对上帝的亵渎。③

清末基督徒知识分子渐趋认识到,既然世界是由上帝创造并交托君王管治,君王就要向上帝负责;既然有比君王更超越的上帝作为效忠的对象,对君王的"忠贞"就不应是绝对的,推翻君王也不会违背道德伦常。④ 此乃清末基督徒知识分子典型之君王观念。左斗山曾言:"君也师也,至尊而仍受作者也,权力智慧恩威,较之造作之主相去天渊。造作之主,天地人物悉听其命,而操生死祸福之柄……分属君师者,与众人同生世上,皆不过数十寒暑……"⑤ 在左斗山看来,至尊的君王跟普通人地位平等,其上有超越君王的"造作之主"上帝作主。于是,中国传统的帝王神圣化的观念被颠覆瓦解。左斗山还指出,造作之主"爱定君师代之宣化而治民",故此,君师不可"纵欲专权,任情喜怒,重利轻义,偷安乐逸",以致"下情不能上达,人欲难悦天心",否则君师"则近乎逆天者,亡矣"⑥。1897 年,孙中山亦曾发表同样的观点,称中国残暴的司法"乃是加在上帝所创的世界之上的一个污点"⑦。"上帝比世俗权柄更超越"的观念促使清

---

① 《新约圣经》"罗马书"13:1。

② Carl J. Friedrich, *Transcendent Justice: The Religious Dimension of Constitutionalism*, Durham, N.C.: Duke University Press, 1964, p. 21.

③ William Haller, *The Rise of Puritanism*, Philadelphia: University of Pennsylvania Press, 1972, p. 372.

④ 参见梁寿华《革命先驱——基督徒与晚清中国革命的起源》,第 33 页。

⑤ 左斗山:《人事有更天道不移论》,《万国公报》卷 113,合订本第 28 册,第 17751 页。

⑥ 左斗山:《人事有更天道不移论》,《万国公报》卷 113,合订本第 28 册,第 17751 页。

⑦ 孙中山:《中国之司法改革》(约 1897 年 7 月),载陈旭麓、郝盛潮主编《孙中山集外集》,上海人民出版社 1990 年版,第 17 页。

末基督徒知识分子彻底摆脱传统"忠君"观念的束缚。正因此，清末一批摆脱"忠君"思想的基督徒知识分子原创性地提出革命救国思想，决意彻底进行政治改革，推翻愚妄顽腐的专制政权，并奋不顾身地投身于废除君主制度的共和革命。

清末基督徒知识分子革命者非常关注基督宗教的人道主义（humanitarianism），崇尚对生命尊重的观念。在其看来，革命在很大程度上就是人道主义精神的体现。半生投身革命的檀香山兴中会基督徒宋居仁（1854—1937），即被视为"信仰基督（宗）教，尊重人道主义"之典范。① 而且，人道主义甚至成为一些基督徒参与革命的动力。这些满怀人道主义的基督徒，因为痛恨清廷的专制与残暴而萌生"拯救"民族国家之理想。由于基督宗教正具有这种救人脱离苦难的诉求，于是，革命便成为化解苦难现状、拯救受苦同胞之手段。② 孙中山则是典型的基督宗教人道主义者。他从早先有志于作传道之人，到后来学医，直至最后投身革命，都是基于其信仰中"救人"的抱负。他指责清朝政府的苛政"对我们共同的人性来说是一大耻辱"，提出"如果中国像土耳其一样近在欧洲的眼皮底下，我们就会和所有的基督（宗）教国家联合起来，自动地进行改革运动"③。这种将人道主义实现于中国的理想，清末基督徒知识分子认为不是一种空想。而且，其可行性已为西方社会所实证。④ 正是因为看到基督宗教的理想可以实现，所以也有一些爱国的知识分子皈依教会，并进而投身革命。康有为（1858—1927）弟子、满腹儒家经学的崔通约（1864—1937）即属典型例证。他就是因为在香港目睹伦敦传教会的区凤墀和

---

① 参见郑聪武《宋居仁》，载黄季陆主编《革命人物志》第3集，中国国民党中央委员会党史史料编纂委员会1969年版，第156页。
② 参见梁寿华《革命先驱——基督徒与晚清中国革命的起源》，第26—27页。
③ 孙中山：《中国之司法改革》（约1897年7月），载陈旭麓、郝盛潮主编《孙中山集外集》，第17页。以孙中山孙女孙穗芳之见，孙中山"正是借助基督（宗）教'平等'、'博爱'的精神，作为反封建的思想武器，把教堂当成了宣传反封建的革命讲坛"（孙穗芳：《我的祖父孙中山》上集，禾马文化事业有限公司1995年版，第111页）。
④ 参见梁寿华《革命先驱——基督徒与晚清中国革命的起源》，第27—28页。

王煜初等教牧人士对人的关怀和热诚，领悟到基督宗教之伦理道德比孔儒道统更切实可行，从而信教并献身革命。①

20世纪50年代，有人曾经问一位政治家："革命思想是什么时候在中国产生的？"这位政治家回答说："当1807年马礼逊进入中国时，已种下了革命的根苗。"② 此言并非空穴来风，有学者甚至指出："因为晚清的两场大革命均与华人基督徒有关，一场是发生于19世纪50年代初至60年代初的太平天国事件，另一场是从19世纪90年代初开始、由孙中山等基督徒发起和领导的中国第一个真正带有现代共和政治性质的晚清革命。尤其是孙中山领导的晚清革命，虽然基督徒不是进行革命的唯一群体，而且于革命的最初阶段已有不少非基督徒参与，但发起人及核心领导者却是基督徒。在这些以实现民族使命为大前提而组织的革命团体中，基督徒也是开创者和主导者。"③

华人基督徒知识分子能够成为清末民主共和革命的重要力量，并不是偶然的，而是与其信仰休戚相关。早期西方传教士来华，其目的是要让信奉异教的中国人认识基督，舍弃偶像，接受基督宗教，而不是要鼓动他们进行政治革命。④ 虽然社会和政治改革后来也被传教士纳入其传教事工，李提摩太（Timothy Richard，1845—1919）等少数传教士更认为救恩包括"现在或将来""身体和灵魂"⑤，且试图影响中国的政治改革，但他们并不主张发动革命。⑥ 包括李提摩太在内的

---

① 参见崔成达《余信道之原因》，《中华基督教会年鉴·1916》，中华续行委办会1916年版，第283—284页。
② 沈亚伦：《四十年来的中国基督教会》，《金陵神学志：金陵神学院四十周年纪念特刊》第26卷，第一、二期合刊（1950年11月），第22页。
③ 参见梁寿华《革命先驱——基督徒与晚清中国革命的起源》，第21—23页。
④ 参见梁寿华《革命先驱——基督徒与晚清中国革命的起源》，第23页。
⑤ 参见［美］Paul Cohen《戴德生与李提摩太宣教方式之比较》，苏文峰译，载林治平主编《基督教入华百七十年纪念集》，宇宙光出版社1977年版，第90—91页。
⑥ 李提摩太曾在致中国朋友的信中言："论到中国政体改革，有两方的趋向，一是推翻的改造；一是渐进的改良；我不赞成第一主张"（［英］苏特尔：《李提摩太传》，周云路译，基督教辅侨出版社1957年版，第68—69页）。其时在中国推动政治改革的传教士，大都反对以革命为改革中国的手段。

传教士大都教导信徒要顺服政权,还经常以保罗和彼得的教训为依据。① 然而,中国信徒却因受到西方来华传教事业的影响而发动革命,则是传教士们所始料不及的。"蹊跷的是,这场政治动乱却是由宣传和平与博爱的基督宗教传教士所引发。"② 故此,晚清革命成为西方在华传教事业一种"始料不及的后果"(unintended consequences):基督宗教的传入、中国的状况、地缘的因素,加上对西方基督宗教社会的认识,促使一些华人基督徒知识分子选择革命救国的方案。③ 革命救国思想的形成与确立,标志着晚清基督徒知识分子爱国救国思想进入一个新的阶段。

三 基督宗教信仰与民族价值认同

晚清70年,既是中华帝国从专制统治走向共和政体的巨变时期,亦是充满民族爱国情怀的华人基督徒知识分子探觅强国救国方略的艰辛历程。从富强救国理念的萌生到革命救国思想的确立,既是基督宗教理想与中国现实问题彼此冲突的结果,也是基督徒知识分子伴随信仰认知而在不同时期提出的切实主张。

宗教信仰既可以是个体的人的价值抉择,也可以是民族或国家的价值认同。不少晚清基督徒知识分子秉持这一理念。他们相信,基督宗教不但关乎个体的生命,而且关怀整个民族的命运。基督徒接受基督宗教信仰固然是对自己个体生命的选择,但其实也是对民族命运的抉择。晚清基督徒知识分子确信,信仰与救国具有不可分离的责任,

---

① 广东惠州一位西方传教士便属其中一例。参见纪希荣述《基督徒应如何对王家》,黄庆初译,《德华朔望报》第30册(1909年5月),第20页;第31册(1909年6月),第13页及以下。

② Emily Hahn, *China Only Yesterday, 1850–1950: A Century of Change*, Garden City, New York: Doubleday, 1963, p.295.

③ 参见 Louis Schneider, *Sociological Approach to Religion*, New York & London: John Wiley & Son, Inc., 1970, p.100;梁寿华《革命先驱——基督徒与晚清中国革命的起源》,第23—24页。

二者同等重要，不可偏废。于其而言，基督宗教信仰与民族救亡意识并无冲突，反而是一种相辅相成、相得益彰的关系；伴随民族意识的渐趋觉醒、爱国热情的不断高涨，他们必然会投身救亡运动。故此，晚清基督徒知识分子肩负着传播福音和拯救民族的双重责任。①

与晚清早期的其他知识分子相较，同期的基督徒知识分子对时局的认知以及在改革方面的构想，并无特殊之处，甚或有其不足之处乃至局限所在，但这至少反映出他们对自己作为基督徒身份的承担。他们并没有因为接受基督宗教而只关怀来世之福；相反，他们热切关注中国的富强问题、变革问题，并积极参与到国家的历史发展之中。

基督宗教从诞生之日，就以一种救世性、入世性展示于世人。基督耶稣"道成肉身"，降生在贫穷卑微的木匠家庭，一生备受凌辱与迫害，最后被钉在十字架上，以自己的鲜血完成救赎世人的重任。诚如谢扶雅（1892—1991）所言，基督宗教"以牺牲自己去救赎万民脱罪，比之佛陀以宝筏度众生诞登彼岸，尤为激情与悲惨动人。基督（宗）教以殉教的鲜血来滋植教会，其悲壮热烈之情，远超乎中国文化之上。中国文化虽以平治天下为最高目的，但其手段是用道德教育方式，循潜移默化的途径，逐步扩充"②。这种救世精神和解放式的信仰理念，正好契合晚清基督徒知识分子的民族情怀与爱国思想。

晚清基督徒知识分子不但有基督宗教的理想，而且有民族爱国的情怀。他们追求基督宗教的理想，并不表示他们不爱国。作为华人，他们的民族爱国意识非但没有因为信仰基督宗教而被淡化，反而因为胸怀这一新的理想而更积极地关注国家的命运。在他们看来，基督宗教信仰是救国行动的催化剂和指南针。③ 晚清基督徒知识分子最关注

---

① 参见康志杰《基督徒参加辛亥革命平议——以武汉基督徒参加辛亥革命为例》，载卓新平、许志伟主编《基督宗教研究》第15辑，宗教文化出版社2012年版，第184页。
② 谢扶雅：《百龄诗文集》，基督教及中国宗教文化研究社1991年版，第299—300页。
③ 参见梁寿华《革命先驱——基督徒与晚清中国革命的起源》，第28—29、34—35页。

的是清朝统治所引发的民不聊生和外患频仍而导致的国家危难，基督宗教理想遂成为他们改良祸国殃民现存政治的一味药方。① 民族危难激发基督徒的民族情感，民族情感与基督宗教的拯救观、博爱观相互融合，又反过来使其信仰更具现实意义与时代精神。

  清末基督徒知识分子选择基督宗教思想作为一种新的价值理念。当中国的社会政治现实与其所接受的宗教相抵触时，他们就会形成反满情绪，最后产生革命的冲动。于是乎，信奉基督宗教的爱国主义者便成为革命活动的肇始者。他们的革命行动就是新价值抉择的结果，他们从事革命就是爱国的表现。基督宗教理想本身绝非参与革命运动的阻碍，当其与民族主义和爱国主义相结合，就变成推动革命运动的主要力量。梁元生在评介晚清基督徒革命者时指出："民族主义与宗教思想的结合，才是推动革命运动的主要力量；只有当基督徒接受了民族思想及爱国主义，才会投身于中国的政治运动（不论是改良还是革命运动）。"② 事实亦证明，晚清基督徒革命者大都是爱国主义者，他们的民族精神并不因信仰基督宗教而有所减损。对孙中山来说，社会革命就是把基督宗教付诸实践。这表明，基督宗教的理念不但能实现于个人，也能实现于社会。当这些基督徒个别地接受基督宗教，并洞鉴和掌握到基督宗教理想的先进性，再对比自己国家民族令人担忧的社会现实时，他们就产生一种抱负——将基督宗教的理想实现于国家民族的生命之中。

  对清末基督徒知识分子而言，革命救国的拯救行动有如耶稣拯救世人，是本于无私的爱和牺牲精神。他们将这种精神视为自己品格道德和实践革命的勇气。不过，他们在"以福音救国"和"以革命救国"上使用了不同的手段。基督徒知识分子革命者认为，爱和暴力并无冲突，使用暴力革命乃其实现救国目的之必然手段。③ 把爱上帝的

---

  ① 参见梁寿华《革命先驱——基督徒与晚清中国革命的起源》，第36页。
  ② 梁元生：《十字莲花：基督教与中国历史文化论集》，基督教中国宗教文化研究社2004年版，第100页。
  ③ 参见梁寿华《革命先驱——基督徒与晚清中国革命的起源》，第358页。

宗教信仰与爱国家的政治理念有机地结合起来，将耶稣基督精神融入民族爱国情怀，是清末基督徒知识分子参加革命的鲜明特征。赋有革命性的基督宗教教义，为基督徒投身革命运动提供了理论支撑与精神力量。①

基督宗教的平等与自由价值观，是晚清基督徒知识分子民族爱国思想的理论源泉。基督宗教信仰使他们选择新的人生价值取向，否定君权神授的传统观念，把宗教信仰和民族精神有机地结合起来，走上爱国救国之道。同时，他们也是在实践基督宗教的社会责任，即以基督宗教的价值为社会提供方向，以基督宗教信仰实践社会公义。

基督宗教之博爱观，亦为激发晚清基督徒知识分子民族爱国情怀之重要元素。在英国政治家与改革家威廉·威伯福斯（William Wilberforce，1759—1833）看来，将"真正的信仰"与"爱国"敌对，是一种误解。他指出："如果'爱国'的定义是运用一切力量与资源，将一个国家的立场与意愿加诸另一国家之上，那么就变成民族主义，真正的信仰当然与之敌对。然而，如果爱国是指爱自己的国家、渴望公义、和平以及良善待人，那么信仰就不是其对敌，而是其最好的朋友。"他进一步提出，真正的基督宗教之爱有助于成全爱国主义。他说："爱国主义最佳的观点就是，要使一个社会和当中的每个分子获益，就必须使最大多数人的普遍福祉成为每个人的最大目标，而非每个人自私地追求个人的平安和财富。在一个真正的基督（宗）教文化中，人人回应基督的呼召，因而做到爱全人类、爱仇敌，如此就可以达到这个结果。普世之爱将产生爱国主义的最高境界。"② 由此可知，基督宗教信仰非但未对晚清基督徒知识分子的爱国主义和民族主义产生阻碍羁绊作用，反而具有积极正面意义。

有学者将晚清的爱国主义者界定为文化主义者（culturalist）。他

---

① 参见康志杰《基督徒参加辛亥革命平议——以武汉基督徒参加辛亥革命为例》，载卓新平、许志伟主编《基督宗教研究》第15辑，第187—188页。
② [英]威伯福斯（William Wilberforce）：《天地有正信：真基督教挑战文化基督教》，邓英伟译，浸信会出版社2008年版，第114页。

们认为，因为清朝统治者并没有征服汉人的文化，反而成为汉人文化的效忠者，故晚清知识分子拒绝接受或勉强接受西化，反而心甘情愿地接受异族君主的统治。但是，晚清基督徒知识分子则明显有别于其他的知识分子，因为他们并非简单地以打倒传统为职志，或者纯粹努力实现基督宗教的理想；其民族爱国情怀并非出于文化主义或反传统主义，而是出于由信仰而导致的政治诉求。① 可以说，因为基督宗教信仰，晚清基督徒知识分子激发出对中国政治、社会、民生、教育等方面的反思和批判；因为基督宗教信仰，晚清基督徒知识分子担负起对国家强烈的社会使命感和责任感。

四　结语

晚清基督徒知识分子群体的出现及其爱国救国思想的建构，无疑说明，基督宗教信仰与民族价值认同绝对不是对立的。基督宗教信仰非但没有削弱华人基督徒的爱国之心，反而进一步强化了他们对民族国家的责任意识；即使削弱了他们爱国主义中的文化本位主义，也并未削弱他们的民族本位主义。中国人也不可能因为成为基督徒而失去民族认同感和对国家之责任感。这些信仰耶稣基督的知识分子，不但保持着爱国的民族本位主义，而且在思想上有新的价值观和理想。新的价值观和理想促使他们对晚清的现实处境进行反思和批判，使他们不再将其时的专制皇权和腐败政治视为理所当然。尤其是"上帝比世俗权柄更超越"的观念，使他们认识到君权的平凡性和非绝对性，进而否定传统的儒家政治思想，提出具有现代民主共和性质的政治体制构想。他们希望中国能走上富强之路，人民能脱离黑暗苦难，所以抱着基督宗教的理想和勇气，突破几千年传统帝王统治的格局，进行最彻底的政治改革。这种情形不但体现在基督徒知识分子身上，也见于

---

① 参见梁寿华《革命先驱——基督徒与晚清中国革命的起源》，第35—36页。

其他基督徒身上。①

晚清基督徒知识分子怀有基督宗教信仰与理想。基督宗教的拯救观念是对他们爱国救国信念的启发和催化，把他们推向实践。耶稣拯救世人是本于无私的爱和牺牲精神。晚清基督徒知识分子视这种精神为自己品格道德和救国实践的勇气。他们的救国行动是他们在福音中所领略的"拯救"的转化，由个人的拯救（individual salvation）延伸至社会的拯救（social salvation），再转化为社稷的拯救（national salvation）。在他们看来，基督宗教的价值观和理想是拯救中国的良药，能在社会中产生美好效果。这些基督宗教价值观和理想，既有他们在接受基督宗教信仰、教会学校教育，或者阅读教会出版的书刊之后获知的，亦有他们在外国社会生活时亲身体会、耳濡目染得来的。他们抱着在中国实现基督宗教价值和理想的愿望来对现实进行反思与批判，并付诸实际行动。基督宗教价值和理想可以同时实践于个人身上和整个社会之中。②

最后，晚清基督徒知识分子这种一厢情愿的爱国救国思想与行动，完全是其自愿作出的抉择，是其内在价值抉择的外在彰显。这种内在价值的抉择包括基督宗教信仰、基督宗教理想等抉择，乃晚清基督徒知识分子在固有传统以外发现比传统价值更优越的价值时所选择的新价值。正是这种新的价值使他们义无反顾地走上民族拯救之道。信仰与救国，或者说信仰自觉与民族情怀，乃是晚清基督徒知识分子所面对之重大抉择。然而事实证明，二者并不矛盾，相反可以"殊途同归"，有机结合，而且相得益彰。

（原载《宗教学研究》2017 年第 4 期）

---

① 参见梁寿华《革命先驱——基督徒与晚清中国革命的起源》，第 357 页。
② 参见梁寿华《革命先驱——基督徒与晚清中国革命的起源》，第 357—358 页。

中　编

文化会通与教育交流

澳门圣保禄学院与中国西式高等教育的开端

创办于1594年的澳门圣保禄学院（葡萄牙语：Colégio de São Paulo de Macau；英语：St. Paul's College of Macao），不仅是澳门西式高等教育的肇始，也是中国土地上第一个西式高等教育的样本，而且还是远东最早的欧洲中世纪式高等教育机构之一。经过400多年的沧桑与洗礼，这所于1835年被一场大火焚毁的学院的残存前壁——大三巴牌坊，依旧巍然耸立，雄伟壮观。其建筑艺术举世瞩目，既是天主教远东传教史的明证，亦是世界旅游胜地澳门古迹的象征。然而，令人遗憾的是，"不仅一般人，甚至对中国教育史作过专门研究的学者，也未必知道"这所大学。① 据笔者所知，迄今内地出版的冠以"中国教育史"或"中国高等教育史"之名的论著，罕有提及此校。究其原因，恐怕是因为有关这所学校的原始材料大部分是用葡萄牙文写成的，而且保存在葡萄牙等欧洲国家，内地学者很难有机会利用。② 20世纪末，由于中国对澳门恢复行使主权及澳门国际地位的提升，一些中外著名历史文化学者开始研究澳门圣保禄学院，并取得可喜的突破，特别是澳门学者刘羡冰的《双语教育与文化交流》（澳门基金会1995年版）和李向玉的《澳门圣保禄学院研究》（澳门日报出版社2001年版）最具开创性和学术价值。

---

① 李向玉：《澳门圣保禄学院研究》，澳门日报出版社2001年版，第1页。
② 李向玉：《澳门圣保禄学院研究》，第1页。

中编　文化会通与教育交流

本文正是受已有研究成果的启发，试图对澳门圣保禄学院在中国教育史上的历史文化价值予以进一步的探讨。

一　澳门圣保禄学院的创办与关闭

15 世纪末 16 世纪初，世界新航路的开辟和宗教改革的兴起，打破了东西方关系的固有格局。随之，以西班牙和葡萄牙为首的欧洲多国纷纷东渐，扩大殖民领地，追逐商业利益，传播天主教义。据考证，1498 年，葡萄牙航海家达·伽马（D. Vasco da Gama，1460—1524）到达印度西岸；1513 年，葡萄牙船只出现于中国海岸。

（一）保教权的确立与耶稣会士东来

根据 1493 年罗马教宗亚历山大六世（Alexander VI，1492—1503 在位）的通谕和 1494 年西班牙与葡萄牙签订的条约，葡萄牙享有对东方的保教权。最早与葡国商船一道东来传教的是天主教的耶稣会（Society of Jesus）。该会由西班牙人依纳爵·罗耀拉（Ignacio de Loyola，1491—1556）1534 年创立于巴黎，并于 1540 年获得教宗保罗三世（Paul Ⅲ，1534—1549 在位）批准成立。其宗旨是坚持传统宗教信仰，把基督福音播向世界。最早到东方传教的耶稣会士（Jesuit）是方济各·沙勿略（Francisco Xavier，1506—1552）。他于 1542 年到达印度，很快发展会员 7 万多人。1549 年，他又抵埠日本传教，且渐趋感悟到东方文化中儒家伦理的强大作用。由此他认为，东方文化的根源在中国，只要用基督征服中国，东方诸国如日本、越南等都会起而随之，效忠罗马教宗。1551 年，他经广东的上川岛前往马六甲，筹策由印度总督遣使觐见中国皇帝以获得许可而入内地传教的计划，但计划因受阻而未能实现。于是，沙勿略 1552 年再次抵达上川岛，在岛上传播基督福音，成为首位到中国传教的西方传教士。但由于当时明朝政府实行严厉海禁，他未能进入内地，于同年病逝于岛上。

1557 年，葡萄牙人获准入居中国澳门。澳门地处东亚中心，三面向洋,背靠南方大都会广州,向东可通日本和马尼拉,向南可达帝汶、索罗等地,向西可至交趾支那、暹罗、马六甲诸国,又是鸦片战争前近三个世纪里中国东南沿海地区唯一一个保持连续性开放的港口,所以是传教士在远东从事传教活动的最理想的基地。①"1560年,第一批耶稣会会员到达澳门"②;随后,一批批耶稣会士陆续来澳定居并开展传教活动;至1569年,澳门已"约有五千至六千"天主教徒。③

(二)澳门圣保禄公学的诞生

耶稣会创办伊始即颇重视教育。由于受到文艺复兴及宗教改革的冲击,这个以保守著称的天主教修会对学校教育表现出不同寻常的热情。其教育理念与教育体系在中世纪欧洲教育史上具有颇为特殊的地位,其课程设置和教学方法亦对欧洲近代教育体系产生过重大影响。

耶稣会首先在法国、德国、英国、意大利等欧洲国家陆续开办学校,到"1615年共创办了372所学院,到1700年增至769所学院和24所大学。他们还垄断了旧教国家中的全部中等教育,控制了这些国家中的知识分子,从而产生了巨大的影响"④。耶稣会开办的学校特点鲜明,除少数几所大学专收贵族子弟外,大多招收平民学生。学校不分学生贫富,只要符合其入学条件即可,且大部分学校免收学费。这样,耶稣会学校很快就吸引了各国青年入校学习。

天主教的神职人员抵达澳门后,要负责为居澳葡国商人、水手以及他们的家眷、家仆举办宗教仪式,举行圣洗圣事,发挥教化作用,约束葡人的"不良行为",督促信徒严守教规。因此,传统天主教的

---

① 参见张廷茂《耶稣会士与澳门海上贸易》,《文化杂志》(中文版)2002年春、夏季刊总第40—41期。
② [葡] 施白蒂(Beatriz Basto da Silva):《澳门编年史:16—18世纪》,小雨译,澳门基金会1995年版,第15页。
③ [葡] 施白蒂(Beatriz Basto da Silva):《澳门编年史:16—18世纪》,第17页。
④ 唐逸主编:《基督教史》,中国社会科学出版社1993年版,第245页。

堂区和修会会院都设有要理班，兼授语文和文法，开启民智，扫除文盲，其中有教育葡童的，也有教育华童教友的。于是，耶稣会1571年在其住宅旁创办了澳门第一所儿童学校——圣保禄公学（Faculdade de São Paulo）。"最初这所学校仅教授儿童读书写字。数年后，又增设了拉丁文课程。""学校的教学内容非常丰富，教学方法也十分生动活泼，除教读书、写字、算术以及拉丁语外，还常常组织儿童演出节目。"① 由于学校办得非常成功，很受当地居民欢迎，所以学生人数迅速增加。"1592年，学生已达二百人左右，入学者除有澳门居民子女外，还有葡萄牙人带来服侍他们的童奴。"②

澳门圣保禄公学的创办与传教工作，不仅是西学进入中国的开端，也是澳门正规教育的肇始，还使澳门教育呈现出一个中西两种教育并举平行发展的新格局。③

葡萄牙以天主教为国教，所以葡王、葡商均支持耶稣会在澳门的传教活动与教育事业。自1574年起，葡王每年从马六甲的税收中抽出1000块金币资助澳门圣保禄公学。自1578年起，葡商每年从获自中国的约1600担生丝中分出50担让传教士们贩运至日本，稳赚好几千块金币，补贴办学。由于经费充足，澳门圣保禄公学一直健康有序地发展。④

（三）澳门圣保禄学院的创办

澳门圣保禄学院创办的首要目的，是培养前往日本传教的布道人员，同时兼顾澳门教区所辖包括中国教区在内的远东地区的传教需求。

1578年，耶稣会东方视察员兼副主教范礼安（Alexandre Valignani，1538—1606）抵达澳门，视察传教情况。1579年，他又前往日

---

① 李向玉：《澳门圣保禄学院研究》，第41—42页。
② 李向玉：《澳门圣保禄学院研究》，第42页。
③ 参见冯增俊主编《澳门教育概论》，广东教育出版社1999年版，第55页。
④ 参见刘羡冰《澳门教育史》，人民教育出版社2000年版，第37页。

本视察教务。在澳门，范礼安见到许多传教士只是待在澳门，无法深入中国内地，认为在远东传教必须另派一批有理想的、有中文基础的神父来，且把会读、会写、会说中国话并熟悉中国风俗民情视为首要条件。于是，两位意大利耶稣会士罗明坚（Michel Ruggieri，1543—1607）和利玛窦（Matteo Ricci，1552—1610）分别于1579年和1582年应范礼安之召来到澳门，先在圣保禄公学学习汉语和中国文化礼仪，然后获准到中国内地传教。范礼安从罗、利二人成功入华的经验中得到启示，认识到澳门对传教士进入中国内地的门户和桥梁作用，遂决心把它变成一个天主教远东传教中心和培训基地。

据裴化行（R. P. Henri Bernard，1897—1940）称："范礼安既在日本体认到大名（日本封建时代的豪门大领主——原译者注）封建纷争更迭的危险，便认为迫切需要在足够安全的地点准备好一处避难所，来收容受迫害者或用作进行培训基本工作的场所；果阿太遥远，马六甲太易遭受战祸……"① 于是，范礼安向耶稣会总会建议将原属中小学规格的澳门圣保禄公学扩建及升格为大学。1593年，耶稣会总会长采纳范礼安的建议。于是，澳门圣保禄学院于1594年12月1日正式成立（小学部仍然保留）。它的创立标志着澳门第一所高等学校的诞生，揭开了澳门高等教育史的第一页。同时，它也是远东地区包括中国土地上最早的西式大学之一，比日本1877年创立的东京大学早283年，比中国内地最早于1879年创立的近代西式大学——上海圣约翰大学早285年。

进入18世纪，一场由耶稣会士传教策略引发的"中国礼仪之争"（Chinese Rites Controversy）逐渐升级，并最终导致康熙末年清廷颁布禁教令（1720）。耶稣会前景堪忧。1758年，葡萄牙国王若瑟一世（Joseph Ⅰ，亦译若泽一世，1750—1777在位）被刺，有人怀疑系耶稣会所为。1759年，葡国首相颁布法令，宣布耶稣会为非法组织。

---

① ［法］裴化行（R. P. Henri Bernard）：《利玛窦神父传》，管震湖译，商务印书馆1993年版，第73页。

1760年，葡王下令没收耶稣会的全部财产。由于当时通讯与交通不便，直至1762年7月5日凌晨，澳葡当局才查封包括圣保禄学院在内的澳门耶稣会财产，并逮捕诸多耶稣会士。澳门圣保禄学院从此关闭。更为不幸的是，该院校舍于1835年被一场大火焚毁。①

二　澳门圣保禄学院的教学与管理

从欧洲教育史的角度看，耶稣会重视在学校教育中加强实践教育。澳门圣保禄学院作为诞生于宗教改革时期的新兴修会高等教育机构，不仅体现在具有相对完整而系统的教学科目，而且拥有远胜于中世纪修道院教育的管理体系与教学方法。其在存续的近170年里，不断开拓，稳步发展，并形成既依托于欧洲中世纪大学模式、又着眼于远东传教实际的办学特色。而这种特色的形成，则离不开耶稣会强调灵修、重视教育的创会宗旨与修会风格。

（一）欧式大学的澳门移植

欧洲具有悠久的高等教育发展历史，早在11世纪就随着商业城市的兴起而创办大学。1158年，意大利创办博洛尼亚大学（意大利语：Università di Bologna；英语：University of Bolonha），教授法律高级课程。此乃欧洲最早的近代大学，被誉为"世界大学之母"。1231年，意大利又创办萨勒诺大学（意大利语：Università degli Studi di Salerno；英语：University of Salerno），专门教授医学。接着，法国巴黎大学（法语：Université de Paris；英语：University of Paris，其前身为1257年建立的索邦神学院——Collège de Sorbonne）诞生，设立神学、法学、医学和文学四个专业。另外，英国分别于1167年和1209年创办牛津大学（Oxford University）和剑桥大学（Cambridge University）；西班牙于1218年创建萨拉曼卡大学（西班牙语：Universidad de

---

① 参见李向玉《澳门圣保禄学院研究》，第68—69、73页。

Salamanca；英语：University of Salamanca）。葡萄牙作为当时的商业强国，也于1290年创建科英布拉大学（葡萄牙语：Universidade de Coimbra；英语：University of Coimbra）。至16世纪，近代大学已遍布西欧、南欧，达80余所。[①]

欧洲中世纪的大学，具有重大社会影响，是自由与理性的象征。教授和学生可以大胆、独立、自由地讨论国家和教会的大事。他们常被咨询，以裁决教义和异端问题。大学生自由研究真理的权利受到保障。他们享有不受逮捕、不受审问的特权；当他们的自由受到干涉时，可以罢课。这些大学以当时先进的人文知识和最新的科技成果来培育社会精英。许多毕业生后来都成为国家和教会的领袖，其中不少人成为文艺复兴运动的重要人物。[②]

澳门圣保禄学院的创办虽与欧洲大学出现的历史背景与社会条件有所不同，但其管理手段、课程设置、教学内容与授课方式等，可以说是欧洲中世纪教育模式的全盘移植。

第一，耶稣会入华不久，就先后将欧洲大学的一些管理章程和教材携带至澳门，并传入中国内地。据李向玉考证，耶稣会士还把葡萄牙科英布拉大学章程携往北京，至今仍保存在北京国家图书馆。[③]

第二，科英布拉大学是葡萄牙著名大学，培养了许多杰出人才。澳门圣保禄学院的首任院长孟三德（Pe. Duarte de Sande，1531—1600）曾任科英布拉大学耶稣会学院教员，被公认为中华教会奠基人的利玛窦亦曾就读于科英布拉大学，还有众多来华传教士亦曾修业于该校耶稣会学院。科英布拉大学的办学模式深深地影响了所有葡属殖民地早期出现的大学。澳门圣保禄学院自然也不例外。

第三，欧洲中世纪大学主要分为四科：神学、法学、医学、文学，有的也增设数学或自然科学讲座。学生必须经过考试，分别取得学士、硕士学位之后才能继续学习某一专门学科。专门学科毕业的博

---

① 参见刘羡冰《澳门教育史》，第37—38页。
② 参见刘羡冰《澳门教育史》，第38页。
③ 参见李向玉《澳门圣保禄学院研究》，第48页。

士学位不必经过考试,而只是一种认可。这种做法流传下来,几经演变,形成现代大学学位制度。课堂教学只准使用拉丁语,除教师演讲外还进行辩论。澳门圣保禄学院亦完全照搬上述欧洲大学的教学形式与方法。

(二) 颇具特色的课程设置

范礼安对澳门圣保禄学院的课程设计倾注了很多心血。他既保留耶稣会已经形成的课程结构,又借鉴欧洲大学的教育理念,还与中国传教活动的具体实际相结合。其传统课程以拉丁语为基础,以西方古典学术知识为主体,以神学最高精神为追求;其课程设置的宗旨是培养"人性上杰出"和"学术上杰出"的传教士。

据1594年的《澳门圣保禄学院年报》(下简称《年报》)记载:"至今,我们有四个学部。第一是教授阅读、写字的儿童学部;第二是文法学部;第三是人文学部,这是今年才增设的;第四是伦理神学部。而明年会开办艺术课程……由于范礼安神父的到来,认为有必要再增添其他课程和其他科学专业。"① 随着教学的发展,学院其后又开设更多的课程。如1596年的《年报》就提到修辞学和各种文学练习;1598年的《年报》又述及神学、拉丁语、哲学、人文学、伦理道德课以及伊纳爵·罗耀拉的神操课等。1620年的《年报》还记载:"除去所述的学习内容,视察员神父下令开设日语班。今年来的神父和其他的人都满怀热情地学习日文,以便赴日本国时更具能力应付新的情况,更好地开展传播天主教的工作,无须再费时间找人教学日语。"② 另据印光任(1691—1758)、张汝霖(1709—1769)成书于1751年的《澳门纪略》描述,自清初来澳门学习的耶稣会士,有不少毕业后被召进北京宫廷,一些还被委任为钦天监监正或监副等要

---

① Cartas Ânuas do Colégio de Macau, 28-10-1594, Biblioteca da Ajuda. 转引自李向玉《澳门圣保禄学院研究》,第80页。

② Cartas Ânuas do Colégio de Macau, 1620, Biblioteca da Ajuda. 转引自李向玉《澳门圣保禄学院研究》,第81页。

职，负责制定历法等一系列与天文历学有关的工作——这说明该学院还开设了天文历学课程。另有大量文献记载，在澳门圣保禄学院内，传教士学习中文是一件颇为普遍的事情，但有关课程是否开设尚待进一步考证。

澳门圣保禄学院创办以来，一直非常重视神学的教育与实践。学院每个教室都有一幅供礼拜用的圣像，每堂课开始前和结束时都要在圣像前做简短的祈祷。同时，每个星期六在结束一周学习离开教室之前，教师要和学生们一起在各室圣像前诵念圣母德叙祷文。另外，按照耶稣会的教育章程，伊纳爵·罗耀拉的神操是每个学生都必须经常练习的课程，而且一直贯穿于澳门圣保禄学院的始终。[1]

（三）灵活多样的教学方法

澳门圣保禄学院创办伊始，即强调发挥学生的主观能动性，并以学生为主体展开灵活多样的教学实践。具体方法如下：[2]

第一，学院非常重视对学生所学知识的复习和检查。教师每天除教授新内容外，均安排学生复习以前所学知识，温故而知新。

第二，学院非常重视培养学生的辩论才能。教师每天要求学生就所学内容进行讨论，互相提问、答辩，鼓励学生参与到教学活动中。这样的讨论是引导式的，可以起到让学生相互启发、共同提高、加深理解的作用。

第三，学院非常重视提高学生学习的积极性。为了增强学生的学习兴趣和活跃校园生活，学院定期举办有奖知识竞赛和谜语竞猜活动——竞赛内容均为课堂上讲授过的知识；还经常组织学生排演戏剧。如1604年初，学院演出的一场喜剧，一部分用拉丁语，一部分用当地语言；内容为学院生活；参演的全是学生。演出获得一致好评。

第四，学院主张因材施教。据学院原始档案记载，有些课程或专

---

[1] 参见李向玉《澳门圣保禄学院研究》，第81—82页。
[2] 参见李向玉《澳门圣保禄学院研究》，第87—90、108页。

业是必修课，人人要学，且考试严格；有些课程属选修性质，根据学生个人学习情况决定是否修读。另外，学习优秀的学生还可以选读其他一些课程。

第五，学院坚持课堂与社会的紧密联系。一方面，学院定期让学生参与社会活动，增长才智，并将知识学以致用。另一方面，院方经常邀请社会人士，包括其他修会人员来校参观，观摩学生演讲，提出批评意见。每当学院举办重大节日或教区组织活动，均让学生参与。正是通过这些丰富的课外活动，学院潜移默化地培养学生的社会实践能力，帮助学生积累了人生经验。

澳门圣保禄学院灵活多样的教学方法，不仅在当时已经达到世界先进水平，而且对当今中国的教学实践仍有借鉴作用。它们无疑是对明清时期中国传统教育模式的挑战，也对近代中国高等教育事业的发展产生了一定的影响。

（四）规范严格的学位考试

澳门圣保禄学院仿照当时欧洲的大学规定，考试合格者即准予毕业并授予学位。据史料记载，该院很早就实行学士、硕士和博士学位制。学院的考试制度非常严格，具有一整套程序，既复杂又隆重。比如艺术专业的学制为三年，结业时要考四门课程。其首次公开考试在三名考官面前进行，由一名教师主持。每门课程考试历时一天，考试内容相当广泛。另外，考场的布置也非常庄重，一般搭建起三层高的阶梯坐台，供学院院长、学监、考官以及讲授教义神学和伦理神学课程的教师就座。修读神学课程的学生、其他修会会士和普通教友亦可列席旁听。[①]

澳门圣保禄学院的毕业考试程序也颇为复杂，一般都要由典试委员会主席主持讲话，并由合唱团唱歌，还有主考官的发言和音乐演奏。考生要介绍完自己的姓名和国籍后，方可宣读毕业论文，然后再

---

① 参见李向玉《澳门圣保禄学院研究》，第92页。

回答诸多考官就各门课程的提问。考生对主考教师所提出的问题进行答辩后,还要回答神父或其他学界人士的提问。①

正是因为学位考试的规范与严格,所以从澳门圣保禄学院毕业的学生都非常出色。他们不仅精通神学,而且知识渊博,很多人都成为某一学科的著名专家。如德国人汤若望(Jean Adam Schall Von Bell, 1591—1666)、比利时人南怀仁(Ferdnand Verbiest, 1623—1688)、中国人吴渔山(1632—1718)与陆希言(1631—1704)等,皆为其中典范人物。

(五)全面严谨的管理制度

耶稣会在大量兴办教育之初,即非常重视学校管理,并制定出一系列规章作为保障。比如1599年制定的《耶稣会的教学方法和组织》,便集中阐述教育目的、学习程序和管理方法等。澳门圣保禄学院作为耶稣会在远东的传教士培训重镇,自然也有严格的运作制度。范礼安曾于1597年分"各科共同规则""假期和周休""拉丁语课"和"艺术班"四个方面为该院制定全套的校规,对诸如作息时间、教师资历、课程设置、课堂纪律、考试要求、个人操行等细小环节,均有明确规定。

据载,澳门圣保禄学院一直推行一系列的学校管理措施。其内容大致如下:②

第一,学院校园面积很大,要保持整洁干净,每天打扫的范围都比较大。除所有庭院、走廊、楼梯外,还要打扫圣保禄教堂的大片台阶。为此,学院专门安排一名青年男子打扫卫生。

第二,鉴于学院师生员工均使用油灯,且每人用完油后都自行添油,若不小心会溢洒在地上,浪费很大,同时也造成储油室门口整日洞开,极易被人盗窃,所以,学院指定一人专门负责往各室添油。这

---

① 参见李向玉《澳门圣保禄学院研究》,第92—96页。
② 参见李向玉《澳门圣保禄学院研究》,第105—107页。

样，既节约资源，又改善卫生条件，还保障了全院用油。

第三，由于学院没有专门地方供大家散步和锻炼身体，因此，学院规定星期天及其他圣日为"休整日"，所有人均应登山散心，呼吸新鲜空气。大家可携带水果和食物在外野餐。同时，神父可每天清晨上山祈祷；教师们每天下午教完课后亦可登山活动。作出这样的具体规定，是为了保证人人能够锻炼身体，有充沛精力进行学习和工作。

第四，有关禁食的规定，列明何日何时应该禁食。

第五，每次考试前均需上神操课。学院管理人员要经常检查课堂，以保证大家都遵守这一规定。

第六，每天必须进行应答祈祷，演唱《连祷》等圣歌。

第七，因为街上人来人往，课间休息结束后，学校必须保持肃静。

第八，规定在圣诞节期间如何摆放餐巾。

第九，关于教义宣讲，即使在重大节日上的演讲也不应超过一小时；而发愿时间一般不可超过半小时。如果发现某人违反这一规定，可通知神父制止，因为本会在这方面有严格规定和优良传统，任何人不可忘记。

第十，有关穿着打扮，要求所有修士无论去领圣体还是去布道，都不可穿长袍或戴披风。但是，如果去听弥撒则不受此规定限制。

第十一，有关何种宗教仪式应在哪座教堂举行，有明确规定。

第十二，任何人去教堂时均不准着鞋袜。

第十三，在诵读《圣经》中"颂扬主的圣名"章节时，所有人均须起立并向邻近祝福。

……

澳门圣保禄学院正是因为有这么全面而严谨的管理制度，才使教学得以有序进行，学校得以逐步发展，而且成果显著，影响甚巨。

三　澳门圣保禄学院的价值与意义

澳门圣保禄学院存续的近170年，正好与16—18世纪（明清时期）基督宗教在华第三次传播的时间同步。作为一个传教基地，它培养了大批服务于远东的神职人员；作为一个教育组织，它揭开了中国教育近代化的序幕；作为一个文化机构，它充当了中西文化交流的重要桥梁。

（一）中国教育近代化的里程碑

澳门圣保禄学院是澳门最早的欧洲中世纪式高等教育机构。它的创办不仅是澳门教育史上的一件大事，也为中国教育近代化揭开了崭新的一页。

明清时期，中国尚处于传统私塾教育时代，推行的是先生讲、学生听、学生完全处于被动地位的传统教学理念，强调死记硬背、囫囵吞枣的简单学习方法。而澳门圣保禄学院则全盘移植欧洲中世纪大学的教育模式，无论从学校管理、课程设置，还是教学方法与学位考试，都严格有序，科学规范，而且注重调动学生的主观能动性。这种全新的教育理念，无疑是对传统的中国教育体制的挑战，为促进中国教育近代化拉开了序幕。

澳门圣保禄学院虽然办学之初是"着眼于日本"，想使其成为"入华传教士的大本营"，但实际上它不仅是训练西来传教士的重镇，而且是培养东方传教士的摇篮。据考证，除了中国、日本青年外，还有泰国、菲律宾等亚洲青年来该校学习。日本青年安治郎（Yajiro）曾在该学院学习葡萄牙文和拉丁文。中国思想家徐光启（1562—1633）入教后也曾到此研究天主教义；画家、诗人吴渔山（1631—1718）亦曾入院逗留进修。[①] 另外，为了培养本土传教士，多位接受

---

① 参见刘羡冰《澳门历史上双语人才的培养与中外文化教育交流》，载吴志良、章文钦、刘羡冰、陈继春、肖丰硕《澳门——东西交汇第一门》，中国友谊出版公司1998年版，第111—112页。

过澳门圣保禄学院培训的华人信徒、修士也先后被送到欧洲深造。例如，澳门人郑玛诺（1633 或 1635—1673）1650 年曾到罗马留学，是中国最早的留欧学生，比 1847 年容闳留学美国早近 200 年。其后，还有沈福西 1680 年赴葡萄牙里斯本大学留学，谷文耀等四人 1723 年赴意大利那不勒斯圣家学院留学，刘汉良等五人 1740 年赴巴黎大学路易学院留学。① 这些留学生是最早直接到欧洲接受西式高等教育的知识分子，学成回国后对中国的教育事业作出了不小的贡献。由此可以认为，澳门圣保禄学院完全是一所国际性的开放型大学。

另外，明清时期的中国学者对欧洲近代教育的了解几近空白，也正是澳门圣保禄学院首次将西方教育理念与模式传入中国。该院教师、被誉为"西方孔子"的意大利耶稣会士艾儒略（Giulio Aleni，1582—1649）曾用中文著有《西学凡》一书，系统而全面地介绍欧洲大学的专业设置、课程大纲、教学过程、教学方法以及考试制度。后来他又用中文写了一本《职方外纪》，除讲述西方地理外，还介绍西方各级学校的制度，包括大学、中学及小学的设立和衔接、学习年限、课程设置、教师资格、教学方法和考试要求等。另一位意大利耶稣会士高一志（即王丰肃，Alphonse Vagnoni，1566—1640）的《童幼教育》，乃是一部介绍西方儿童教育思想的专著，同时也是首本介绍文艺复兴教育思想的著作，折射出中西教育思想的最初碰撞。这些书籍对中国数千年沿袭的封建教育体制有一定的冲击和影响。徐光启就曾设想融中国传统儒学与西方实学于一体，提出一个内容全新的教学主张：以数学为宗，重经济物理；由数而达事与理，并至修身之道。1696—1697 年，明末清初的著名教育家颜元（1635—1704）主持漳南书院，实行一个大胆创新的课程设置：分文事、武备、经史、艺能、理学、帖括六斋；文、理兼修，知识与技能并重，理论与实践互补。他引进水学、火学、天文和地理等西学，打破长期以来儒家崇

---

① 参见刘羡冰《澳门历史上双语人才的培养与中外文化教育交流》，载吴志良、章文钦、刘羡冰、陈继春、肖丰硕《澳门——东西交汇第一门》，中国友谊出版公司 1998 年版，第 121—122 页。

道鄙艺的传统观念；其中武备、艺能又各占一斋，体现出颜元吸纳西学的实用基础学科精神、联系中国传统而创新的课程设计，乃中西文化百多年交汇、融合之结晶。这一崭新的课程设置虽然在中国封建教育史上仅昙花一现，却大放异彩。它比19世纪末20世纪初中国近代教育改革和新课程的建立早两百来年，比1884年被视为最早提倡西学课程的郑观应（1842—1922）发表《考试》一文亦早188年。①

由是可知，如果把澳门圣保禄学院写进"中国教育史"，恐怕好几个"第一""最早"要改写；如果把它写进"世界教育史"，也是极其光辉璀璨的篇章。

（二）远东耶稣会传教士的摇篮

如前所述，耶稣会具有兴办教育的传统，而他们大办教育是为了更好地传播天主教义。创办澳门圣保禄学院的宗旨亦不例外，是为了远东地区的传教事业，并使包括中国在内的该地区归化基督宗教。大量史料表明，该学院作为耶稣会在华从事的重要文化教育活动，对培养和提高传教士的文化水平与综合素质发挥了极其重要的作用。它不仅培养了澳门当地所需的神父，而且培养了赴远东如日本、交趾支那、柬埔寨等国传教的大部分神职人员。

李向玉研究澳门圣保禄学院的历史、活动范围及其成果后得出结论：该学院的存续时间与16—18世纪（明清时期）基督宗教在华第三次传播的时间一致，其教学及其他活动一直伴随着基督宗教此期在华历史的兴盛与衰落。② 据有关资料统计，在澳门圣保禄学院学习之后入华传教的耶稣会士有200多人，占明清时期入华传教士的50%左右。③

虽然澳门圣保禄学院的办学地点在澳门，其办校初衷是着眼于日本的传教活动，但是大量的文献表明，它的活动范围远远不止澳门和

---

① 参见刘羡冰《澳门历史上双语人才的培养与中外文化教育交流》，第122页。
② 参见李向玉《澳门圣保禄学院研究》，第178页。
③ 参见李向玉《澳门圣保禄学院研究》，第193页。

日本，而是包括整个中国在内的远东大部分地区。而且，随着传教活动的不断变化，中国成为其活动的主要舞台，辐射范围不断扩张到交趾支那等地。据《澳门圣保禄学院年报》记载，每当范礼安开辟新教区时，均从该学院挑选耶稣会士前往传道。1615年1月2日的《年报》就记录了学院派遣传教士前往交趾支那的情况："去年，有几个葡萄牙人从本院出发，乘船去交趾支那。回来后告诉我们，那里的王子被其父亲安排即将管理政府，他要求派去'圣保禄神父'——在东方大家都这样称呼我们。当时，已有一些神父从马六甲乘船去那里传播天主教义。这样，我们就给在日本的省区神父写信，转达了上述要求。于是，省区神父委托本院的三名神父去交趾支那开展活动。"[①] 1618年1月8日的《年报》则有学院传教士被派往柬埔寨传教的记载："根据视察员神父之命令，（本院的）一名神父和一名日本籍修士奔赴柬埔寨，目的是了解在那块未开垦的土地上是否可以耕播基督的道义与思想。"[②]

从澳门圣保禄学院培养出来的毕业生的活动地点可以看出，其足迹遍布整个远东。由此可见，澳门圣保禄学院的的确确是耶稣会培养远东传教士的摇篮。

（三）中西文化交汇的桥梁

16世纪中期以降，西方传教士逐渐涌入中国，大规模中西文化交流开始进行。文化交流是双向运动的结果，澳门圣保禄学院则不仅在物质文化，而且在精神文化的双向运动中都起到了重要的桥梁作用。

澳门圣保禄学院在中西文化交流中的重要作用，首先体现在它是"西学东渐"的基地。

第一，如前所述，作为远东较早的西式大学，其管理制度、课程

---

① 参见李向玉《澳门圣保禄学院研究》，第183页。
② 参见李向玉《澳门圣保禄学院研究》，第187页。

设置、教学方法、考试形式等，都是欧洲大学的全盘移植，对中国的教育近代化起到了促进作用。

第二，学院的学员分为三类：一种是已在欧洲完成大学学业，来澳门学习远东国家语言及风俗为主的学生；另一种是在欧洲尚未毕业，而来澳攻读大学课程的学生；第三种是来自包括中国在内的远东地区的学生，既学习拉丁语，又修读其他西学。而这些学员毕业后分布在远东各地，成为西方文化的传播者。

第三，学院拥有藏书近5000册的图书馆，拥有引进欧洲活字印刷技术的印刷厂，拥有设备良好的西医疗所和西医药房。这些本身就是西方文化在中国的传播。

第四，耶稣会士抵达澳门时，带来许多如自鸣钟、照明灯、千里镜、显微镜、乐器等西洋器物，而且派遣技术人员介绍其机械原理与制作方法，从而将一些西方科学技术传入中国。

第五，以澳门圣保禄学院教师与毕业生为主体的传教士，通过著述、翻译等形式，全面向中国传播包括数学、天文、历学、地理学、地图学、西医药学、物理学、建筑学、语言学、哲学、伦理学、美术、音乐等西方近代科学文化。

澳门圣保禄学院在中西文化交流中的重要作用，还体现在促进了欧洲第一次"汉学热"。大批西方传教士通过该学院培训后入华，不仅将西方文化传入中国，也经由澳门这一中转地将大量中国文化传送到西方，在欧洲广泛传播。自罗明坚、利玛窦始，西方传教士通过澳门进入中国内地传教。他们采用适应中国习俗的策略，从踏上澳门这块中国土地之时，就开始学习中国的语言文字和熟悉中国的风俗习惯，力图了解中国；进入中国内地之后，他们有了进一步学习和研究中国文化、了解中国社会的机会，便根据亲身经历和感受，开始把中国全面介绍给西方，成为早期欧洲汉学的先驱者。通过他们的介绍，中国文化在欧洲广泛传播，开阔了西方学者的眼界，产生"汉学热"，并推动欧洲启蒙运动的开展，产生了极为深远的影响。其具体表现如下：

一方面，罗明坚、利玛窦等进入中国内地后，大量阅读研究中国典籍，进而将中国典籍翻译西传。罗明坚是翻译中国《四书》中《大学》到欧洲的第一位西方人士。据费赖之（Louis Pfister，1833—1889）著《在华耶稣会士列传及书目》载，利玛窦曾将《四书》译成拉丁文，寄回意大利；金尼阁（Nicolas Trigault，1577—1628）曾译《五经》为拉丁文。这些是对中国经籍最早的西文翻译。后来，还有许多传教士将《大学》《中庸》《论语》《书经》《诗经》等著作译成西文，使中国儒家经典和古代哲学思想远播欧洲。

另一方面，从利玛窦开始，传教士对中国及其文化进行了比较全面的介绍。《利玛窦中国札记》（De Christiana expeditione opud Sinas）第一卷的11章中，有10章对中国进行整体介绍。他首先介绍中国的名称、位置、版图和物产；其次介绍中国人的机械工艺和人文科学、自然科学以及教育体制；再次介绍中国的政府机构；最后叙述中国的习俗、服饰、礼节，还有宗教。此书一出版，便轰动整个欧洲，得到广泛传播，对欧洲文学、科学、哲学和宗教等方面的影响可能超过任何其他17世纪的历史著述。[1]

利玛窦之后，葡萄牙耶稣会士曾德昭（Alvare de Semedo，1585—1658）著《大中国志》（Relação da Grande Monarquia da China，又译名《中国通史》或《中华大帝国志》）一书，进一步向欧洲全面介绍中国及中华文化，在欧洲一版再版，影响颇大。此后，意大利耶稣会士卫匡国（Martino Martini，1614—1661）出版第一部西文中国上古史《中国历史初编十卷》（Sinicae historiae decas prima），以及《鞑靼战纪》（De bello Tartarica historia）、《中国新舆全图》（Novus atlas Sinensis）；法国耶稣会士冯秉正（Joseph-François-Marie-Anne de Moyriac de Mailla，1669—1748）主要根据《通鉴纲目》，出版12卷本《中国通史》（Histoire générale de la Chine）。如此例证，不胜枚举。这些著作都对中国文化的西传贡献巨大，影响深远。

---

[1] 参见万明《中葡早期关系史》，社会科学文献出版社2001年版，第180—182页。

清初来华的法国耶稣会士尤其注意介绍中国的科学。他们根据对中国科学以及社会状况的调查和研究，汇总成三大部著作，即杜赫德（Jean-Baptiste Du Halde，1674—1743）的《中华帝国全志》（*Description géographique, historique, chronologique, politique, et physique de l'empire de la Chine et de la Tartarie chinoise*）以及《耶稣会士书简集》（*Lettres édifiantes et curieuses, écrites des Missions étrangères*）、《中国杂纂》（*Mémoires concernant l'Histoire, les sciences, les arts, les moeurs, les usages, &c. des Chinois: par les missionaires de Pékin*）。此外，宋君荣（Antoine Gaubil，1689—1759）著有《中国天文学简史》和《中国天文学》（*Histoire de l'astronomie chinoise avec des dissertations*）。柏应理（Philippe Couplet，1623—1692）在返回欧洲的时候，一次曾带回在华传教士的著作400多册。传教士的著作和他们寄回欧洲的大量书简，构成早期西方了解中国的丰富资料来源。①

四 结语

澳门圣保禄学院是中国最早的教会大学和最早的西式高等教育机构，在澳门教育史、中国教育史乃至世界教育史上都"将永远值得记忆"，"在世界文化进展史上，只有少数西方教学机构可以与它并肩而立"②。作为建立在远东的最早神学教育机构之一，澳门圣保禄学院虽然在内部机制与人员结构上延续了欧洲中世纪耶稣会大学的模式，但其教学体制和教学内容却有别于其他普通修院。作为耶稣会设立在远东的传教基地，澳门圣保禄学院尽管在社会功能上必须服从于修会的传教宗旨，但因地制宜的教学体制和教学内容则使其明显有别于欧洲和亚洲地区的其他耶稣会学院。无论是教学体制、人员构成，还是教学内容、课程设置与管理机制，澳门圣保禄学院都对澳门教育

---

① 参见万明《中葡早期关系史》，社会科学文献出版社2001年版，第182—183页。
② ［葡］多明戈斯·马乌里西奥·戈麦斯·多斯·桑托斯（Domingos M. G. dos Santos）：《澳门：远东第一所西方大学》，孙成敖译，澳门基金会1994年版，第56页。

史上的其他教育机构产生了重要而深刻的影响，其在中国教育史上亦具有特殊的地位。

澳门圣保禄学院在天主教入华布道史、明清教育史以及西学东渐和东学西传的文化交流史上，都发挥过极其重要的作用。甚至可以说，它在东西方文化交流史上的价值，早已远远超过其作为历史遗存的价值。在明末清初东西方初识的岁月里，它不仅是远东传教士的基地，而且是东西方文化精英的摇篮；它培养的传教士不仅向东方传播西方的宗教，还架起东西方文化交流的桥梁；它既向东方传播西方的近代文明，又向西方推介东方的悠久文化，同时还催生早期欧洲汉学，促进世界两大文明体系的对话与交流。澳门圣保禄学院作为一个在中国历史乃至世界历史上发挥过重要影响的宗教文化教育机构，不仅是澳门史研究的重要课题，而且是世界教育事业发展史、人类文化交流演进史研究的重要标本。

（原载《高等教育研究》2003 年第 4 期。收入本书时有修订）

香港西医书院与中国近代医学高等教育的肇始

1842年，随着中国近代史上第一个丧权辱国不平等条约——《南京条约》（Treaty of Nanking）的签订，香港被英国割据。其后，西方现代意义的政治、经济与文化模式在香港移植衍生，中华民族悠久灿烂的传统文化亦在此地弘扬光大。故此，以华人为主体、具有鲜明岭南文化特色的香港，渐趋由昔日人烟稀少的海滨渔村发展而至后来享有"东方明珠"盛誉的中西文化交汇重镇，亦成为中国步入现代化的前沿地带。伴随英国殖民者占据香港，欧美基督新教传教士接踵而至。西方传教士为传播基督宗教，借助医疗与教育这两种传教手段，触发了香港新式教育的诞生。作为西方近代精神文化体系重要构成元素的高等教育，也在香港得到创立与拓展。创办于1887年的香港西医书院（Hong Kong College of Medicine for Chinese），便是早期中西文化在港岛交融会通的结晶与典范。该书院不仅是香港高等教育事业的肇始，而且是中国近代医学高等教育的发端，在中国高等教育现代化进程中具有重要历史意义。

一 香港西医书院的创办过程

香港西医书院的诞生，既是西方殖民主义者在远东扩张、传播其近代文化价值理念所致，也是19世纪世界基督宗教大宣教运动的结果，同时更应归因于其时一批中外社会贤达的鼎力倡导与躬身践行。

"是西医书院之创立,不特与香港教育之进程有关,抑亦与中西文化交流之进程有关也。"①

(一) 香港西医书院创办的历史背景

香港开埠初始,原岛居民和移居而至的华人多为社会底层的蛋民、苦力、劳工、仆役与商贩等,文化程度十分低浅;来港西人又以海员、军僚及商贾为主,其要务乃对华贸易,所以教育根本没有被提上议事日程。迄至基督新教传教士抵达香港,教育的开拓与发展才成为可能。

19世纪中叶的英国政府非常重视教育,其兴办教育的原则,乃是秉持一贯坚持的民主精神,积极鼓励个人或社会团体创办学校,且任其自由发展。港英政府对于推进其时香港教育的态度,亦复如此。随着英国人占据香港,基督新教传教士旋即从澳门乃至南洋地区涌入,展开传教事工。毋庸置疑,教会事工的主要目标乃以宗教的传播为主,所以,他们一方面设立书院或神学院,培育中国牧师;另一方面创办学校以宣传教义,广纳信徒。虽然教会因宗教目的而涉猎教育事业,但也使得近代香港教育逐步萌芽、生长,并结出丰硕的果实。"香港早期所设立的教会学校,对香港后来的教育事业,影响很大,贡献也多。"② 1862年,港英政府开办以英语为教学语言的官立中央书院 (Government Central School,即后来的皇仁书院——Queen's College),教育才在香港逐渐受到重视。③

关于香港高等教育的发端,学术界曾有争议。有学者认为,香港第一所高等教育机构是创办于1881年、英国人梅 (A. J. May) 出任校长的湾仔师范学校 (Wanchai Normal School)。但此说仅为一家之言,未能得到学界的广泛认同。究其原因,恐怕在于对该校是否具备

---

① 罗香林:《香港与中西文化之交流》,香港:中国学社1961年版,第135页。
② 王齐乐:《香港中文教育发展史》,香港:三联书店有限公司1996年版,第85页。
③ 参见容万城《香港高等教育:政策与理念》,香港:三联书店有限公司2002年版,第1—2页。

严格意义上的现代高等教育所必备的要素，如组织形式、课程设置、考试方法、师资队伍等，尚有存疑。另外，湾仔师范学校后因港督轩尼诗爵士（Sir John Pope Hennessy，1834—1891）没有及时向英国殖民地部上报，致使其未能获得拨款，而于开办两三年之后被迫关闭。① 著名学者罗香林（1906—1978）则称："香港自一八四二年起，即已为中西文化所同浸润，然其克有西洋体制之高等教育与功能、即大学程度之学校与由此学校所生之作用，则非俟至一八八七年（清光绪十三年）西医书院（College of Medicine for Chinese，Hong Kong）之成立，不能见及。"② 这应该是一个比较权威的说法。目前学界公认的香港高等教育事业的发端，乃以1887年香港西医书院的正式创立为标志。

（二）香港西医书院倡办人何启

研究香港西医书院，就不得不提到其倡办人，也是一位香港乃至中国近代史上举足轻重的人物——何启（Ho Kai，1859—1914）。何启，字迪之，号沃生（意即健壮成长或硕学博识者），原籍广东南海县西樵村（与康有为同乡），1859年3月21日出生于香港。其父何进善（字福堂，1817—1871），乃基督新教英国伦敦传教会（London Missionary Society）第二位华人牧师（第一位为梁发，1789—1855）。1870年，年方11岁的何启进入香港中央书院读书。也就是在这一年，他结识了长其十多岁的胡礼垣（1847—1916）。二人后来成为莫逆之交，并称为中国近代化改革思想之先驱。1872年，何启从中央书院毕业，赴英国留学，先入读英格兰的帕尔默学校（Palmer House School），后于1875年9月进入苏格兰的阿伯丁大学（University of Aberdeen）专攻医学，并于1879年获得医学士及外科硕士学位（Bachelor of Medicine & Master of Surgery，B. M. & M. S.），成为正式的外科医生。

---

① Anthony Sweeting, *Education in Hong Kong Pre-1841 to 1941: Fact and Opinion*, Hong Kong: Hong Kong University Press, 1990, p. 211.
② 罗香林：《香港与中西文化之交流》，第135页。

同年，何启进入位于伦敦的圣托马斯医院（St. Thomas' Hospital）工作，又通过伦敦皇家外科学院（Royal College of Surgeons of London）的考试，同时拥有皇家医科学院执业持牌人（Licentiate of the Royal College of Physicians，L. R. C. P.）和皇家外科学院院士（Member of the Royal College of Surgeons，M. R. C. S.）资格。从医学院毕业后，何启再进入林肯法学院（Lincoln's Inn）攻读法律专业，并于1881年取得大律师资格。"何启对于英国19世纪的政治、法律、医学和科学的了解和认知，在当时恐怕无人能出其右，这亦是何启日后能对中国的近代化改革提出一套超越同侪的方案的原因。"①

何启之所以学完医学又习法律，据称可能与其后来的妻子、英国贵胄雅丽氏（Alice Walkden，1852—1884）的鼓励有关。雅丽氏长何启7岁。他们于1879年相识，1881年结婚。1882年，何启携雅丽氏回到香港，初以行医为业，成为香港首位华人执业医生；不久即被任命为最高法院的法官；1886年被任命为公众卫生委员会的委员；1890年又被委以香港立法局的非官守议员。

何启一直是香港华人社会之精英人物，影响甚巨。但令人遗憾的是，雅丽氏不幸于1884年6月8日殁于伤寒。② 也正是雅丽氏的离世，促成后来香港西医书院的创办。

（三）香港西医书院创办的过程

香港西医书院的创办，主要有赖于何启与英国伦敦传教会在香港之传教士。

1881年，苏格兰裔加拿大医生杨威廉（William Young, ?—1888）提议港英政府成立医务委员会，在香港推行西式医疗服务。1883年，何启参与其事。何启回港之初，虽为执业律师，但亦对伦

---

① 林启彦：《严复与何启——两位留英学生近代化思想模式的探讨》，《近代史研究》2004年第3期。
② 参见许政雄《清末民权思想的发展与歧异——以何启、胡礼垣为例》，台湾文史哲出版社1992年版，第3—5页。

敦传教会欲在香港开设一所西式医院为华人服务之计划极为关注。具体原因有二：其一，何启家世本身具有伦敦传教会的背景；其二，何启本人乃伦敦传教会华人自立会成员。特别是雅丽氏病故后，何启为纪念亡妻，遂决意捐献兴建医院的全部费用，条件是该医院须以雅丽氏命名，即"雅丽氏利济医院"（Alice Memorial Hospital），并由伦敦传教会负责管理。①"雅丽氏利济医院"取"以利益救济人"之义。其时，另有香港著名犹太裔富商庇理罗士（Emanuel R. Belilios, 1837—1905）捐资5000元作为购买医药的费用，又有华人信徒、殖民地官员高和尔（Daniel Yichard Francis Caldwell, 1816—1875, 亦名高三桂、高露云）之夫人（Chan Ayow, 人称波夫人、高三桂夫人）答允以半价出售地段给伦敦传教会兴建医院及教堂，还有苏格医生兼香港医学会（Hong Kong Medical Society）主席孟生（Patrick Manson, 1844—1922）、杨威廉、爱尔兰医生夏铁根（William Hartigan, 1852—1936）、印裔英国医生佐敦（G. P. Jordan, 1858—1921）四人同意提供医疗服务。该医院遂于1886年1月26日办妥注册手续，同年3月在香港荷里活道动工，1887年2月正式开始启用。②

早在雅丽氏利济医院筹建之初，当时的香港医学会主席孟生已有创建医学院的构想。因此，雅丽氏利济医院在兴建时就安排了学生宿舍及课室等设备。1887年8月，伦敦传教会的湛约翰（John Chalmers, 1825—1899）牧师、曾任中央书院校长的史钊域（Frederick Stewart, 1836—1889）博士，与孟生、苏格兰医生康德黎（James Cantlie, 1851—1926）博士、夏铁根、佐敦，以及兼有律师与医生资格的何启等人召开会议，商讨创办医学院事宜。此次会议本身未确定任何具体计划，但不久之后便成立新医学院的"评议会"（Senate of the New Medical School）。"评议会"定名医学院为"香港华人西医书院"，英文名"Hong Kong College of Medicine for Chinese"，以雅丽氏

---

① 参见李志刚《香港教会掌故》，香港：三联书店有限公司1992年版，第69—70页。
② 参见关肇硕、容应萸《香港开埠与关家》，广角镜出版社有限公司1997年版，第19页。

利济医院为校舍,全部课程五年完成,毕业后授予"华人医学院医科外科证书"(Licenciate of Medicine and Surgery, College for Chinese, L. M. S. C. C.)。数年后,医学院中文名称删去"华人"二字,是为"香港西医书院",英文名不变。① 香港西医书院"程度则与大学医科相等,盖为五年制之医科学校也"②。至于该教育机构为何以"书院"命名,主要原因在于书院乃中国自唐宋以来培养学术人才的重要组织,而当时新学初兴,故中文以"书院"为名。③

另外值得一提的是,香港西医书院的创立,亦得到港英当局和中国政府高层人士的大力支持。其时的代理港督、陆军中将金马伦爵士(Sir William GordonCameron,1827—1913)与继任港督德辅爵士(Sir William Des Voeux,1834—1909)等,均提供热心的赞助。书院创办时曾致函敦聘北洋大臣李鸿章(1823—1901)为名誉赞助人。李氏于1889年(清光绪十五年)复函接纳,深致赞许。他于复函中谓:"奉读来书,敬悉被推为贵书院赞助人,此举能将愚个人名字,永悬贵书院内,衷心至为铭感。……愚意,此医学当与其姊妹科学之化学,同予注意。非第须了解其如何组合,且须明了其如何分析;盖不如此,不足使其诊断病症及准备医疗上,臻于更大之精确性也。"④

香港西医书院正式成立于1887年10月1日。学校规模不大,初期入校学习者甚少——1887年12人,1888年1人,1889年1人,1890年2人,1891年1人,1892年1人。其生源少的原因,主要由于当时粤、港、澳能使用英文并愿意攻读医科的青年学生不多,而英文能力强者多愿意在商业机构、外交机构或海关部门等收入较高之处

---

① 参见关肇硕、容应萸《香港开埠与关家》,广角镜出版社有限公司1997年版,第19页。
② 罗香林:《香港与中西文化之交流》,第136页。
③ 参见林亦英编《学府时光:香港大学的历史面貌》,香港大学美术博物馆2001年版,第25页。
④ 李鸿章函原载 China Mail, October 18, 1889。转引自罗香林《国父之大学时代》,台湾商务印书馆1954年版,第10—11页。

工作。1887年,入读书院的首届学生中,则有后来对中国命运影响非常深远的孙中山(Sun Yat-sen,1866—1925)。① 1912年,香港历史上第一所综合性大学——香港大学(University of Hong Kong)正式创立,香港西医书院翌年即被并入,成为该校医学院,与工程学院、文学院并称三大核心学院。在香港西医书院独立运作的25年间,共有128名学生毕业。这些毕业生对香港、澳门乃至广东的早期医疗服务事业做出过重大贡献。②

二 香港西医书院的办学特色

香港西医书院创办伊始,即坚持将近代西方高等教育思想作为办学的基本理念与准则,其组织机构、课程设置、考试方法等均移植于当时欧洲的大学。同时,书院还非常强调师资队伍的建设,尽量吸纳西方社会的精英人士来从事一线的教学工作。基督教会史家李志刚认为:"香港西医书院所以称之为香港19世纪最高学府,原因书院的师资多延聘英国医生及学者担任,而一切课程设计均采用英国各医科学校编定的学制。"③

(一) 香港西医书院的组织机构

香港西医书院的组织机构,以掌院(Rector)为执行院务首领。掌院最初由史钊域担任。掌院下设教务长(Dean)。教务长实际负责整个书院的具体运作,最早由孟生担任,后由康德黎继任。书院聘有名誉赞助人多名,推李鸿章等担任;另设名誉秘书(Honour Secretary)之职,由书院倡办人何启兼任;还设有秘书,早先由伦敦传教会医疗传教士(medical missionary)汤姆生(John C. Thomson,1863—1943)医生充

---

① 参见容万城《香港高等教育:政策与理念》,第3页。
② Ng Lun Ngai-ha, *Interactions of East and West: Development of Public Education in Early Hong Kong*, Hong Kong: The Chinese University Press, 1984, p. 124.
③ 李志刚:《香港教会掌故》,第83页。

任。书院共有各科教师十多名，基本上都是专业学者及专科医师。

1892年7月23日，曾积极参与创办并长期主持香港西医书院实际工作的康德黎，在书院第一届毕业生典礼上发表著名演说。此演说可谓比较客观和真实地反映出当时书院各方面的情况，亦是研究该书院历史的珍贵文献。翌日的香港《德臣西报》（China Mail）刊载了康氏的演说词。康氏在演讲中指出："本院前任掌院路西尔爵士（Sir James Russell），现任掌院辜拉克先生（Mr F. Clarke），及湛尔美斯先生（Mr Chalmers，即湛约翰——引者注）、庇理罗士先生（Mr E. R. Belilios）、何启博士、佛兰西斯先生（Mr J. J. Francis）、谭臣医生（Dr J. C. Thomson，即汤姆生——引者注）等等，都是德高望重，曾主持西医书院职务的。他们有专一的精神，不屈的豪气，和保持他们朝向事业胜利之门而永久不变的态度，这是大家所熟知的。由于他们的努力，始能使书院远离初期的荆棘生涯，今得在他们的把舵下而荡入吾人所期望的青年的汪洋。"① 由此可见，香港西医书院创办之初，即相当注重管理阶层的建设，并形成一个强有力的组织机构。特别是康德黎本人，不仅是一名杰出的管理者，而且是一位优秀的教职员。"康氏学识渊博，态度恳挚，善诱循循，教诲谆谆。不特以医术精义指导学生，且以最新科学引导研究。常谓此书院即哈维（William Harvey，1578—1657，实验生理学创始人——引者注）、健那（Edward Jeuner，1749—1824，牛痘接种法之祖、疫苗之父——引者注）、罕忒（John Hunter，1728—1793，解剖学家、外科学基础创立者——引者注）、达尔文（Charles Darwin，1809—1882，进化论代表人物——引者注）与李斯忒（Joseph Baron Lester，1827—1912，外科防腐法始祖——引者注）等之良所，盖此书院奉此等发明导师为模楷，各同学取法乎上，必于医术与科学，将有所发明云。"②

---

① James Cantlie's speech appeared in China Mail, July 24, 1892. 转引自罗香林《香港与中西文化之交流》，第138页。
② 罗香林：《香港与中西文化之交流》，第136—137页。

（二）香港西医书院的课程设置

香港西医书院的课程设置乃是对英国高等医学院校的移植。康德黎在第一届毕业生典礼上的演说中指出："书院所研习的课程，其依据可说与不列颠各医科学校所编定者相似。"所以，书院的课程"自始以五年的编制为目标"，且均以英文授课。① 另据罗香林考证："何启等倡办书院，既以使中国人于医术与现代科学之境为鹄的，故其课程编制，亦与科学与医术之研讨与实验实习为依皈。"②

该书院第一学年设置的课程有：植物学（Botany）、化学（Chemistry）、解剖学（Anatomy）、生理学（Physiology）、药物学（Materia Medica）、物理学（Physics）及临床诊察（Clinical Observation）7门。第二学年的课程，除原有的解剖学、生理学，新增医学（Medicine）、产科及妇科（Midwifery and Diseases of Women）、病理学（Pathology）与外科学（Surgery），共6门。此外，医学又分医学原理、实习与临床，外科学也有临床课。自第三学年，书院的课程逐渐减少，而临床实习则日渐增多。第四学年的新设课程，主要有法医学（Medical Jurisprudence）、公共卫生（Public Health）及实用初级外科（Practical Minor Surgery）3门。第五学年则注重医学及外科、产科的进一步深造，以期让学员较圆满地完成整个医术训练。由课程设置不难看出，香港西医书院对于科学技术的实际训练与应用非常重视，且安排颇为周详。

至于具体的任课教师，大多为其时该领域的杰出学者。比如，"植物学与化学教师，尤为当时著名学者，教法甚善"③。植物学由英国著名植物学家福尔德（Mr. Charles Ford, 1844—1927）讲授，化学课则由港英政府化验师兼药剂师克罗（W. Edward Crow, 1859—1932）担任。据《德臣西报》载："至于此间重要的课程，如植物学

---

① James Cantlie's speech appeared in *China Mail*, July 24, 1892. 转引自罗香林《香港与中西文化之交流》，第138—139页。
② 罗香林：《国父之大学时代》，第13页。
③ 罗香林：《香港与中西文化之交流》，第144页。

及化学,则纯由专家教授。……学生们所做的功课,尽量配合实践,他们曾经无数次的参观植物园,表示对于福尔德先生担任的工作,是如何重视。克罗先生的化学演讲,完全以实验来作图解,而学生们在整个暑天时间内,都潜研于该院内的化学实验室。经过实际的经验,所有书院的这些工作,不论是有关的演讲或试验,似皆导向专门之路。"① 康德黎强调,"植物学上的工作,因有本港优美的植物园,兼有福尔德先生(Mr. Charles Ford)的优良教法,可谓尽美尽善,再没有比这更广大的场所或更完全的教法可享用了"。同时他又指出,"其余的教师,利用授课的时间,作演讲或临床实验的指导。这是明显的专业训练,意在使学问和技术达到纯熟的境地。吾人于学问和技术,当与时并进,不宜为潮流中的落伍人物,如外科等专门的或其他更纯粹理论的科目,其进展直可说是日新月异"②。由是观之,注重学术理论在实际中的运用,可谓该书院教学的一大特色。

康德黎在书院第一届毕业生典礼上的演讲中阐述:"吾人于雅丽氏(利济)医院从事病理的实际教学,可说已尽善尽美,再没有比这更合用的场所了。……这医院的规模,比不列颠学习所需用的庄严讲台还大,可证明在不列颠实无比这更能供给专业实习机会或物质的医院了。"③ 当时中国普通的从医人员,一般经3个月或6个月不到的短期培训即可独立出诊,而香港西医书院的学生则从入校至毕业,要在门诊或病房充当5年的外科医生助手或司药助手。无疑,该书院培养出来的学生肯定具有相当扎实的专业理论知识与实际操作技能。

(三) 香港西医书院的考试方法

香港西医书院的考试非常严格。首先,考试的形式极其隆重。学校

---

① *China Mail*, August 15, 1888. 转引自罗香林《香港与中西文化之交流》,第144—145页。据罗香林推测,此文大概刊载于《德臣西报》1888年8月15日左右。
② James Cantlie's speech appeared in *China Mail*, July 24, 1892. 转引自罗香林《香港与中西文化之交流》,第139页。
③ James Cantlie's speech appeared in *China Mail*, July 24, 1892. 转引自罗香林《香港与中西文化之交流》,第139页。

设有专门的考试委员会，且每一门课程又有专设的考试委员。1888年8月中旬，《德臣西报》刊载了有关香港西医书院第一学年专业考试的专题文章。文章称："香港西医书院第一次专门考试，业于上周举行，试题于8月6日星期一，发给学生。考试时间连续四日以上。……口试定于8月10日星期五，在圣安德勒堂（St. Andrew's Hall）公开举行。考试委员会座旁，列众模型，与标本、骨骼、花草及显微镜等。……在全部考试之最后试验中，固亦优劣并见，但于其中任何问题或每一问题之解答准备，在教师似已得极大信任，而学生方面，亦以为荣。……"[①]由此可见，学院高度重视考试，且对考试采取非常严肃的态度。

其次，考试的内容相当科学。当时的《德臣西报》还登载了每年各科的全部考题。从第一学年来看，考试的重点在于植物学、化学与物理学等自然科学。因为书院认为，只有扎实打牢自然科学的基础，方能为学员以后医学、医术的深造创设条件。书院从第二学年的考试开始，则特别注重考查学生医学与医术方面的专业知识，而且逐年增加难度。书院的这种考试原则，完全依据医学科学自身的发展规律和受教育者本身的认知结构。这在当时的中国无疑非常先进。

再次，考题的难度与欧洲同步。香港西医书院在考试试题的设计方面，一直以当时欧洲先进大学的水平为参照，完全是以其时国际通用的标准来考核学生的实际能力。据《德臣西报》所刊载关于书院第一次考试的专文称："我们相信这些学生，必能与英国各大学及内外科专门学校所考的试题完全相等。因为在'考试官处'不但有英国的考法来指导他们，同样在该处的德国因素所挟至的德国医学重要制度，也正帮助他们。……中国学生的程度，足与英国的优秀者相等，同时优异的中国学生，也必能把握的和英国优异学生争衡。"[②]

香港西医书院各科考试之所以非常严格，与其创立之宗旨及教师的素质不无关系。书院早期学生在各门学科与医术方面的良好造诣，

---

① *China Mail*, August 15, 1888. 转引自罗香林《香港与中西文化之交流》，第149页。
② *China Mail*, August 15, 1888. 转引自罗香林《香港与中西文化之交流》，第143页。

以及全院学术风气的隆盛，亦可从其考试之严格而窥见。

三 香港西医书院与中西文化交流

香港西医书院的创办，不仅全面引进和传播现代西方医学理论与临床技术，开启了中国医学高等教育事业；而且推行当时引领世界潮流的西式教育管理理念与体制，加速了中国高等教育现代化的进程；同时还为鸦片战争之后大规模的中西文化交流发挥了颇为独特的重要作用。正如罗香林所言："香港自一八四二年起，即已不断以西洋文化介绍于中国，然其能以西洋之科学与医术，为直接授与在港之华人，并为介绍于中国者，亦非俟至一八八七年西医书院成立后，不能见及。是西医书院之创立，不特与香港教育之进程有关，抑亦与中西文化交流之进程有关也。"①

（一）中国医学高等教育的肇始

香港西医书院创办以前，中国除 1835 年由美国海外传教委员会（American Board of Commissioners for Foreign Missions，亦译"美国公理会差会"，俗称"美部会"）医疗传教士伯驾（Peter Parker，1804—1888）于广州创立的博济医院（Canton Hospital）和 1881 年由北洋大臣李鸿章等于天津兴办的医学馆外，其他各地尚未推行新式西方医学。

现代西方医学起源于近代医院制度。欧洲文艺复兴之后，伴随科学技术的不断进步，以医疗为中心、集治病与护理于一体的近代医院制度逐渐形成，并发展成为拥有全新医疗体系的现代西方医学。中国传统的医学教育，遵循以师父授徒为主、以家传秘制和私塾学习为辅的狭隘途径。而现代西方医学对专业人才的培育和训练则有一套规范的模式，其明显特征是整体效应和规模优势。19 世纪初，西医作为

---

① 罗香林：《香港与中西文化之交流》，第 135 页。

"宗教的侍女",伴随西方军事和政治势力登陆中土,且开启了中国现代医学教育之先河。①

香港西医书院不仅是香港的第一所高等教育机构,而且是中国近代第一所培养医学专门人才的高等院校,是西方医疗制度与医学教育体系在华传播的肇始。等到中国内地大规模地发展医学教育,已是20世纪初的事情。当时来华传教士意识到,教会医院最紧迫的需要之一就是受过良好训练的中国护士和助手,遂在各方面的共同努力之下,于教会大学开始设立医科或医学院,高等医学教育方初具规模。这差不多比香港西医书院晚了30年。

(二) 中国高等教育现代化的里程碑

高等教育的现代化,实际上是传统教育体系受现代科学技术的影响,而不断适应工业化社会发展或促进工业化社会实现的一种变革。近代中国的高等教育,也并非中国文化和高等教育发育到一定阶段的瓜熟蒂落,而是不可阻挡的中外文化交流大潮中外力催生的产物。一般以为,1862年建立的迥异于中国传统教育机构的京师同文馆标志着中国高等教育现代化的开始;1898年创办的京师大学堂为中国第一所国立大学。然而,至1902年制定《壬寅学制》前,整个中国尚未形成系统完整的现代高等教育制度。其主要原因在于,当时中国传统的教育体制未被打破且仍在发挥主导作用,新的教育体制尚未建立起来。

香港西医书院诞生于完全不受晚清政府控制的英治时期,出现于中国现代大学教育理念的萌芽时期(1902年全国才掀起兴办大学堂的热潮),由具有较高管理水平的西方学术权威和曾经留学海外的高级华人精英负责学校的日常管理,运作的是一整套现代西方的大学管理体制,开设的是与当时欧洲大学同样的学位课程,实行的是与当时

---

① 参见郝先中《西医东渐与中国近代医疗卫生事业的肇始》,《华东师范大学学报》(哲学社会科学版)2005年第1期。

国际先进大学同步的考试形式与内容,且高度重视书院自身各方面的长远规划与建设,保持学校的可持续发展。可以说,该书院是当时乃至20世纪以前中国第一所真正完全体现现代西方高等教育精神的教育机构。该书院的办学理念通过不同途径,如各种传媒的介绍,李鸿章等官员的推广,传播至中国内地,给萌芽时期的中国现代高等教育带来全新的活力。另外,书院的毕业生如孙中山、陈少白(Chan Siu-bak,1869—1934)等,许多人除在医疗事业方面颇有建树外,也都对中国高等教育体制的建设有很大的贡献。所以,我们完全有理由说香港西医书院在中国高等教育现代化的进程中具有里程碑的意义。

(三) 近代中西文化交流的重要载体

香港西医书院出现于近代中西文化交流的前沿阵地与初始时期,无疑充当了此次大规模中西思想文化交流的重要载体。书院的倡办人何启,一生致力于中西文化的交流。观何氏留存的著名论述《新政论议》,便可明了:"其倡设西医书院仅为其教育理想示范之一端,其终极目的,仍在于广设新学于内地,俾培养育人才,以为建设新中国之基也。"[①] 康德黎亦在书院第一届毕业生典礼上明确指出:"吾人教育学生,不受金钱酬报,或其他补助,只不过自愿献礼物于科学未昌明的中国而已。"[②] 由是观之,该书院创办的重要宗旨即为中西文化交流。

从香港西医书院的课程设置可以看出,其所教授的课程均为当时西方现代科学之前沿,反映出世界科技的先进水平。这些对于中国而言的新兴学科在香港不断发展与完善,并逐渐向中国内地传播,极大地推动了现代中国医学事业的发展。特别是书院将西方医学学科和体制整体移植,改变了存在数千年的、单一的中医学独立体系,冲击与

---

① 罗香林:《香港与中西文化之交流》,第159页。
② James Cantlie's speech appeared in *China Mail*, July 24, 1892. 转引自罗香林《香港与中西文化之交流》,第140页。

撼动了中国传统医学。随之而来的是，现代医疗制度与公共卫生事业逐渐确立，中国人的医疗观念也发生历史性的转变。

香港西医书院创立之时，正值达尔文的进化论风靡欧美。其所著《物种起源》(*Origin of Species*) 一书在当时的香港亦颇为流行。康德黎非常推崇达氏的理论，亦引起同学们的强烈共鸣与浓厚兴趣。达尔文、赫胥黎 (Thomas Henry Huxley, 1825—1895) 的著作颇受欢迎。①总之，书院内国学与西学氛围都很浓郁，当时世界上比较先进的科技理论与文化理念都得到及时传播与讲授。

香港西医书院培养了许多优秀人才，孙中山更是其中的杰出代表。香港西医书院求学期间被孙中山称为"在那里度过一生中欢乐的五年"②。在此，他不仅接受了5年西式高等医学教育，掌握了高超的医疗技能，而且积累了广博的人文知识，开始萌发争取民族独立与社会进步的理想。1923年2月19日，孙中山在香港大学演讲时说："我于何时及如何而得革命思想及新思想是也。我之此等思想发源地即为香港，至于如何得之，则我于三十年前在香港读书，暇时辄闲步市街，见其秩序整齐，建筑闳美，工作进步不断，脑海中留有甚深印象。""又闻诸长老，英国及欧洲之良政治，并非固有者，乃经营而改变之耳。""中国对于世界他处之良好事物皆可模仿，而最要之先着，厥为改变政府。……我因此于大学毕业之后，即决计抛弃其医人生涯，而从事于医国事业。"③ 可以说，孙中山正是在香港西医书院较为全面地接触西方文明之后，才引发对愚昧腐败的中国封建帝制的反思与批判，进而孕育出推翻封建帝制、走向民主共和的革命理念。

---

① 陈志先：《国父的学生时代》，台湾省立师范学院孙中山遗教研究会1955年版，第32页。

② 孙中山：《我的回忆——与伦敦〈滨海杂志〉记者的谈话》，载广东省社会科学院历史研究室、中国社会科学院近代史研究所中华民国史研究室、中山大学历史系孙中山研究室合编《孙中山全集》第1卷，中华书局1981年版，第547页。

③ 孙中山：《在香港大学的演说》，中山大学历史系孙中山研究室、广东省社会科学院历史研究所、中国社会科学院近代史研究所中华民国史研究室合编《孙中山全集》第7卷，中华书局1985年版，第115—116页。

在探讨大学生活对孙中山革命思想的影响时,罗香林认为:"国父所创立之三民主义,实由国父毕生不断之钻研精思所获致,盖集古今中外学术思想之大成;其创导革命,建立中华民国,根植盘深,景从至众。皆未能以一隅之见,妄述高广。然就国父所尝昭示者言之,则谓建设中国之共和体制,必使受高等教育之士,遍于国中,而其修业过程,则谓在香港西医书院所治学科为重要阶段。盖即所谓高等教育有其相当影响于学术思想之发展形态与功业途程之明征也。"① 此足见香港西医书院的大学生活乃孙中山人生之重大转折点。

大量研究表明,孙中山的双语及医学专业能力有利于其了解世界局势以及洞察中国国情之弊,且其农业改良思想及革命思想即在此萌生。孙中山后来不懈倡导民主政治、建立中华民国的伟业,亦受其大学期间的学习影响甚大。罗香林指出,"惟孙先生于科学研究特深,于生理学为最有心得,于进化论为探索最殷。故俟配合其毕业后之经验,遂能发明'知难易行'之学说,与修正进化论,而引申其体系"。"殆为国人研究进化论之最早起者。"②

除孙中山外,香港西医书院毕业的江英华(Kong Ying Wa)、关景良(Kwan King Leung)、陈少白、陈观圣(Chan Kun Shing)、李贤仕(Lee Yin Sze)、何高俊(Ho Ko-tsun)、马禄(Ma Luk)、区斯湛(Au Sze Cham)、陈振先(Chan Chan Sene)、王宠益(Wong Chung Yik)、李树芬(Li Shu Fan)、王嘉祥(Wong Ka Cheung)等人,均为一代人杰。他们后来不仅成为中国著名的医术权威或学界巨擘,而且为推翻中国几千年的宗法专制统治立下卓著功勋。③

香港西医书院的管理人员及任教者,除何启外,基本上系外籍人士。他们回到西方国家后,大多将其在中国的所见所闻与研究心得记录下来,介绍给同胞。如康德黎便于1912年撰著《孙逸仙与新中国》(*Sun Yat Sen and Awakening of China*)一书,除叙述孙中山创立中华

---

① 罗香林:《国父之大学时代》,第1页。
② 罗香林:《香港与中西文化之交流》,第164—165页。
③ 参见罗香林《国父在香港之历史遗迹》,香港大学出版社2002年版,第17页。

民国的艰辛历程外，还介绍中国历史文化及香港社会方面的知识，为西方学者了解和研究中国文化提供了第一手的资料。

四　结语

香港西医书院的诞生看似有着偶然的表象特征，但若将其置于19世纪末20世纪初中国政治、经济、社会、文化的宏大历史背景下考察，就不难发现，它其实是时代发展的必然产物。一方面，全球化、现代化思潮唤醒一部分中国知识分子的知识救国、教育救国激情；另一方面，中国社会的巨大变革引发自身对西方学术和专门人才的急切需求。于是，在香港这个当时中西文化自由交汇的重要窗口兴办新式教育，便自然成为有识之士的追求。

毋庸置疑，香港西医书院的成功创办与良好发展，应首推何启之功。何启一生对香港贡献众多，涉及诸多领域，不过最值得大书特书的还是教育事业。对香港西医书院，他倾注大量心血，不但在书院兼任名誉秘书与教授，还亲自主讲法医科。1909年，为进一步发展香港的高等教育，何启又开始积极为香港大学的筹建奔走，并出任香港大学助捐董事会主席。香港大学成立后，香港西医书院则成为香港大学医学院的主体。鉴于何启对香港教育事业之巨大贡献，1910年港英国当局授予他爵士勋位。

罗香林认为，"（香港）西医书院虽组织简单，然于科学训练，与专门研习，则至深广。而教师于学生之入学与研讨，尤态度诚挚，且有相互感发之精神，信为当时东方医术与科学教育之重镇矣。"[①]康德黎在书院第一届毕业生典礼上指出："本院工作的一般效果，将越出香港小岛，而影响于远处，所有本港及其他通商口岸，人民的疾苦，得赖本院毕业同学的高级治疗学术，而逐渐解除。"[②] 所以，从

[①] 罗香林：《香港与中西文化之交流》，第158页。
[②] James Cantlie's speech appeared in *China Mail*，July 24，1892. 转引自罗香林《香港与中西文化之交流》，第140页。

教育发展史的角度而言，香港西医书院的最大意义在于，它为中国现代高等教育的起步提供了新的模式。

（原载《高等教育研究》2005年第8期，原题为《香港西医书院的创办及其历史意义》。收入本书时有修订）

文化会通与中国教育现代化的尝试

——以马相伯教育哲学理念为中心

马相伯（1840—1939）是中国近代史上成就卓著和影响甚巨的思想家、政治家、教育家及宗教人士。无论是其历经清朝五帝，见证晚清衰亡、民国初兴、列强来犯和日寇入侵的百年阅历；还是其博通古今，融贯中西，精晓多种西文，谙熟文理诸学，且沐浴欧风美雨的超凡学养；抑或是其生于信徒世家、壮年弃教返俗而又于花甲重归教会；还是涉足商务——构想诸多中国现代化蓝图，踏入仕途——历任多朝官府要职等的传奇人生，都足以彪炳史册。

马相伯一生从事过大量的教育实践活动，"比之他的宗教和政治生涯，作为教育家的他显得更为斐然卓著"①。他于1871年担任近代中国第一所耶稣会（Society of Jesus）学校——徐汇公学校长；1902年创办中国第一所私立大学——震旦学院；1905年创办复旦公学（1911年改名复旦大学）；1912年一度代理北京大学校长，同时倾力设计筹建国家最高学术研究机构——函夏考文苑；1912—1925年参与发起兴建中国第一所天主教大学——北京公教大学（被邀担任校长，婉拒；1927年该校易名辅仁大学）。其教育实践涉及中国近代教育的各个层面，被公认为中国近代教育变革之先驱。通过考量中西教育制度之差异，马相伯摸索出一套卓有成效的中国教育变革模式，并

---

① 陆永玲：《站在两个世界之间——马相伯的教育思想和实践》，载朱维铮主编《马相伯集》，复旦大学出版社1996年版，第1279页。

形成自己独特的教育哲学理念，极大地促进了中国教育的现代化进程。

一　兴学救国的教育价值取向

一般认为，教育哲学是"从哲学的角度探究人类学习活动的规律，并用这些规律指导实践的一门理论学科"①。其显著特征是从哲学的高度对现实教育问题进行理论批判与理性反思，对教育知识体系进行公允评估与科学设计。美国当代教育哲学家乔治·F. 奈勒（George F. Kneller，1908—1999）指出："无论你干哪一行，个人的哲学信念是认清自己的生活方向的唯一有效的手段。如果我们是一个教师或教育领导人，而没有系统的教育哲学，并且没有理智上的信念的话，那么我们就会茫茫然无所适从。""哲学解放了教师的想象力，同时又指导着他的理智。教师追溯各种教育问题的哲学根源，从而以比较广阔的眼界来看待这些问题。教师通过哲理的思考，致力于系统地解决人们已经认识清楚并提炼出来的各种重大问题。"② 中国的教育哲学专家更形象地认为："在某种意义上说，教育哲学就是对教育实践寻根究底的反思，把一切关涉到教育的观念、制度、行为都纳入到理性的批判之中。"③ 从教育哲学的本质特征不难看出，不同的教育哲学理念必然衍生出迥然有异的教育实践方略，并且导致大相径庭的教育实验效果。通过考察马相伯的生命与心路历程可以发现，爱国是他创办教育的起因与宗旨，亦是其教育哲学的坚强基石与显要特征。

毋庸置疑，马相伯爱国思想的产生与教育哲学的形成与其独特的

---

① 中国大百科全书出版社《简明不列颠百科全书》编辑部编译：《简明不列颠百科全书》第4卷，中国大百科全书出版社1986年版，第353页。
② [美] 乔治·F. 奈勒（George F. Kneller）：《教育哲学导论》，载陈友松主编《当代西方教育哲学》，教育科学出版社1982年版，第135页。
③ 石中英：《教育哲学导论》，北京师范大学出版社2004年版，第44页。

成长经历休戚相关。马相伯，名士德，谱名建常，字相伯，别号"求在我者"，晚号"华封老人"，以字行世；1840 年 4 月 7 日出生于江苏丹徒（今镇江），1939 年 11 月 4 日辞世于越南谅山。他出生于天主教世家，出生即受洗为天主教信徒，取教名约瑟（Joseph），自幼受父母熏陶严守天主教教规，且于私塾打下良好的国学根基；1851 年入读耶稣会于上海徐家汇开办的"依纳爵公学"（College Saint Ignace，即后来的"徐汇公学"），开始接触西方科学文化；1862 年，被上海刚创办的神学院（Seminary）录取，并于 1870 年以"特优"成绩获神学博士学位。马相伯不仅国学功力扎实，对中华传文经史无所不晓；而且精通拉丁语、希腊语、法语等多种西方文字及文学，并于天文、数学亦有深研；同时对西方的社会学、心理学、伦理学、哲学、神学乃至音乐皆有透彻认识。[1] 年轻时对中西文化的广采博纳、兼收并蓄与融会贯通，是马相伯后来创立并践行自己全新教育哲学理念的智慧源泉与理论基石。

有人曾说，马相伯的一生可以总结为三个身份：天主教徒、爱国者和教育家。[2] 虽然他在不同的历史时期有不同的人生追求，但是，"立足爱国、与时俱进，是其始终如一的价值取向"[3]。如前所述，马相伯教育哲学理念的形成，是由强烈的爱国情结所引发。作为中国近代史的见证者，在饱受国家衰亡与列强欺辱中成长的他，从小就培养出一种强烈的爱国救国热忱。1876 年，由于无法忍受西方传教士不能善待中国信徒等诸多原因，他与胞弟马建忠（1845—1900）曾一度脱离教会。此后，屡经政治挫败的他，一直孜孜不倦地进行学术研

---

[1] Jean-Paul Wiest, *Ma Xiangbo*: *Pioneer of Educational Reform in China*, Hong Kong: Centre for the Study of Religion and Chinese Society, Chung Chi College, The Chinese University of Hong Kong, 2002, p. 2.

[2] Jean-Paul Wiest, *Ma Xiangbo*: *Pioneer of Educational Reform in China*, Hong Kong: Centre for the Study of Religion and Chinese Society, Chung Chi College, The Chinese University of Hong Kong, 2002, p. 1.

[3] 黄书光：《论马相伯在中国近代高等教育史上的地位》，《高等教育研究》2003 年第 6 期。

究与社会思考,并努力寻求强国之路。特别是1885—1887年出访美国及欧洲,尤其考察剑桥大学(University of Cambridge)、牛津大学(University of Oxford)等著名高等学府以及西方国家的政治、文化、社会、民生之后,反观东西方文化与教育之差异,马相伯确信西方的繁荣全有赖于欧美独树一帜的教育制度。他深刻地感悟到,只有教育才能拯救这个民族,并指出:"窃闻民族之文蛮,视教育。即民德之盛衰,民气之强弱,亦何独不然?然则教育乃立国立人之根本,国与国民,所以成立,所以存在,而不可一日无者。"① 出访美欧,使马相伯大开眼界,并初步构想出近代中国教育变革的基本思路。他认为中国的现代化教育制度必须糅合欧美的特色:既要像英法学府般重视语言文字及文化,又要仿效美国学府般重视科学与技术。②

教育是一种自觉的、有目的的培养人的活动。石中英等人的教育哲学认为:"教育目的的根本问题是培养什么样人的问题,教育目的具体要回答的是理想的人的素质结构与规格"③。"教育目的不仅影响到教育者和受教育者个人,而且作为教育活动的出发点和归宿,影响着整个学校和社会教育的发展。在任何时代、任何国家和地区,教育制度和政策的性质,教育的结构和布局,教育的内容和组织形式,教育和教学方法都要受到教育目的之影响和制约。"④ 接受西式天主教教育近二十载,具有强烈民族意识与国家情怀的马相伯,一直以报效自己的国家和民族为最高理想与终极追求。体现在教育事业上,他极力主张兴办教育的最大目的乃是为国家培养人才。他抨击那些求学只为做官的恶劣习气时说:"予意古之学者,学而为人,今之学者,学而为官。……今之学校,专在学位,课本而外,别无所求,分数既足,即可求官,举国学子,趋于干禄一途,无怪西人目中国为官国,

---

① 马相伯:《教育培根社募捐小引(残稿)》,载朱维铮主编《马相伯集》,第398页。
② Jean-Paul Wiest, *Ma Xiangbo: Pioneer of Educational Reform in China*, pp. 4–5.
③ 石中英:《教育哲学导论》,第3页。
④ 桑新民、陈建翔:《教育哲学对话》,河北教育出版社1999年版,第52页。

予创震旦复旦，故欲诸生习实学而转授国人，为学干禄者戒。"① 其兴教救国之宏愿明晰可见。

马相伯1871—1873年担任徐汇公学校长时，便积极鼓励学生应付科举考试，希望学生能学有所用，为国家服务。一方面，他要求所有学生必须先学好中国文学之后方可研习西学科目；另一方面，为了让学生更易于学习及掌握西学，他积极翻译欧洲的科学著作，执笔撰写数理分析著作《度数大全》，比较中西科学之长。

19世纪末20世纪初，马相伯痛惜"慨自清廷外交凌替，一不知公法，二不习制造，入手工夫则文字尚无"，考察到"欧美国际文字，多用法文"，"故设震旦"②，而且明确指出创办震旦学院的意图就是为国家培养翻译人才。"震旦"语出梵文，乃中国之古称（早期佛经翻译中亦谓"支那"）。"震"指东方，"旦"即日出。"震旦"寓意"东方日出，前途无量"，预示中国美好的将来。学院西文名为"Aurora Academy"，含"黎明、曙光"之意。弟子于右任（1879—1964）于马相伯百年诞辰之时写道：马先生"无时无刻不为国家民族努力。……当民国前九年癸卯之岁，海上志士云集，革命救国之声，风发泉涌，清吏为之侧目，先生则曰：'欲革命救国，必自研究近代科学始，欲研究近代科学，必自通其语言文字始。有欲通外国语言文字，以研究近代科学，而为革命救国之准备者，请归我！'于是遂有震旦学院之创设"③。震旦学院的创立，开启了以国家民族意识兴学、以近代科学技术强国的教育思想新纪元。

马相伯后来创办复旦公学（寓意"光复震旦"）时，又明确阐述其兴学救国的育才方略。他亲手拟定的《复旦公学章程》，极力彰显为国家培养合格公民、培育栋梁之材的办学宗旨："俾吾国有志之士，得以研究泰西高尚诸学术，由浅入深，行远自迩，内之以修立国民之

---

① 于右任：《为国家民族祝马先生寿》，《中央日报》1937年5月16日。
② 马相伯：《兴学笔录》，载朱维铮主编《马相伯集》，第37页。
③ 于右任：《为国家民族祝马先生寿》，《中央日报》1937年5月16日。

资格，外之以栽成有用之人才。"① 更难能可贵的是，他还阐明"本公学章徽，拟用金制黄玫瑰，以明黄人爱国之义"②。其爱国之情由此足见。

马相伯等人发起创建北京公教大学，其意图乃"明显针对当时外国天主教势力的蒙昧主义、殖民主义和法国保教权"③，更是具有教育救国的鲜明特点。他强调："凡欧美新科，最精最确者，则以介绍于中华，中华旧有之文学、道学、美术等，莫不善善从长，无敢偏弃"，其用意同样是希望该大学为中国的现代化培育可塑之才；而且他的构想是："数十年后，会士为中国之会士，公教为中国之公教，大学为中国之大学"④。方豪（1910—1980）指出，马相伯相信教育、爱国主义与道德观有着不可分割的关系。作为爱国主义的中坚分子，他领悟到，没有精神价值的爱国主义是不能建立一个坚固的现代化国家的。自此，"公教精神"（Spirit of Catholicism）便成为其后来现代化教育变革的道德基石。⑤ 显而易见，马相伯是将自己天主教徒与爱国巨擘的双重身份在教育实践中发挥到了极致。

20世纪30年代民族矛盾最为激化之际，马相伯对当时剧烈的学生爱国运动持较为理性的态度。他指出，国难当头之际，青年学生理所当然地要担负起"唤起民众""共救国家"的职责。而他同时也确信，中国受辱挨打的根本原因在于思想愚昧与科学落后，所以他坚持认为学生在关心国难的同时更应该发奋学习。他说："有人提倡学生干政，方法很新；现在学生两个字，要顾名思义才好，学然后可以生。不学，那就不可以生了！"⑥ "是以青年诸君，今日在校求学，必

---

① 马相伯：《复旦公学章程（一九〇五年订定）》，载朱维铮主编《马相伯集》，第50页。
② 马相伯：《复旦公学章程（一九〇五年订定）》，载朱维铮主编《马相伯集》，第51页。
③ 孙邦华：《试论北京辅仁大学的创建》，《世界宗教研究》2004年第4期。
④ 马相伯：《美笃本会士创设北京公教大学宣言书稿》，载朱维铮主编《马相伯集》，第458页。
⑤ Jean-Paul Wiest, *Ma Xiangbo: Pioneer of Educational Reform in China*, p. 17.
⑥ 马相伯：《江苏耆老马相伯一夕谈》，载朱维铮主编《马相伯集》，第909页。

须手脑并用，研究与实验并重。能如是，然后乃能求得'真的知识'与'活的学问'；必有'真的知识'与'活的学问'，乃能实际应用，以科学救国，以科学建国，以科学创造全人类之福利，此则青年诸君应肩负之责任也。"① 学好强硬本领，具备真才实学，才是马相伯所推崇的青年人最好的救国之道。

二　中西会通的教育文化理念

教育过程是一种传递知识并促进被教育者认知成长的过程，乃是所有教育哲学家的共识。然而，人类的知识无穷无尽，纷繁复杂，所以对知识的理解、选择、组织和控制，便成为教育哲学的主要命题，构成课程哲学的核心内涵。良好的传统国学训练，深厚的西学文化涵养，加之对欧美著名大学的亲临观摩与对西方社会的细致思考，造就马相伯对人类知识进化与发展的全面理解，以及对现代大学精神的理性认识。其体现在教育哲学思想上的一个重要特征，就是中西会通的教育文化观念。可以说，西学与中学的汇合融通，是马相伯一生不懈的学术追求。

近代中国，东西方文化激烈碰撞，彼此交融。伴随西学东渐大潮，西方的宗教信仰、文化教育、科学技术、政治制度等竞相舶来，进入中土，导致中国社会与文化的现代化转型。历经传统与现代教育、融汇中西文化的马相伯，对中国教育现代化的发展方向有着较为清晰的认知。那就是汲取中国传统文化精髓，学习西方先进科学技术，具体而言，则是在教学和研究中实现中西文化融合。马相伯认为，只有那种对东西方文化都有更宽广、更深刻认识，具有中西会通之长技者，才是国家最迫切需要的全新复合型人才。他始终坚持自己的信念，即拯救民族的唯一希望在于从根本上汲取西方文化之精髓，并与中国的优秀传统文化汇合融通。②

---

① 马相伯：《新年告青年书》，载朱维铮主编《马相伯集》，第912—913页。
② 参见陆永玲《站在两个世界之间——马相伯的教育思想和实践》，载朱维铮主编《马相伯集》，第1291页。

早在担任徐汇公学校长之职时，他就特别强调学生必须中西学问兼顾，不可偏废任何一方，并要求学生只有在国学达到相当水平之后方可进入西学学习。马相伯这种教育价值取向所产生的效果是，虽然相当多的学生入读的是西式学校，然而他们却能在旧式的科举考场上获得成功。①

震旦学院创办之时，马相伯提出"崇尚科学，注重文艺，不谈教理"的办学理念。"崇尚科学"指崇尚西方的科学知识；"注重文艺"指广义的东西方人文知识。学院实行二至四年学制，课程设置以"文学"（Literature）和"质学"（Science，日本称为"科学"）为核心。他制定的《震旦学院章程》规定："文学"包括正课和附课。正课有古文（如古希腊文、拉丁文）、今文（如英语、德语、法语、意大利语）、哲学（含论理学、伦理学、性理学）；附课有历史、舆地、政治（含社会、财政、公法）。"质学"也包括正课和附课。正课有物理学、化学、象数学；附课有动物学、植物学、地质学、农圃学、卫生学、簿记学、图绘、乐歌、体操。② 这一博大精深的知识架构，无疑体现出马相伯对世界近代大学教育的深刻理解与科学把握。学院还规定，学生必须修读拉丁语及另一种欧洲语言，如法语、英语、德语或意大利语等。所有语文类课程强调古典文学与现代文学并重，且将准确翻译所修读外文文章成中文定为学生毕业的先决条件。

复旦公学开办之后，马相伯继续光大震旦学院的学术传统，倡导"经世致用"的教育价值取向。其开设的课程"略参东西名校通行章程规定"，广纳东西方人文及自然科学知识。他在《复旦公学章程》中明确表示，"东西成学之士，当国之家，国文而外，鲜不旁通三四国者。况世界竞争日亟，求自存必以知彼为先，知彼者必通其语言文字"。"又况泰西科学制造，时有新知，不识其文，末由取益，必至

---

① 参见陆永玲《站在两个世界之间——马相伯的教育思想和实践》，载朱维铮主编《马相伯集》，第1286页。
② 参见马相伯《震旦学院章程（一九〇二年订）》，载朱维铮主编《马相伯集》，第41—43页。

彼已累变，我尚懵然。劣败之忧，甚为可惧。"① 其意昭然，不论对西方持何种态度，然学习西方、了解西方，都是极其重要的。而要学习西方的先进科学技术，则必须先攻克其语言文字。所以，《复旦公学章程》还规定，除本国历史、地理、数学等课程须用汉文外，其余科目均用西文讲授。马相伯认为，用西文教授新学，便于学生记忆、理解和提高应用西文的水平。当然，在重视西学的同时，马相伯也强调国学的重要作用。在其看来，对西方文化优秀成分的吸纳，必须建立在与中国传统文化沟通的基础之上。对于那种盲目崇尚西学、忽视乃至贬低国学者，他是嗤之以鼻的。《复旦公学章程》对此也有明示："凡投考者，以中西文俱优，为最合格。……其意有唾弃国学，虽录取，亦随时屏斥。"② 马相伯还说："一国有一国的文化精神，一国有一国的语言文字。尤其是我国自有数千年的历史，当自家知道爱护发扬它！……可是我们的青年，有点太好新奇了，学到欧西文字中一个'摩登'字，或画一个'模特儿'，自己就以为就够时髦了。说说笑笑，尚可原情。如果一律都要数典忘祖，老夫认为很可痛哭！"③ 此足见马相伯对中华传统文化之尊崇和对盲目从洋者之鄙视。

北京辅仁大学创立之后，马相伯虽未参与该校的具体管理与运作，却更明确地提出以"中西汇合"为学校的办学方针。他曾专门设计出自己心目中理想的天主教大学所必备的课程："一、神学、哲学。二、中外文字。（盖文理为研究原理原则，大学之作用在此，世有定论矣。）三、自然科学。四、社会学、历史学。五、矿质学、建筑学是矣。"④ 这些课程的设置，充分体现了马相伯力求熔中西古今知识于一炉的宏愿，愈益彰显其对现代大学理想的深刻理解和矢志追

---

① 马相伯：《复旦公学章程（一九〇五年订定）》，载朱维铮主编《马相伯集》，第50—51页。
② 马相伯：《复旦公学章程（一九〇五年订定）》，载朱维铮主编《马相伯集》，第53页。
③ 马相伯：《宗教与文化》，载朱维铮主编《马相伯集》，第566页。
④ 马相伯：《美笃本会士创设北京公教大学宣言书稿》，载朱维铮主编《马相伯集》，第458页。

求。至此，完全可以清晰地看到，马相伯已经形成一整套颇为完善的、符合中国国情的近代大学教育理念与学科体系。

中国教育的现代化转型必然需要借助、吸纳西方教育的科学与人文精神，然而引进西方教育的科学与人文精神，也不能不注意中国的学术传统和国情民性。马相伯虽然曾对中国封建专制主义教育作过激烈批判，直言孔子教育思想中的夷夏之辨、读书做官、德上艺下等观念不符合现代教育精神，指斥以孔子之道为国民教育之修身大本与近代教育民主化背道而驰；强调以烦琐主义和空虚主义为特征的儒家经学教育严重脱离社会生活实践，极不利于创新精神和独立人格的培养，与共和民主旨趣亦格格不入。但是，他并没有全盘否定中国传统文化教育，而是对儒家的治学、立志、大丈夫精神以及民本自治观念，对墨家的逻辑知识和积极向上的平民人生态度，均给予不同程度的肯定。马相伯在长期的教育实践中感悟到，要使中国教育的现代化与本土化、世界性与民族性得以相融共进，就需要对中外思想文化、教育学术进行多维比较和整合。故此，他身体力行，对中西哲学、中西政治、中西艺术表现、中西治学方法等进行广泛探讨与深刻阐释，并在西方学术概念的本土化翻译方面进行大胆而有益的尝试，成为中国教育现代化转型理念的倡导者、践行者与开拓者。[①]

三　学术自由的教育独立创想

学术自由是科学事业、教育事业——特别是高等教育事业实践中的一种基本自由，是教育独立理念衍生出的一种文化思潮，也是近代西方教育思想发展的显要特征与重要趋势。教育独立旨在教育超然于政党、教会等社会组织，依其自身规律自主发展。按照权威的说法，学术自由是"指教师和学生不受法律、学校各种规定的限制或公众压

[①] 参见黄书光《论马相伯在中国近代高等教育史上的地位》，《高等教育研究》2003年第6期。

力的不合理的干扰而进行的讲课、学习、探求知识及研究的自由"①。教育哲学认为,首先,学术自由既是一种社会自由,也是一种个体自由。其次,学术自由作为社会自由而言,是指整个学术研究领域不受外界控制或干扰的权利;作为个体自由而言,是指教师个人在研究活动中所拥有的不受外在力量影响的高度自主或自治。再次,无论是作为社会自由还是作为个体自由,学术自由都如同其他任何类型的自由一样,是有条件的、有限度的。最后,学术自由所包含的具体内涵是学术活动的全过程。② 教育独立与学术自由,也是马相伯在近代中国教育实践中一直倡导、矢志追求和不懈坚持的教育哲学。

马相伯认为,教育的使命乃是培养人才,教育的重心在于道德建设,即所谓"内之以修立国民之资格,外之以栽成有用之才"③。故此,他一生都试图维护教育的独立,反对教育为任何政治或宗教服务,矢志坚持"为国家储才养士,富贵不淫,威武不屈,以自开教育独立之风气"④。"震旦"与"复旦"的创办,是马相伯教育独立与学术自由理念的最好体现。

"震旦"问世之初,马相伯就深切地期望这一欧洲式的"学院"(Akademie)式的全新大学能够独立于清廷新学制之外,一扫中国传统相沿成袭的"奴隶之学",而是"治泰西士大夫之学"⑤,真正把"学问"当作"世界所最尊贵者","开宗明义,力求自主"⑥,办出现代意义的新型大学。马相伯提出在享有"自由"的基础上追求"自主",要求学生做学问必须独立自主,求真务实;强调学科教学"重在开示门径,养成学者自由研究之风"⑦。尽管"震旦"的学生理

---

① 中国大百科全书出版社《简明不列颠百科全书》编辑部编译:《简明不列颠百科全书》第8卷,中国大百科全书出版社1986年版,第726页。
② 参见石中英《教育哲学导论》,第272页。
③ 马相伯:《复旦公学章程(一九〇五年订定)》,载朱维铮主编《马相伯集》,第50页。
④ 于右任:《为国家民族祝马先生寿》,《中央日报》1937年5月16日。
⑤ 马相伯:《震旦学院章程(一九〇二年订)》,载朱维铮主编《马相伯集》,第41页。
⑥ 《震旦学院开学记》,载复旦大学校史编写组编《复旦大学志》第1卷(1905—1949),复旦大学出版社1985年版,第40—41页。
⑦ 于右任:《为国家民族祝马先生寿》,《中央日报》1937年5月16日。

想不一，信仰各异，但马相伯一概接纳，决不干预。虽然该校是借助天主教会力量所办，但马相伯仍然特别强调要恪守"不言教理"的办学理念，力图使教育与宗教脱离。马相伯是一位虔诚的天主教徒，但他坚持"学校是研究学术的机构，不是宣传宗教的地方"①；"不能把震旦学院办成宣扬宗教的学校，一切宗教教义的宣传均应退出学校的领域"②。当法国天主教会试图让"震旦"服务于其传教事业，并抢夺学校的教育权时，马相伯为捍卫教育独立与学术自由，毅然决然率众离开。

"复旦"诞生之后，马相伯又尝试将该校建成"完全学校"，使教育与官府脱离。他主张走兼容并包、思想自由的学术道路；提出"囊括大典、网罗众学、兼容并收"的办学思想。马相伯形象地指出："科学之教授，尤当自由，否则徒读古书，物而不化，而所授与授法，皆故步自封，无以应世界维新之用。"③ 1916年，为反对袁世凯以孔教为国教，马相伯勇敢地站出来重申教育独立的信念："今日欧洲各国……纷纷逐出学校中之耶教，置诸学校之外……何我国尚不明世界大势之所趋，而必奉孔子之道，为国民教育修身之大本，且规定于刚性之宪法中，使之不可动摇哉？"④ 他主张教育要独立于政治，强调"学生在校不谈政治"，目的则是使学生摆脱官方的控制，避免学校成为政府维持统治的工具。复旦大学校歌中的"学术独立，思想自由，政罗教纲无羁绊"，正是马相伯追求教育独立与学术自由的真实写照。

1912年，马相伯联合严复（1854—1921）、章太炎（1869—1936）、梁启超（1873—1929）等，以法国科学院（Académie des sciences）为模式，发起筹建中国国家人文科学院——函夏考文苑，也充分体

---

① 韩希愈：《马相伯的办学治校》，载宗有恒、夏林根编《马相伯与复旦大学》，山西教育出版社1996年版，第212页。
② 夏林根、曹宠、宋全夫：《一老南天身是史——复旦大学创始人马相伯传》，载宗有恒、夏林根编《马相伯与复旦大学》，第25—26页。
③ 马相伯：《〈约法〉上信教自由解》，载朱维铮主编《马相伯集》，第282页。
④ 马相伯：《书〈请订儒教为国教〉后》，载朱维铮主编《马相伯集》，第249页。

现其学术独立的思想理念。马相伯特别对法兰西科学院（L'Institut de France）的学术氛围情有独钟，赞赏其"一切制度，职务职权，上不属于政府，下不属于地方，岿然独立，惟以文教为己任"①，认为研究型学术机构应该是一种学者自由问学的佳所。函夏考文苑拟以法兰西学科学院为模式，规定以对研究成果的评价鉴定作为遴选文苑人员的唯一标准，"须有清真雅正之著作，经考文苑全体鉴定，悬之国门可无愧者"；然后可补。不然，宁缺毋滥。"势位与请托，皆在所不行"②。马相伯强调"考文苑"必须保持体制独立的地位和学术独立的原则，力图克服学术研究与现实政治界限不清的情形。

与"震旦""复旦"相较，"考文苑"更注重对中国传统文化与道德观念的继承与发扬。马相伯认为，道德就是国家的灵魂；一个国家是否文明，不是取决于它积累多少知识，而是反映在其人民的道德水平上。所以，他筹建该"考文苑"的目的，除了要教导中国现代化必需的知识外，更重要的使命是利用出版等手段去倡导个人和社会的道德价值观。③"考文苑"虽然由于当时诸多的政治与社会因素而未能问世，但马相伯反对教育附属于任何政治或宗教，主张教育为社会、民众与科学服务的理想，却成为他那个时代之后的许多教育家所追求的共同目标。

马相伯极力倡导的教育独立与学术自由的理念，是近代民主、自由、平等观念在中国教育实践中的折射。它不仅开启了中国近代教育独立思想之先河，也对中国的近现代教育与学术发展产生了积极的影响。受马相伯影响，蔡元培（1868—1940）、胡适（1891—1962）、傅斯年（1896—1950）等硕学鸿儒，后来都为中国的教育独立与学术自由倾注了大量的心血，开拓出全新的局面。

---

① 马相伯：《函夏考文苑文件十种》，载朱维铮主编《马相伯集》，第124页。
② 马相伯：《函夏考文苑文件十种》，载朱维铮主编《马相伯集》，第134—135页。
③ Jean-Paul Wiest, *Ma Xiangbo: Pioneer of Educational Reform in China*, pp. 18–19.

四 民主治校的教育实践方略

民主与教育的关系,是教育哲学所探寻的一个极其重要的主题。历史上任何民主实践的推进,都毫无疑义地受到一定教育形式的影响;民主的政治理想也只有通过切实而有效的教育——民主教育——才能实现。陶行知(1891—1946)曾说:"民主的教育是民有、民治、民享的教育。'民有'的意义,是教育属于老百姓自己的。'民治'的意义,是教育由老百姓自己办的。"① 他还说:"民主教育是教人做主人,做自己的主人,做国家的主人,做世界的主人。……说得通俗些,民主教育就是人民的教育,人民办的教育,为人民自己的幸福而办的教育。"② 深受西方近代思想文化熏陶的马相伯,一直努力将民主教育的哲学理念渗透于自己的教育实践之中。

马相伯认为,现代化国家之建立首先有赖于现代化国民之培育,而国民的主体意识和独立精神又是20世纪不可阻挡的社会进步潮流,所以,国家社会的进步离不开全体国民自治、自立和自由精神的树立。出于对19世纪末20世纪初中国人饱受封建专制制度束缚、缺乏现代化国民意识的担忧,他指出:"须知民国之民,其自身贵自治,贵自立,贵自由。惟自治而后能自立,惟自立而后能享用其七大自由权。""民身切己之图,图自治,图自立,图自由。"③ 马相伯极力主张国民应享有法律规定的诸种权利,并积极倡导民治思想。体现在大学教育理念上,他特别强调大学应该培养学生的民主意识和自治能力。

马相伯还认为,大学是独立的教学和研究机构,教师和学生理应享有自主管理学校的权利;大学内部应该充分践行民主、自由的理念,并使其发展成为国家和民族实现民主、自由精神的摇篮。他本人

---

① 陶行知:《中国教育改造》,东方出版社1996年版,第193页。
② 陶行知:《中国教育改造》,东方出版社1996年版,第201页。
③ 马相伯:《民国民照心镜》,载朱维铮主编《马相伯集》,第332—334页。

具有强烈的民主意识,极力主张大学教育应当培养学生的民主、自治能力。马相伯在中国推行其教育哲学理念的创新之一,乃是倡导民主治校,实现学生自治。在学校管理上,马相伯从创办震旦学院时即厘定"民主自治制",要求学生按照"自治规程"参与学校民主管理。而一旦"民主自治制"遭到破坏,马相伯便与学生共同努力,重新构筑其心目中的大学管理制度。从复旦公学到复旦大学,虽然学校的具体管理体制并非毫无变更,但马相伯所开创的民主治校传统则始终是薪火相传。

"震旦"时代,马相伯实行的管理体制非常简约、高效——即院长执掌下的民主自治。"先生自任监院,院内各部事务,在先生监督之下,悉归学生管理,称为干事";除总干事和会计干事两名专职人员外,"其余干事,于学期开始,由学生互推分别担任,其职务至学期之终为止,执掌权限,悉遵学生自治规程"①。在具体操作中,让学生选出几个代表作为"干事"组成"学生委员会",直接参与学校的管理。另外,学院所聘之耶稣会士(Jesuit)教师,只需专心教学,无须费心学院的具体管理事宜。这种做法在中国大学发展史上前所未有,当时发挥了相当积极的作用。马相伯民主治校的理念,既符合当时学生大多数是成人的实际情况,又可以使有限的教职员工集中精力投身于教学工作之中,同时也使学生的社会实践能力得到锻炼,让学生的民主参与精神更加成熟。所以,自"震旦"成立之后,马相伯的这一办学理念一直被学生们视为圭臬,严格遵守。

"复旦"创立之初,马相伯即高举"震旦"民主自治的光荣传统,并尽可能地在新的历史条件下将其逐步完善。一方面,马相伯极力邀请当时的名师大家共谋学校的发展大计,组成以张謇(1853—1926)、严复、萨镇冰(1859—1952)、熊希龄(1870—1937)等28位贤达为成员的阵容强大的校董会,聘请毕业于耶鲁大学的李登辉

---

① 陈传德:《马师相伯先生创办震旦学院之特种精神》,载宗有恒、夏林根编《马相伯与复旦大学》,第232—233页。

(1872—1947）担任教务长，广罗张汝楫（1871—?）、王培元（? —1942）等英才为教席。另一方面，他坚持让学生直接参与学校各种形式的行政管理工作。复旦公学成立后，他鼓励学生自办食堂、合作社和储蓄银行，以管理经济生活；设立"民主法庭"，以解决同学之间的纠纷。其目的是塑造学生民主健全的人格。[1] 马相伯清醒地认识到，"吾国政治习于专制，国民自治能力消失已尽"，可以"借此为实施民治之试验"[2]。故此，他认为，通过培养学生的自治能力，分配学生担任行政职务，有利于日后将民主价值观念推广至整个社会。

当然，马相伯对于学生参与学校的管理，并非听之任之。相反，他非常关心学生，经常与学生促膝谈心，细心了解学生的困难与要求，并耐心指导学生为人处世。他还乐于与学生同吃同住，朝夕相处。同时，实践也证明，"震旦"与"复旦"所培养出来的学生，自由民主意识明显高涨，革命进步精神也格外彰显。

马相伯倡导的民主治校理念，推行的民主自治措施，切实锻炼了学生的自治能力，明显增强了学校的民主风气。

五 结语

马相伯教育哲学理念的形成，首先源自其所受的19世纪西式天主教教育和中国士大夫固有的传统文化价值观，同时也与其当时的多重社会身份休戚相关。作为虔诚的天主教徒，他提倡"公教精神"；作为热诚的爱国士绅，他又不遗余力地投身于激烈的社会变革之中，试图探寻挽救民族命运的良方妙法。他从整体上深深仰慕中西两种文化，但也对两种文化中的糟粕予以坚决批判。马相伯的教育哲学理念既与西方大学精神的传统相契合，又有着强烈的国家富强和民族自立的意识。其教育哲学的终极追求是，广采近代欧美教育之所长，以促

---

[1] 参见黄书光《马相伯治校探微》，《南京晓庄学院学报》2004年第2期。
[2] 李青崖：《马相伯先生与震旦学院和复旦公学》，载宗有恒、夏林根编《马相伯与复旦大学》，第225页。

进中国教育变革之发展，并梦想实现对两种文化传统的超越。

马相伯是中国教育现代化的自觉探索者。特别值得肯定的是，他在探索中国教育现代化的过程中并未把传统与现代对立起来，而是注意二者之间的有机结合与融会贯通。马相伯因为受过良好而系统的中西学训练，又曾实地考察过西方著名大学，故对人类知识进化与发展确有较全面的理解，且对大学精神持有较理性的认识。长期的高等教育实践与理论探索，使其不断提升自己的教育智慧，思考近代大学理想、教育的世界性与民族性等问题，并逐渐形成自己独特的教育哲学理念。马相伯按照西方大学理念和中国人文传统，积极投身于中国现代大学教育，且不断创新，其人文主义教育思想融汇中西两种文化中的人文主义精神。他在教育实践方面的不懈努力，旨在通过中外文化教育的互鉴与会通，建立起具有民族特色的现代中国学术体系。

马相伯深信，中国作为后发外生型现代化国家，高等教育要走向现代化，不可避免地要吸收西方的科学教育及学术精神；而要真正掌握西方的科学精神，除了必须通晓其语言文字外，更要研究其科学教育背后的哲学、宗教和政治传统，了解其学术知识的传递谱系。他提出"崇尚科学""注重文艺""不谈教理"等思想理念，将西方大学史上争执不休的科学主义和人文主义教育有机地结合在一起，并深切结合中国的现实际遇，探索出一套中国教育现代化的理论体系。虽然马相伯为实现自己的教育理想而进行的无数次超越性追求，最终无法逾越近代中国的社会现实，但其为中国教育现代化进程所贡献的宝贵思想与卓绝智慧，却是中华民族巨大的精神财富，至今仍熠熠生辉。

[原载《暨南学报》（哲学社会科学版）2010年第6期。收入本书时有修订]

刘廷芳与燕京大学宗教学院之肇基与谋新

刘廷芳（Timothy Tingfang Lew，1891—1947）是 20 世纪上半叶蜚声中外的华人巨擘，在学术、文化、教育、政治、宗教诸领域贡献卓著。学术方面，他是 20 世纪中国心理学的早期先驱之一，中国心理学会的创始人之一，汉语学习心理学的始创者；其博士学位论文《汉语学习心理学》（The Psychology of Learning Chinese, A Preliminary Analysis by Means of Experimental Psychology of Some of the Factors Involved in the Process of Learning Chinese Characters）至今影响犹存。文化方面，他是一位"热情的诗人"，出版过《山雨》等诗集，翻译过世界名著，文学造诣颇深；担任过《生命》月刊、《真理周刊》（后二刊合并为《真理与生命》）等期刊的主笔，创办基督宗教属灵刊物《紫晶》。教育方面，他曾经协助司徒雷登（John Leighton Stuart，1876—1962）执治燕京大学，担任燕京大学宗教学院首任华人院长，将该校的神学建设成为国内首屈一指的学科，并极大地推动中国高等宗教教育的发展；还出任燕京大学校长助理、心理学系主任，国立北京高等师范教育研究科主任等职；兼任国立北京大学心理学系与教育学系教授。政治方面，他曾担任国民政府立法委员会委员，对民国之法制建设倾尽己力。宗教方面，他曾任中华基督教教育协会首任华人会长；倡导并践行教会本色化运动，极力促进中国教会本土化；被誉为"中国最有价值的基督徒之一"①。然而,由于刘廷芳1941年赴美就医,英年客殁异国,故学界对其之关注,与其于近代中国之卓著贡献极不相称。②

燕京大学乃近代中国教会大学中规模最大、影响最巨者。宗教学院是燕京大学成立最早、发展最快之学院,在该校早期历史上发挥过引领学风之表率作用。作为中国第一所基督宗教神学研究院,燕京大学宗教学院在短短数年间,"一跃而为中华基督教神学教育之翘楚";"在中国高等神学教育领域,曾居无可争辩的领袖地位,被誉为远东第一流的神学教育机构"③。刘廷芳作为燕京大学宗教学院第一任华人院长,在该院初创时期发挥过重要的设计、组织与开创作用。

一 刘廷芳执掌燕京大学宗教学院缘起

刘廷芳1891年1月8日出生于浙江温州永嘉县大同乡(今鹿城区),乃家族第三代基督徒。刘廷芳祖母叶氏中年丧夫,未几携子女受洗入教,曾担任中国内地会(China Inland Mission)创办之温州育德女校校长。刘廷芳父母早年均就读于西方人创办之教会学校,父亲刘世魁(1864—1905)乃内地会牧师(同时也是医生),母亲李玺(1870—?)曾继承叶氏出任育德女校校长。

刘廷芳自幼成长于教会,少年时在内地会创办的崇真小学完成初等教育;1905年,入读英国传教士蔡博敏(T. W. Chapman)担任校长的温州艺文中学。在艺文中学时,刘廷芳曾在美国教会报纸上发表

---

① 陈晓青:《书写平安的智者——刘廷芳》,载李金强等《风雨中的彩虹:基督徒百年足迹》(3),财团法人基督教宇宙光全人关怀机构2011年版,第79页。

② 迄今所见,有关刘廷芳对中国近代高等宗教教育贡献之研究,主要有徐以骅《教会大学与神学教育》(福建教育出版社1999年版)、《中国基督教神学教育史论》(财团法人基督教宇宙光全人关怀机构2006年版)、吴昶兴《基督教教育在中国:刘廷芳宗教教育理念在中国之实践》(浸信会出版社[国际]有限公司2005年版)、许高勇《刘廷芳中国教会本色化思想及实践研究》(硕士学位论文,暨南大学,2014年),但就刘廷芳对燕京大学宗教学院创建与谋新之研究,尚待深入。

③ 徐以骅:《教会大学与神学教育》,第68页。

《江浙铁路事泣告同胞书》一文，呼吁国人集资修路，勿丧路权。1908年，刘廷芳赴上海入读美国圣公会（Episcopal Church in the United States of America）创办之圣约翰大学（St. John's University）预科。作为身处新旧时代交替大潮中的青年学子，深受儒家文化浸润与西方新知洗礼的刘廷芳，渐趋养成独立思考的习惯，成为颇具睿见卓识之时代先驱。刘廷芳由西方教会培养长大，对教会之运作非常了解，所以，他对教会创办教育机构之办学宗旨以及许多不合情理之管理制度颇为不满；对西方传教士蔑视鄙弃中国文化之言行，更是愤慨至极。在圣约翰大学期间，刘廷芳屡次在上海《通问报》发表文章，阐述自己的观察与主张。他指出，教会学校之传教士教职员，虽有满腔热忱，然因自身缺乏足够学识，故只能造育出思想、文化、知识、价值观偏差扭曲的教会青年。所以，他极力主张教会应选派具备专门知识之人才兴办学校。刘廷芳的系列文章，很快引起著名美国传教士、金陵神学院教授司徒雷登的高度关注。司徒雷登对刘廷芳的看法深表赞同，且一直试图进行改革。然而他发现，改革只能在既成体系下运作，非一朝一夕可以完成，更不能单打独斗，所以需要志同道合者来共同实现。司徒雷登非常欣赏刘廷芳的才华，便请《通问报》主笔陈春生（1867—1940）安排，在上海与其会晤。后来，也正是在司徒雷登的推荐、力促之下，刘廷芳获得奖学金，1911年负笈美国深造。①

刘廷芳抵达美国之后，先入读乔治亚州（Georgia，亦译佐治亚州）之乔治亚中学（High School of Georgia），一年后进入乔治亚大学（University of Georgia），1913年插入哥伦比亚大学（Columbia University）本科四年级学习。1914年，获哥伦比亚大学学士学位，并继续在该校攻读教育学和心理学课程。1915年，获哥伦比亚大学硕士学位，然后继续在该校研究心理学。同年，开始在与哥伦比亚大学隔街相望的纽约协和神学院（Union Theological Seminary in the City of New

---

① 参见方韶毅《民国文化隐者录》，秀威资讯科技股份有限公司2011年版，第134页。

York）修习神学。1916 年，取得哥伦比亚大学师范学院教育文凭，获纽约协和神学院"最优成绩奖学金"。1917 年秋，转入耶鲁大学神学院（Yale Divinity School），并于翌年 6 月获该院神学学士学位。1918 年，被聘为纽约协和神学院宗教教育学权威乔治·A. 柯（George A. Coe，1862—1951）教授的助教，"成为第一位在美国神学院教非中文课程的中国人"①。1920 年，以学位论文《汉语学习心理学》获得哥伦比亚大学教育心理学博士学位。在美期间，刘廷芳曾担任中国北美基督教学生会刊物《留美青年》主编，并于 1916—1917 年出任该会会长。1920 年 2 月 18 日，由美国极负盛名的哈理·爱默生·富司迪（Harry Emerson Fosdick，1878—1969）牧师主持，刘廷芳在曼哈顿公理会教堂（Manhattan Congregational Church）被按立为牧师。② 不久之后，刘廷芳返回中国。在美留学近 10 年，刘廷芳凭借自己的优异成绩及非凡的社会活动能力，在中国留学生界声名遐迩，广获赞誉。

　　刘廷芳归国之时，恰逢司徒雷登出任燕京大学校长之际。1919 年 6 月，在中外基督教会界享有极高声誉的司徒雷登，接受燕京大学美国托事部的聘请，执掌燕京大学。他在满怀革新之志勾画燕京大学宏伟发展蓝图之时，"亦为其向来主张建立的一所全国一流的神学研究院留有显著的位置"③。他曾表达自己对燕京大学宗教学院之期冀："就我个人而言，我对燕京大学最大的梦想之一就是它将拥有一所宗教学院，在其中越来越多的既熟谙本国崇高的历史遗产，又受过西洋最好神学教育的中国籍教员，将本着他们自身的宗教经验，向本国人民讲授真正的基督（宗）教，务求其合于 20 世纪的知识和中华民族的精神，同时亦把一切由西方历史因袭而来的无用之附加物，悉

---

① 徐以骅：《教会大学与神学教育》，第 78 页。
② 参见徐以骅《刘廷芳、赵紫宸与燕京大学宗教学院》，载《中国基督教神学教育史论》，第 97—98 页。
③ 徐以骅：《教会大学与神学教育》，第 75 页。

数扫除。"① 然而，司徒雷登建立中国第一流宗教学院的愿望虽然具备"天时"与"地利"，却欠缺"人和"——没有合适的人选来负责具体实施。于是乎，他想到刚刚学成归来且成就斐然的刘廷芳，认定其乃不二人选。

司徒雷登与刘廷芳相交甚笃，谊若师生。刘廷芳1911年赴美深造之前，为报答时任金陵神学院教授司徒雷登的知遇、推荐之恩，曾答应回国后到金陵服务。然至其归国之时，司徒雷登已执掌燕京大学，故其无须再赴金陵履约。同时，司徒雷登也一再邀请刘廷芳赴京，辅佐其执治正处于起步阶段的燕京大学。据司徒雷登写给纽约协和神学院院长阿瑟·C.麦吉弗特（Arthur C. McGiffert, 1861—1933）之函称，刘廷芳从美坐船返国，甫抵上海，便获得东南大学送来的心理学主任聘书。其后，他还获得多所大学的邀请，其中国立北京高等师范和国立北京大学两校，均力邀其出任心理学系主任之职。故此，燕京大学为聘到刘廷芳，向其提出许多优厚条件，包括燕京大学创办机构之一——美以美会（Methodist Episcopal Church）任命其为该会驻校代表；其薪金及住房待遇与西方传教士相同；还特批其可于校外兼任其他职位。正是因为燕京大学的承诺，1921—1926年，刘廷芳除出任该校神科科长及宗教学院院长、校长助理之外，还兼任过国立北京高等师范教育研究科主任、国立北京大学心理学系与教育学系教授。据悉，20世纪20年代初，刘廷芳还曾被邀请担任北京高等师范校长，但他坚辞不受，且离京三周以示拒绝之决心。② 此足见刘廷芳其时献身燕京大学之坚毅信念。

燕京大学宗教学院的前身是成立于1915年的汇文大学神科。汇文大学神科乃由地处北京、天津、通州三地的若干圣经和神道学堂发展合并而成，其核心是汇文大学神学馆（亦称"神道学科正班"）和

---

① John Leighton Stuart, "The Future of Missionary Education in China", *The Chinese Students' Monthly*, Vol. 21, No. 6（April 1926）. 译文参见徐以骅《教会大学与神学教育》，第75—76页。

② 参见徐以骅《教会大学与神学教育》，第78—79页。

华北协和道学院。1905年，美国海外传教委员会（American Board of Commissioners for Foreign Missions，亦译"美国公理会差会"，俗称"美部会"）在通州创办潞河书院，后该书院发展而成华北协和道学院。1912年，美以美会在北京设立之怀理书院和英国循道公会（Methodist Church）在天津所设之圣经学堂合并，诞生汇文大学神学馆。1915年，汇文大学神学馆和华北协和道学院再度合并，创立汇文大学神科。其时的参与者，如刘海澜（Hiram H. Lowry，1843—1924）、厚巴德（W. T. Hobart）、万卓志（George D. Wilder，1869—1946）、方泰瑞（Courtenay H. Fenn，1866—1927）、甘霖（George T. Candlin，1853—1924）、金修真（Thomas Biggin，1864—1948）等，均为华北地区神学教育耆宿。1919年，汇文大学和华北协和大学合并，正式成立燕京大学，汇文大学神科亦随之改称燕京大学神科。严格意义而言，燕京大学神科是由美国公理会差会、美以美会、美国北长老会（Presbyterian Church in the United States of America）、英国伦敦传教会（London Missionary Society）以及后来加入的中华圣公会（Holy Catholic Church of China）华北教区组成的跨宗派联合教育机构。①

在燕京大学校史上，曾出现过多种与宗教学院有关的中英文名称。1915年，始称汇文大学神学馆（Theological Department of Peking University）；1916年，改为汇文神科大学（College of Theology）；从1918年起，英文名改为 School of Theology，以表明其神学研究院之地位；1919年燕京大学创立时，中文名改为燕京大学神科；1925年，神科易名宗教学院，英文名则改为 Yenching University School of Religion。②

刘廷芳加盟燕京大学时，神科科长乃美以美会传教士厚巴德。司徒雷登和刘廷芳原本计划用数年时间实现神科科长之新老交替。然

---

① 参见徐以骅《教会大学与神学教育》，第73页。
② *Peking University Bulletin—Yenching University School of Religion Catalogue*, 1925 - 1926, April 1925, p.47. 另参见徐以骅《双峰对峙——燕京大学宗教学院与金陵神学院之比较》，载《中国基督教神学教育史论》，第121页。

而，由于厚巴德即将回国休假，刘廷芳任教不到半年，即于1921年3月9日被神科教员一致推选为科长，众望所归地成为中国当时主要神学教育机构中第一位华人最高负责人。此显然出乎刘廷芳本人之预料。故此，他采取"防止保守派攻击的保护性措施"，坚持只出任神科代理科长。1922年11月20日，燕京大学美国托事部正式批准对刘廷芳神科科长的任命。①

刘廷芳履职燕京大学后，果然不负众望，很快在基督宗教界崭露头角。1921年，他便出任"北京证道团"创办之《生命》月刊主笔。1922年5月，中国基督教全国大会在上海召开。②刘廷芳被公推为大会筹备委员会委员，负责起草一份重要的教会宣言。该宣言是"中国基督教会第一次以全国名义对国内、国外，全体信徒和全世界教会作正式的布告"③。在5月4日的大会发言中，刘廷芳以一篇"互相尊重、彼此相爱"的报告征服与会代表。1925年3月19日，孙中山基督宗教式丧礼家祷在北京协和医科大学礼堂举行，刘廷芳担任主礼。同年，刘廷芳出任中华基督教教育会首位华人会长，成为中国基督宗教界影响颇巨的领袖人物。另外，燕京大学美国托事部分别于1922年4月11日和1923年4月12日批准刘廷芳的副教授与教授资格，使其成为燕京早期仅有的4名教授之一。④

自1921年春至1926年秋，刘廷芳作为燕京大学神科及宗教学院的执掌者，在该校宗教学院初创时期发挥过重要的设计、组织与开创作用。

二　刘廷芳对燕京大学宗教学院之改造

刘廷芳执掌燕京大学神科（宗教学院前身）之初，所面对的是一

---

① 参见徐以骅《教会大学与神学教育》，第80页。
② 有人称此次大会为"中国基督教第一次全国大会"。参见段琦《奋进的历程——中国基督教的本色化》，商务印书馆2004年版，第211页。
③ 刘廷芳编：《中国教会问题的讨论》，中国基督教青年会书报局1922年版，第1页。
④ 参见徐以骅《教会大学与神学教育》，第79—80页。

个基础非常薄弱、师资颇为短绌、生源甚是匮乏的艰难局面。不过他接手之后，迅即推出一系列改造方案，力图将该教育机构建设成具有鲜明国际化、本色化、研究型、跨宗派和学术自由色彩的宗教学院。

神科虽为燕京大学创立最早之科，但亦是该校创校时基础最弱之科。首任科长（或主任）厚巴德，自1915年汇文大学神科创设之始即担负此职。然而，他已近退休之年，还要兼管美以美会之圣经学校，"对实际宣教比对神学研究更感兴趣，很想从此种他所力不从心的职位上退下来"①。厚巴德在燕京大学神科第一份年度报告（即1917—1918年报告）中，形容神科的匮乏状况几近《圣经》中的老底嘉教会（Laodicean church）。② 司徒雷登1920年3月13日致函正在美国为燕京大学筹款的路思义（Henry W. Luce，1868—1941）时，亦谈及神科之惨状："目前教育水准如此之低、神学生如此不满或至少缺乏热情，完全不能吸引热忱和受良好训练之文科学生（主要由于师资欠佳），以至我无勇气在本校宣扬教牧事工，或在中国其他地方为神科做广告。"③ 故此，司徒雷登本人不得不每周在神科授课12小时。④

刘廷芳出任燕京大学神科代理科长之后，为尽快扭转其时颇为被动的局面，首先提出并贯彻五项改造举措：一是神科的民主管理；二是鼓励教员著书；三是每位教员均应在当地社区从事某种基督宗教服务；四是教员应尽可能代表学校为全国和国际基督宗教运动提供服务；五是教员应与大学发生密切关系。⑤ 刘廷芳所提出的上述举措，

---

① J. Leighton Stuart to Henry W. Luce, March 13, 1921, *United Board for Christian Higher Education in Asia Archives*, Reel 186, p. 901. 转引自徐以骅《教会大学与神学教育》，第76页。

② "College of Theology: Report of the Dean for 1917-1918", *Report of the Board of Managers of Peking University* (June 6, 1918), p. 15. 老底嘉教会，指离道反教的教会。

③ J. Leighton Stuart to Henry W. Luce, March 13, 1921, *United Board for Christian Higher Education in Asia Archives*, Reel 186, p. 920. 转引自徐以骅《教会大学与神学教育》，第76—77页。

④ 参见徐以骅《教会大学与神学教育》，第76—77页。

⑤ "Report of the Dean of the School of Theology", *Annual Report of the President and Deans of Peking University to the Board of Managers*, (June, 1922), pp. 27-37.

显然为其时英美一流高等宗教教育机构所秉持之教育理念。

1922年8月12日，刘廷芳在燕京大学神科的开学典礼及他本人就职神科科长的仪式上，发表题为"一个大学的宗教学院的任务和标准"的英文演讲。他称，"大学宗教学院应成为服务者之养成所、保守普世公教二千年来丰富精神遗产之场所、先知导师应募会合之场所、研究真理实验真理之试验场、灵性艺术家之工厂、铸造基督化人格之场所"①。随之，他以"教会广涵主义"为旗帜，以英美一流神学院校为蓝本，对燕京大学神科进行重大改造，使原先以单纯教牧训练为基本导向的神科，开始向以学术研究为主要诉求之宗教学院的目标迈进。②

刘廷芳对燕京大学神科的改造，首先体现在对学院的重新定位。他把神科过去仅为职业训练之单纯功能，扩展为职业训练和学术研究相结合之双重使命。《燕京大学1920至1921年各科简章》介绍神科时，仅称其"是向中国学生提供训练教牧圣工完备的、尽可能与英美神学院相埒的课程"③。由刘廷芳主导制定的1923—1924年度《燕京大学神科简章》则将神科定位为："向中国教会提供教牧人才，使他们在圣艺上有充分的技术训练，尊重本民族的优长的历史遗产，掌握圣经学和神学的最新发展，以及与宗教真理有关的哲学和科学研究的最新趋势。理智地同情改进全体信众团契的努力，使他们能对教会为时代之社会、经济、政治和国际需要所持主张和使命抱有热情；使他们对彰显上帝大能，使诸凡信者得到拯救和基督福音，拥有活生生的、日益精深的个人体验；使他们抱定宗旨全身心地投入教牧事工，作为为国为主服务之至上机会。"④ 此可谓刘廷芳改造燕京大学神科之重要教育思想。

---

① 参见刘廷芳《一个大学的宗教学院的任务和标准》，《真理与生命》1934年12月第8卷第7期。
② 参见徐以骅《刘廷芳、赵紫宸与燕京大学宗教学院》，第99页。
③ 《燕京大学1920至1921年各科简章》，燕京大学布告第三种，第67页。
④ 《燕京大学神科简章》(1923年6月)。转引自徐以骅《教会大学与神学教育》，第81页。

为提高神科的教学和研究水准，刘廷芳还在1923—1924年度的《燕京大学神科简章》中细化列出一系列规范举措，以充分保障其实施。具体包括："（1）制定严格的入学标准，规定新生入学前须有在一所被认可之中学毕业后四年的预备，这便使神科入学标准'达到英美最好神学院的水准'；（2）在学生中学毕业和入神学前的四年预备期间，为其设定一严格神学预科课程，该课程包括国文和两门外语、自然和社会科学、哲学和宗教等科目；（3）此种神学预科课程由燕大文理科提供，神科密切配合。神学预科课程均与大学文学士学位挂钩，学生顺利完成第一年神学本科课程后便可得文学士学位；（4）准备在近期内使神科近半数课程成为各类选修课，以便使学生充分发挥个人兴趣和专长；（5）神学本科第二、三年课程为专业课，以使学生得到牧师、圣经教员和教授、宗教教育主任、青年会干事、社会工作干事等教牧专业训练；（6）提高英文程度，规定神科一般只用英文教科书，只录取入学前已有相当英文训练之学生，如此方无碍于英文授课及使用有关英文参考书。而1920—1921年度燕大神科还招收英文欠佳的学生，只是规定此类学生毕业时只可得神科毕业证书，不得获神学士学位。"[1] 另外，刘廷芳还对神科进行专业化改造，设立旧约、新约、宗教哲学和神学、宗教教育和宗教心理学、宗教伦理学和社会学、比较宗教学、礼拜和说教、教会政治和管理9个分支。[2]

刘廷芳对燕京大学神科的改造，其次体现在建立"以中国教员为主的、颇有研究气象的神学教员队伍"。有学者认为，"这也许是刘廷芳对燕京宗教学院最大的贡献"[3]。刘廷芳接掌燕京大学神科之初，师资极为匮绌，可谓巧妇难为无米之炊。在教会内外乃至留美学界交游甚广的刘廷芳，正式出任神科科长后，求贤若渴，积极网罗英才。洪煨莲（1893—1980）、简又文（1896—1978）即他最早引进的两位

---

[1] 《燕京大学神科简章》（1923年6月）。转引自徐以骅《教会大学与神学教育》，第82页。

[2] 参见徐以骅《教会大学与神学教育》，第82页。

[3] 徐以骅：《教会大学与神学教育》，第83页。

著名学者。国学大师陈垣（1880—1971）长期兼职任教于神科，亦与刘廷芳之重视功不可没。很快，燕京大学神科就建立起一支以中国教员刘廷芳、洪煨莲、简又文、诚质怡（1898—1977）、徐宝谦（1892—1944）、许地山（1893—1941）、赵紫宸（1888—1979）等为核心的师资队伍。同时，有步济时（John S. Burgess，1883—1949）、寇润岚（Rowland M. Cross）、巴尔博夫人（Dorothy D. Barbour）等外籍教师。另外，还有陈垣、朱有渔（1885—1986）等兼职教授。燕京大学神科的诸多教授，不仅当时在国内闻名遐迩，而且在国际教会界亦声威极盛。

1924年，刘廷芳联合燕京大学李荣芳（1887—1965）、洪煨莲、简又文、陈垣和当时还远在东吴大学的赵紫宸，成立一个学社——中社，宣称要用"下一个十年来研究本色教会"。刘廷芳向司徒雷登表示，中国基督宗教学者必须同进同退，在尝试本色化计划方面"给教会机构最后一次机会"。在刘廷芳心目中，这一学者团体显然是燕京大学神科的核心，而赵紫宸又是这一核心中之关键人物。[①] 刘廷芳在宗教学院1925—1926年的年报中阐释，燕京大学5年前曾拟有一份神科欲聘请之基督宗教领袖名单，但随着赵紫宸的加盟和其余3人的应聘，宗教学院搭建拥有最有前途之中国基督宗教神学学者的国际性神学教育班子，已宣告成功。[②]

刘廷芳将享有"中国神学教育第一人"盛誉的赵紫宸引进燕京大学，被视为其对该校宗教学院建设的杰出贡献之一。留学美国范德堡大学（Vanderbilt University）的赵紫宸，1917年曾为刘廷芳主编之《留美青年》撰稿，故刘廷芳应对其有所知晓。据刘廷芳后来回忆："民国十年，我识赵紫宸，一见如旧，谈改良圣歌朝夕不倦，我们两人订交，改良圣歌的志愿，是一个极重要的媒介。……但我平生最得意的一事，却正在此时期成功，这便是请赵紫宸加入燕京宗教学院为

[①] 参见徐以骅《刘廷芳、赵紫宸与燕京大学宗教学院》，第103页。
[②] T. T. Lew, "Annual Report of the Dean of the School of Religion", *Yenching University Bulletin*, Vol. 8, No. 27, June 1926, pp. 18–19.

教授，继续我开始而未成功的工作。"① 自 1922 年始，在刘廷芳的推动下，燕京大学便向赵紫宸任职的东吴大学启动商调事宜，但屡遭东吴拒绝。后来，燕京大学又出现经费困难窘境，故连赵紫宸本人也一度感到北上落空。1923 年 4 月，赵紫宸第一次应邀访问燕京大学神科，并作"宗教—哲学"讲座。该校神科师生的勤勉治学，特别是刘廷芳的过人才识，均给他留下深刻印象。② 1924 年，东吴大学终于有所松动，同意刘廷芳提出的让赵紫宸每年至燕京大学任教一学期的折中方案。赵紫宸致函刘廷芳，称已看到"在中国神学和宗教生活中伟大燕京运动的前景"，并决意辞去东吴大学文学院院长之职，准备次年入京。然就在其 1925 年 7 月准备举家迁京时，不慎摔跤骨折，延至 1926 年才赴京任教。刘廷芳曾说，赵紫宸是其"努力四年之久，才从东吴大学聘请而来加入燕京宗教学院的"③。事实上，燕京大学宗教学院为赵紫宸实现其多年神学教育理念和抱负，提供了崭新的平台。赵紫宸亦不负众望，后来成为燕京大学"宗教学院的标志和灵魂"人物。

在刘廷芳的不懈努力之下，燕京大学宗教学院很快建立起一支明显超越国内其他宗教学院的师资队伍。据中华基督教教育会干事葛德基（Earl Herbert Cressy，1883—1979）统计，1925—1926 年度中国 10 所神学院共有教员 97 人，其中拥有博士学位者 9 人，拥有硕士学位者 34 人。该年度燕京大学宗教学院有教员 13 人，仅少于金陵神学院的教员人数，但拥有博士学位者则为 10 所神学院拥有博士学位教员总数的 44%，拥有硕士学位者则为 10 所神学院拥有硕士学位教员总数的 18%，其高学历教员比例之高为他校难以企及。④

刘廷芳对燕京大学神科的改造，还体现在将学院的发展目标定位

---

① 刘廷芳：《中国人信徒和圣歌》，《真理与生命》1932 年 12 月第 7 卷第 3 期。
② T. C. Chao, "A Glimpse at One Chinese Christian Worker", *The Chinese Recorder*, Vol. 54, December 1923, pp. 742-746.
③ 刘廷芳：《一个大学的宗教学院的任务和标准》，《真理与生命》1934 年 12 月第 8 卷第 7 期。
④ 参见徐以骅《教会大学与神学教育》，第 98—99 页。

于"达到英美最好神学院的水准"。1935年的《韦格尔报告》建议把中国的神学院校分为三级:一是神学院(theological college),专收高中毕业生,通常教以四年课程;二是圣道书院(theological training school),专收初中毕业生,通常教以三年课程;三是神学研究院(graduate school of theology),专招大学毕业生,并教以一至三年课程。① 刘廷芳谙熟西方国家高等宗教教育机构的发展目标及具体要求,故自接掌燕京大学神科之始,即对其发展目标定位较高,就是要"达到英美最好神学院的水准"。燕京大学神科较早便具备神学研究院的基础,1920年已规定入学新生需具有大学肄业两年以上的水准。② 刘廷芳在对其进行改造时则提出更高的标准。如前所述,1923—1924年度的《燕京大学神科简章》规定,"在学生中学毕业和入神学前的四年预备期间,为其设定一严格神学预科课程,该课程包括国文和两门外语、自然和社会科学、哲学和宗教等科目"③。正是因为刘廷芳早期对燕京大学神科的高目标、高起点定位,所以该校的神学教育很快在国内脱颖而出,引领风尚。1930—1931年度的《燕京大学宗教学院简章》,则进一步要求"本院正科生,须具大学卒业资格,入学前,须交文凭呈验"④。而且,在近代中国高等宗教教育发展史上,"只招大学毕业生为正科生的神学院,只有燕京一家"⑤。

1925年3月,燕京大学神科正式易名为宗教学院,以彰显其在提供神学教育的主旨之外,兼负全校的宗教教育和研究之责。⑥ 此标志

---

① 参见韦格尔及视察团编,缪秋笙校《培养教会工作人员的研究》(上编),中华基督教宗教教育促进会1935年版,第24—39页。
② 参见中华续行委办会编《中华归主:中国基督教事业统计(1901—1920)》(下),蔡咏春、文庸、段琦、杨周怀译,中国社会科学出版社1987年版(2007年第2次印刷),第930—933页。
③ 《燕京大学神科简章》(1923年6月)。转引自徐以骅《教会大学与神学教育》,第82页。
④ 徐以骅:《教会大学与神学教育》,第96页。
⑤ 徐以骅:《双峰对峙——燕京大学宗教学院与金陵神学院之比较》,第122—123页。
⑥ *Peking University Bulletin—Yenching University School of Religion Catalogue*, 1925-1926, April 1925, p. 18.

着在刘廷芳的改造之下，燕京大学神科已由神学职业训练机构向宗教研究机构转型；亦意味着燕京大学对宗教研究功能之强化，使其在学术上更贴近或依附大学；同时表明对神学职业功能之淡化，使其在组织上更疏远或独立于教会。[①]

1926年秋，刘廷芳在任职燕京大学6年后，前往美国休假兼进行学术演讲，对燕京大学宗教学院的创建与改造正式告一段落。当然，刘廷芳1928年回国之后至1936年出任国民政府立法委员会委员之前，一直任教于燕京大学宗教学院，且与时任院长赵紫宸相得益彰，对该院之建设与发展亦发挥过重要作用。

三 刘廷芳与燕京大学宗教学院之教育理念

刘廷芳有近10年的美国留学经历，先后就读于多所著名大学，尤其是在世界一流的纽约协和神学院和耶鲁大学神学院研习深造，获得学位，稔谙英美一流宗教教育机构办学理念之精义，且深得要旨，故其在执掌燕京大学神科、宗教学院及后来任教该院期间，为建立燕京大学宗教学院之核心教育理念，进行了不遗余力的探索与实践。

1922年刘廷芳在燕京大学神科开学典礼及他本人科长就职仪式上的英文演讲，乃是其对燕京大学宗教教育理念之全面阐析与蓝图构想。他指出，一所优秀的宗教学院应该具备如下标准。

一是成为"服务者之养成所"。刘廷芳认为，宗教学院应当造就消恨说和的服务者，向人宣传善意；应当造就宣传福音的服务者，"向每颗无告心灵宣传人子的福音"；应当供给提倡合作的服务者，有至公无私的赤诚，有大无畏的勇猛；应当供给能为崇拜的圣公服务者，有崇拜技能与美德善性。

二是成为"保守普世公教二千年来丰富精神遗产之场所"。刘廷

---

① 参见徐以骅《教会大学与神学教育》，第83页。

芳认为，宗教学院应当在设备上、布置上、人才上打造一个宝藏中心，使全国信徒可以来此考查、研究、欣赏教会所承袭的文化产物；应当对这些文化产物予以保存、介绍、整理、译述和发扬。

三是成为"先知导师应募会合之场所"。刘廷芳认为，宗教学院的使命不仅是保存与介绍宗教已有的文化与以往的历史，对于历史的延续性尽相当的义务；而且它的眼光既要后顾，又要前瞻。倘若一个宗教学院要在中国为整个教会作恒久的贡献，必须使自身成为一个先知导师应募的场所和出发的地点。不仅国内的先知导师能来此广播他们所得的启示，并且使世界各国的先知导师也能闻风来此集会。

四是成为"研究真理实验真理之试验场"。刘廷芳认为，宗教学院应该用虔诚的精神，用崇敬的精神，用无畏的精神，去做研究与实验；不为个人自私的欲念所侵扰，不为团体自私的权威所压制，不为有善意而无理智的优雅所束缚。与研究携手同行的，便是试验。每次从研究所得的真理，必须通过试验而寻找到出路，成为救世救人实际上可以应用之方针，使教会不得不接受，使民众因为教会的采纳施行而获得真理的实惠。

五是成为"灵性艺术家之工厂"。刘廷芳认为，无形的真理，不见得能使人有益，一个宗教学院因此又必须使自身成为一个灵性艺术家的工作室。在此工作室中，凡在灵性生活上有经验的人，可以使他的想象力在创作中得到充分自由的发挥，使灵性的经验与理智的观念得到表现的机会。

六是成为"铸造基督化人格之场所"。刘廷芳认为，一个宗教学院自始至终必不可忘却，必须使自身成为一个铸造基督化人格的场所。宗教学院是要创造基督化的服务者。基督宗教服务者的最高任务是要培养人格。

以上诸条，乃刘廷芳为燕京大学宗教学院早期所制定之标准。他一直视之为自己的梦想，且12年后将该演讲译为中文发表时仍称，

"仔细思量，我还是在做这样的梦"①。

刘廷芳在燕京大学期间，充分吸纳英美一流宗教教育机构的教育理念，紧密结合中国高等宗教教育的实际状况，渐趋探究出一套既特色鲜明又自成体系的燕京大学宗教学院教育理念。其主要表现如下。

一是关于教育目标。刘廷芳认为，"宗教教育自然需有他（它）的目标，基督（宗）教的宗教教育，是基督化的教育"；"宗教教育不是助人求得一种得救的地位，与其余的人区别。因为宗教教育是爱的教育。凡取这种态度，要为自己求得一种被救的地位，以示区别，是遗失了爱的精义。爱是活动的，外施的。爱人者决不敢受对方之爱，除非对方之爱能包容他所爱之人"②。刘廷芳有关宗教教育目标之理念，在燕京大学宗教学院的发展中得到了充分的体现，被予以很好的演绎。

二是关于教育需要。刘廷芳认为，宗教教育的需要有两种：一种是"组织教会"的需要，一种是一般社会的需要。燕京大学宗教学院原本是"组织教会"的人才养成所，对一般社会则无直接贡献，因此，宗教学院应该有所改变，也应培养不做教会工作的人来研究宗教。比如哥伦比亚大学哲学系的教授，虽然在大学里教书，但多半受过神学教育。依刘廷芳之见，宗教教育直接服务于社会，便是间接服务于教会。③

三是关于课程原则。刘廷芳对此有非常详细的阐述。他认为，宗教教育课程目标的原则应该是：必须有能够下定义的、能够达到的、能够证实的、能够测量的目标；必须是绝对个人的、以教育对象为中心的；必须满足对于个人灵性的三种需要，即智慧的需要、忠诚的需

---

① 参见刘廷芳《一个大学的宗教学院的任务和标准》，《真理与生命》1934年12月第8卷第7期。
② 刘廷芳：《宗教教育目标》，《真理与生命》1932年11月第7卷第2期。
③ 参见《燕京大学宗教学院退休会讨论会记录》，《真理与生命》1930年6月1日第4卷第19期。

要、技能的需要；必须是社会化的，其中心必须是基督化的"民主"（Democracy）。① 宗教教育课程内容的原则应该是：必须符合完成宗教教育目标之用；所采用的题材，必须顾及个人宗教生活的需要、宗教生活的才能与宗教生活的缺点，以求适应个人的需要、才能和缺点；② 课程的题材，必须对社会经济的宗教需要现状有相当的贡献，必须满意地代表各种不一致的宗教经验和各种不同的表示方式。③ 宗教教育课程的教材，必须注意印刷与装订，选择现代最良好的技术，使一切出品不愧被称为教育的产物；宗教教育课程的组织，必须根据进化心理学在宗教上应用的原则；宗教教育的课程，必须采用合乎科学的教育条件等。④ 这一切，也是刘廷芳在燕京大学宗教学院所追求和秉持的理念。

四是关于师资队伍。刘廷芳为将燕京大学宗教学院打造成中国第一流的宗教教育机构，一开始就将其定位于比肩英美一流的宗教学院，倾力引进世界一流人才。其时在美国宗教教育界正如日中天的纽约协和神学院，成为燕京大学宗教学院师资的主要来源。除了刘廷芳本人，还有诚质怡、洪煨莲、徐宝谦、简又文、许地山、步济时、寇润岚、巴尔博夫人、朱有渔（兼任）等，均曾就读于纽约协和神学院。刘廷芳还曾与司徒雷登一起，试图通过美国著名教会领袖、纽约协和神学院教授富司迪，使该校与燕京大学宗教学院建立正式的院际关系；并打算通过富司迪游说，争取财阀小约翰·D. 洛克菲勒（John D. Rockefeller Jr., 1874—1960）对燕京大学宗教学院进行资助。正是受到纽约协和神学院的影响，刘廷芳才得以在短期内打造以

---

① 参见刘廷芳《制造宗教教育课程的原则》，《真理与生命》1934 年 4 月第 8 卷第 2 期。
② 参见刘廷芳《制造宗教教育课程的原则》（续），《真理与生命》1934 年 5 月第 8 卷第 3 期。
③ 参见刘廷芳《制造宗教教育课程的原则》（二续），《真理与生命》1934 年 6 月第 8 卷第 4 期。
④ 参见刘廷芳《制造宗教教育课程的原则》（三续），《真理与生命》1934 年 10 月第 8 卷第 5 期。

海归派神学菁英为核心的师资队伍。① 同时,由于刘廷芳一直活跃于基督宗教与学术活动的国际舞台,让燕京大学宗教学院与世界保持接轨,为其"一跃而为中华基督教神学教育的翘楚"奠定了坚实的基础。

五是关于校园文化。刘廷芳参照英美宗教学院的办学模式,强化燕京大学宗教学院的校园文化活动。学院开设名人演讲会,每月一次;组织读书报告会,阅读中西名著;鼓励学生课余撰写文字,预备讲稿,讨论学问;引导学生关注国事,自由讨论宗教及国家之重大问题。宗教学院师生还与本校其他学院之基督徒师生联合,积极参加社会服务工作,服务于大学附近各村庄及城中各教会,并兴办平民教育。② 学院办有《真理与生命》《紫晶》两种期刊,供师生发表文章,介绍国内外基督宗教思想及各地教会事业,在教会及社会均影响颇巨。

六是关于宗教生活。刘廷芳既是教育专家又是教会领袖,所以他将燕京大学宗教学院的宗教生活也开展得颇具特色。学院每年举办宗教研讨会一至两次,讨论宗教社会问题;每周三下午组织灵修聚会,每月四次;专设宗教生活委员会,主持学院周一朝会及领导小组祷告会;每周五晚召开座谈会,研讨基督宗教重大问题,以期获得正确的认识。1924年,神科全体学生及相关教职员联合组成景学会,关注中国教会,研究经解或其他学术难题。景学会每月或每两周集会一次,演讲讨论基督宗教及相关问题;先由一二人宣读论文或演讲,然后会众参加讨论;讨论主题涉及中国民族与宗教、现代青年与宗教、中国教会之现状、现代宗教教育思潮等。景学会还定期邀请国内外知名学者进行专题学术讲座,组织师生参加校外基督宗教学术活动。此外,宗教学院教师还经常率领学生进城,参观教会以及其他宗教机构。③

---

① 参见徐以骅《刘廷芳、赵紫宸与燕京大学宗教学院》,第100—101页。
② 参见张德明、苏明强《燕京大学宗教学院史话》,《北京档案》2013年第8期。
③ 参见张德明、苏明强《燕京大学宗教学院史话》,《北京档案》2013年第8期。

刘廷芳所倡导创立的燕京大学宗教学院教育理念，在实践中不断修正，渐趋完善，为该院的迅速崛起起到了重要的理论指引作用。

四　结语

一般以为，基督新教在中国开创之宗教教育始于1866年。此后近百年中，虽然数十所新教宗教教育机构先后创办，但罕有能与燕京大学宗教学院比肩者。燕京大学宗教学院之所以能在起步不久即飞跃发展，且一度居于中国高等宗教教育领域之领先地位，可以说刘廷芳厥功甚伟。

有学者认为，对燕京大学宗教学院作出最大贡献的，当推司徒雷登、刘廷芳、赵紫宸三人。"司徒雷登身为燕大校长，是燕京神学教育政策的奠基和决策者；刘廷芳作为第一任华人院长，是宗教学院的设计者和组织者；任宗教学院院长逾廿载的赵紫宸，则是宗教学院的标志和灵魂。"① 然而具体情况则是，在燕京大学宗教学院的开创时期，实际的掌门人是刘廷芳，司徒雷登只是起到了一个"后台"保障作用；而赵紫宸所开启的宗教学院的"再度辉煌"，也正是因为有刘廷芳前期所奠定的坚固基石。1926年1月20日，司徒雷登在评价刘廷芳于燕京大学之作用时说："如果综合考虑各种因素，他也许是我们最大的一笔财富，并且是全中国最有价值的二或三个华人基督徒之一。他也许比任何其他的中国教徒更为杰出，对当前事物的较深远的意义和影响更具洞察力和预见。"② 可以说，刘廷芳开启了燕京大学宗教学院的辉煌历史，燕京大学宗教学院也成就了刘廷芳的精彩人生。刘廷芳的影响是深远的。即便是今天，他依然为当代西方学者所重视："他的思想是现代化的，他能与西方现代知识进行沟通，将它

---

① 徐以骅：《教会大学与神学教育》，第69—70页。
② J. Leighton Stuart to James H. Lewis, January 20, 1926, *United Board for Christian Higher Education in Asia Archives*, Reel 680. 转引自徐以骅《教会大学与神学教育》，第80页。

介绍给东方的学生。"①

  1925 年 3 月，刘廷芳在《中华基督教教育季刊》创刊号上发表《我信——我对于基督教在中国教育事业的信条》一文。其言："我信宗教。我信教育。我信两者能并行不悖。我信两者能互助，则收益更大。我信宗教若忽略教育，有流入迷信愚妄的可怖。教育若仇视宗教，有流入偏僻残缺的危险。……我信寻求真理，是教育首要的事工。我信真理使人得自由。我信求真理的人当有充分的自由。我信教会学校，当有充分的自由，作一切研究学问的工夫。我信爱是教育的精神命脉，教育无爱，便成为机械的，无能力的，不能改良社会。我信教会教育，当时刻不离基督，用他纯洁无私的爱，灌输一切工作。"② 此可谓刘廷芳发展中国教会教育之拳挚心声，亦乃指引其铸造燕京大学宗教学院辉煌历史之坚定信念。

[原载《澳门理工学报》（人文社会科学版）2017 年第 3 期]

---

  ① ［奥地利］雷立柏（Leopold Leeb）：《论基督之大与小：1900—1950 年华人知识分子眼中的基督教》，社会科学文献出版社 2000 年版，第 135 页。
  ② 刘廷芳：《我信——我对于基督教在中国教育事业的信条》，《中华基督教教育季刊》1925 年 3 月第 1 卷第 1 期。

陈垣与北京辅仁大学之大学理念

大学理念，是人们对大学世界的总体认识，包括对大学是什么，它具有什么使命、发挥什么作用，以及如何履行使命、发挥作用等这样一些有关大学基本问题的认知。大学理念，既是对大学本质的阐释，也是有关大学的理想（或者说理想中的大学）；既是一种不断锤炼的核心价值，又是一种一以贯之的指导思想。大学理念，是统领大学之精神，是引导学生之灵魂，是凝聚大学建设者与参与者之制度。同时，它又作为一种价值尺度反过来评价这种制度。大学之理念在根本上是大学之终极目的，是大学之内在逻辑，是大学存在之最后理由。

北京辅仁大学（1925—1952）[①]是一所直属罗马教廷，由中国籍天主教领袖英敛之（1867—1926）、马相伯（1840—1939）倡导发起，由教廷委托美国本笃会（Order of Saint Benedict）协助创办的公教大学（Catholic university，亦称天主教大学），同时也是中国现代高等教育史上极其重要而又异常特殊的一所大学。[②]言其重要，既因其

[①] 北京辅仁大学创建于1925年，最初名称为"北京公教大学"（Catholic University of Peking），前身是"北京公教大学附属辅仁社"（亦称"国学专修科"）。1927年6月，该校第一次董事会决定大学名称为"私立北京辅仁大学"。1931年8月，南京国民政府教育部根据《私立大学及专门学校立案条例》批准辅仁大学立案，学校全称为"私立北平辅仁大学"。当今学界一般通称1925—1952年之辅仁大学为"北京辅仁大学"（以区别于1961年于台湾复办之"天主教辅仁大学"），如北京辅仁大学校友会编《北京辅仁大学校史（一九二五——九五二）》（中国社会出版社2005年版）；［荷］柯博识（Jac Kuepers）：《私立北京辅仁大学1925—1950：理念·历史·教员》，袁小渭译，（辅仁大学出版社2007年版）。

[②] 有关北京辅仁大学的创建，详见［荷］柯博识（Jac Kuepers）《私立北京辅仁大学1925—1950：理念·历史·教员》，袁小渭译，第1—53页；孙邦华《试论北京辅仁大学的创建》，《世界宗教研究》2004年第4期。

乃20世纪上半叶与北京大学、燕京大学、清华大学齐名的"北平四大名校"之一，又因其与震旦大学、天津工商大学（1948年易名"私立津沽大学"）为中国当时仅有的三所天主教大学之一；言其特殊，则既因其乃日本侵华期间因"轴心国"势力影响而唯一固守在北平沦陷区的大学，又因长期执掌该校之"精神领袖"陈垣（1880—1971，字援庵，又字圆庵）并非天主教徒，而是基督新教信徒。[①] 陈垣是中国现代史上享誉世界的著名历史学家、教育家，自辅仁大学在北京创建、走向鼎盛及至终结，一直执掌该校（1926—1952），并在教育实践中构建了一套辅仁大学独特的大学理念。

本文拟对陈垣所创导、践行的北京辅仁大学之大学理念予以粗浅探析。

一　立校宗旨：中西会通

清末民初出现于中国之教会大学，作为西方教会在华培植教会人才之最初阵地，自创立之始即以传播基督宗教与西方科学文化为主旨，普遍忽略甚至极度蔑视具有悠久历史与传统之中国文化，故与中国社会格格不入乃至彼此排斥。20世纪20年代，随着风起云涌、波澜壮阔的"非基督教运动"以及基督宗教"本色化""中国化"运动的兴起，教会大学才开始或主动或被迫重视对中国文化的教育与研究。北京辅仁大学正是创立于此历史背景之下，故选择以中西文化会通作为立校宗旨。该宗旨虽然奠基于学校之创办者英敛之，而真正的践行者却是长期执掌该校的陈垣。

英敛之确立北京辅仁大学中西文化会通之办学宗旨，乃是其对中西文化渐趋认识而不断积淀之思想结晶。青年时期的英敛之，因"对

---

① 陈垣为基督新教信徒，所属教会为英国伦敦传教会（London Missionary Society）下辖之北京缸瓦市教会。详尽考证见刘贤《陈垣基督教信仰考》，《史学月刊》2006年第10期。

于当时介绍西方新智的著作或译述,尤为爱好"①,故一度具有鲜明的"全盘西化"趋向。1902年6月17日,他在天津创办《大公报》时即开宗明义,冀求"开风气,牖民智,挹彼欧西学术启我同胞聪明","化我陋俗而入文明"②。1913年和1925年,英敛之先后创办并主持北京香山静宜园"辅仁社"(维持至1917年冬)和"北京公教大学附属辅仁社"(亦称"国学专修科"),其间关注到西学在当时之中国高等教育中已成为一种文化侵略力量,严重阻碍甚至正在摧毁国学之繁盛与发展。于是,他又极力强调国学,排斥西学。③ 他之所以坚持选择"辅仁"之名,乃其办学宗旨"专事国学之研究,故取《论语》'以友辅仁'之义"④。"辅仁"之名,既彰显古朴典雅之风,又充满中国文化韵味。最终,英敛之在矢志开创中国天主教高等教育时,于如何正确对待中西两种文化的态度上,则既主张以西方科学开启民智,又强调不排拒中国固有文化;既痛斥其时天主教修会在华传教之愚民策略和藐视中国文化之保守政策,又批评某些青年人粗略了解西学皮毛之后便厌弃中国文化之不良倾向。⑤ 对那些"浅尝"西学即顶礼膜拜之人,他觉得"最可惜者,粗解横书浮慕西法之辈,袭取人之皮毛,牺牲其所可贵,买椟还珠,邯郸学步"⑥;而对风靡一时之"保存国粹"思潮,他亦持有异议,认为"国粹"中既有精华也有糟粕,故不可简单盲从。在阐释辅仁大学之办学宗旨时,英敛之明言:"介绍西欧新得科学文化之最精者,并保存中国旧有文学美术之

---

① 方豪:《英敛之先生创办〈大公报〉的经过》,载《方豪六十自定稿》(下册),台湾学生书局1969年版,第2035页。
② 英敛之:《大公报序》,《大公报》1902年6月17日,第2版。
③ 参见[荷]柯博识(Jac Kuepers):《私立北京辅仁大学1925—1950:理念·历史·教员》,袁小涓译,第35页。
④ 英敛之:《北京公教大学附属辅仁社简章》,《辅仁生活》1940年第5期。
⑤ 参见孙邦华《试析北京辅仁大学的办学特色及其历史启示》,《清华大学教育研究》2006年第4期。
⑥ 英敛之、[美]奥图尔:《美国圣本笃会创设北京公教大学宣言》,载纳爵《辅仁大事记(续)》,《辅仁生活》1940年第4期。

最善者，舍短取长，不使偏胜。"① 他极力主张传承和吸纳古今中外文化之精华，故此，既传承中华优秀文化，亦吸纳西方先进科学，便成为辅仁大学创办之宗旨。

1926年1月，陈垣受英敛之临终嘱托，接掌"辅仁"校务。在执掌北京辅仁大学二十多年间，陈垣一直秉持英敛之所确立之中西文化会通办学宗旨，并创造性地发扬光大，将该校建设成享誉世界之中西文化教育与交流重镇。

首先，以章程确立中西会通之办学宗旨。

英敛之、马相伯在与美国本笃会协同创办辅仁大学之时，虽文化背景不同，建校思路有异，然在学校之核心文化价值理念上却颇为一致。"对于他们而言，天主教信仰并非以西方文化取代中国文化，而是一种普世的精神和一种协助不同文化去芜存菁，拨乱反正的力量。"② 1927年6月，"私立北京辅仁大学"举行董事会第一次会议，仍推举陈垣为副校长（校长为美国本笃会会士担任），并制定《私立北京辅仁大学组织大纲》。该《大纲》明确规定："本校以介绍世界最新科学、发展中国固有文化、养成硕学通才为宗旨。"③ 此后，陈垣一直以此《大纲》为指引，在办学实践中着力培养"融汇古今、会通中西"之新式人才。陈垣亲自筹建、该校创立最早之文学院，对办学宗旨之阐释则更为明确："对于中国固有文化之特长发扬光大，以增长其民族自信力。向之所短，则利用科学救其弊，补其偏，务使习国学而毋故步自封，读西籍而毋食欧不化，不托空言，期裨实用，此本院共同一致之所冀图者也。"④ 其后成立之理学院、教育学院，在办学宗旨中均申明中西文化会通之要义。

---

① 英敛之、［美］奥图尔：《美国圣本笃会创设北京公教大学宣言》，载纳爵《辅仁大事记（续）》，《辅仁生活》1940年第4期。
② ［荷］柯博识（Jac Kuepers）：《私立北京辅仁大学1925—1950：理念·历史·教员》，袁小涓译，第25页。
③ 北京辅仁大学校友会编《北京辅仁大学校史（一九二五——一九五二）》，第11页。
④ 辅仁大学文学院编：《北平辅仁大学文学院概况（民国二十四年度）》，辅仁大学印书局1935年版，第3页。

其次，建立中西结合之管理与教职员队伍。

北京辅仁大学作为一所天主教大学，其管理与教职人员体现为鲜明的中西结合特色。总体而言，中方人士约占70%，天主教本笃会、圣言会（Society of the Divine Word，俗称 Divine Word Missionaries）、圣神修女会（Missionary Sisters Servants of the Holy Spirit）派遣或物色之欧美人士约占30%。① 1927年6月，依北洋政府教育部颁布之《私立学校条例》，辅仁大学成立学校"最高机关"——董事会。首届董事会由乔治·贝瑞·奥图尔（George Barry O'Toole，1886—1944）、陈垣、刚恒毅（Celso Benigno Luigi Costantini，1876—1958）等15名董事组成，刚恒毅被推选为首任董事长。15名董事中，有7名为西方人（5名美国人、1名意大利人、1名法国人）。② 其中，刚恒毅系罗马教廷教宗首任驻华代表；奥图尔乃辅仁大学美国本笃会在华具体筹建人、宾夕法尼亚州（Pennsylvania）圣文森特学院（Saint Vincent College）教授、托莱多教区（Diocese of Toledo）神父。学校的职员同样由中外人士构成，中国职员负责处理行政事务、与教育部之联系沟通，以及聘请文学院之中国籍教师；外籍职员负责处理财务事宜，以及聘请科学和语言方面之外籍师资。中外方职员合作良好，因此"呈现出中国和西方均衡的影响力"③。1927年夏，辅仁大学获准"登记"、正式招生时，共有23名专任及兼任教师，其中12名为中国籍，11名为欧美籍神职人员。④ 中西结合之管理与教职员队伍，为辅仁大学"会通中西"奠定了良好的文化基础。

再次，实施中西语文并重的教学方针。

陈垣认为，国文与外文同为研究一切学问之必须工具，故此北京

---

① 参见孙邦华《试析北京辅仁大学的办学特色及其历史启示》，《清华大学教育研究》2006年第4期。

② 参见北京辅仁大学校友会编《北京辅仁大学校史（一九二五——一九五二）》，第6、8页。

③ 参见［荷］柯博识（Jac Kuepers）《私立北京辅仁大学1925—1950：理念·历史·教员》，袁小涓译，第92页。

④ 参见上书，第36—37页。

辅仁大学倡导国文与外文教学并重,二者不可偏废。陈垣作为国学大师,一直亲力亲为、躬身践行国文教学。在课程设置上,他将国文课定为全校文理科系、专业一年级学生的共同必修课,名曰"大一国文"。各科系、专业一年级学生国文较优者,可免修国文但不免考;国文较劣者,必须补修国文一年。陈垣不仅亲自负责国文课师资选聘、教材编写、教学方法制定、考试形式安排等环节,而且以身作则,每学年均亲自教授国文课程,以激励全校师生对该课程的重视。国文课的课文主要选自《史记》《汉书》等古代正史著作和古代文史大家的作品,约三十余篇,绝大部分为文言文。陈垣要求学生对课文"熟读如流"[①]。在辅仁大学,"无论是中国和外国教职员都坚信,一位受过良好教育的中国人,应该具备理解与正确使用中文的能力"[②]。重视外语教学,乃中国教会大学的重要特色之一。而辅仁大学之外语教学又堪为同业翘楚,引领时潮。学校创办之初,外籍管理与教职员以美国人为主,故英语成为第一外语。学校将外语教学之目的定位于培养能直接获取西方科学文化之英才,而非进入洋行"吃洋饭,发洋财"之买办。教务长刘半农(刘复,1891—1934)曾说:"我们以为时至今日,学术已有了世界化的趋势;无论学文学,学科学,倘不能直接看外国书,只凭翻译本子,那终是隔靴搔痒。倘使能直接看外国书,就可以增加许多知识的源流和做学问的门径。"[③] 国民政府相关教育法令规定,高校学生必须学习两门外语。虽然大多数高校对此规定"多视若具文,有没有几乎一样",然辅仁大学则对两门外语课程均极为重视。该校第二外语首选为德语,其次是法语,日本侵华时期(1937—1945)则增加日语。刘半农在介绍学校第二外语课开设情况时言:"本科有第二外国语。……我们搁在本科一二年

---

① 参见孙邦华《论陈垣的大学教育思想》,《天津师范大学学报》(社会科学版)2011年第5期。
② [荷]柯博识(Jac Kuepers):《私立北京辅仁大学1925—1950:理念·历史·教员》,袁小涓译,第35页。
③ 刘半农:《辅仁大学的现在和将来》,载《半农杂文二集》,良友图书公司1935年版,第206页。

级的缘故,是因为高中功课太忙,不能不挪后些。第二外国语是很重要的。一个人不懂一种外国语是太陋;倘只懂一种外国语,则很危险。譬如:一个人只懂得一种英文,他就只知道英国,凡英国的一切,他都以为好的;其他各国的文化,都一笔抹杀。只懂得一种法文或德文者,也是这样。一个人倘懂得二种外国语——当然多多益善——知识的源流就更广,就可作比较的研究,自不易犯上方所说的毛病。"① 此亦充分体现辅仁大学"会友""辅仁"之办学宗旨。第一、二外语课的开设,为辅仁大学把西方最新科学知识与理论体系衍演为学校之教育内容,奠定了良好的语言基础。除西洋语言文学系外,该校之物理、化学、生物、心理、哲学等系教师均以美籍、德籍教授为主,故基础和专业课程一般使用英文、德文原版教材,课程亦相应采用美国、德国之大学制度。②

最后,确立中西学研究并举之学术方向。

北京公教大学附属辅仁社1925年创办之时,英敛之曾极力强调国学,排斥西学。③ 陈垣1926年接掌之后,则主张"放宽政策引介西学,但从不放弃国学作为最基础的学科"④。据此,他确立中西学研究并举为辅仁大学之学术方向。1935年,陈垣在辅仁大学创校10周年时曾说:"余继任校事,推阐先辈遗志,以为吾校应勉进者三事:一、采取西学新方法以谋中国旧史之整理。二、编译各种工具书以谋中外学者之便利。三、传达华学新研究以谋世界合作之进行。三者并重,而互助合作为尤要。"⑤ 此可谓陈垣倡导、引领辅仁大学中西学

---

① 刘半农:《辅仁大学的现在和将来》,载《半农杂文二集》,良友图书公司1935年版,第207页。
② 参见孙邦华《试析北京辅仁大学的办学特色及其历史启示》,《清华大学教育研究》2006年第4期。
③ 参见[荷]柯博识(Jac Kuepers)《私立北京辅仁大学1925—1950:理念·历史·教员》,袁小涓译,第35页。
④ 参见[荷]柯博识(Jac Kuepers)《私立北京辅仁大学1925—1950:理念·历史·教员》,袁小涓译,第35页。
⑤ 陈垣:《办学文件》,载陈垣著,陈智超编:《陈垣全集》(第22册),安徽大学出版社2009年版,第526页。

研究并举之精义。作为一所天主教大学和欧美籍教师占近半比例之学府，辅仁大学在西学研究方面自然得天独厚、成就卓著。学校通过教学和研究把西方最新的科学文化介绍到中国。而同时，不仅该校之华人教师，而且许多欧美籍教师亦非常注重对中国文化的研究，并致力于将其介绍到西方社会。1935年，著名汉学家、圣言会神父鲍润生（Franz Xaver Biallas，1878—1936）在辅仁大学创办《华裔学志》（*Monumenta Serica: Journal of Oriental Studies of Catholic University of Peking*），以西文（德、法、英等文）发表世界各国学者（以西方为主）研究中国及相关问题之学术论文与书评等。鲍润生如此解释刊物之拉丁文名："'Monumenta'在这里意为记忆、研究、文献。'Serica'意为中国或者更广泛意义上的亚洲远东地区。"① 该刊之中文名，乃陈垣亲自确定，"意为研究中国与远方人民间文化关系的学术刊物"②。该刊宗旨，正如第一卷（1935—1936）编者注（Editorial Note）所言："向汉学爱好者提供研究中国及其邻国的民族、语言和文化的资料，同时也涵盖人种学和史前文明的资料。"③《华裔学志》乃是对辅仁大学"会友""辅仁"、融汇中西文化办学宗旨之最好诠释，是以西文出版的、历史最悠久的而且至今仍最具影响的国际汉学期刊之一。④

陈垣执掌下的北京辅仁大学不仅将"介绍世界最新科学、发展中国固有文化"之立校宗旨写入章程，而且真正将其付诸办学实践。因此，该校的国文学、史学、英文学、物理学、化学等中西学科创办之初即发展迅猛，很快使该校跻身于北京名校之列。

---

① Rev. Dr. F. X. Biallas, S. V. D., "Monumenta Serica by its editor", *Fujen Magazine*, Vol. V, May 1936, p. 17.
② 张建华、王德蓉：《〈华裔学志〉的创办及其对中西文化交流的影响》，《北方论丛》2004年第4期。
③ 张建华、王德蓉：《〈华裔学志〉的创办及其对中西文化交流的影响》，《北方论丛》2004年第4期。
④ 参见［捷克］柯慕安（Miroslav Kollar）《鲍润生神父为〈华裔学志〉的创办者：他的生平与事业》，查岱山译，载［波兰］魏思齐（Zbigniew Wesolowski）编《有关中国学术性的对话：以〈华裔学志〉为例》，辅仁大学出版社2004年版，第21页。

二 育人目标：精优惟是

1917年1月，蔡元培在《就任北京大学校长之演说》中主张："大学者，研究高深学问者也。"① 陈垣自执掌北京辅仁大学之始，便对此理念颇为认同，将其视为学校发展与创新之圭臬。该校教育学院将此理念诠释为："大学设教，在应社会之需求，养成高深学术之人才，以期将来致用于社会。所谓高深学术之人才，必须赖大学教育培养者。"② 执掌辅仁大学二十多年中，陈垣坚守培植研究高深学问人才之教育理念，始终秉执锻造精英、优才之育人方针。

第一，严格进行入学选拔。

生源质量乃大学人才培养之基础与保障。20世纪上半叶，中国的高校均实行自主招生——自主命题，自主考试，自主录取。北京辅仁大学从招生这一环节开始，便实行非常严格的入学选拔制度。入学考试分笔试和口试两种，没有指定的考试范围。笔试虽然"只是就高中毕业的水准命题"，但没有扎实的基本功则无法通过；"如果不及格，就没有录取的可能"③。口试由各系主任亲自主持，内容亦为中学相关学科之基础知识与理论。笔试又分全校共同考试科目和各系加试科目两种。以20世纪30年代为例，该校共同考试科目为国文、英语、数学，及后来增加的"党义"。加试科目则为各系所涉学科之专业基础知识。④ 有学者考证统计，辅仁大学最初两年的报考人数和招生人数均最低，而录取率则为历年之最高，超过66%。自第3年

---

① 蔡元培：《就任北京大学校长之演说》，载高平叔编《蔡元培全集》（第3卷），中华书局1984年版，第5页。
② 私立北平辅仁大学编：《北平辅仁大学教育学院概览（民国二十一年度）》，辅仁大学秘书处1932年印，第4页。
③ 参见傅试中《忆余季豫先生》，载董鼐总编辑《学府纪闻——私立辅仁大学》，南京出版有限公司1982年版，第124页。
④ 参见孙邦华《试析北京辅仁大学的办学特色及其历史启示》，《清华大学教育研究》2006年第4期。

（1929）始，该校之报考人数和招生人数均不断大幅增长，而录取率却反而逐年下降，考生竞争渐趋激烈。第6年（1932），该校报考人数比上年增加234人，而录取数却较上年还减少68人，录取率达至最低点，仅为23%。① 此足见学校对生源质量控制之严。刘半农对此的解释是："我们不愿招生太多的缘故，并不是因为怕赔钱；我们办学之前，就预备赔钱的；怕的是招生太多，就不免滥收。""要提高程度，不得不选程度较好的学生。"② 确保质量，宁缺毋滥，乃辅仁大学一以贯之之招生原则。

第二，严厉实行教育管理。

北京辅仁大学在人才培养上不仅实行"严进"之招考标准，更重要的是秉持"严出"之培养方针，所以学生极难考进，更难毕业。进入辅仁大学的学生，均要经受异常艰辛的学习磨砺。教学方面，辅仁大学教师的教学态度谨严缜密，对学生的要求更是一丝不苟。陈垣本人即身体力行，率先垂范。他所讲授的"中国史学名著评论""史源学实习"等课程，均让学生自己动手实践，强调"在做中学"，以培养学生之史学研究能力。教育系教授张怀（1896—1987）主讲之"教育概论""教育哲学"等必修课，对学生的要求几近苛刻。他移植西方大学教学方法，"每次上课，必指定看十多本参考书，只这一手儿，就把系内学生逼得鸡飞狗跳了；何况考试时，他绝不按牌理出牌，所出的题目，都是课外的，没浏览过参考书，拿起考卷，必然不知所云。"③ 学生修习此类课程虽然异常艰辛，但能力却得到了极大的锤炼。另外，"辅仁大学从开始即采用美国大学的教育系统，理科采行严格的科学教学和实验，文史科包括国学也用实证的科学方法。基本科学的教育和试验是辅仁的特色，在不违背教会的基本宗教教义

---

① 参见孙邦华《论陈垣的大学教育思想》，《天津师范大学学报》（社会科学版）2011年第5期。
② 刘半农：《辅仁大学的现在和将来》，载《半农杂文二集》，第201页。
③ 公孙嬿：《抗日爱国的张怀教授》，载董蕭总编辑《学府纪闻——私立辅仁大学》，第122页。

和伦理下享有学术自由"①。考试方面，辅仁大学每年大考小考不计其数，而且非常严格。一般大学通常每年举行 1—2 次考试，而辅仁大学则规定每年必须经过 4 次正规考试。另外，该校每门功课的平常小考更是不计其数。② 无论是期末大考还是平时小考，学校的要求均既高且严。③ 管理方面，辅仁大学对学生的学籍管理十分严谨。学校实行学分制和选修制相结合的管理制度，考试成绩与学分、选修以及升级、留级、退学等学籍管理直接挂钩，因此中途被淘汰的学生不在少数。比如，1927 年学校招收首届学生 34 人，1931 年仅 11 人毕业，毕业率为 32%。至 1936 年，前 6 年的招生总数为 879 人，而毕业生人数仅 401 人，年平均毕业率才 46%。④

第三，重视培养学生能力。

北京辅仁大学的宗旨是培育研究高深学问之人才，故此，学校通过各种举措培养学生研究学问之能力。在课程体系功能方面，各院、系、科之课程设置虽然有一些基础学科，但重点体现于某些专门学问课程。在教学方法上，教师绝非以灌输知识为目的，而是将培养学生研究能力作为要旨。陈垣即是其中之典范。在亲自讲授的史学课程中，他首创"教学做合一"之法，通过让学生反复练习，使其较好地掌握中国传统史学研究方法——考据学，以培养学生未来继续学习和学术研究之可持续发展能力。为训练学生独立研究国学之能力，他创设了独具特色的"史源学实习"课程。"这个课是以一本史学名著为底本，选出其中某篇文章，上课时，分析其内容、材料、结构及文章的思想，然后留下作业，让同学查此文中引书的史源"；"找出史源，然后指出这篇文章引用材料的正确处、误引处；指出其删节、改易、不实之处。最后写成文章，或写心得，或写考证。""通过一学

---

① ［荷］柯博识（Jac Kuepers）：《私立北京辅仁大学 1925—1950：理念·历史·教员》，袁小涓译，第 90—91 页。
② 参见叶世芙《辅大男部生活杂写》，《辅仁大学年刊》，辅仁大学 1939 年，未标页码。
③ 参见孙邦华《论陈垣的大学教育思想》，《天津师范大学学报》（社会科学版）2011 年第 5 期。
④ 参见孙邦华《论陈垣的大学教育思想》，《天津师范大学学报》（社会科学版）2011 年第 5 期。

期的严格训练，不但学生学业水平显著提高，而且能引起读书的兴趣，领略出读书的门径。"①"史源学实习"亦称"清代史学考证法"，乃陈垣在清代钱大昕（1728—1804）等人考证方法基础之上的创造性发展。②该课程的开设，为辅仁大学国学人才之培植发挥了极其重要的实验作用。在辅仁大学，类似的课程，不胜枚举。能力培养比知识传授更重要。所以，辅仁大学在短短二十多年时间里虽然毕业生总数不多，但毕业者中成为各种精英人才之比例却非常之高。③

第四，完备学校教学硬件。

北京辅仁大学在图书资料、科研设备等教学硬件的建设方面，可谓不遗余力、精益求精。图书馆设立伊始，陈垣便亲自过问、参与中文文史图书的购置，曾多次购得藏家收藏的善本、孤本、抄本等珍稀书籍。该校图书馆的中文文史书籍，一直具有"少而精"的特点，对师生从事专门、精深之学术研究提供了极大的方便。20世纪40年代中期，辅仁大学图书馆所藏中西文图书近13万种。④ 科研设备方面，学校则充分利用该校欧美籍教授与西方学术界之密切联系，购置、引进大批其时西方颇为先进之仪器设备。

严格的生源选拔与培养机制，科学的教育理念与管理制度，一流的教师队伍与研究力量，先进的图书资料与教学设备，保障了北京辅仁大学精优专才的培养。

三　学科建设：通专兼备

学科建设乃大学学术研究和人才培养之根基，亦为衡量大学学

---

① 刘乃和：《陈垣老师勤奋的一生》，载《励耘承学录》，北京师范大学出版社1992年版，第10页。
② 参见何建明《辅仁国学与陈垣》，载章开沅主编《文化传播与教会大学》，湖北教育出版社1996年版，第251页。
③ 参见孙邦华《论陈垣的大学教育思想》，《天津师范大学学报》（社会科学版）2011年第5期。
④ 参见北京辅仁大学校友会编《北京辅仁大学校史（一九二五——九五二）》，第34页。

术水平与教育水准之标尺。陈垣作为大师级学者与教育家，深谙学科建设于北京辅仁大学发展之攸关。他根据该校教师队伍之精专与特长，创设出一套由"通"至"专"、由"专"至"优"的学科建设理念。

1925年7月，辅仁大学前身北京公教大学附属辅仁社开设国学专修科，讲授文学、历史、哲学、英文、数学等课程，由陈垣（历史学家）、张相文（1867—1933，地理学家）、郭家声（1869—1945，文学家）和李泰棻（1897—1968，历史学家）4位著名学者主讲。辅仁大学创办之初，只办文科，共有国文学、史学、英文学、哲学4个系。1927年夏，国文学、史学、英文学3个系开始招收4年制大学本科生；1928年夏，哲学系开始招生。1929年，该校为符合教育部之相关规定而予以重组，扩展为3个学院12个学系：文学院设国文学、英文学、史学、哲学和社会科学系；理学院设数学、物理学、化学、生物学和药学系；教育学院设教育学系和心理学系。1933年，社会科学系改为社会经济学系，下分社会学、经济学两个学科。1942年，增设日本语言文学系；美术专修科升格为美术学系。1943年，社会经济学系分为社会学系和经济学系。1946年，增设农学系、医科预科。1948年，增设人类学系，农学系升格为农学院，家政学系由教育学院转属理学院。[①]

1937年，辅仁大学开办文理两科研究所，作为大学毕业生继续深造之学术机构，培养研究生。文科研究所暂设史学部，理科研究所暂设物理学部。1941年秋，理科研究所增设化学部、生物学部。1944年，文科研究所增设人类学部、经济学部。[②]

从北京辅仁大学学科建设之历程可以看出，该校之学科建设颇为全面。而同时，由于受到诸多客观条件尤其是经费之限制，学校只能

---

① 参见北京辅仁大学校友会编《北京辅仁大学校史（一九二五—一九五二）》，第12、13、22、32、41、42页。
② 参见北京辅仁大学校友会编《北京辅仁大学校史（一九二五—一九五二）》，第23、32、34页。

因地制宜，扬长避短，逐渐走上偏重文科的学科建设道路，重点在文科中发展优势学科。国学更成为辅仁大学的"专"中之"专"、"优"中之"优"。

严格意义而言，北京辅仁大学之创办起步于国学。陈垣作为国学大师，矢志秉持"对于中国固有文化之特长发扬光大"之信念，一直重视国文、史学等传统文史哲学科的发展，从而使辅仁大学发展成中国国学教育与研究的重镇。建校伊始，辅仁大学便广开渠道，延揽杰出国学教师。一是从北京其他著名高校，如北京大学、北京师范大学等聘请知名学者担任专职或兼职教授。如地理学家张相文（1867—1933），中西交通史家张星烺（1888—1951），历史学家李泰棻、陆懋德（1885—1961）、柯昌泗（1899—1952）、邓之诚（1887—1960）、朱希祖（1879—1944），文字训古学家和历史学家朱师辙（1879—1969），考古学家马衡（1881—1955），文学家郭家声（1869—1946），语言文字学家沈兼士（1887—1947）、刘半农、罗常培（1899—1958），文献学家和敦煌学家赵万里（1905—1980），古典文献学和古典文学家尹炎武（1888—1971）等。二是从社会上发掘网罗学有所长之前清士人以及学养精深之社会贤能担任教职。如目录学家、古典文献学家、历史学家余嘉锡（1884—1955），目录学家、古籍收藏家伦明（1875—1944），文字学家、金石学家、历史学家唐兰（1901—1979）等。三是北平沦陷期间吸纳其他大学留守北平之著名学者来校任教。如古典文学家高步瀛（1873—1940）、顾随（1897—1960）、梁启雄（1900—1965，梁启超之弟），古典文学家和敦煌学家孙楷第（1898—1986），古典文献学家和古典文学家刘盼遂（1896—1966），古文字学家于省吾（1896—1984），中国文字、音韵、训古、文献学家周祖谟（1914—1995）等。四是从北京大学、燕京大学、北京师范大学等校招聘新毕业的、才华横溢的青年才俊。如台静农（1902—1990）、罗庸（1900—1950）、赵荫棠（1893—1970）、容肇祖（1897—1994）、陆宗达（1905—1988）、魏建功（1901—1980）、姚士鳌（1894—1970）、余逊（1905—1974）、韩儒林（1903—1983）、谭其骧（1911—1992）、牟润孙（1909—1988）、柴德赓（1908—1970）等。① 在陈垣的引领下，辅仁大学凭借庞大的国学教师队伍，将国学教育与研究发展得极具特色。

北京辅仁大学实行通识与专识教育并举、侧重专识教育的学科发展理念，国学则充分渗透于学校的通识与专识教育之中。国学通识教育主要体现在全校跨院系开设之选修课程。文学院各系修习非本系课程，选择范围较大，且均为国学课程。如"中国史"（断代史）"专门史"（史学史、思想史、文明史、哲学史、教育史、经济史、文学史、小说史、宗教史）"史学研究方法""中国史学名著评论""目录学"等课程，非常热门，颇受欢迎。而且，这些课程多由名师大家授课，如陈垣讲授"中国史学名著评论"，余嘉锡讲授"目录学""中国小说史"等。教育学院所属教育学系，应培养中学教师、教育行政人员和教育研究者之需，在学科知识结构上曾经实行辅系制，规定学生除必修本系课程之外，还须任选国文学系、史学系、西洋语言文学系、社会经济学系之一为辅系。教育学系学生所选修之辅系课程，50％为国文学系、史学系之国学课程。此足见国学在辅仁大学所受欢迎之程度。② 国学专识教育则集中于文学院（国文学、史学、西洋语言文学、哲学、社会经济学等系）。其中，国文学系和史学系乃典型之国学教育，哲学系为国学与西学兼具，西洋语言文学系则以西学为主、兼及中学。国学专识教育的重要内容是国文课，国文课的主要目的是对学生进行传统国学教育。③

陈垣深谙国文教育乃国学教育之本，故极为重视。其所以如此，不仅仅是为了培养学生做好文章，更重要的是国文乃研习国学之必备基础。陈垣认为，对于研究中国历史与文化者而言，国文学习极为重要。如果国文过不了关，便谈不上学习国学。"国文不通的人，如何

---

① 参见孙邦华《试论北京辅仁大学的国学教育》，《北京社会科学》2005年第4期。
② 参见孙邦华《试论北京辅仁大学的国学教育》，《北京社会科学》2005年第4期。
③ 参见孙邦华《试论北京辅仁大学的国学教育》，《北京社会科学》2005年第4期。

能读史书?"① 关于国文教学,他指出:"讲国文要好好去研究训诂,更要紧的是读音,读错了字则无从追改"。"不能教国文,如何能教历史?"② 据弟子牟润孙回忆,他按照陈垣的指导研习国文,"因此改变了囫囵吞枣、不求甚解、匆匆翻书的坏习惯。以后遇见要精读的书,肯去细心体会,养成一字一句读书的习惯"③,效果甚佳。

除了高度重视国学教育,陈垣还极力推动北京辅仁大学之国学研究。该校之国学研究主要体现在中国历史文献学、中西交通史、中国语言文字学、宗教史等方面,涌现出大批卓著学者,催生出诸多传世之作。最难能可贵的是,陈垣有感于国际汉学长期为欧、日学者所主宰,研究中心亦在欧、日,遂提出国学研究国际化之理念,努力推动辅仁大学的国学研究达到国际一流水平,使国际汉学的中心回归中国。④ 故此,陈垣"非常注意日本或欧美的汉学家有什么著作论文发表","他自己时时看日本所编的杂志目录索引,也告诉学生要时时留心国际学术行情,以闭门造车为大忌"⑤。正是陈垣的这种超凡学术睿智,使得辅仁大学之国学研究能够汲取外人之所长,弥补自己之不足,不断扩展研究视阈和提高学术水准,迅即跻身国际汉学研究之前列。陈垣和北京辅仁大学之国学研究,无愧为中国20世纪学术史上极其辉煌的篇章。

在陈垣等人的不懈努力下,国学最终成为北京辅仁大学的最强势学科、标志性学科。可以说,辅仁大学之所以能在很短时间跻身"北平四大名校"之一,除了拥有一批名师、大家之外,其独具特色之国学无疑厥功甚伟。

---

① 牟润孙:《励耘书屋问学回忆——陈援庵先生诞生百年纪念感言》,载《励耘书屋问学记:史学家陈垣的治学》,生活·读书·新知三联书店1982年版,第85页。
② 牟润孙:《励耘书屋问学回忆——陈援庵先生诞生百年纪念感言》,载《励耘书屋问学记:史学家陈垣的治学》,第84—85页。
③ 牟润孙:《励耘书屋问学回忆——陈援庵先生诞生百年纪念感言》,载《励耘书屋问学记:史学家陈垣的治学》,第85页。
④ 参见何建明《辅仁国学与陈垣》,载章开沅主编《文化传播与教会大学》,第255页。
⑤ 牟润孙:《励耘书屋问学回忆——陈援庵先生诞生百年纪念感言》,载《励耘书屋问学记:史学家陈垣的治学》,第86页。

四　办学特色：教研并举

陈垣在执掌北京辅仁大学的长期教育实践中，渐趋摸索出一套体现该校特色之教育理念，即以"教学"会通"研究"、以"研究"促进"教学"。辅仁大学分本科生和研究生两种教育层次，本科生教育始终为学校教育之主体，研究生教育则规模甚小。陈垣苦心孤诣，矢志究习，广施措举，借教学达至推动学术研究之目的。

第一，精心设置课程体系。

北京辅仁大学的课程体系设置，陈垣首先强调基础知识之传授。基础知识教学是提高学生研究素质、引导学生学习专门知识之首要前提，亦乃检验教师专业水准与任职能力之基本要素。"他（指陈垣——引者注）非常重视基础课程的设置，当时他主张不论文科、理科都在一年级设置国文课，作为必修。这个课全校统一教材，统一考试。除聘请学有专长的教师担任这门'大一国文'课外，他自己也常亲自教授这门课程。这个课要求每两周作文一次，每班择优张贴在楼道两壁特设专栏内，以为观摩，称'以文会友'。由于有'大一国文'课的设置，所以当时不论文科理科的毕业生，文字都能达到较好的水平。"[①]"当时学校各系大一国文，都由先生（指陈垣——引者注）指定校内教学经验宏富、学有专长教师担任。记得张鸿翔、柴德赓、余逊、周祖谟、启功、牟润孙、苏晋仁诸先生，都曾任课。课本用校内集体编辑的《国文读本》，先生曾亲自担任一个系大一国文、讲授《国文读本》。校长亲自讲授大一国文，引起了全校师生对大一国文的重视。"[②]另外，陈垣在课程体系设置中更注重"启发学生自动研究之能力"。以文学院为例，社会经济学系明确规定："课程之

[①] 刘乃和：《学而不厌　诲人不倦——向陈垣老师学习》，载《励耘书屋问学记：史学家陈垣的治学》，第173页。

[②] 史树青：《励耘书屋问学札记》，载《励耘书屋问学记：史学家陈垣的治学》，第78页。

设备，于明理、致用二端双方并重，讲授方面，不但注重于基本知识之灌输，现代科学方法之训练，尤着重于启发学生自动研究之能力，使学生修业期满之后，无论应世或作更高深之研究，皆有相当之准备。"① 总体而言，辅仁大学各院系一二年级"授以各种基础科目"，三四年级"即导以自动研究各项专题"②。

第二，延揽聘任专才教师。

大学教师不仅是知识、精神的传播者，而且是文化、思想的创造者。"高深学术人才"之培养肯定离不开高水平的师资队伍。在陈垣的引领下，北京辅仁大学不惜重金延聘国内外的一流学者担任院系领导及教职，学校的师资队伍堪称绝佳。陈垣延聘教师的重要原则是，选择学问精深之专才，拒绝"空泛弘廓"之"全才"。国文学、历史学、心理学、教育学、物理学、化学、生物学等学科，可谓精英荟萃，名流云集，不乏在各自研究领域具有非凡成就之中外专家。以文学院为例，陈垣本人即为学界巨擘，且一直是辅仁大学之精神领袖和学术旗帜。作为史学大师，他继承和发展中国传统史学——考据学，构建自己独具特色之史学理论和方法。他教导学生在史学研究上"欲成一专门学者"，"须缩短战线，专精一二类或一二朝代，方足动国际而垂久远"③；他长期专注于中国宗教史、历史文献学、元史等专题史和断代史研究，撰写出一批学术价值极高的、享誉世界的传世史学著作。陈垣为国文学、史学等系所聘请的教师，如刘半农、沈兼士、余嘉锡、张星烺、柴德赓等，可谓各怀绝技，均为某专门问题、某断代历史等研究方面之特殊人才。④ 沈兼士的中国语言文字学研究、余嘉锡的中国目录学研究、张星烺的中西交通史研究等，均在国内学术界具有开创性、经典性。陈垣、余嘉锡二人更因其卓越学术成就而

---

① 辅仁大学文学院编：《北平辅仁大学文学院概况（民国二十四年度）》，第75页。
② 辅仁大学文学院编：《北平辅仁大学文学院概况（民国二十四年度）》，第1页。
③ 陈垣1933年6月24日致蔡尚思函，载陈垣著，陈智超编《陈垣全集》（第23册），第175页。
④ 参见吴梓明《基督教大学华人校长研究》，福建教育出版社2001年版，第141页。

于 1947 年当选为中央研究院第一届院士。① 再如理学院，化学系教授、著名化学家萨本铁（1900—1987）以对维生素 C 和维生素 K 的研究（实验证明）而著称于世；物理学系德国籍教授严池（Augustin Jaensch，1882—1908，亦名"颜师"）在中国首创超声学研究，而且"在远东亦堪称独步一时之新学科"②。通过陈垣的不懈努力，大批各类专家学者云集辅仁大学，为该校践行培养研究高深学问人才之理念，提供了重要的师资保障。

第三，试行推广导师制度。

陈垣在教育实践方面，不仅注重课堂教学，而且重视对学生课外学习和研究之指导。北京辅仁大学对导师制的探索试行与着力推广，堪为明证。大约 1932 年，该校教育学院最早在学校试行导师制。"本院为增进学生学业，提倡自动研究，并将教授于课外更尽启迪指导之责任起见，施行导师制。"③ 教育学院将各系学生分成若干小组，每组配备一名指导教师。导师的具体职责是指导学生自学方法，指定参考书目，引导参观或课外实验，组织学术演讲比赛等。每学期，学院召开两次导师会议，由导师报告各组情况，讨论学习与其他活动中出现的问题。④ 后来，教育学系又将导师制扩展延伸，发展成由专任教授负责指导一个年级学生的研习，并规定每名学生在学年结束时必须撰写书面研习报告——名曰"升级论文"；四年级学生的研习指导则与毕业论文指导合而为一。⑤ 教育学系还移植西方大学的教育方法，规定学生必须撰写升级论文，并将通过课外活动培养学生研习学问的兴趣和能力之举措渐趋制度化。继教育学院之后，文学院亦规定所属国文学、史学、社会经济学各系分别设立研究室，安排专门教授指导

---

① 参见孙邦华《试析北京辅仁大学的办学特色及其历史启示》，《清华大学教育研究》2006 年第 4 期。
② 《校史述略》，《辅仁大学年刊》，辅仁大学 1937 年。
③ 私立北平辅仁大学编：《北平辅仁大学教育学院概览（民国二十一年度）》，第 11 页。
④ 私立北平辅仁大学编：《北平辅仁大学教育学院概览（民国二十一年度）》，第 11—12 页。
⑤ 参见《介绍辅仁的教育学系》，《辅仁生活》1940 年第 4 期。

高年级学生,"以期养成自动研究之学风"①。

第四,培养学生研究能力。

在北京辅仁大学的教学实践中,陈垣非常注重实效培养学生的"方法"和"识力":"方法教给你,你就可以自行活动;识力要随读书的增多而不断增长。"陈垣希冀学生"既掌握正确的方法,又具有一定的识别能力"②。为了培养学生的治学方法和独立研究能力,陈垣特别注重开设让学生和老师共同开动脑筋、体悟前人治史方法的"实习"课程。如他为史学系三年级学生开设的选修课"史源学实习",即为注重研究能力培养之典范。该课先后以《十七史商榷》《二十二史札记》《日知录》和《鲒埼亭集》等清初史学名著为对象,要求学生"将文中人名、故事出处考出,晦者释之,误者正之"③。"援庵老师教课从来注重培养学生的独立工作能力,他考虑要设置一个使同学自己动手,能自己查书、找材料、判断史料正误,斟酌取舍,提高写作能力的课程,要使同学学完一个课,达到能够自己搜集资料、考据是非、组织成文章。按着这个要求,他开设了'史源学实习'一课。"④陈垣通过让学生动手实践和反复训练,使其掌握中国传统考据学研究方法,培养其史学研究之基本技能,最终达成"自动研究之能力"。其之所以要让学生自己去读书、去实践,自己去体会、去摸索,乃其长期探索、亲身体悟出来之宝贵经验。另外,陈垣为了培养学生之独立研究能力,还非常重视批改学生作业,对学生要求极为严格,从不让其蒙混过关。⑤在培养学生研究能力方面,陈垣让各学院根据不同教授之学术领域和学生之专业特长,定期公布一批研究

---

① 参见辅仁大学文学院编《北平辅仁大学文学院概况(民国二十四年度)》,第2页。
② 参见陈述、马文蔚《陈述教授谈陈垣先生教育青年治学的几件事》,《文史哲》编辑部《治学之道》,齐鲁书社1983年版,第87页。
③ 陈垣1946年6月1日致陈乐素函,载陈垣著,陈智超编《陈垣全集》(第23册),第872页。
④ 刘乃和:《学而不厌 诲人不倦——向陈垣老师学习》,载《励耘书屋问学记:史学家陈垣的治学》,第174页。
⑤ 参见吴梓明《基督教大学华人校长研究》,第135—137页。

课题，以便学生自主选择其中之题目，在教授指导下展开研究。此即该校独创之"特殊研究工作"。各学院所公布之研究课题，对学生选择、确定学位论文选题起到了很好的指导作用。① 辅仁大学"特殊研究工作"机制之创设，既激发了学生研究高深学问之兴趣，也在实践中提高了学生研究具体学问之能力，同时还极大地推进了整个教师队伍之研究水平。

陈垣主张以"教学"会通"研究"、以"研究"促进"教学"之教育理念，为北京辅仁大学秉持传授高深学问、培植研究高深学问之人才，奠定了扎实的学理基础。而且，他将培养学生学习与学术上可持续发展之能力作为大学培育高素质人才之根本，并使之制度化、规范化、常态化。此既为辅仁大学办学之重要特色，亦乃其短时期内能培养出众多高级研究人才之本源所在。②

五　结语

与其他中国近代教会大学相较，北京辅仁大学自筹办、创立、发展及至终结，一直呈现出独特的社会形态、文化氛围、宗教气息和教育理念。北京辅仁大学虽然存续时间不长，学校规模甚小，办学条件艰辛（经常遇到经费困扰），教学环境恶劣（时局动荡，战争频仍），却能很快跻身中国名校之列，并享誉世界，堪称奇迹。陈垣作为辅仁大学创建之参与者和发展之执掌者，对学校办学宗旨、育人目标、学科建设、教学科研等的确立厥功至伟；对学校整个大学理念之形成、实施、修正与完善，起到了灵魂作用。陈垣与北京辅仁大学二者相互依存，彼此不可分割。有学者甚至认为，"没有辅仁，陈垣很难是我们今天所认识的那个陈垣；同样，没有陈垣，辅仁也很难成为我们今

---

① 参见孙邦华《身等国宝　志存辅仁——辅仁大学校长陈垣》，山东教育出版社2004年版，第212—221页。
② 参见孙邦华《试析北京辅仁大学的办学特色及其历史启示》，《清华大学教育研究》2006年第4期。

天所认识的那个辅仁"①。北京辅仁大学正是因为其独特的大学理念，才在异常艰辛的条件下探索出一条符合自己发展的大学之路，并在很短时间内蜚声中外，举世瞩目。这既因有陈垣作为校长所倾注之全部身心，亦因其创导、弘扬之大学理念获得高度认同，形成极大共识，并得到极致发扬。

（原载《高等教育研究》2013年第8期。收入本书时有修订）

---

① 何建明：《辅仁国学与陈垣》，载章开沅主编《文化传播与教会大学》，第240页。

华人掌校与教会大学的"中国化"

——以陈裕光执治金陵大学为例

中国教会大学是指19世纪下半叶至20世纪上半叶由西方教会组织与传教人士在华创办的一批迥异于中国传统教育型制的新式高等教育机构,在中国教育现代化进程中发挥过颇为积极的示范与导向作用。教会大学作为中国教育史上的特殊产物,其创办初衷是希望培植一批掌握西方科学文化知识和具有基督宗教精神的华人知识分子,以取代崇奉儒学孔道的中国士大夫阶层,使基督宗教在中国得到更好的传播与植根,所以基本上由西方人筹资兴建、管理操控、充任师资,并在国外注册。其不可多得的"中国元素"乃是兴办于中国土地之上,以中国青年为教育对象。然而20世纪20年代末,中国教会大学的命运发生根本性转变。风起云涌的"非基督教运动"和汹涌澎湃的"收回教育权运动"导致不可阻挡的教会大学"中国化"进程——纷纷向中国政府立案,由华人出任校长,组成以华人为主导的各级管理机构,形成以华籍职员为主体的师资队伍,课程设置侧重传播中国文化与服务中国社会——并逐渐成为中国高等教育体系的组成部分。

金陵大学是创办最早、影响最巨的教会大学之一,曾享"北有燕京,南有金陵"之誉,且率先向中国政府立案;[①] 该校首任中国籍校

[①] 参见[美]芳卫廉(William P. Fenn):《基督教高等教育在变革中的中国:1880—1950》,刘家峰译,珠海出版社2005年版,第85页。

长陈裕光（1893—1989，1927年履职，1951年卸任），不仅是教会大学任职最早、任期最长的华人校长之一，[①] 而且是推进教会大学"中国化"最成功者之一。所以，对陈裕光教育思想与实践的深入解析，无疑对拓展中国高等教育现代化研究具有典型意义。关于陈裕光执掌金陵大学期间的治校方略及办学理念，早有先学深入阐析。本文仅就其于教会大学"中国化"之开拓性贡献予以讨论。

一 教育管理的"中国化"

20世纪20年代是对中国作为一个文明和政治实体而言至关重要的10年，亦乃中国教会大学命运攸关的10年。先后兴起的"非基督教运动"和"收回教育权运动"，彻底改变教会大学的组织建构与办学体系，直接导致教会大学的"中国化"与"本土化"。[②] 1927年3月，北伐军进入南京。日益高涨的民族主义潮流和反对教会教育运动，使外国教会和教会大学首当其冲成为被攻击的对象。绝大多数在宁外国人住宅遭遇抢劫和焚烧，包括金陵大学副校长文怀恩（John E. Williams，1871—1927）在内的6名外国人遇害。随之，金大外籍教员纷纷撤走，校长包文（Arthur J. Bowen，1873—1944）亦萌生辞职返美之意。于是，早年求学金大，后获美国哥伦比亚大学（Columbia University）博士学位，曾在北京师范大学有过行政领导经验，且深具教会背景的文理科主任陈裕光教授，被推举为包文的合适继任者。同年11月，陈裕光正式履职，成为中国教会大学最早的华人校长之一。就这样，因为特殊的缘由，陈裕光被推向引领中国教会大学转型大潮的风口浪尖，成为时代先驱。华人掌校是教会大学"中国化"的重要标志，也是教会大学历史的重大转折——渐趋步入中国国家教育系统和教育体制的轨道。临危受命的陈裕光上任伊始，首先致

---

① 参见吴梓明《基督教大学华人校长研究》，福建教育出版社2001年版，第148页。
② Jessie Gregory Lutz, *China and the Christian Colleges*, *1850 – 1950*, Ithaca & London: Cornell University Press, 1971, p. 216.

力的是金陵大学教育管理的"中国化"。

（一）主动呈请中国政府立案

陈裕光作为金陵大学校长，所做的第一件大事便是主动向中国政府呈请立案。金大创建于清朝末年。由于教会学校乃借助不平等条约而设立于中国土地之上，非中国教育事业之组成，故清朝政府一直未予理睬干涉。民国成立之后，北洋政府对教会学校的办学主权亦未加闻问。此期，教会大学为了维护其教育特权，大多向教会所属的母体国当局立案，实际成为游离于中国国家教育主权和教育系统之外的外国在华学校。金陵大学成立之初，即向美国纽约教育局申请立案，其毕业文凭则由纽约大学（New York University）校董会签发。① 20世纪20年代中国"收回教育权运动"兴起后，教会大学的立案成为迫在眉睫的问题。1926年，广州国民政府颁发中国最早的私立学校立案规程，要求教会大学必须向中国政府立案，由中国人出任校长。1927年，南京国民政府更是明确规定，教会大学必须由中国人担任校长方准立案。本来"对行政领导素无兴趣"，"因为怕挑行政领导的担子"②而不肯出任北京师范大学校长之职，借故躲至金陵的陈裕光，之所以改变初衷执掌金大，即缘于此"立案"之故。他曾说："近因急需遵照国民政府私立学校规程立案，而立案须先选定校长，鄙人深恐立案问题，因本人之不愿就任，而生障碍，迫不得已，始尤勉力担任……"③

陈裕光早就认为，"在我国办校，理应尊重我国主权，立案是刻不容缓的事情"④。所以，在南京国民政府成立之初、尚未颁布具体立案条例之时，他便主动与教育当局接洽磋商金陵大学的立案及发展

---

① 参见高时良主编《中国教会学校史》，湖南教育出版社1994年版，第154页。
② 陈裕光：《回忆金陵大学》，载钟叔河、朱纯编《过去的大学》，长江文艺出版社1982年版，第290页。
③ 《南大百年实录》编辑组编：《南大百年实录（中卷）：金陵大学史料选》，南京大学出版社2002年版，第49页。
④ 陈裕光：《回忆金陵大学》，载钟叔河、朱纯编《过去的大学》，第290页。

问题。经颇多周折，再三斡旋，南京政府大学院（国民党仿照法国的大学院制，实属教育部）1928年9月正式批准金大立案。于是，该校成为较早在中国立案的教会大学之一。随之，其他教会大学也积极效法，接踵陆续向国民政府立案。历史事实证明，金陵大学带头示范和推动教会大学本土立案，既是实现教会大学"中国化"的显著标志，又是中国高等教育现代化史上的里程碑。陈裕光在这件事情上所发挥的作用具有积极意义。"立案后的教会大学，其性质发生了改变。它已不再是在中国领土上办的外国大学，而是中国国家教育系统内的私立大学；它必须服从中国政府的监督和管理。"①

（二）全面推行教育管理改革

金陵大学在中国立案后，陈裕光紧接着便不遗余力地推进教育管理改革。这些改革均围绕增加教会大学"中国元素"、促进教会大学"中国化"而进行。

其一，改变行政管理人员的组织结构。金陵大学在中国立案前，仅科一级有中国籍职员掌职。其余职位，从校级行政至院系主管，悉由外籍人士充任。立案后，陈裕光改校理事会为董事会，增加中国籍校董比例，使华人董事占总数的2/3。同时，他还扩大校董会的管理职能，规定该机构有权批准学校系科及课程设置，选举校长、司库，任命各级行政管理及教学人员，决定除由设立人会议支付工资人员以外的其他员工的工资待遇。②

其二，增加中国籍教职员的构成比例。陈裕光利用外籍教职员因1927年北伐军进入南京而离校未归之机，将各院院长、系主任及各级领导逐步更换为中国人，并大量聘任中国籍教授。③ 随之，一大批学有所成的华籍教员纷纷走向金大讲坛，渐趋成为教学的主力军。为

---

① 吴梓明：《基督教大学华人校长研究》，第151页。
② 参见王运来《诚真勤仁 光裕金陵——金陵大学校长陈裕光》，山东教育出版社2004年版，第111页。
③ 参见吴梓明《基督教大学华人校长研究》，第154页。

了学校的更好发展，陈裕光还广聘校外知名中国学者为己所用，如商承祚、徐益棠、黄云眉、陈登原、王伊同、刘铭恕、刘继萱、吕叔湘、吴白陶、史岩等，都曾分别参与金大历史学、考古学、哲学、民族学、目录学、语法学的研究。①

其三，主动接受中国政府的监督管理。金陵大学在中国立案前，从行政到教学很少与中国官方发生关系。立案后，陈裕光严格按照中国政府所颁布的教育法规，设计学校的行政体制和教学制度。自1929年始，金大在行政组织和教育体制方面均调整较大。是年1月，国民政府大学院颁布《高等学校教师条例》，金大即于3月依此制订《金陵大学教职员职称分类及薪水等级条例》。同年7月，大学院颁布《大学组织法》，规定每一所大学至少须有三个学院才能成立，金大遂将文理科分建为文、理两个学院，将农林科扩建为农学院。②

（三）据理维护民族教育主权

在中国立案后的金陵大学像其他教会大学一样，并未取消其原先在外国的立案，所以客观上具有"双重国籍"，实行双重管理体制：一方是外国教会，另一方是中国政府。此期的教会大学华人校长实乃"一仆二主"，负重于两难之境。陈裕光曾回忆："名义上中国人当了校长，实权，尤其是经济大权，依然掌握在美国教会手中。我这个中国校长，几乎很少过问。"③ 所以，他不仅要协调来自美国教会与中国政府之间的不同要求，还要处理好中外籍教师、中外籍师生之间的矛盾和冲突。然而，陈裕光在教育管理工作中，始终以维系民族尊严和教育主权为最高准则。

陈裕光在维护民族教育主权方面一向毫不含糊，据理力争。1928年春，自幼生长在中国，后获诺贝尔文学奖，其时任教于金陵大学外

---

① 参见章开沅《金陵之光——陈裕光办学理念试析》，载《传播与植根——基督教与中西文化交流论集》，广东人民出版社2005年版，第138页。
② 参见吴梓明《基督教大学华人校长研究》，第154页。
③ 陈裕光：《回忆金陵大学》，载钟叔河、朱纯编《过去的大学》，第290页。

语系的著名"中国通"赛珍珠（Pearl Buck，1892—1973），讲课常常不着边际，离题万里，遭遇学生投诉。陈裕光获知详情，即向赛转告学生对她的看法，希望引起其注意。赛因此而调离金大。1930年3月，金陵大学青年会举行同乐会，放映由美国教会新派来的社会学教授夏慕仁（M. R. Schafer）自己拍摄的电影。影片内容多为暴露中国阴暗面的镜头，引起学生强烈抗议。学生认为其有意侮辱中国。陈裕光在中国政府与民众的强烈要求下，责成夏慕仁销毁影片，声明道歉，并对其予以辞退。不久，夏即返美。1936年，金陵大学图书馆新馆落成后，部分美籍教职员主张以殒命于中国的原金大副校长文怀恩之名命名，并在馆前树立文氏铜像，以资纪念。但陈裕光考虑到校内中国师生的民族情感，没有以文怀恩之名命名，也没有树立文氏铜像。以上仅为陈裕光处理校务中的几个个案。而且，每次遇到此类棘手问题，他都要顶住来自教会及外籍教师的指责与压力。所以，有学者总结说，"陈裕光常在他权限所及的范围内，与主管教会和美国传教士有理有节地折冲斡旋，为金大的中国化做了不少切实的工作"①。此言一语中的。

二 办学理念的"中国化"

教育乃百年树人大计。大学校长的政治理念、学术背景及任职时限，均对学校的发展和建树影响甚巨。陈裕光执掌金陵大学24年，正值34岁至58岁的精力旺盛时期，用人生的最宝贵年华成就了该校创建后变化最大、发展最快的光辉历史。金大之所以在教会大学中脱颖而出，铸造辉煌，很大程度上归功于陈裕光建立于教会大学"中国化"基石之上的开创性办学理念。

（一）办学方向定位于沟通中西文化

中国教会大学创办初期，大都重西学、轻国学，重英文、轻中

---

① 吴梓明：《基督教大学华人校长研究》，第153页。

文，具有浓郁的西化乃至殖民色彩，因而广为国人诟病。陈裕光执掌金陵大学之时，恰逢中国民族主义运动空前高涨之际。为求学校在外国教会与中国政府双重权力夹缝中得以生存与发展，他睿智地选择以沟通中西文化作为办学的基本方针。陈裕光曾说："本人自办学以来，亦一再与本校同仁与同学畅谈本校办学方针，以沟通中西文化为职志。本人曾于32年（即1943年——引者注）6月在成都华西坝五大学举行毕业典礼时云：'五大学之共同职志，乃在沟通中西文化，取人之长，补己之短，使吾国固有之文化，更臻完备。'34年（即1945年——引者注）1月，应邀赴美，曾与《纽约时报》记者谈话，仍以沟通中西文化为今后中国办学之方针。返国后，亦以此项意见，告诸同学云：'学术本属国际的……'可是中国的学术，至今还没有特殊进步，更不用想在国际间取得一个领导地位。所以本人此次出国，目的也在沟通中西文化，交换学术研究，使本校的学术标准有所提高。'此盖东西之文化，各有所长，若能互相发明，则世界上之文化，更见灿烂光辉。"[①] 这里值得注意的是，陈裕光所言之"沟通中西文化"，并非指单向地吸收西学，而是中西文化的双向交流。

基于此论，陈裕光遂在金大极力推行双语并重的教育原则，要求学生国文与英文不可偏废。如文学院规定，大学四年分为两个阶段，前三个学期为第一阶段，主要注重语言训练；后五个学期为第二阶段，主要侧重专业训练。语言训练，要求汉语与英语同时并进。汉语与英语课程的学分一样，如大一国文两学期共6个学分，高等中文作文一学期3个学分；大一英文两学期共6个学分，高等英文作文一学期3个学分。这些语文课程，每班人数不得超过30人。教师对语言教学非常严格，除精读范文外，每两个星期一次作文；高等作文课除规定的两周一次作文外，一学期还写一至两篇长文，以提高学生的语

---

① 陈裕光：《以沟通中西文化为职志》，《金陵大学校刊》（金陵大学60周年纪念8号）第376期，1948年11月30日。

言阅读和写作能力。① 在这种强化训练下,金大学生不仅英语出众,汉语也相当出色。

金大在1934—1935年前后还开办过国学研究班,从国内各大学文史哲毕业生中招收研究生。研究生教育开设有高等国学课程,专门培养国学研究人才和大学国学师资。此举不仅为中国教会大学之首创,而且领其时中国高等教育之风骚。

(二) 学科建设着眼于彰显中国特色

专业设置的合理、学科发展的前瞻与培养目标的优化,是大学教育活动的起点,也是大学发展强大之根本。陈裕光接手金陵大学后,注重利用自身师资优势,借鉴西方最新学术发展,然后结合中国本土具体实际,开辟了一条"有中国特色"的学科建设之路。特别是金大的图书馆学、农学、电化教育三大学科的建设,更是在中国高等教育史上具有开创性的贡献。

1913年,美国人克乃文(William H. Clemens,1879—1968)任金陵大学图书馆馆长,并开设图书馆学课程,开启中国图书馆学专业教育之先河。1926年,金大图书馆主任刘国钧(1899—1980)教授主持编辑中国第一个图书馆学学术期刊——《图书馆学季刊》。1927年,金大成立图书馆学系,成为中国最早的图书馆学专业系科之一。该系成立伊始,即"具有非常明晰的将近现代图书馆学与中国国情相结合的教学思想"②,注重结合中国学术思想史开设课程,自编本土教材,如《图书馆学大纲》《中国重要书籍研究》《目录学》《分类法》《编目法》《参考书使用法》《杂志报纸政府公文》《特种图书馆》《民众图书馆》《索引与序列》《书史学》《印刷术》《图书馆问题之研究》《图书馆选择之原理》《图书馆史》等课程,中国特色颇为浓郁。

---

① 参见程千帆、陶芸《三十年代金大文学院的课程结构及其它》,《高教研究与探索》(南京大学校史研究专刊) 1988年第2期。
② 叶继元、徐雁:《南京大学在西方图书馆学中国本土化过程中的贡献》,《中国图书馆学报》2002年第5期。

中国是一个农业古国，而农业教育却一直匮阙。金陵大学1914年便成立农科，开启中国四年制农业本科教育。陈裕光出任校长后，又于1930年将之扩充为农学院，下设农艺学、园艺学、植物学、森林学、蚕桑学、农业经济学、乡村教育学等系及农业专修科、农业推广部。陈裕光谓农学院之创办宗旨，乃"授予青年以科学知识和研究技能，并谋求我国农业作业的改良、农业经营之促进、与夫农民生活程度之提高"①。所以，他主张农学院在学科建设上应密切结合中国农村、农业实际，力求使受教育者学以致用，用有所本。1936年，金大增设农科研究所，培养农业硕士研究生。1938年，学校奉教育部之命，将植物学系和植物病理研究室合并为农林生物系，同时改乡村教育系为农业教育学系。1942年，农林生物学系又改组为植物学系和植物病虫害学系。1949年初，农业工程学又脱离农艺学系独立建系。金大的上述专业在民国时期的农业教育领域可谓独树一帜。1985年出版的《中国现代农学家传》，所收农学家有32%为金大毕业生。据悉，20世纪台湾农业界的大部分精英，亦师出金大。

1922年，金大农科利用电化教育进行农业技术推广，拉开中国电影教育事业的序幕。1930年，在陈裕光的支持下，理学院院长魏学仁（1899—1987）从国外引进一批理科方面的教学电影，使各系有关课程得以广泛使用电影教育。从此，"电影教育"一词在中国诞生；"电影教育化、教育电影化"亦成为中国教育现代化理念的内涵。1934年，金大成立"科学电影教育委员会"，并开始制作本国教育电影，先后拍摄完成200多部影片。同时，该校被委托为全国代办电化教育人员训练班。在当时中国尚无公立影片馆之际，金大实际上承担起对全国的供片业务，国内流通的教育电影90%来自金大。1936年，金大成立电影教育部，标志着中国大学创设专职电教部门。1937年，魏学仁代表中国赴日本北海道拍摄日全食，成为现场唯一使用彩色胶片拍摄教育电影之国家代表。1938年，金大成立两年制

---

① 陈裕光：《回忆金陵大学》，载钟叔河、朱纯编《过去的大学》，第293页。

的电影播音专修科，又标志着中国电影电化教育大专体制之发端。专修科的课程设置，以培养电影摄影、电影技术之专门人才为主要目标。金大是当时国内唯一用电化教育进行教学的学校。1942年，金大创编"我国最早的电化教育学术刊物"——《电影与播音》月刊，其后还自行摄制《几所大学见闻》《工业城》《陶行知》《武训传》等多部彩色影片或幻灯片，促进教学与科研的相辅相成。可以说，"金陵大学，在早期中国的教育电影史和电化教育史上树立了一座丰碑，谱写了一曲胶片上的华章"[①]。

（三）学术研究侧重于中国思想文化

陈裕光认为，金陵大学虽为教会大学，但它首先应是一所中国大学，而非外国大学。作为中国大学，它应以研究中国文化、传播中华文明为己任。1930年，陈裕光利用美国实业家查尔斯·马丁·霍尔（Charles Martin Hall，1863—1914）的一笔捐款，在金大设立中国文化研究所。研究所的宗旨为：研究并阐明本国文化之意义；培养研究本国文化之专门人才；协助本校文学院发展关于本国文化之学程；供给本校师生研究中国文化之便利。[②] 至金大撤销之时，该研究所历时20余年，虽前后任职者不过十余人，但其出色的研究成就却有目共睹。[③] 该所珍藏名贵文物之丰，为当时中国各大学所不多见。特别是其东方学藏书，在国内同行中更是首屈一指。教会大学中以研究中国文化见长者，除了燕京，则数金大。1930年创办的《金陵学报》，前后共出刊11卷，其影响堪与《燕京学报》媲美。1940年，金大与燕京、齐鲁、华中大学的文化研究所或国学研究所联合创办的《中国文化研究汇刊》，亦曾是一份影响甚巨的中国文化研究专刊。

---

① 李金萍、辛显铭：《教育电影化的先驱——金陵大学电教软件编制与推广事业纪实》，《电化教育研究》2007年第4期。
② 参见《南大百年实录》编辑组编《南大百年实录（中卷）：金陵大学史料选》，第59页。
③ 参见李永泰《李小缘所长》，载金陵大学南京校友会编《金陵大学建校一百周年纪念册：1888—1988》，南京大学出版社1988年版，第154页。

陈裕光对民族传统文化的热爱溢于言表。作为教会大学的一校之长，他在金大从未穿过西装。受其影响，金大的教职员也多穿中山式服装。更为有趣的是，20世纪30年代，在一年一度的华东地区教会大学英语演讲比赛中屡屡夺冠的金大学生，全部长袍马褂登场，与西装革履的其他大学代表相较，形成鲜明的"中国化"特色。

三　教育目的的"中国化"

19世纪末，起源于欧洲中世纪的西方大学理念在美国被注入新的内涵。其中著名的"威斯康星思想"（Wisconsin Idea）提出，大学的基本任务是培养专门人才、发展科学技术和服务现实社会。而20世纪30年代以前中国的大学，一律以教学活动为主体，科学研究尚未被提升到重要地位；至于将教学科研成果推广应用于社会，则更是稀罕少见之说。曾受美国高等教育洗礼的陈裕光执掌金陵大学后，很快将西方先进的教育思想运用到自己的管理实践之中，拓展教会大学"中国化"的另一个层次——教育目的"中国化"。除进行教学体制改革之外，他特别强调"学以致用""学用一致"的教育方针，要求师生走出高等学府的象牙塔，服务中国社会。为此，陈裕光开创了一种集教学、科研与推广于一体的中国式"三一制"教育制度。

（一）推进教学科研为社会服务

"三一制"是陈裕光推进教会大学教育目的"中国化"的核心。其基本理念是，大学不能仅限于培养高级专门人才，研究高深学理，还必须实现科研成果社会化、教育目的社会化。20世纪40年代出版的《私立金陵大学要览》曾总结其办学经验称："本校除努力于教学及研究工作，以期探求高深学理外，并力求教、学、做三者合一。举凡社会服务，科学实用与提倡，及农事改进等项工作，无不积极推广，务期学校与社会打成一片，发扬文化与促进建设兼筹并顾……"①

在金陵大学，实行"三一制"最早、成效最丰，且最具代表性者首推农学院。该校农科初创于1914年，开国内四年制农科之先河。陈裕光掌校后，没有照搬美国农学院的办学模式，而是结合其时中国农村和农业实际，独自探索出一条教学、科研与推广应用一体化的道路。该院宗旨明确规定："授予青年以科学知识和研究技能，并谋求我国农业作物之改良，农业经营之促进，与农夫生活程度之提高。"学院在教学方面，如前所述，先后建立农艺学、园艺学等多个独立系及一个农业专修科。研究方面，设有农艺研究所、园艺研究所和农业经济研究所。推广方面，专门成立推广部，对农业推广尤为重视。另外，学院还辟有农场及试验场多处，其中仅农艺系就有总场1个、分场4个、合作场8个、区域合作试验场5个、种子中心区4个，其他合作农场遍布全国各地。各分场的研究计划由金大合作总场统一设计、统一研究、统一计划，以利于农产品的研究、试验和推广，并推动农业产品的科学化与现代化。20世纪三四十年代，该院师生足迹遍及全国十多个省的广大农村，深受各地农民欢迎。所以，陈裕光称："金大校誉鹊起，闻名国内外，农科是一主要因素。"②

陈裕光"三一制"最具自身特色之处乃是推广和社会服务事业。抗日战争之前，金大文学院社会福利行政系师生深入社会基层，为妇女儿童服务，并调查南京人力车夫的生活福利情况；社会学系与农学院一起办理毛织手工业，以救济南京缎织业的失业工人，均成效甚佳。抗战时期，金大内迁四川，课程设置遂根据战时建设的需要进行修订，增加战时知识和实用技能方面的课程；科学研究则密切结合战时国家建设需要和四川当地实情，服务战备。如理学院鉴于战时汽车技术人才的缺乏，添设汽车专修、电化教育专修等科。其中，电化教育专修科与国家资源委员会合作，先后拍摄战时工业电影6部及天

---

① 《南大百年实录》编辑组编：《南大百年实录（中卷）：金陵大学史料选》，第311—312页。

② 陈裕光：《回忆金陵大学》，载钟叔河、朱纯编《过去的大学》，第292页。

文、地理、农业、手工业等方面的科教影片多部,巡回全国 100 多个地方放映,对群众进行科普教育;此外,还多次举办训练班,为各省市培训电教人员 200 多人。金大电化教育专修科因此名声大振,并受到教育部的肯定。陈裕光对电化教育十分重视。他认为"教育电影为开通民智,促进科学化之最良工具"①。

(二) 设立推广服务专门机构

金陵大学的推广和社会服务事业,关涉范围甚广。为此,陈裕光在学校设立专门负责推广和社会服务的机构,先后设有社会服务部、社会福利行政组、教育电影部和农业推广实践区等;后又在此基础上成立综合性的"推广部",总体规划全校的推广事业。如早于 1930 年,农学院推广部即与中央农业推广委员会在安徽乌江合作建立农业推广实验区。该实验区分别设有政治、经济、教育、卫生、社会等组织机构,并不局限于农业技术推广和品种改良,而是一个对农村进行综合改良的乡村建设实验区,也是 20 世纪 30 年代中国乡村建设运动的一个组成部分。战时内迁四川后,农学院推广部又在仁寿、温江、新都等县建立农业推广区,设立农业推广学校和各种培训班,开展农业教育,为四川各县培训农业推广人员。抗日战争后,农学院则将推广工作的重心由战前的示范推广转为辅导训练,成绩斐然。

除在行政组织上专设推广服务机构外,金大还在教学活动中根据政府与社会的需要,灵活组建学术团队。如文学院的社会学系,便成立普通社会学、都市社会学、乡村社会学、边疆社会学、社会福利行政 5 个团队,有针对性地开展教学与科研活动,特别是进行社会调查,取得了大量高水平成果。这种做法的好处是,能及时洞察社会动态,准确了解社会需求,对症解决社会问题。

(三) 广泛服务社会基层民众

在推进教会大学教育目的"中国化"的实践中,陈光裕始终将服

---

① 陈裕光:《教育的整个性》,《金陵大学校刊》第 271 期,1940 年 3 月 10 日。

务社会基层民众视为教育之要务。特别是抗日战争期间，金陵大学在这一点上体现得尤为明显。学校形式多样地举办劳工教育班、工人子弟学校、成人补习学校、平民夜校、函授学校、儿童教育班、保育员训练班、警察训练班、民众阅览室、妇婴保健指导所、托儿所等，教育内容包括平民识字、生产自救、职业培训、民众卫生以及其他社会福利与社会救济，既有声势又有特色。文学院还应成都广播电台之请，轮流派各系教授每两周前往演讲一次，向民众进行抗战教育。历史系还受教育部委托，在成都举办史地教育讲演周，亦收到良好社会效果。教育部对金大卓有成效的社会教育事业曾专函赞奖，并给予补助。[①] 此外，文学院许多师生还参加中国工业合作协会的各项运动，如举办"工合"干部人员训练班，为各地工业合作社筹措生产任务等等。陈裕光曾亲任"工合"国际委员会副主席。

让教育服务基层民众，是陈裕光作为一名基督徒知识分子的信仰所致，更是他作为一名爱国华人大学校长的教育理想。他曾于金陵大学校庆60周年大会上总结说："教育非仅求知，乃所以加强服务意志，锻炼耐劳刻苦精神。教育本身，并非仅以增加知识为已足，而在作育人才，济世惠民。所谓：'非我役人，乃役于人'，由小我而推及大我，变利己的思想，而为利他的思想。"[②] 此足见陈裕光服务基层民众教育思想之坚毅与精深。

四　结语

历史的发展往往波谲云诡、充满变数。任何历史事物的发展与结果，都不可能完全以创造者的预设与期望为转移。中国教会大学的历史命运亦不例外。著名历史学家、中国教会大学史研究的奠基人章开

---

① 参见《南大百年实录》编辑组编《南大百年实录（中卷）：金陵大学史料选》，第312—313页；《本校兼办社会教育概况》，《金陵大学校刊》第247—249期，1939年1月16日、1月27日、2月3日。

② 《金陵大学校刊》（金陵大学60周年纪念8号）第376期，1948年11月30日。

沅曾说:"西方传教士来华兴教办学,目的当然是为了'(教)化中国',亦即是使中国'基督(教)化',但结果更为明显的却是自身的'中国化'。"① 陈裕光执治金陵大学并很快为学校注入"中国元素",使学校步入"中国化"的轨道,即是明证。以历史学家的眼光来看,此乃文化传播与植根过程中一种不可避免的历史发展规律。概而言之,历史发展的趋势总是由多种因素组合而成的,其中必然也包括互相对立的因素。这些因素相互作用而形成合力,所以,从终极因果关系来说,历史就是合力运动产生的结果。

可以说,20 世纪 20 年代末出现于中国的华人执掌教会大学及教会大学"中国化"潮流,亦是时代与社会发展使然。陈裕光在中华民族的一个特殊时代,肩负起改写中国高等教育历史的特殊使命,起到了引领教会大学"中国化"的特殊作用。他以卓尔不凡的睿智,成功游走于宗教与世俗之间,娴熟化解自身"基督信仰"与"中国文化"之间的冲突、"委身于信仰"与"委身于教育"之间的冲突、"为信仰(差会)服务"与"为国家(民族)服务"之间的冲突,既相得益彰,又游刃有余,无愧于中国教会大学华人校长之典范。

(原载《高等教育研究》2008 年第 7 期)

---

① 章开沅:"序",载吴梓明《基督宗教与中国大学教育》,中国社会科学出版社 2003 年版。

基督新教来华与中国学校英语教学的发端

19世纪初以降,"西学东渐"成为中国文化衍演流变的主体形态与中国近代文化史书写的主流话语。最初,以马礼逊(Robert Morrison,1782—1834)、米怜(William Milne,1785—1822)、裨治文(Elijah Coleman Bridgman,1801—1861)等为代表的欧美基督新教传教士,抱持"中华归主"的神圣使命,由中国外围向中国沿海地区渗入,逐步建立传教基地,播扬西方人文精神,揭开近代中西文化交流的大幕。从某种意义上说,近代中西文化交流史就是以西方入华传教士为主体的知识群体倡导、实践而书写成就的,是西方现代文明与中国传统文化从相互冲突、彼此调适到互为融通的过程。作为人类智慧显著标识和独特沟通体系的语言,毫无疑问是传教士传布基督宗教价值、推介西方文化知识的首要载体。"人把自己的经验用语言形式保存下来,建造起一个博大精深的知识宝库,使其代代相承,永不衰竭。正是语言的这种把经验收容、积累并以教育的手段代代传授下去,才使得人类文化继往开来,发扬光大。"① 所以,英语作为西方文化的重要表达手段与传教士打开中国大门的主要媒介工具,对基督新教的入华乃至整个近代西学东渐大潮的兴涌,起到了举足轻重的作用。同时,也正是早期来华新教传教士在中国开启了学校英语教学。

众所周知,近代中国"外语教学之兴起有两个源头":"一个是

---

① 陈才俊:《语言与文化透视》,《暨南学报》(哲学社会科学版)1991年第1期。

传教士想在中国传教,用基督(宗)教文化影响中国,因而要培植传教的环境和帮手,于是积极办学。这类学校的教学自然重视翻译能力的培养。""另一个源头是清政府、民间为了解决'洋务'问题而设置学习外语的学校,这类学校的规范模式是京师同文馆。"① 然而,很长一段时间,外语教学研究者认定"中国的英语教学正式开始于京师同文馆"②。后来,随着研究的不断深入,一个重要历史事实得到广泛认可,即远远早于京师同文馆(1862年创办)之前,新教传教士就在马六甲、广州、澳门、香港等地创建诸多规模不一的教会学校,程度不同地展开英语教学。特别是创办于1818年的英华书院(Anglo-Chinese College)和创办于1839年的马礼逊学校(Morrison School),英语教学已颇具特色。

一 新教传教士来华与早期教会学校英语教学的兴起

19世纪至20世纪初的一百多年,是世界基督新教传教史上的空前拓展时期,基督宗教被传播到世界的每一个角落,对人类社会的诸多方面均产生了重大影响。1807年9月4日,英国伦敦传教会(London Missionary Society)的马礼逊抵达澳门。他不仅是第一个进入中国内地的新教传教士,而且被喻为新教"在中国传教的开山祖"③。其后,欧美传教士接踵而至。1813年7月4日,伦敦传教会派往中国的第二名传教士米怜抵达澳门。1830年2月25日,美国海外传教委员会(American Board of Commissioners for Foreign Missions,亦译"美国公理会差会",俗称"美部会")派遣的裨治文和雅裨理(David Abeel,1804—1846)到达广州。1831年6月18日,普鲁士人、原荷

---

① 张东正:《中国外语教学法理论与流派》,科学出版社2006年版,第6页。
② 李良佑、张日昇、刘犁:《中国英语教学史》,上海外语教育出版社1988年版,第1页。
③ 王治心撰:《中国基督教史纲》,上海古籍出版社2004年版,第129页。

兰传教会（Netherlands Missionary Society）传教士郭实猎（Charles Friedrich August Gützlaff，1803—1851）从暹罗出发，经海南岛前往中国。

早期新教传教士来华之时，正值中国处于闭关锁国之际。一方面，清廷实行严厉的禁教政策，极力排斥西方外夷的文化"入侵"；另一方面，普通民众大都怀有中华文化的优越情感，对与传统儒家伦理思想相去甚远的基督宗教理念兴趣寡然。以马礼逊为例，来华之初只能匿居于广州的外国商馆，若不是1809年2月20日被英国东印度公司（British East India Company）聘为译员而取得合法身份，其在中国的居留尚成问题，更遑论向中国人传教。而且，马礼逊在华的前7年，虽然勤苦耕耘，耗尽心力，却所获甚微，仅皈依一名华人信徒。所以，传教士们很快认识到，要想使中国人接受基督宗教，甚至要想获得中国民众的信任与好感，仅仅依靠布道演说、派发传道书籍、举行宗教仪式等直接传教手段，根本无济于事，而只能采取一些间接的、着眼于长期效果的传教方法。在各种传教策略的尝试中，教育一直是传教士最早、也最广泛使用的有效方法之一。于是，创办教会学校，将西方近代教育制度、课程设置、教学手段等引进中国，便成为鸦片战争前后传教士非常重视的文化活动。这种活动虽然不以宗教传播为直接目的，但其长远目标乃是通过培养一批了解西方思想文明、掌握西方科学知识、认同基督宗教理念的青年人才，以渗透中国的知识阶层，扩大耶教影响，开辟传教道路。

鸦片战争以前，外国人仅被准予在广州从事商贸活动，其他方面一律受到严格限制。所以，第一所面向华人的教会学校——英华书院，诞生于远离中国的西方殖民地南洋马六甲；近代中国本土的第一所以普通教育为主旨的教会学校——马礼逊学校，则开办于中国政府允许葡萄牙人享有一定自治权的澳门。鸦片战争之后，随着《南京条约》《望厦条约》《黄埔条约》等不平等条约的签订，以及五口通商口岸的开放，传教士渐趋获得在通商口岸城市从事传教活动的特权。于是，他们纷纷深入中国内地，在教堂及传教士家中兴办各种教会学校。京师同文馆创立以前,入华新教传教士已在中国创办诸多规模不等、形式不一的教会学校(有的相当于中国传统意义之学塾)。教授中国儿童英语及用英语讲授西方科学文化知识,乃是绝大多数教会学校课程的主要内容。

早期在广州、澳门和香港地区活动的传教士,大多都会收留数量不等的中国儿童,教授他们学习英语。如1830年底至1831年初,裨治文便在广州收留几个当地小孩为学生,其中包括第一位华人牧师梁发(1789—1855)的儿子梁进德(1820—1862)。① 裨治文曾在致父母的信中表示希望"将他们培养成主的仆人和基督王国的子民"。在其教导下,孩子们很快学会基督宗教的祷告词,且每天早晚或在其他合宜的时候背诵祷告词。裨治文甚至建议"美部会"考虑"为贫穷的孩子开设学校"。"美部会"虽然觉得时机尚不成熟,但还是赞同裨治文个人在广州进行"教育实验"②。裨治文的这个教育实验机构被学者称为贝满学校(Bridgman School),是新教传教士在中国内地开设的第一所、类似于中国传统私塾的教授英语的辅导学校。

1835年9月30日,在国际传教组织"中国、印度与东方女性教育促进会"(Society for Promoting Female Education in China, India and the East)的资助下,英国来华女传教士、郭实猎夫人玛丽·温施娣(Mary Wanstall,1799—1849)在澳门开办一所女子学校,先招收女生,后兼收个别男生。学校实行双语教学,以英文教学为主,也聘请中国塾师教授中文。英语课程刚开始由葡萄牙人执教,后来改由郭实猎夫人亲自任教。该校的教学情况,1838年10月出版的《第二份马礼逊教育会年报》(*The Second Annual Report of the Morrison Education Society*)有如下介绍:"孩子们按照年龄分为三个班;他们全部学习英语;当第一个班学习地理、历史和写作时,第二个班开始学习阅读

---

① Michael C. Lazich, *E. C. Bridgman(1801–1861), America's First Missionary to China*, New York: The Edwin Mellen Press, 2000, p. 75.
② Michael C. Lazich, *E. C. Bridgman(1801–1861), America's First Missionary to China*, New York: The Edwin Mellen Press, 2000, pp. 75–76.

和写作,第三个班则学习阅读。他们都读《新约》(New Testament)。""郭实猎夫人教孩子们英语,一位教授阅读和写作的传达员协助她教学。郭实猎用中文每周考查学生4次,用英语给他们授课。"①"中国留学生之父"容闳(Yung Wing,1828—1912)7岁入读该校。据他回忆,"1835年,我才7岁,父亲便带我到澳门(上学)。一到学校,我就被带到郭实猎夫人面前。她是我见到的第一位英国妇女"②。

继郭实猎夫人之后,美国浸信会(American Baptist Board for Foreign Missions)传教士叔未士(John Lewis Shuck,1812—1863)的太太何显理(Henrieta Hall Shuck,1817—1844)也在澳门开设过一所学校。1836年9月,叔未士夫妇抵达澳门。不久,何显理便开始学习中文,同时教授两位男孩学习英语。随后,她陆续收养一批中国儿童,并致力于女子幼童教育。而且,她还直接向美国浸信会海外传教部请示,申请在其住所开办学校,教育收养贫民子女。学校刚开办时,仅有8名学童,后来逐渐发展成一个规模在20人左右的学校。该校同样开展中英双语教学。上午10点至12点学习英语、地理、算术和基督宗教教义;下午学习两个小时中文。③

1845年5月,美国长老会(Presbyterian Church in the United States of America)传教士哈巴安德(Andrew Patton Happer,1818—1894)又在澳门开办一所男子寄宿学校。该校的办学宗旨是开展宗教教育,为中国培养未来的教会人才,并教授西方科学知识。学校也是实行中英双语教学,但规定英语为教学语言。据哈巴安德介绍:"我用英语教他们课程,首先是罗马字母和简单的单词,同时纠正他们因中文习惯而出现的发音错误。教单词时,我给他们相应的中文词汇,以便于

---

① Elijah Coleman Bridgman, "The Second Annual Report of the Morrison Education Society", *Chinese Repository*, Vol. Ⅶ, No. 6, October 1838, p. 307.

② Yung Wing, *My Life in China and America*, New York: Henry Holt and Company, 1909, p. 3.

③ J. B. Jeter ed., *A Memoir of Mrs. Henrieta Shuck, The First American Female Missionary to China*, Boston: Gould, Kendall, and Lincoln, 1846, pp. 95 - 96.

理解。很快他们就记住了其中的内容。选定的初级教材主要由鲍留云（Samuel Robins Brown，1810—1880，亦译布朗、勃朗）博士翻译，另外还有理雅各（James Legge，1815—1897，时任英华书院院长——引者注）编写的40页短语书。"[1]

其后，随着五口通商口岸的开放，新教传教士还在宁波、福州、厦门、上海等地开办不少以英语教学为主的教会学校。然而，考察所有早期来华传教士创办之教会学校，若论对中国的学校英语教学具有里程碑意义者，则非英华书院和马礼逊学校莫属。

二 英华书院的创建与学校英语教学的发端

1813年7月4日，英国伦敦传教会派往中国协助马礼逊工作的米怜抵达澳门。由于受到天主教会的影响，澳葡当局严禁新教传教士居留澳门，于是米怜只好偷偷乘船前往广州。而他在广州亦属非法居留，所以待了几个月仍无法开展传教事工及其他活动。这就促使马礼逊和米怜考虑另觅他处作为对华传教基地。其实，早在1808年马礼逊尚未就职于英国东印度公司且又面临在澳门的合法居留问题时，亦曾打算暂离中国另辟传播基地。他认为首选之地便是南洋。

1814年春，当米怜为寻求传教基地而到南洋各地考察时，英国东印度公司的势力已席卷马六甲、爪哇和槟榔屿等华侨聚居之地。通过对各地的认真比较与考量，米怜最终确定马六甲作为对华传教的基地。其理由是，马六甲距离中国较近，加之它位于交趾支那、暹罗与槟榔屿之间，方便与散居于各群岛之华人接触。此外，它与印度、广州的往来十分方便，所以有利于教会向更多的当地民众（特别是华人）展开传教活动。米怜还认为，以学习语言的环境考虑，马六甲不但适于中文学习，亦方便学习马来语，有利于新教扩大对恒河以东广

---

[1] A. P. Happer's Letters, Nov. 18th, 1845, Oct. 16th, 1846, Macao. 见广东省档案馆藏《岭南大学》缩微胶片卷1。转引自颜小华《美北长老会在华南的活动研究（1837—1899）》，博士学位论文，暨南大学，2006年，第64页。

泛区域的传教活动。① 于是，马礼逊和米怜向伦敦传教会理事会提出建立"恒河外方传教团"（Ultra-Ganges Mission）的报告。其所谓"恒河外方"，是指恒河以东的广大地区，包括中国、交趾支那、南洋、日本和朝鲜等国家和地区。他们在报告中说："中国的现状使我们非常难以进行印刷以及其他诸种与传教有关的事工，甚至个人的居留亦无法保障。因此，理想的是在某个由欧洲新教国家政府治理的地方，寻求一个靠近中国的、能够提供更合理的长久前景和方便条件的地点，作为我们中国传教团的基地；在那里我们可以更有效地为进入中国做准备，直至神为我们打开中国之门。我们认为马六甲是适合于上述目的地方，因此米怜先生已前往该地，打算创立传教团。"② 在马六甲创办一所教会学校，也是建立"恒河外方传教团"报告提出的重要内容之一。

1815年4月17日，米怜和他的家属及私人教师兼助手梁发前往马六甲。经过几年的艰辛努力，1818年11月11日，由马礼逊亲自指导和经济资助、米怜具体负责的英华书院在马六甲正式奠基，并于1820年开始招生。若干年后，随着《南京条约》的签订，香港被英国割让，英华书院也于1843年迁移至港，且更名为英华神学院。但由于书院转变原有主要功能，不再面向一般世俗人士，故最终导致于1856年停办（后于1913年复办）。不过值得指出的是，该书院在创立至1856年的三十多年间，一直是新教传教士开办的规模最大、最重要的教育机构。

英华书院非常强调西方语言教学与宗教义理训练。1818年10月，马礼逊和米怜拟定的《马六甲所设书院总体计划》（*General Plan of an Institution forming at Malacca*）阐明："本院宗旨乃是交互教育中国与欧洲文学。一方面，让欧洲人认识中国的语言和文学；另一方面，让

---

① 参见［新加坡］卓南生《中国近代报业发展史（1815—1874）》（增订版），中国社会科学出版社2002年版，第16页。
② William Milne, *A Retrospect of the First Ten Years of the Protestant Mission to China*, Malacca: Anglo-Chinese Press, 1820, pp. 137–138.

恒河外方各国熟悉中文的人认识英语以及欧洲的文学与科学。""希望借助这一过程,最终使基督宗教义理的和平传播以及东半球的一般文明,产生正面影响。"① 由此可见,英华书院创办的目的,乃是"向中国青年教授英语和基督宗教基本原理,特别是为传教士和其他人提供中国语言和文学方面的教育";"其最终目的……是在地球上建立基督宗教的国度"②。英华书院创办后,伦敦传教会的传教士长时间在书院担负英语教学任务,不遗余力地向华人学生教授英语知识,并用英语讲授西学课程,让学生掌握这种承载西方文明的语言工具,以便他们更好地理解西方文化,最终接受基督教义。

《马六甲所设书院总体计划》规定:"本土学生必须以英国语文授以地理、历史、数学,及有关学术与科学之各项科目。"③ 所以,英华书院开办伊始,即全面推行中英双语教学,且校长米怜亲自讲授英语。书院在英语教学上摒弃中国传统学堂的单一授课模式,根据学生的年龄大小和程度高低,予以分班、分级和分科。书院初期的英语课程,据1820年9月米怜致马礼逊的一封信中提及,在英语学习方面,两个班都学习会话、写作、语法等课程。1822年6月米怜去世后,学院除保留英文语言学课程外,还开设地理、天文、数学(包括欧几里得的几何学)、科学常识等英文课程。④

据1834年的《英华书院报告》(*Report of the Anglochinese College*)记载,该校高级班的学生每日都做中译英练习,用英文写作校长布置的题目。两个初级班的学生在掌握中文、英语、算术等基本知识的同

---

① "General Plan of an Institution forming at Malacca under the superintendence of the Rev. W. Milne", in Elisa A. Morrison ed., *Memoirs of the Life and Labours of Robert Morrison*, Vol. I, London: Longman, Orme, Browen, Green, and Longmans, 1839, p. 513.

② Brian Harrison, *Waiting for China: The Anglo-Chinese College at Malacca, 1818–1843, and Early Nineteenth-Century Missions*, Hong Kong: Hong Kong University Press, 1979, p. 35.

③ "General Plan of an Institution forming at Malacca under the superintendence of the Rev. W. Milne", in Elisa A. Morrison ed., *Memoirs of the Life and Labours of Robert Morrison*, Vol. I, p. 514.

④ Eliza A. Morrison ed., *Memoirs of the Life and Labours of Robert Morrison*, Vol. I, pp. 55–58.

时，也有部分学生能进行英文写作、中译英并学习英文语法等。① 书院实施语言学习与知识掌握相结合的教学方法，使用的英语课本要么由传教士亲自编写，要么从西方直接运至。

从近代教会教育史的角度考察，英华书院的历史地位在于，其在办学宗旨和教学内容两个方面开创了近代基督教会在华教育活动之先河。特别是马礼逊和米怜的《马六甲所设书院总体计划》将中文、英文、历史（英国历史和欧洲历史）、文化、科学等的教学，与促进基督宗教在中国的传播，作为书院的两个基本目标，可以说奠定了西方教会近代在华教育活动的基本思想。英华书院在教学内容上对华人学生采取中英文教育并举的方法，也是后来教会学校普遍选择的模式。甚至其具体的课程安排，如将英文、历史、地理、算术、逻辑学、天体运行、道德哲学（伦理学）、神学等列为学生的必修课程，还计划在适当的时候将力学、化学、自然史、植物学，以及几何学和数学科学其他较高级的分支，纳入教学内容，都为早期教会学校所采纳或借鉴。②

总体而言，英华书院的英语教学有两大特色。一是注重对学生运用能力的培养。教师首先以语法作为教学的基础，然后结合阅读、写作和翻译进行练习，进而注重书面表达的完整和准确，以期培养学生的读、写、译能力。同时，学校也重视培养学生的口语表达能力，且用英语讲授西学课程，增强锻炼学生听力的机会。如此操作，学生的听、说、读、写、译等能力便得到全面发展。二是首创语言教学和知识培养相结合的教学模式。书院将英语教学与讲授西方近代物理、化学、天文、地理、机械等自然科学知识相结合，开创"外国语言＋技能"的培养模式，为其后中国教会学校及官办洋务学堂培养外语人才提供了样板。这一教学模式既巩固了学生的英语基础，又扩大了学生

---

① "The Report of the Anglochinese College", *Chinese Repository*, Vol. Ⅳ, No. 2, June 1835, p. 100.

② 吴义雄：《在宗教与世俗之间：基督教新教传教士在华南沿海的早期活动研究》，广东教育出版社2000年版，第333—334页。

的专业知识，事半功倍。

英华书院尽管并非创办于中国本土，学校规模有限，办学层次亦不算高，然而其创办则标志着中国严格意义的学校英语教学的开始。该书院为中国培养了一些优秀的英语人才。比如1823—1827年就读于英华书院的四川人袁德辉（约1800—?），毕业后曾供职于清廷理藩院。林则徐（1785—1850）到广东查禁鸦片时将其带至广州，让其与梁进德一起翻译、介绍英文著作与报刊，成为林则徐的得力助手。特别值得提及的是，他曾为林则徐英译致英国女皇的照会。另外，他还与美国传教士伯驾（Peter Parker，1804—1888）将瑞士著名国际法学家滑达尔（Emmerich de Vattell，1714—1767）1758年出版的《国际法》（*The Law of Nations*）一书有关国际争端的内容翻译成中文（中译名为《各国律例》或《滑达尔中国律例》）。此乃国际法在近代中国的最早汉译与传播。再如1837年入读英华书院的广东人何进善（字福堂，1817—1871），上学期间成绩优异，能读懂《旧约》（*Old Testament*）英文原版，尚未毕业便被安排参与学院的教学事务。1843年学院迁至香港时，他随院长理雅各抵港，协助其将儒家经典翻译成英文，成为近代早期中学西传的重要推动者。

英华书院在中国学校英语教学史上具有开创意义，对近代中国学校英语教学产生了深远的影响。

三　马礼逊学校的创办及其英语教学特色

1834年8月1日，来华27载、年仅52岁的马礼逊病故于广州。鉴于其在对华传教事业及中西文化交流中的卓著功勋，客居广州和澳门的外国侨民很快发起成立以"马礼逊"命名的教育团体。经过一年多的酝酿，马礼逊教育会（Morrison Education Society）于1836年11月9日正式宣告成立。该会章程明确规定，其成立的目的乃是通过学校教育和其他手段,改善并提高中国的教育。① 1837年1月,马礼逊教育会分别致函美国耶鲁大学和"英国与海外学校协会"(British and Foreign School Society),请求其代为物色办学所需之师资。耶鲁大学3名教授联名推荐该校1832年毕业生、曾任教于纽约聋哑学校的鲍留云。鲍留云是非常合适的人选,而且他本人亦十分愿意前来中国执教,遂于1839年2月19日偕夫人抵达澳门。不久,他又前往广州,与马礼逊教育会理事会成员面晤,并就办学方面的具体事宜予以实质性磋商。1839年11月4日,中国本土第一所严格意义的近代西式学校——马礼逊学校,在鲍留云校长的主持下于澳门原郭实猎夫妇的住所正式开办。1842年11月,同样因鸦片战争后英国割占香港,马礼逊学校迁至港岛,成为香港殖民地开埠后的第一所学校,直至因财力与人力等诸种缘由而于1850年停办。

马礼逊教育会成立的目的,乃是"根据中国自身的特点,向中国学生教授英语的阅读和写作,使之能以英语为媒介,了解西方文化"②,所以马礼逊学校创办伊始,便将办学理念确定为让华人青少年接受英中两种语言教育,并以此为手段使他们接触西学各个领域。③ 故此,学校在英语课程设置、师资队伍建设、教学方法运用、教材读物选择等方面都显示出自己的体系与特色。

课程设置方面,马礼逊学校的总体指导思想是因材施教,根据学生的不同年龄和程度而设置,"旨在教导学生学习阅读、写作、数学、地理及其他科学,并以英语及华语教授,以期获得最佳效果"④。据

---

① Elijah Coleman Bridgman, "Proceedings relative to the formation of the Morrison Education Society; including the Constitution, named of Trustees and members, with remarks explanatory of the object, of the Institution", *Chinese Repository*, Vol. V, No. 8, December 1836, p. 375.

② Elijah Coleman Bridgman, "Proceedings relative to the formation of the Morrison Education Society; including the Constitution, named of Trustees and members, with remarks explanatory of the object, of the Institution", *Chinese Repository*, Vol. V, No. 8, December 1836, p. 374.

③ George H. Danton, *The Culture Contacts of the United States and China: The Earliest Sino-American Culture Contacts, 1784 - 1844*, Columbia: Columbia University Press, 1931, pp. 52 - 53.

④ 熊月之:《西学东渐与晚清社会》,上海人民出版社1994年版,第126页。

容闳回忆，他1841年在澳门入读该校时，发现有5位比他早一年入学的学生"正在学习初等算术、地理及英文阅读"①。该校迁至香港后，由于受到港英当局及各方的支助，学校规模有所发展，其英语课程已远远超出纯语言性质，而是将近代基础科学知识系统纳入英语课程的范畴。"西学课程已有英文、地理、历史、算术、代数、几何、初等机械学、生理学、化学和音乐等，所有西学课程，全部采用英文课本，并用英语教学。中国学生在该校学习三四年之后……对英文课要求的读、写、听、讲和翻译，都有了相当的基础……"② 这无疑一方面加速了学生掌握英语听、说、读、写、译等基本技能；另一方面也有效地扩展学生的知识面，使学生既学好英语，又掌握科学知识。马礼逊学校开设有关近代西方科学文化知识方面的课程，完全颠覆中国的传统教育。1842年6月20日，裨治文在该校的公开测验中要求学生以"英中教育有何区别"（What is the difference between English and Chinese education）为题给他写一封英文信件。当月的《中国丛报》（Chinese Repository）刊载了其中未经删改的两封。一位学生写道："入读此校之前，我曾在中文学校浪费四年光阴，白白浪费金钱，除了知道几个人物之外，一无所获。现在，我已在一所英语学校（指马礼逊学校——引者注）学习两年半。我认为自己这几年的收获要比以前那四年多上百倍，以前那四年浪费了太多的时间。……英语学校远胜于中文学校，因为英语学校教授很多有用的知识，诸如天文、几何、代数、真正的信仰……而中文学校却从来不教这些……"③ 虽然这位学生的表达颇为夸张，但足见该校所开设的课程对华人学生影响之大。

师资建设方面，马礼逊教育会明确规定，该校校长、英文科教习均由欧美人士担任，以保证学生学习英语的水准。马礼逊教育会

---

① Yung Wing, *My Life in China and America*, p. 13.
② 顾长声：《从马礼逊到司徒雷登——来华新教传教士评传》，上海书店出版社2005年版，第88页。
③ Elijah Coleman Bridgman, "Notices of the Medical Missionary Society in China, and of the Morrison Education Society in China", *Chinese Repository*, Vol. XI, No. 6, June 1842, pp. 339-340.

1836年成立后，曾用三年左右的时间招聘教员，直至聘任谙熟英语教学法的鲍留云后才开学。对鲍留云的教学能力及教学态度，学生评价甚高。容闳称："他性情沉静，处事灵活，温文尔雅，和蔼可亲，性格乐观。他毫不费力地就能得到学生的喜爱，因为他同情和支持学生努力学习掌握知识，并且全身心投入到自己的工作中去。他在教学中具有天生的才能，授课言简意赅，直截了当，通俗易懂，让学生一听就明。……学生都把他视为一位非常好的老师。从他的性格和天赋来说，他是一位杰出而成功的校长。"① 1845年3月，另一位美国人威廉·A. 麻西（William Allen Macy，1825—1859）应聘来到马礼逊学校。他起初只能担任助教，协助鲍留云校长工作，并做些教学准备，至1846年鲍留云由于健康原因回国才正式接任学校教职。此足见该校对英语师资要求之严格。

教学手段方面，马礼逊学校克服中国传统私塾教育把科学排斥在外、独立思考能力受到压抑等诸多弊端，参照当时欧美的教育模式，并结合中国学生的实际情况，制订出切实可行的教学计划。鲍留云在该校1840年的报告中称，学校的目标是训练整个的人，包括德、智、体，因此安排中国学生"半天读中文，半天读英文，早上6点钟开始活动，到晚上9点钟结束。期间读书共8小时，余下三四小时让学生们户外运动和娱乐"②。该校的英语教学已独具特色：一是固定教学时间，并在教学中融入体育锻炼和智力发展；二是因材施教，根据不同对象灵活掌握教学方法；三是营造宽松学习氛围，提倡发挥学生的独立思考能力。③ 实践证明，马礼逊学校的科学教学方法对培养学生的综合素质大有裨益。中国学生在该校学习三四年之后，英文的听、说、读、写、译等基本技能均颇为扎实，而且对世界地理、各国历史及数理知识的掌握，亦明显高于中国私塾学生。

马礼逊学校在英语教学中大胆探索，不断实践，总结出一些颇有

---

① Yung Wing, *My Life in China and America*, pp. 16 – 17.
② 顾长声：《从马礼逊到司徒雷登——来华新教传教士评传》，第87页。
③ 参见顾卫星《马礼逊学校的英语教学》，《苏州大学学报》2000年第1期。

成效的教学方法。一是循序渐进的语言基础训练。学校在语言基础教学中具体采取如下步骤：第一步，先给出单词或词组，要求学生写出原文中的句子。第二步，给出原文句子，但是刻意省略一些关键词或词组，要求学生用同义词替换，以掌握不同表达方式。第三步，给出原文句子，要求学生对句子进行改写，如主动变被动、长句变短句等，用不同表达方式表达同一含义。从寻找同义词到替换句型，三个环节层层递进，环环相扣，既培养学生在写作中熟练运用不同的表达方式，亦训练学生的逻辑思维能力。二是集体讨论与相互修改的写作方法训练。英语写作乃是一种个体独立行为，仅仅依靠写作者本人往往难以迅速提高水平。鲍留云针对这种情况，摸索出一种让全班同学集体参与写作的教学方法。其具体做法是：先让每一位同学都阅读全班所有同学的作文，然后集体讨论，指出每位同学作文中的错误或者不足。如果作者本人不能立刻拿出修改方案，则由其他同学帮助修改。通过集体讨论与相互修改，能起到取长补短、彼此促进的学习效果。三是阅读与语法相结合的教学方法。毋庸置疑，语法是外语学习的重要前提。只有具备扎实的语法基础，才能提高外语学习的其他能力。马礼逊学校虽然在课程设置中没有开设单独的语法课程，但将阅读教学融入语法学习，让学生在语言情境中学好语法。在上阅读课时，教师首先将阅读材料分成若干复合句，然后分析复合句的结构——什么是主句，什么是从句，再将句子细分到更小的语言结构——单词和词组，解释其功能，阐明其意义。这种方法使学生学会观察具体的语法现象，对语法规则进行分析和归纳，获得了良好的效果。

教材建设方面，马礼逊学校尊崇马礼逊教育会的要求，"采用可以获得的最好的中英文教科书，……以教授学生阅读、写作、算术、地理及其他科学知识"①。其所用英文原版教材，均系其时欧美颇具影响力学者之重要著作。如托玛斯·凯特利（Thomas Keightley,

---

① Elijah Coleman Bridgman, "Proceedings relative to the formation of the Morrison Education Society; including the Constitution, named of Trustees and members, with remarks explanatory of the object, of the Institution", *Chinese Repository*, Vol. V, No. 8, December 1836, p. 377.

1789—1872）的《英国史》（*The History of England*，1839），沃伦·科尔伯恩（Warren Colburn，1793—1833）的《高级算术基础》（*First Lessons in Intellectual Arithmetic*，1821）、《心算续篇》（*Mental Arithmetic Sequel*，1824）、《代数学》（*Agebra*，1827），珀利（Perley）的《地理学》（*Geography*），戈登（Gorden）的《算术》（*Arithmetic*）等。

如前所述，1842年6月的《中国丛报》上刊登了两篇未经删改的马礼逊学校学生写给裨治文的信件（亦可称得上是命题作文）。两封信件虽然用词比较浅显，但没有出现明显的语法错误，而且文中穿插使用一些长句，阐释的问题亦颇切题。对于只学了两三年英语的学生来说，其英文写作水平的确值得称道。1845年11月，《中国丛报》又原文刊登是年9月公开考试中6名学生的英语自由命题作文，分别是《人生之建筑，青年之基石》（The life of man a building, and youth the foundation）、《论中国政府》（Chinese Government）、《论劳动》（Labour）、《一次幻想之旅》（An imaginary voyage）、《论圣经》（Scriptures）和《中国人的来世观》（Nations of the Chinese in regand to a future state）。以题材而言，这6篇作文内容广泛，涉及政治的有《论中国政府》，涉及文化的有《中国人的来世观》，涉及思想的有《论劳动》和《人生之建筑，青年之基石》，涉及宗教的有《论圣经》。就内容而言，这6篇作文包含了对基督宗教的赞美和歌颂，尤其是《论圣经》一文通篇都在论述《圣经》的伟大意义，认为中国的经典书籍无一能和它相提并论。[①] 在语言表达方面，这6篇文章均主题明确，结构完整，语言流畅，词汇丰富，句型多变。尤其是容闳所写的《一次幻想之旅》，不仅内容富于创新，依据想象描绘到达北美新大陆的情景，表达对西方世界的向往，而且文章的语言和结构均堪称范文。

马礼逊学校正式将英语教育引入学校教育，为后期中国的学校英

---

① "Remarks on Specimens of literary composition written by pupils in the school in the Morrison Education Society, and exhibited at its annual examination September 24th, 1845", *Chinese Repository*, Vol. XIV, No. 11, November 1845, pp. 504 – 519.

语教育的发展奠定了基础。与英华书院相比，马礼逊学校的英语教学可谓更趋成熟。特别是该校在英语教学内容和教学方法上的有益尝试与广泛实践，既是中国学校英语教学史上划时代的标志，也在中国近代教育史上具有开创性意义。其开创的语言教学和科学教学相结合的模式，不仅对后来京师同文馆等官办学校的英语教学产生了深远影响，而且为19世纪后期在华教会学校所发扬推广。该校毕业生不乏中西文化交流之人杰，如容闳是中国第一个毕业于美国著名大学者；黄宽（1829—1878）则成为中国第一个在英国名校获得医学博士学位者。

四　结语

创办于京师同文馆之前的中国早期教会学校，总体而言规模有限，设备简易，程度较低（大多数相当于小学水平，少数相当于中学水平），但它们毕竟是中国教育史上迥异于传统学堂的近代新式学校。这些教会学校将英语教学引进、移植至中国，并在英语师资配备、课程设置、教学模式和教学评估等具体教学手段与方法上呈现出与中国传统教育型制截然有别的特征，为随之而至在中国广泛开展的英语以及其他外语的教学实践，起到了积极的启蒙与推动作用。虽然学校英语教学在中国的出现，肇始于传教士因其在中国政治、社会、文化活动空间受到极大限制而引发的传教策略的转变，但在客观上却极大地推动了中西文化的大规模交流，并成为深远影响近代中国的西学东渐历史潮流的重要组成部分。

[原载《华南师范大学学报》（社会科学版）
2008年第4期。收入本书时有修订]

教会大学与中国近代建筑形态的转型

　　中国教会大学是指19世纪下半叶至20世纪上半叶由西方教会组织与传教人士在华创办的一批迥异于中国传统教育型制的新式高等教育机构,其中基督新教创建的有圣约翰大学(上海,1879年)、齐鲁大学(济南,1882年)、金陵大学(南京,1888年)、岭南大学(广州,1888年)、之江大学(杭州,1897年)、东吴大学(苏州,1900年)、华中大学(武汉,1903年)、沪江大学(上海,1906年)、雅礼大学(长沙,1906年)、华南女子大学(福州,1908年)、华西协合大学(成都,1910年)、奉天医科大学(沈阳,1912年)、福建协和大学(福州,1915年)、金陵女子大学(南京,1915年)、燕京大学(北京,1919年)等,天主教创建的有震旦大学(上海,1903年)、津沽大学(天津,1921年)、辅仁大学(北京,1925年)等。教会大学既是中国高等教育近代化的历史遗存,又是中国建筑形态现代化的鲜活标识。教会大学建筑形态之构成及衍演流变,不仅体现为近代中西文化双向成功交流的经典范例,而且开启了中国近代建筑的一个全新形态——大学建筑。作为特定历史时期的特定历史产物,中国教会大学建筑规模之巨、数量之众、形式之新、质量之精、材料之异、设备之良、功能之繁、结构之美,均在中国建筑史上具有里程碑意义,且为近代以来中国大学建筑形态的发展奠定了基本格局。

　　无论是对现代建筑的研究,还是对西方建筑的研究,中国都处于初始阶段,20世纪80年代初以后,中国学者才开始较严肃地关注"现代中国"的建筑。"西方建造技术的引入,如钢筋混凝土和筏型基础的应用，对于促进建筑的变革无疑是根本性的，但是我们目前对此的理解还仅仅停留在细枝末节上。"① 对教会大学建筑的探究，更是20世纪90年代的事情了，且研究多以建筑学视域为路径，至今成果寥寥。② 真正站在文化传播与全球化、现代化的哲学高度透视中国教会大学建筑的研究，依然匮阙。

一 中国教会大学建筑形态的构建

兴办教育是基督宗教的立教之本与传教的重要手段。"教育几乎从一开始就是基督（宗）教事业发展的一个不可或缺的内容，而且很快就成为一个重要部分。"③ 19世纪末，在华兴办教育事业的西方传教士逐渐认识到，只有发展高等教育，培植一批掌握西方科学文化知识和具有基督宗教精神的华人知识分子，以取代崇奉儒学孔道的中国士大夫阶层，基督宗教才有希望在中国得到传播与植根。另外，其时中国社会的种种迹象亦表明，西方教会在华发展高等教育事业的基本条件已经具备。于是乎，筹划创建较大规模的正规大学便成为教会组织的当务之急。④ 自然而然，教会大学校园规划和建筑形态这一中国建筑史上前所未有的课题出现了。中国教会大学全面创办之时，恰逢西方教会组织调整传教策略，强化基督宗教"本色化""中国化"之际，于是许多传教士逐步加深对中国传统文化的认知，从而推动教会的"世俗化"与"本土化"。所以，教会大学的创办者们希望大学的建筑形式能糅合某些中国传统建筑的文化元素，体现"中国式"

---

① ［美］郭伟杰（Jeffrey William Cody）：《谱写一首和谐的乐章——外国传教士和"中国风格"的建筑，1911—1949年》，朱宇华译，载刘东主编《中国学术》总第12辑，商务印书馆2003年版，第68页。

② 董黎乃中国学界该领域研究的开拓者之一，其《中国教会大学建筑研究——中西建筑文化的交汇与建筑形态的构成》（珠海出版社1998年版）可谓代表之作。

③ ［美］芳卫廉（William P. Fenn）：《基督教高等教育在变革中的中国：1880—1950》，刘家峰译，珠海出版社2005年版，第6页。

④ Kenneth Scott Latourette, *A History of Christian Missions in China*, London: Society for Promoting Christian Knowledge, 1929, pp. 622–646.

教会建筑特征，以此来表述基督宗教"普世性"之"地域化"诉求，以及迎合中国各阶层人士之民族心理。此乃中国教会大学建筑形态构成的主要思想根基。

（一）校园中心区建筑理念的引入

19世纪下半叶至20世纪初是中国教会大学的初创时期。任何一所大学在进入实质性建筑工序之前，首先要考虑的则是校园的整体规划与施工设计问题。西方传教士理想中的教会大学，是19世纪美国大学那种校园模式——坐落于城市郊外，教学区、办公区和宿舍区彼此分离，形成独立僻静的学术社区。中国教会大学的设计大都出自美国建筑师之手，他们带来西方尤其是美国的校园规划构想与设计手段，其中最典型的是引入"校园中心区"理念。大学校园中心区是指，在一套拥有传授、学习和研究高等学问所基本必备的设施和场所，并具有相对独立完整体系的校园中，在规划结构、功能组织、环境意象三个方面最具标志性、控制性的区域。应该说，教会大学的出现拉开了中国近代大学校园整体规划与建筑设计的序幕。

中国教会大学校园中心区理念在建筑学上的符号意义，不仅彰显于其特有的学术文化氛围上，而且体现在特定的地域性、功能性、生态性与艺术性方面。它们虽个性各异，但仍具某些共同特征。其一，大都采用中轴线规划布局，左右对称，校园内设计较规整的网络道路系统。其二，教学区基本以西方"方院式"平面格局为主体，设置较大的公共绿地，呈几何庭园形状，建筑物周围亦多环绕几何形状的花坛和树丛。其三，功能分区明确，以教学区、行政区、生活区三大板块组构，基本上采用西方修道院式的住宿学院制模式，校园形成相对封闭的小环境。其四，校园建筑风格一致，较好保持整体环境的协调，但建筑形式相对保守，往往重视校园环境的群体形象而忽略单体建构。[①]

---

① 参见董黎《中国近代教会大学校园的建设理念与规划模式——以华西协合大学为例》，《广州大学学报》（社会科学版）2006年第9期。

上述特征可从一些校园规划与建筑实例得到佐证。岭南大学校园中心区型制类似于美国弗吉尼亚大学（University of Virginia），以南北数百米绿地为中轴，两侧建造教学楼、实验室、图书馆、学生宿舍及教师住宅等，中心绿地的南端是基督教堂，北端临江设置校门作为主入口。东吴大学校园中心区为多栋建筑单体环绕独立庭院设置。独立庭院尺度较大，环绕建筑多为两层结构，因而建筑群显示出开敞性及纪念性。学校主要教学楼设六层钟塔于建筑群主轴线上。这种中心区布局受北美大陆"开敞式校园"的影响。齐鲁大学校园按功能分区布局，功能相近的校舍集中成区。教学区居中为校园中心区，以中轴对称设置行政楼、图书馆及主要教学楼，校园教堂及行政办公楼分别位于轴线两端。将行政楼置于主轴端点的设计显然是受中国文化因素的影响。金陵女子大学中心区采取主次院落、轴线对称的群体布局。校园以三合院或四合院为基本单元，以严整的网织筑构单体，通过轴线串联或并联院落，形成有空间序列的建筑群。这是中国教会大学中心区的一种典型布局形式。此种布局，受到中国传统木质构架建筑以单体围合院落，形成规模宏大、丰富多变的建筑群布局形式的影响。燕京大学校舍集中于未名湖周边，由两条主轴线串联而成。第一条轴线始于西校门，穿过二华表，及由贝公楼、穆楼及睿楼组成的三合院而达思义岛上的思义亭。第二条轴线为"生活轴"。两条轴线相交于中心绿地。校园中心区即为第一条轴线上的三合院与中心绿地共同组成的区域。这种型制与金陵大学如出一辙。金陵大学的主要建筑沿一条主轴线布局。北端的北大楼是学校的主楼，位于校区最高处，体量最大。北大楼以中式塔顶取代西式钟楼，成为建筑群中发挥控制性作用的标志物；大楼两侧分立东大楼与西大楼，三楼围合形成行政与教学三合院空间，同时形成校园中心区。

综而观之，中国教会大学校园中心区的发展虽然有两条主线，但殊途同归。西方建筑文化的引入显然促进和影响了教会大学的校园规划。中西方建筑文化相互碰撞，最终在校园中心区的建设中达到渗透融合；同时，中心区建筑型制也逐渐达到古代和近现代形式相结合。

这种相互渗透、彼此融合的现象并非因创建者个人意志为转移，而是因社会真实发展自然演进而产生。①

（二）中西合璧式建筑风格的彰显

20世纪初始的20年是中国教会大学相对平静的发展阶段。此一时期，适遇中国爆发大规模反洋教运动之前夜，中国民众对西方教会普遍抱有抵触情绪。于是，"按照西方人的思维习惯，作为一种姿态，他们也很自然地想到建筑的文化参照物的表象效应。因此，原本认为互不相容的中西建筑文化观念，终于有了一处朦胧的共通点，即需要创造一种能满足各自不同的文化动机并具有表象特征的建筑形式"②。这便是中国教会大学创造中西合璧式建筑的历史契机。采用中西合璧式建筑的教会大学主要有圣约翰大学、金陵大学、华西协合大学、华中大学、湘雅医学院、华南女子大学、金陵女子大学、福建协和大学、岭南大学、齐鲁大学、燕京大学、辅仁大学等，另外还有原属教会的北京协和医学院。

圣约翰大学被视为最早尝试中西合璧式建筑风格者。该校创办时间最早，建筑施工始于1879年。其首幢校舍为两层楼的外廊式建筑，正面宽220英尺（约67米），深130英尺（约40米），外部样式采用具有江南格调的民居形式，西洋味道甚少。其后该校又依此样建造宿舍三幢，表现出参照中国书院平面总体布局的痕迹。1894年竣工的怀施堂乃中国教会大学最早出现的中西合璧式建筑，两层砖木结构，中式的歇山屋顶上铺陈传统的蝴蝶瓦，口字形平面布局，墙身假以连续的西式圆拱外廊构图。最引人注目的是对钟楼的处理——以两个横向歇山顶教学楼夹住竖直的钟楼，体量组合关系更像是勉强拼接而成。钟楼采用双层四角攒尖顶，檐角夸张地飞扬上翘。该校校长卜舫

---

① 参见覃莺、刘塨《中国近代大学校园中心区沿革概要（1840—1949）》，《华中建筑》2002年第2期。
② 董黎：《教会大学建筑与中国传统建筑艺术的复兴》，《南京大学学报》（哲学·人文科学·社会科学）2005年第5期。

济（Francis Lister Hawks Pott，1864—1947）曾说："关于建筑物之图样，已经在美国绘就，务将中国房屋之特质保存。如屋顶之四角，皆作曲线形。实由约大开其端，后此教会学校之校舍，皆仿行之，甚为美观。"① 可见怀施堂的设计是隔洋造车之作。不过，该建筑之设计者对中国古典建筑的认识还停留在欧洲18世纪的"中国风"时期，将江南园林的亭廊造型误认为中国古典建筑之精粹。圣约翰大学之所以要保存"中国房屋之特质"，其本意是表现该校历史的延续，却不料做了一次中西建筑文化交汇的开创性尝试。中国教会大学本身就是充满矛盾的历史产物，某些关键性人物也是极其复杂的。卜舫济便是一个顽固坚持"中华归主"信仰，同时又尽毕生精力投身于中国教育事业的传教士，对中国怀有某种特殊的情愫。在其主持下，圣约翰大学的建筑一直注意保留中国古典建筑的痕迹，以此作为该校的建筑特色——用他的话说是"外观略带华式"。纵观圣约翰大学的建设过程，从早期完全的中国民间传统样式，到后来的"务将中国房屋之特质保存"，再到"参用中西建筑形式"乃至"外观略带华式"，实乃近代中西文化交汇体现于建筑文化之经典例证。②

燕京大学校园建筑可谓中国教会大学中西合璧式建筑之最高艺术典范。该校之所以有如此美丽的校园建筑，首先归功于校长司徒雷登（Stuart John Leighton，1876—1962）的倡导和奔走，以保证充足的资金用于校园建设。他也是"基督教中国化"的代表人物，提倡学校建筑"中国化"的思想理念，陆续主持建造了88幢中西合璧式的建筑，并在校园内布置小桥、亭子、狮子、华表一类的建筑小品，创造浓厚的"中国化"校园环境氛围。在中国近代的教会大学或国立大学、私立大学中，燕京大学的校园建筑群堪称规模最大、质量最高、整体性最完美者。司徒雷登曾回忆说："从一开始，我们就决定采用

---

① 《圣约翰大学五十年史略》出版委员会编：《圣约翰大学五十年史略：一千八百七十九年至一千九百廿九年》，台湾圣约翰大学同学会1972年重印本，第3页。
② 参见董黎《教会大学建筑与中国传统建筑艺术的复兴》，《南京大学学报》（哲学·人文科学·社会科学）2005年第5期。

中国式建筑风格建造教学大楼。建筑外形设计为优美的曲线和华丽的色彩，主体结构则由钢筋混凝土建造，再配以现代化的照明、取暖和管道设施。如此，校园建筑本身便是我们教育目的的象征——保护所有中国文化遗产中最有价值的东西。"① 中国教会大学史家鲁珍晞（Jessie G. Lutz，亦译"杰西·G. 卢茨"）亦提及："1926年，燕京大学迁至北京城外的新校址。在新校址，学校采用西方建筑技术与中国公共建筑装饰元素相结合的建筑风格，建造出中国最美的大学校园之一。燕大因其实力最强、规模最大、捐赠最好，很快成为中国教会大学的领导者。"② 司徒雷登甚至对自己亲力亲为完成的燕京大学新校园这一杰作颇为满意。他说："（新校园建成）若干年之后，许多来访者均说燕京是世界上最美的校园。这一点，连我们自己也几乎相信了。"③

中国教会大学中西合璧式建筑风格的发展与成熟，直接推动了中国传统建筑艺术的复兴。

（三）中国传统建筑艺术的复兴

中国传统建筑艺术复兴，是指20世纪20年代左右以教会大学建筑为开端的，采用当时西方工程技术和建筑材料，平面设计符合西方建筑功能主义设计理念，外部造型模仿或挪用中国宫殿寺庙建筑构图元素，并与西方建筑风格相糅合的新型建筑样式，亦简称为"大屋顶建筑"。"大屋顶"作为中国传统建筑最显著的标志，成为中国教会大学建筑中最鲜明的标识之一。

1922年的"非基督教运动"及其后的"收回教育权运动"对在华教会大学的命运影响重大。为应对中国时局，西方教会组织迅速发

---

① John Leighton Stuart, *Fifty Years in China-The Memoirs of John Leighton Stuart*, *Missionary and Ambassador*, New York: Random House, 1954, p. 56.

② Jessie Gregory Lutz, *China and the Christian Colleges*, *1850–1950*, Ithaca & London: Cornell University Press, 1971, p. 123.

③ John Leighton Stuart, *Fifty Years in China-The Memoirs of John Leighton Stuart*, *Missionary and Ambassador*, p. 57.

起"本色教会"运动。教会大学的具体措施,就是在力所能及的范围内明确表示实行"中国化"的基本态度,及时调整学校与中国社会之间的关系。因此,建筑样式再一次被用作表述附加文化意义的语言符号。发扬东方固有文明的基本导向,对建筑样式的表述方式起到了决定性的作用。自此之后,中国教会大学建筑出现了明显的复古主义倾向。①

北京协和医学院是中国近代复古建筑的早期实例,也是传教士的基督宗教建筑理念与建筑师的审美意识达到默契的典范之作。其主体建筑竣工于1921—1925年,设计原则是尽可能在外貌上采用中国形式,以使建筑和北京的历史古迹相互彰显并达致和谐。该学院建筑分为教学区和医疗区,建筑高度不超过三层,用汉白玉栏杆回廊联结,围成半封闭的院落布局;外部造型以故宫太和殿为模仿原型;优美舒展的凹状曲线屋面,嵌以各种典雅精致的仿造瓦饰;加之平直的檐口、微微起翘的檐角、古朴的绿琉璃筒瓦,构成纯净的中式大屋顶型制。围成院落的建筑群全部坐落在汉白玉的台基上,栏杆、扶手以及台阶等建筑细部也是中国古典式的。显而易见,设计者在捕捉中国古代宫殿式建筑外部特征上真可谓用心良苦。北京协和医学院建筑虽然有其不成功之处,但仍可视为中西合璧建筑样式转向复古主义倾向的标志性作品。② 教会大学建筑进入兴盛期后,复古特征更趋明显。如福建协和大学、湘雅医学院、金陵女子大学、燕京大学、岭南大学等,其主体建筑都充分体现中国传统建筑的理念元素。这些作品大多出自此期复古主义的代表人物——美国建筑师墨菲(Henry Killam Murphy,1877—1954)之手。③ 1936年秋,美国圣公会(Episcopal Church in the United States of America)建筑师柏格米利(John Van Wie

---

① 参见董黎《教会大学建筑与中国传统建筑艺术的复兴》,《南京大学学报》(哲学·人文科学·社会科学)2005年第5期。

② 参见董黎《教会大学建筑与中国传统建筑艺术的复兴》,《南京大学学报》(哲学·人文科学·社会科学)2005年第5期。

③ 有关墨菲在近代中国之建筑活动,详见Jeffrey William Cody, *Building in China: Henry K. Murphy's Adaptive Architecture, 1914–1935*, Hong Kong: Chinese University Press, 2001。

Bergamini，1888—1975）在整体规划华中大学校园建筑时，更是结合地域特性，将校行政楼设计为"顶部仿黄鹤楼建筑形式"①。

中国教会大学建筑的复古现象，是在很复杂的社会环境中产生的。这些复古建筑均使用近代的新材料、新技术，大多由钢筋混凝土构建，对使用功能又有许多新的要求。然而，大屋顶的空间浪费巨大，混凝土制作的斗拱、檐椽又琐碎至极；反反复复涂饰于钢筋混凝土上的油漆彩画，除了仿古的需要，没有任何实际价值；许多房间由于平面和立面造型的束缚，使用上很不合理；形式上的照套、搬用亦造成风格上的僵化。但是，在不同历史时代与不同文化潮流的交汇点，复古主义常常肩负着"以复古为更新"的重要使命。复古不是永久的，创新才是永恒的；复古建筑因其不可克服的局限性而逐渐让位于新的建筑。于是乎，复古便成为复兴，便成为中国近代建筑史上不可缺少的文化启蒙。

二 中国教会大学建筑形态的特征

一般而言，任何一种建筑倾向或建筑风格的形成，都必须建立在一定的建筑数量与质量的前提之下，此亦为确立某种建筑形态具有特殊意义的必要条件。建筑美学认为，只有当代表某种倾向或风格的建筑形态具有"合法性"的意义时，此种建筑形态才能表现出其独自的个性特征。"这种意义可以把它自身作为一种视觉感受进行交流，使这一形式显得合适，看着合适，而且通过这一形式再向我们保证似乎暗含在它里面的价值。"②透过中国教会大学建筑形态的历史发展与文化蕴涵，建筑学家探寻到其所显现的基本特征。③

---

① 参见[美]柯约翰（John L. Coe）《华中大学》，马敏、叶桦译，珠海出版社1999年版，第106页。

② [英]罗杰·斯克鲁顿（Roger Scruton）：《建筑美学》，刘先觉译，中国建筑工业出版社1992年版，第200页。

③ 参见董黎《中国教会大学建筑研究——中西建筑文化的交汇与建筑形态的构成》，珠海出版社1998年版，第41—44页。

(一) 中国教会大学建筑形态的特异性

建筑形态的特异性是通过不同途径、不同程度的创新来体现的。教会大学建筑是中国近代建筑史上的新生事物,无论从设计理念还是建筑形态来讲,均为华夏古国前所未有,而且展示出别具一格的风采,具有明显的特异性。教会大学建筑的特异性是建立在重组构成基础之上的,具体而言,是由构成中西不同建筑形态的基本元素重新组合而成,而非创造了某些新的建筑元素。古往今来,任何建筑形态都是由建筑基本元素构成的,"不论它是艺术上的夸张、变形、重组和拓扑构成,这些要素都好像语言学中的元素一样,它的基本的词汇是难以变动的";"至于一个时期的风格(style)则是这些元素依据文化、技术、习尚、艺术、爱好、社会心理的需求而产生时代、地区的特定样式"①。建筑学领域的创新,必须以建筑技术和建筑材料有重大突破为前提。此与其他艺术形式显然不同。建筑理论研究特别注重文脉传承,认为特定建筑样式只能通过对原已存在的风格进行修改,甚至是对原有的某些手法进行模仿而达到,不可能因设计者的主观臆想而出现。所以说,重组和异化是中国近代建筑(包括教会大学建筑)形态创新的主要方式。历史事实证明,中国传统古典建筑在不同朝代的细微变化已被视为某一时代的风格特征,所以,具有转型意义的中国教会大学建筑的特异性更是昭然可示的。

(二) 中国教会大学建筑形态的稳定性

建筑形态的稳定性是通过同一形式或同一构成方式的数量和质量来体现的。教会大学在中国大地上广泛出现之时,曾声势浩大地规划、建设校园,成为当时中国最大规模的建设活动之一。此期亦被视为中国近代建筑史上的一个兴盛期。无论是早期的中西合璧式还是后来的古典复兴式,中国教会大学建筑的数量都比较多,规模都比较

---

① 齐康:《意义·感觉·表现》,天津科学技术出版社1998年版,第19页。

大，质量亦比较高，而且形成整体，一般均为学校所在城市或地区的主要景观。如圣约翰大学的怀施堂和科学馆，几乎与上海外滩租界同期施工建设，成为该市的标志性建筑；金陵大学的北大楼外形凸显，高齐鼓楼，宏伟古雅，是当时南京最高的建筑之一；湘雅医学院的建筑在当时的华中地区成为"摩登"的代名词；华西协合大学建筑群被视为成都近代建筑的代表之作；辅仁大学建筑当时被誉为北平三大建筑之一；燕京大学校舍的宏伟和校园的优美更是世界驰名。中国教会大学建筑作为具有中西两种深厚底蕴文化交汇的积淀物，自诞生之日起便表现出强劲的生命力，稳固地屹立于东方古国，并作为一种历史遗产呈现出永恒的魅力。

（三）中国教会大学建筑形态的连续性

建筑形态的连续性是通过一定的时间跨度来体现的。中国教会大学建筑的时间跨度长达半个多世纪——从1879年到1949年。教会大学在中国出现之时，即明确将其建筑形态定位于中西合璧样式。1894年建成的圣约翰大学怀施堂被视为中西合璧式建筑形态的雏形，其显耀标志是将屋檐起翘的大屋顶简单地盖在有圆拱外廊的西式墙身之上。而1910年之后的教会大学建筑，其设计则普遍注意墙身细部的中国式处理，以弥补中式大屋顶和西式墙身衔接的不协调。其简古的建筑装饰和局部的色彩配景更增添建筑的中国味。20世纪20年代左右，教会大学建筑又掀起复古潮流，而且愈演愈烈。各种类型传统大屋顶的运用，从整体比例按传统宫殿建筑型制拼合大屋顶，套用在现代建筑体量之上。同时，建筑工艺上采用某些传统建筑符号如飞檐、斗拱、须弥座、门窗套，以及细部纹饰如霸王拳、彩绘、漏窗等，进行点缀以追求"形似"，体现出教会大学建筑在设计观念上的"与时俱进"。总而言之，教会大学的建设活动虽因中国政治时局之故时疾时缓，但一直持续到1949年。华西协合大学的新礼堂乃其最后作品。

三　教会大学建筑与中国近代建筑形态的转型

建筑是文化的参照物，蕴含浓郁的时代气息与深厚的民族情怀。鸦片战争之前，西方建筑只能在极其严格限制的前提下局部进入中国，而鸦片战争之后，它们则在中国的商埠城市大量移植、广泛传播，极大地促进了中国近代建筑形态的转型。建筑文化史家认为，"早期西方建筑对中国近代建筑产生影响的第一条渠道是教会传教渠道"①。"通过对现存文献中的案例研究，我们可以肯定的一件事情是：在二十世纪早期的中国，建筑领域的许多活动总是和传教士联系在一起。"② 中国教会大学建筑作为在华教会建筑的重要板块和沟通西方文化与中国社会的特殊媒介，无疑具有举足轻重的作用。

（一）开启中国近代大学建筑的先河

中国传统校园型制是书院，其平面布局均沿用中国古体建筑之四合院形式，与贵族府邸、衙门庙宇并无二致。中国教会大学普遍购置空地兴建，并进行全面的校园规划；设计者一般为教会聘请的西方建筑师，其所反映出的欧美大学校园规划的设计理念与方式，逐渐演变成一种固定模式。教会大学的校园规划和建筑，至今已成为各自继承者引以为豪的珍贵遗产。

教会大学校园规划的设计理念与方式，无疑对中国近代大学校园规划起到某种示范作用。在此影响之下，中国的国立大学、私立大学也越来越重视大学校园的规划与设计，较全面地吸收和运用西方近代大学的规划理念与建筑手段，引导和规范中国近代大学校园的建设。

---

① 杨秉德：《早期西方建筑对中国近代建筑产生影响的三条渠道》，《华中建筑》2005年第1期。
② ［美］郭伟杰（Jeffrey William Cody）：《谱写一首和谐的乐章——外国传教士和"中国风格"的建筑，1911—1949年》，朱宇华译，载刘东主编《中国学术》总第12辑，第68页。

1921年建成的清华大学大礼堂、图书馆、科学馆、体育馆四大早期建筑，无论是外观造型还是内部结构都吸纳欧美新古典主义理念，尽量讲究气派，追求一种永恒的、有纪念意义的建筑风格。尤其是大礼堂位于校园中央，穹顶、铜门、门廊采用汉白玉爱奥尼柱式（Ionic Order），墙体采用红砖，从形体到色彩都形成鲜明的对比，增添建筑物的蓬勃生机，可以认为是美国20世纪初学院派艺术校园形式的翻版。"在客观上清华早期无论是校园规划还是建筑形式都代表了当时世界校园规划、设计的最新潮流，具有前卫性。"[1] 这批建筑主要由墨菲设计。

建于1922年的厦门大学群贤楼，亦出自墨菲之手。但由于陈嘉庚（1874—1961）特别强调建筑的民族风格，于是改变墨菲的设计，在西洋式的屋身之上冠以闽南风格的穹式琉璃瓦顶，形成嘉庚建筑风格的中西合璧式样，异于厦门其他近代建筑。

建于1924年的国立中央大学（现东南大学）的孟芳图书馆，外观采用标准的罗马爱奥尼柱式构图，造型十分严谨，符合西方古典建筑型制，是南京最优秀的西方古典建筑实例。图书馆灰色的格调与中央大学浓郁的学术氛围相融合，掩隐在高大的梧桐树下，更显沉稳与古典。建于1930年的中央大学大礼堂，则为校园内这组西方古典建筑确定了中心。该建筑中部采用罗马式大穹隆顶，属欧洲文艺复兴时期的古典形式，塑造了大学特有的雄浑博大的意象。整座建筑简洁而又整饬，端庄而又典雅，至今仍是中国大学建筑的一种象征。大礼堂造型宏伟，正对着中央大学的校门，成为学校的标志建筑。

建于1934年的河南大学大礼堂被誉为"河南近代建筑明珠"。礼堂的设计在充分采用中华传统建筑形式的基础上，适当吸收西式建筑中的优秀部分。以4组8根巨柱装饰入口，使画面构图更富于韵律感，入口十分突出。礼堂主体部分的正方形平面与门厅长方形平面的

---

[1] 屈德印：《从传统园林到现代校园——清华大学早期校园环境设计初探》，《装饰》2000年第6期。

结合，简洁而富于变化，严整又不显单调，和谐统一。整个礼堂以中门为轴线，两边严格对称，形成均衡美。正面加上对称的八角透窗，上部变以卷棚屋顶，门上方圆窗点缀，侧面排以整齐玻璃方窗。该礼堂于大型中华民族传统屋顶之下，融入几点西式明快色彩，严肃中透出几分快乐、活泼。

在今天的中国大学校园建筑中仍隐约可见近代教会大学设计理念与建筑手段的痕迹。

（二）引进西方近代建筑文化的理念

建筑作为一种文化符号，更确切地说是文化表象的外在载体。由于中西两种文化体系迥异，人们对世界、宇宙的认识和对哲学、宗教、艺术的看法自然不同，同时也带来建筑文化的差异。

中国是一个"宗法文化"色彩浓郁的国度。传统的东方建筑一直以木头为架构，中国古代的木制建筑不是纵向升腾，而是横向展开，决定其基本语言不是柱子，而是斗拱——此乃构建中国传统建筑之关键。而传统的西方建筑则长期以石头为主体。石头是一种密度很高的建筑材料，其优点是使用寿命长，特点是足以承担巨大的压力，宜于向高空发展。西方的经典建筑往往具有几十年甚至几百年的施工周期，可一旦落成则可经受千百年的考验。与石头的特点相关，西方建筑的基本姿态是拔地而起，指向苍穹。无论是拜占庭式（Byzantine）、哥特式（Gothic），还是文艺复兴式（Renaissance-style）的建筑，都在穹顶、尖顶或圆顶上发挥创意。从外部形态看，这些建筑都呈现挺拔、伟岸的身躯；以内部结构言，这些建筑又都有些阴冷、幽暗的特点。能否将高密度的石制屋顶擎入云霄，便成为建筑艺术的关键所在，而执行这一任务的柱子则成为关键中的关键。所以西方建筑的"基本词汇"是柱子，即那些垂直向上、顶天立地的石头。[1] 中国教

---

[1] 参见陈炎《东西方建筑的古代、现代、后现代特征》，《天津社会科学》2003年第3期。

会大学在建筑手段上无疑大量使用了西方建筑的基本语言，成为将西方近代建筑文化理念导入中国的重要载体。

教会大学建筑形态突破中国数千年来物以致用的狭隘建筑观念，展示中国传统建筑的时代意义和民族文化。在中国建筑史上，20世纪30年代所倡导的"中国固有形式"的运动，20世纪50年代所提出的"社会主义内容、民族主义形式"的建设方针，至今乃如火如荼的"神似与形似"之争，都与教会大学建筑有着直接的渊源。[①] 从教会大学在中国大陆消失后半个多世纪以来的建筑实践看，众多中西合璧式的建筑作品，俨然还在揭示教会大学建筑形态的存在价值和深远影响。

（三）树立中西文化双向交流的典范

以建筑学而言，教会大学所开创的中西合璧式建筑形式，试图将中国传统建筑与西方近代建筑相结合，并导致中国传统建筑艺术之复兴，是中西文化双向交流成功的典范。中西方建筑文化观念的根本区别在于，自古希腊以来，西方建筑形态的构成可以视为宗教在不同历史时期的表象参照物，最为壮丽宏伟的建筑往往是宗教建筑。简言之，西方建筑形式是宗教神学的具体化，西方建筑文化观念建立在追求纪念性的精神方面；而中国的建筑文化观念则建立在追求世俗化的生活方面。当两种不同的造型体系相碰撞时，最直接、最大的矛盾就是各自视觉样式所依据的视觉心理差异。由是，其时欧美流行的折中主义思潮自然成为首选，即两种体系的建筑符号相互拼贴、杂合使用，最终形成中西合璧的另类形式。

来华经年的西方传教士除了秉承"中华归主"的使命外，亦逐渐滋生对东方文化的友好情感，从而促使他们能够较客观地理解中西文化差异，并为中西建筑文化的结合作出一定的贡献。譬如金陵大学前

[①] 参见董黎《教会大学建筑与中国传统建筑艺术的复兴》，《南京大学学报》（哲学·人文科学·社会科学）2005年第5期。

身的汇文书院首任院长福开森（John Calvin Ferguson，1866—1945），便长期钻研中国文学与艺术。为筹资成立金陵大学文学院，他1929年将自己收藏的一千余件古代文物悉数捐献，并提出以"在相当期内，完成一中国营造式之坚固建筑物，以藏储并陈列赠与物，此项建筑费用，不得低于华币银四万元"① 为目标。中国教会大学建筑，有一些是传教士的海外家属为纪念那些曾经在中国从事教育工作的传教士而捐建，一般都约定采用中西合璧的建筑形式，体现传教士向西方传播中国传统文化的功用。

　　有些西方传教士持有较公允的建筑艺术评判标准，能摒弃自身历史文化价值观念中盲目的民族偏见。他们为了说服外国教会机构接受客观公允的评判标准，不仅特意强调中国古典建筑在中国传统文化构成中的重要地位，而且将其与教会的"本土化"和"世俗化"传教策略联系起来。刚恒毅（Cardinal Celso Constantini，1876—1958）枢机主教就是其中的代表人物之一。作为第一任罗马天主教宗座驻华使节，在华8年期间，他将自己的传教事业与中国古典建筑艺术紧密结合，并明确表述自己的建筑理念。1929年11月13日，在北京辅仁大学校园兴建奠基典礼上，刚恒毅提出自己的构想："本校整个建筑采取中国古典艺术式，象征着对中国文化的尊重与敬仰；我们很悲痛的看到中国举世无双的古老艺术倒塌、拆毁或弃而不修，我们要在新文化运动中保留着中国的古老的文化艺术；但此建筑的形式不是一座无生气的复制品，而是象征着中国文化复兴与新时代的需要。"② 该校建筑的主要设计者格雷斯尼哥特（Adelbert Gresnigt，1877—1965）既是一位本笃会（Ordo Sancti Benedicti）修士，又是一名建筑师。他曾花费大量时间研究中国的建筑风格，为学校的建筑提供能够体现"本

---

　　① 《金陵大学档案》，藏于中国第二历史档案馆。转引至董黎《中国教会大学建筑研究——中西建筑文化的交汇与建筑形态的构成》，珠海出版社1998年版，第71页。
　　② ［意］刚恒毅（Celso Benigno Luigi Costantini）：《辅仁大学的建校目的——刚恒毅枢机的演讲词》，张振东、李贵荣译，载辅大编辑委员会编《辅大五十年》，辅仁大学出版社1979年版，第40页。

笃主义精神特征"的设计方案。该方案"既能使新旧校舍和谐一致，又能使传统的中国建筑形式适应现代学校建筑风格的需要"①。所以，辅仁大学的建筑既烙刻了天主教的"大公精神"，又体现了新时代的大学功能，且新旧融合，相得益彰。

中国教会大学建筑是在中国文化与西方文化相较明显处于劣势的情况下，异质文化交流达到"双赢"的难能可贵的文化参照物，因而被视为近代中西文化双向交流较成功的"个案"。

四　结语

中国古典建筑与西方近代建筑是分属两种完全不同文化体系的表象符号，其建筑理念、建筑材料、建筑工艺、审美取向、文化内涵等均大相径庭。教会大学建筑是由一批欣赏中国文化的、有地位有品位的西方传教精英和一批具有高超专业技能的西方建筑翘楚诚挚合作完成的传世作品，创建伊始即定位于较高水平的建筑层面之上。虽然运用建筑学的方式将异质文化元素有机糅合难度甚大，但建造者对两种文化精髓的理解却深刻传神，令人折服。无论是对东方还是西方，这都是一笔不可多得的精神财富。此外，教会大学建筑更重要的价值还在于，它是中国民族形式建筑的起点，是现代化思潮与民族化理念在建筑文化上的精美结合。所以，从某种意义说，教会大学建筑作为中西建筑文化交流的开端，实际上成为中国近代民族形式建筑风格发展初始时期的代名词。

[原载《暨南学报》(哲学社会科学版) 2007 年第 6 期]

---

① [美] 吴小新:《北京辅仁大学——天主教本笃会时期的个案研究》，张晓明译，珠海出版社 2005 年版，第 68 页。

下编

知识传播与文明互鉴

东西方文化对话与中华文化的抉择
——章开沅教授访谈录

"章开沅先生,中国近代史学界之泰山北斗。他善为人师,言传身教,润物无声,桃李满天下;他勤于治史,勇于创新,在多个史学研究领域取得累累硕果,把中国的辛亥革命史研究推向国际,将国外的中国教会大学史研究引进本土。先生不仅关注历史,还拷问'史魂',以超越世俗的纯真与虔诚,积极参与历史的创造,并在近古稀之年潜心南京大屠杀研究,维护历史尊严。先生治史六十余载,至今笔耕不辍,心系史学繁荣以及用史学研究来推动社会进步、文明提升及至世界和平。'历史是已经画上句号的过去,史学是永无止境的远航',无疑是先生在史学研究道路上漫漫求索的最好写照。"①

一 人类文明的衍演与文化体系的构筑

陈才俊:章先生,您好!我们曾经就"人类文明建构"这一主题进行过讨论,但谈得更多的是对 20 世纪以来全球范围内人文精神缺失、价值体系沦丧的担忧,以及对人类文明重建的一些构想。②其实,

---

① 2018 年 12 月 11 日,章开沅先生获得第七届吴玉章人文社会科学终身成就奖。此为中国史学会会长李捷宣读的颁奖辞。本书出版时,特借用此颁奖辞,以彰显章开沅先生之学术成就。

② 参见章开沅、陈才俊《价值体系的重建与人类文明的重构——关于"人类文明建构"的对话》,《南国学术》2014 年第 2 期。

人类文明构成的核心要件——文化问题本身，才是人类文明重构之关键所在，值得深入探究。

章开沅：是的。按照考古学家和人类学家的解释，人类文明的初始形态大致有二：一是指有人居住、有一定经济文化的地区，如黄河流域文明、两河流域文明、尼罗河流域文明、印度河流域文明；一是指文化类似的人群，如儒家文明、佛教文明、基督宗教文明、伊斯兰教文明。显而易见，文明的内核是文化。可以说，文化的生成、演变、传播、交汇与融合，对人类文明的产生、衍演、完善与流变，厥功至伟。

陈才俊："文化"一词的出现及其在世界不同文明体系中的衍演，本身就是人类文明发展史上的重要成果。自古罗马哲学家西塞罗（Marcus Tullius Cicero，前106年—前43年）首次以拉丁文"*cultura animi*"表述"文化"概念以来，不少哲学家、社会学家、人类学家、历史学家和语言学家，各自从自己的学科视阈出发，通过解析世界不同的文明体系来探究文化的意涵，虽然至今仍见仁见智、言人人殊，但有一点共识则是毋庸置疑的。那就是：文化是人类文明构成的主体。文化进化论的代表人物、英国人类学家泰勒（Edward Burnett Tylor，1832—1917）在其代表作《原始文化：神话、哲学、宗教、语言、艺术和习俗发展之研究》（*Primitive Culture*：*Researches into the Development of Mythology*，*Philosophy*，*Religion*，*Language*，*Art*，*and Custom*）一书中指出："文化，或文明，就其广泛的民族学意义来说，是包括全部的知识、信仰、艺术、道德、法律、风俗以及作为社会成员的人所掌握和接受的任何其他的才能和习惯的复合体。"[①] 此被视为对文化比较经典的阐释，亦为学术界广泛接受。

章开沅：不过，文化和文明还是有内在区别的，二者不可混为一谈。相较而言，文化偏于"内"，注重精神层面，其本质是人的精神

[①] [英] 爱德华·泰勒（Edward B. Tylor）：《原始文化：神话、哲学、宗教、语言、艺术和习俗发展之研究》，连树声译，广西师范大学出版社2005年版，第1页。

意识和情感之间的联系，而这种联系又总是要通过特定的文化形态表现出来。文明则偏于"外"，是上述特定文化形态发展到特定阶段之后所呈现出的总体的和基本的价值尺度。从某种意义上说，文明是不同历史文化所形成的关于人对自己、人与世界所达到的基本价值程度的发展标志。

由于人类精神活动或思维联系的指向千差万别，所以文化呈现出政治、经济、价值认同和生活方式等诸多形态。而相近的文化形态，又可分为偏重于物质和偏重于精神两大体系。于是，人们就把偏重于物质形态的文化，如生产力和生产关系以及人类创造的物质成果等称为物质文化形态，把其中所包含的物质文化的价值尺度称为物质文明；把某种思想制度、行为规范、精神成果（包括哲学、宗教、文学等）称为精神文化形态，把其中所蕴含的人类精神文化的价值尺度称为精神文明。邓小平曾提出"一手抓物质文明、一手抓精神文明"以及坚持"两手抓，两手都要硬"的战略思想，并将其确定为中国现代化建设的重大方针。他的这一提法显然具有一定的理论基础。

陈才俊：从对文化与文明的比较，似乎可以看出文化的两大显性特征。其一，既然文化的本质是人的精神意识和情感之间的联系，那么人思维活动的活跃性和意识活动的不间断性，则决定了文化的动态性特征。也就是说，任何文化形态都是活动的有机体，处于不断发展和变化之中。比如当我们研究某一古代文化形态时，绝不可囿于某个固定不变的僵死概念或者某种没有生命的知识范畴，而是应该通过深掘各种历史遗迹、历史资料乃至历史现象，来把握该古代文化形态所反映的人的精神意识和情感联系的运动过程，揭示其时各种政治、经济、行为规范、生活方式等所包含和体现的人类思维特征以及认识能力所达到的程度。另外，动态的文化具有不稳定性和易变性，故此文化总是发生着变化。于是，一个时期的文化形态常常表现出不同的发展风貌，体现着不同的内涵构成。

其二，鉴于文化是不断发展、变化的人的精神意识和情感之间的联系，所以其又具有鲜明的差异性特征。因时代、地域、族群乃至自然环境的不同，文化不仅表现出发展程度的差别，而且呈现出禀性气质的差异。更重要的是，在禀性气质差异中，还存在不同文化体系内涵的差别和先进与落后之间的差异。所以，文化不仅有古代与现代之分，而且有东方与西方之别；不仅有宗教文化与政治文化之异，更有先进文化与落后文化之差。也正是因为文化所具备的差异性特征，才导致人类不同文化形态的百花齐放与争妍斗艳。

章开沅：通过阐释文化的动态性和差异性特征，我们还可以更清晰地认识到文化与文明的关系。一方面，文化与文明有着各自不同的本质特性。文化是动态的发展过程，文明是在文化发展过程中形成的较为稳定的文化价值总体。另一方面，文化是文明的内核，文明不能离开文化而孤立存在。文明作为文化的价值总体和较为恒定的价值内涵，必然蕴藏于富有活力的文化形态之中。同时，也正是各种富有活力的文化形态和文化现象，彰显着文明的价值体系。

陈才俊：人类文明的产生、衍演、完善与流变，经历了非常漫长的过程。早在原始社会时期，人类已实现第一次分工，产生农耕民族和游牧民族。游牧民族居无定所，逐水草而居，不易形成大规模的聚居场所，故对文字没有迫切需要。而农耕民族则不同，不仅有固定的居所，而且有固定的赖以生存的食物来源。农耕民族这种生活方式既容易形成大的部落，亦为"早期文明"的诞生提供了土壤。一般认为，文字是文明社会的标志之一。文字符号的出现，促成从事脑力劳动与从事体力劳动的人类第二次分工，为"中期文明"的发展奠定了良好基石。文字的定型，更标志着人类文明的发展进入一个崭新的阶段。

文字是人类具有里程碑意义的重大发明。人类的个体能够通过文字记录的信息，获得人类整体在漫长岁月里创造积累的知识、经验和智慧，加速了人类文明的进程。文字使人类的思维更加缜密，使文明的传承得到保障。

章开沅：一般而言，界定人类进入文明时代的几个重要标准是：青铜器的大量使用、文字的大规模运用、城市的诞生，以及大型宗教礼仪设施的出现。世界几大重要古代文明体系的问世,均符合上述标准。

不过,与其他文明体系相较,古代中华文明则呈现出自己的个性特征。中华文明有三个直接源头:即黄河文明、长江文明和北方草原文明。它起源于黄河流域的中原地区,以农耕民族为主体。随着游牧民族的不断迁并与渗入,黄河、长江流域以古代华夏族群为主体的汉民族体系不断融入北方民族元素。同时,包括西域族群在内的外来民族渐趋被汉民族所吸纳与同化。而且,古代汉文化亦多次融释周边其他民族文化与西域文化。所以,中华文明是黄河文明、长江文明与"蛮、夷、戎、狄"各区域、各民族古代文明长期相互交流、彼此借鉴、不断融合的结晶。

陈才俊:如前所述,文化具有差异性特征,不同文化之间是有差别的。由于宗教信仰、族群认同、政治立场、价值理念等不同,或者教育程度、语言体系、文学修养、艺术旨归等有异,人类文明在演进过程中诞生过许多不同的文化体系。数千年之后,有的文化因为各种原因而消失了,有的文化则在竞争乃至扩张中发展壮大,成为推动人类历史发展的重要载体。

章开沅:当然,我们也应该看到,文化的作用具有两面性:既有正面的、肯定的、积极的一面,也有负面的、否定的、消极的另一面。文化体系在其发展过程中,因与不同社会的接触而受到影响,可能会催促自身的演变,也可能会反其道而行之,阻止自身的演变。然而,就人类历史发展的总体来看,文化所承载的使命一直是追求和促进人的解放、实现人的自由与全面发展。

二 宗教文化的勃兴与多元文化的繁盛

陈才俊:英国历史学家汤因比(Arnold Joseph Toynbee,1889—1975)曾经指出,任何一种文明发展的轨迹均取决于该文明精神水平的进步或衰退,文明的过程本质上是精神的提升与衰退,而精神提升与衰退的载体和根据则是宗教。他还把宗教喻为一辆四轮马车,认为文明就是宗教运行的车轮,正是通过文明单调重复的周期性循环,形成了宗教朝着既定方向、具有更长节奏的运动。按照汤因比的说法,宗教的性质决定着文明的性质,宗教的兴衰决定着文明的兴衰,即宗教乃是"文明的核心"。所以我们说,宗教作为一种重要的文化形态,其产生和兴盛对人类文化的发展和繁荣至关重要。

章开沅:宗教不仅是一种信仰体系,而且是一种文化形态。从某种意义而言,人类的宗教发展历史,就是人类的文化发展历史。在人类社会早期,宗教创造本身就是一种文化创造,宗教观念在一定程度上代表着文化。在人类文明的发展进程中,各种文化无不从宗教吸取有用的养分,并通过宗教活动来展现自己的存在,继之获得自己的表现形式。人类先后创造的三大世界性宗教——佛教、基督宗教和伊斯兰教,都曾经影响过、正在影响而且一定仍将继续影响世界文明的诸多方面。人类历史上的哲学、文学、艺术等,均深受各种宗教的影响。

陈才俊:文化之为文化,最根本之意在于"化"。化者,变也,改变或者变化之谓。文化有三个基本要义:首先是"化",其次是"人化",再次是"化人"。由于文化的第一要义乃"化",其终极旨归是化"人",故"化人"乃文化的中心义和至上义。如果我们探究宗教的文化属性与文化功能,不难发现,其本质属性与功能正是"化人"。

文化有一定的结构和层次,形成一个包括"器物文化""制度文化"和"精神文化"在内的体系。而宗教正是一种由"器物文化""制度文化"和"精神文化"组合而成的文化体系。首先,不仅宗教建筑,如佛教的寺院、基督宗教的教堂、伊斯兰教的清真寺和道教的宫观等,属于宗教的器物层面,而且佛教的袈裟、基督宗教的十字架和麦加克尔白的黑石、道教的道袍等,也都属于宗教的器物层面。其次,作为宗教要素的宗教制度或宗教体制,如佛教的寺院制或基督宗教的主教制、公理制和牧首制等,均为宗教的制度层面。最后,姑且不论宗教神学均有观念系统,仅就宗教信仰对象而言,亦无一不是某种精神存在，如佛教的佛陀、犹太教的耶和华、基督宗教的上帝和耶稣基督、伊斯兰教的安拉、道教的三清尊神等，均是精神性的存在。

章开沅：宗教是人类最早的、全覆盖的、系统性的文化形态，严格来讲，更多属于关涉人生意义和终极目标的精神文化层面。宗教为人类文化的各个领域，如伦理道德、价值观念、语言文字、绘画雕塑、音乐舞蹈、民俗风情、文化交流等，提供了丰富的思想智慧、精神营养和实践经验。比如，其关于宇宙生成和人类起源的原始神话以及各种富于幻想的美丽传说，催发哲学和文学的萌芽；关于人类社会行为的信条和禁忌，成为伦理和道德的初级形态。宗教是人类文化发展的重要组成部分和推动力量，构成人类文明衍演的主线。

宗教居于民族文化的核心地位，是大多数民族和民族国家的精神支柱和文化的精神内核，维系着民族共同体伦理道德和社会风尚的延续。古代埃及、古代巴比伦，虽然曾建立过幅员辽阔的庞大帝国，而且声震遐迩，显赫一时，最终却土崩瓦解，坍塌解体。究其原因，乃其没有维系民族共同体的统一的、至高无上的宗教。而犹太民族因一直秉持共同的民族信仰——犹太教，故虽然颠沛流离，饱经沧桑，但其文明却经受住几千年极其严峻的考验，且至今绵延不绝，生生不息。

陈才俊：宗教对整个文化模式的建构与转型发挥着重大的作用。宗教对人的生命活动也具有内在与外在的双重规范功能，既给人的生命活动以勇气和力量，亦通过禁忌、戒律对人的欲望和激情予以束缚。宗教的这种双重规范功能，广泛地渗透于民族及社会的伦理道德与社会风尚之中，一方面促进文化形态的转型，另一方面又对文化形态的稳定起到巩固作用。宗教在文化体系中为人的存在提供精神动力和勇气源泉，提供意义世界和价值世界，对文化体系的确立和变革提供调控，使人的生存有所依循。

章开沅：所以，宗教的发展与繁盛，有利于人类创造丰富多彩而又各具特色的异质文化。印度文化、"犹太—基督宗教"文化、"阿拉伯—伊斯兰教"文化，便是宗教色彩非常浓郁的几大文化体系。中华传统文化也具有很强的宗教性，早已被宗教学家所证明。构成中华文化基石的儒、道、墨诸家，均具有很强的宗教性，更遑论佛教的渗入。而且，中国很多少数民族的民族文化以宗教为主要精神依托，有些民族甚至有相当一部分民众信教。

此外，人类社会文化的演进，乃是由宗教文化与人本文化交汇融通、相互砥砺、彼此吸纳而共同推动的。比如，中华文化以儒、释、道互为发展主轴，其中，儒为人本学说而带有宗教性，释为佛教哲学与佛教宗教，道为宗教哲学与道教神学。再如，欧美文化以希伯来文化和希腊文化互动为发展主脉，其中，希伯来文化为宗教文化，希腊文化为人本文化。

陈才俊：世界几大历史悠久的文化体系随着宗教的繁盛而呈动态发展模式。中华文化、印度文化、"希伯来—希腊"文化起初都是从范围有限的中心发源地扩散到周边。中华文化从黄河流域延伸到中国南部，印度文化从印度河流域伸展到印度南部，"希伯来—希腊"文化从希腊半岛扩展到地中海西部。中国和印度的新兴文明通常仍然由起初的文明核心区域主导支配，而西方则不同，罗马凭借军事上的优势，不仅征服了希腊本土，还征服了中东的西部地区。这几大文化体系的衍演与扩展，均是以宗教作为内在驱动力量。

章开沅：由于思维方式不同，东西方文化秉性存在本质差异。从现象上看，中华文化是"伦理型"文化，西方文化是"法理型"文化。中华文化弘扬"性善论"，认为人的本性是善的，主张建立良好的伦理道德以规范人的行为；强调通过教化来使人形成自律意识，自觉克服人的动物性本能，克服个人私欲，遵守社会规范，维护社会秩序。西方文化则侧重"性恶论"，认为人的本性是恶的，主张"原罪说"；强调人生下来就有罪，主张通过严密的法律抑制个人的私欲和动物性本能，以"他律"来促使人们遵守社会规范，维护社会秩序。

文化倾向的不同，导致东西方民族在宗教信仰上出现很大的差异性。其具体表现是：中国人兼容，西方人专一；中国人重功利回报，西方人重精神寄托。从信仰形式来看，中国人不排他，许多人既信仰佛教，也信仰道教或其他宗教；西方人不仅只信仰一种宗教，不会既信仰基督宗教又信仰伊斯兰教，而且只信仰一神教。从信仰目的来看，中国人功利心很强，祈求目的很明确，重恩赐和回报；而西方人则目的性不强，重忏悔和宽恕。正如英国哲学家、思想家罗素（Bertrand Russell，1872—1970）所言："我们从犹太人那里学到了不宽容的看法，认为一个人如果接受了一种宗教，就不能再接受别的宗教。基督（宗）教与伊斯兰教都有这样正统的教义，规定没有人可同时信仰这两个宗教。而中国则不存在这种不相容；一个人可以是佛教徒，同时又是孔教徒，两者并行而不悖。"①

陈才俊：从某种意义上说，宗教关注的根本是生命、生活和生死的问题。因为价值理念的不同，决定了中华文化有别于其他几大世界文化体系。印度文化、"犹太—基督宗教"文化和"阿拉伯—伊斯兰教"文化，对人类生活于其中的"现世"（this world）均持消极或否定的态度，认为"现世"是虚幻的或在整体上堕落、有罪；认为生命本身永不终结，终结的只是肉体。因此，它们认为，生命的终极归宿在"现世"之外而不是之中，必须通过宗教修炼的手段来彻底摆脱"现世"。而中华文化很早就表现出对人类生活于其中的"现世"——即"天地"或"六合"——持完全肯定的态度，形成以此岸为取向的高度世俗化文化；相反，对于"现世"之外的世界，即"天地"之外有无"天地"、"六合"之外有无"六合"，基本持否定或存而不论的态度。与此同时，他们对于肉体死后的生命采取消极怀疑的态度。从根本上讲，中国人相信世界只有一个，即以"天地"为框架、以"六合"为范围的"现世"。中华文化的这一特点，导致中国人非常重视天下的"和合"或者"和谐"。

章开沅：中国历史上几次大规模的对外文化交流均发端于宗教，

---

① ［英］罗素（Bertrand Russell）：《中国问题》，秦悦译，学林出版社1996年版，第150页。

实际上是中华文化与佛教文化、中华文化与基督宗教文化的交流。佛教文化与儒道文化一起，构成中国古代精神生活的支柱与中华文化的基石。基督宗教文化背后，屹立着源远流长的"希伯来—希腊"文化发展至今的西方现代工业社会的物质文明和精神文明。中华文化与基督宗教文化的交融，远远没有取得像与佛教文化那样水乳交融的效果。在这个意义上，吸收、消化西方文化，使之中国化，还远远没有形成。从历史上来看，中国的主体文化不可能被佛教文化或基督宗教文化同化，但也不可能把佛教和基督宗教排斥于国门之外。无论人们的主观意愿如何，现代科学的迅猛发展，使得中西文化交流、碰撞、融合成为历史的必然，无法阻挡。

三　东西方文化融会与中华文化的重构

陈才俊：整个人类文化的发展和演变，一方面通过各个地区、民族或国家内部的传递、继承和发展而延续，另一方面则通过各个地区、民族或国家之间的相互接触、交流与融合而实现。1975年5月27日，日本思想家池田大作（1928—　）在莫斯科国立大学文化宫演讲时曾说，人类文化交流"更根本的原因是文化本身的性质不断地促进其交流"。就是说，"文化的核心本来就是最有普遍性的、人的生命的脉搏的跳动。所以，正好似人在高兴时发出的高音，在人们胸中张开的弦上跃动，奏出共鸣音，文化作为人类必要的活动，当然会越过一切隔阂，寻找某些人的心的共鸣"①。

章开沅：各地区、民族或国家之间在交流的过程中，可能是通过和平的途径，也可能是通过血与火的方式，但归根到底，没有交流就缺乏比较，没有交流就难以进步。历史上如此，全球化的当今社会更是如此。著名德裔美国人类学家博厄斯（Franz Boas，1858—1942）

---

①　[日] 池田大作：《东西文化交流的新道路》，载何劲松编选《池田大作集》，上海远东出版社2003年版，第21页。

曾说:"人类的历史证明,一个社会集团,其文化的进步往往取决于它是否有机会吸取邻近社会集团的经验。一个社会集团所获得的种种发现可以传给其他社会集团;彼此之间的交流愈多样化,相互学习的机会也就愈多。大体上,文化最原始的部落也就是那些长期与世隔绝的部落,因而,它们不能从邻近部落所取得的文化成就中获得好处。"① 历史证明,那些处于闭塞状态下的地区、民族或国家,其文化的发展则明显滞后,有些甚至已被淘汰。

陈才俊:有人曾以一本现代纸质版的英文书籍作为例证,阐释人类文化交流的重要性和不可或缺性。英文字母源于拉丁文字母,拉丁文字母源于希腊文字母,希腊文字母源于腓尼基文字母,腓尼基文字母又源于埃及的辅音字母;标识书籍页码的数字则源于"印度—阿拉伯"数字;印刷书籍的纸张是中国人的发明,印刷术亦源于中国。而中国的近现代科学技术又基本上是从西方学来的。因此,只有多元文化的交流与融合,才能创造丰富多彩的人类文化,才能催生人类文明的不断演进。

章开沅:中国是世界最大文明古国之一,在东西方文化交流的长河中一直扮演着重要的角色,发挥着关键性作用。早在人类文明的朝霞时期,中国和西方各古代文明国家,尽管远隔千山万水,而彼此间的了解、接触和交往却在步步发展扩大。日久天长,中西文化交流宛如涓涓细流,汇聚成为江河海洋。丝绸之路的形成,即是中西文化交流源远流长的活化石。即便以狭义的丝绸之路出现的时间西汉时期算起,也有两千多年的历史。当然丝绸之路的形成本身并非为了文化交流,主要还是因为军事、政治及商贸的需要,但客观上却促成了中西文化的早期交流。

中国历史上第一次大规模的对外文化交流是西汉末年的佛教东传。此次交流始于法显、玄奘到西天取经,把印度的佛教经典带回中

---

① [美] F. 博厄斯(Franz Boas):《种族的纯洁》,《亚洲》第40期(1940年5月),第231页。转引自[美]斯塔夫里阿诺斯(Leften S. Stavrianos)《全球通史——1500年以前的世界》,吴象婴、梁赤民译,上海社会科学院出版社1988年版,第57页。

国。今日中国所见的《大藏经》，就是当时一大批僧侣致力于佛经翻译的伟大成果。佛教也自此在中国深耕，并且开创了唐代禅宗的盛世。直至今天，我们提到中华文化的三大主流时，都是称"儒、释、道"三家，"释"的排名甚至在"道"之前。

陈才俊：西汉末年以降的佛教东传，完全是宗教性、文化性、和平性的，不带有任何强制性。中国人完全是"主动"去学习，而不是"被迫"去交流。当然，佛教在中国传播的过程中也曾受到本土文化的抗拒与排斥，甚至在政治上还出现过"三武灭佛"的悲剧，但其毕竟最后在中国牢固地扎下根基，而且融入中华文化之中，成为中国佛教。

章开沅：佛教传入中国后，陶醉于儒家博大精深思想体系的中国知识分子顿然发现，中国之外还有这么一个庞大的思想体系，把宇宙人生阐释得如此透彻。中国人从此除了成君子、成圣人甚至成神仙之外，又多了一种选择：成佛。由于佛教的刺激，唐代出现了中国化的佛教——禅宗。一时间，参禅学佛顿成时尚。佛教的挑战成就了宋朝的理学，及至明代王阳明而达"心性之学"之大成。这是中国人第一次面对强大外来思想——佛教时所作出的回应。

佛教在中国的传播与植根，对中国人的思想体系、价值观念、政治经济、人生态度、生活方式、语言文字以及文学、美术、书法、音乐、舞蹈、建筑等各个领域都曾产生深远影响。正是这些影响，构成了中华文化集儒、释、道为一体的精神气质，呈现出东方文化的独特魅力。

陈才俊：中国在接收佛教传入不久，便将其传播至东亚。当然，同时传去的还有博大精深的中华文化。这也是中华文化对外交流的重大成果。池田大作曾对您说："贵国（中国——作者引）对日本文化赋予厚恩。日本不知有多少文化和思想从贵国那里学习而来。我们所信奉的日莲佛法也是以途经贵国传来的法华经为基础的。日莲佛法对中国与韩国有着这样的描述：'日本国是此两国的学生。'这也就明确表明了中国是日本的文化'恩师国'。"池田大作甚至认为："这些学习对日后日本的国家形成带来了十分重大的影响。"①

章开沅：中国史书关于中日交流最早的记录，是《汉书·地理志》对朝贡贸易的确切记载。《后汉书·倭传》记录显示，两汉之际中日两国也有过连绵不断的交流。不过，中日之间正式的官方使节互访，可以确定是从日本向隋朝派遣"遣隋使"开始的。此被视为政府主导的中日全面文化交流的发端。

公元630年到669年，遣唐使前后7次渡唐，每次规模都达100到200人。而在公元702年至752年这50年间，共派遣四次使节团，每次人数都多达500人以上。至唐朝末期，遣唐使派遣虽然逐渐减少，但公元838年仍有651人。这些遣唐使，有学习一般学问的学生，也有主要钻研佛教的学僧。学生到达长安（今西安）后，大部分进入国子监所属的六学馆，学习各自的专业。而学僧则是各自前往有高僧住持的专院，专心学习各宗佛教。当时对日本影响最大的中华文化是佛教和儒学，以及制度和律令。

值得一提的是，明治维新以后的中日文化交流还增添了新的趋向，中国先进的知识分子开始努力向日本学习，从日本"转口"输入西方近代化思想。

陈才俊：中国与西方世界的接触，中西文化的直接碰撞，则是以基督宗教之在华传播为媒介的。基督宗教之传入中国并非始终一贯、一帆风顺，而是时断时续、筚路蓝缕。在历次的对华传教热潮中，基督宗教的不同教派曾先后扮演重要角色，例如唐代的景教（亦称"聂斯脱里教"）、元代的也里可温教、明清之际的天主教、清初的东正教乃至晚清的基督新教等。

章开沅：基督宗教先后于唐代和元代两次传入中国，元亡之后曾一度沉寂。明代中叶以后，借助地理大发现的推动、东西航路的开辟以及欧洲殖民主义者的全球扩张，西方天主教传教士开始由海路抵达

---

① 章开沅、[日]池田大作：《世纪的馈赠：章开沅与池田大作的对话》，湖北人民出版社2011年版，第86、88页。

中国。宗教改革之后，天主教在西欧的势力大大缩小。为了能将在欧洲的损失在海外弥补回来，天主教新创立的传教组织耶稣会（Society of Jesus）率先派遣传教士前来东方，拓展教会领地。紧随耶稣会之后，欧洲其他天主教修会亦纷纷在远东建立传教基地。天主教传教士远涉重洋来到中国，希望在中国传播基督福音，将中国人皈依成上帝的儿女。而恐怕出乎他们意料的，正是他们引发了第一次西学东渐的大潮。

在明末清初的二百来年时间里，一批又一批天主教传教士来到中国。他们以宣扬西方科学技术为手段，通过与儒家经典和学术思想的融合、会通，向中国士大夫传扬天主教义，试图达到将整个中国"基督化"之最终目的。传教士们的文化传教活动，对当时的中国知识分子触动颇大，对中国思想界产生了一定的冲击。意大利耶稣会士（Jesuit）利玛窦（Matteo Ricci，1552—1610）不仅是中国天主教传教事业的奠基者，也是基督宗教与中华文化对话的倡导者，而且还是把西学介绍到中国、把中华文化传播到西方的早期开拓者，是其时推动中西文化交流之巨擘。

陈才俊：总的来说，明清之际来华的耶稣会士多是在宗教信仰上坚定、热诚，在学术文化方面颇有素养的地理学家、语言学家以及其他实用科学家。他们在传播基督宗教的同时，也把欧洲文艺复兴时期发展起来的科学文化知识介绍到中国，还把中国的许多经典文献翻译成西方文字传播到欧洲，开启了中西文化的大规模交流。因此，他们成为明末清初西学东渐与东学西传之中坚力量。

以耶稣会士为代表的传教士，视野广阔，学识精博。他们利用西方的科学技术来取信于中国官民，并将传播西方科学文化知识与传教活动结合起来，既有利于其传教事业，亦为东西方文化交流书写了开创性的篇章。

章开沅：异质文化的相遇，会导致冲击、竞争乃至失落，亦有可能走向交流、融合并达至会通。东方和西方的接触，对双方的历史都起到了冲击作用。影响总是相互的，西方对中国的影响肯定巨大，中国对西方的影响也不可小觑。耶稣会士本来是以维护圣教为己任的，但是他们到中国传教的结果，却因东西方文化的接触而将中国的经典文献带回西方，催生了西方的反宗教理论。伏尔泰（François-Marie Arouet，1694—1778）热烈推崇中国理性主义的天道观，就是一个显著的例子。中国思想文化对18世纪的西欧，特别是对启蒙运动，影响至深且巨。西方早期对中国比较具体的知识，正是由此期的传教士带回。这些传教士也是西方对中华文化的最早研究者。他们既是更广泛意义的中国思想文化西渐的开拓者，亦是西方汉学研究的肇始者。

近代西方知识分子假手中国古代思想文化以反对中世纪的思想桎梏，从而对启蒙运动起到催化作用。这一点，是代表旧传统势力的天主教传教士始料未及的，也并不符合他们来华之初衷。遗憾的是，由于康熙后期爆发的"礼仪之争"，正方兴未艾、如火如荼的中西文化交流被无情中断。

陈才俊：19世纪初，基督宗教的第四次来华，揭开了近代中西文化大规模交流的序幕。基督新教传教士在华创办报刊，兴建学校，编译书籍，传播福音，很快让长期置身于闭关锁国之境的中国知识分子"睁眼看世界"。正是因为此次中西文化交流的渐趋深入与巨大影响，激发几代中国知识分子从提出"师夷长技以制夷"，到主张"中学为体，西学为用"，再到强调"天下为公，世界大同"，并最终结束中国几千年的封建帝制。

章开沅：林则徐（1785—1850）、魏源（1794—1857）、冯桂芬（1809—1874）等被视为近代中国"睁眼看世界"的第一代人。他们主要是在其时新教传教士所提供的有限的地图、报纸、书刊上了解西方。那么，在此以后，众多有识之士可以通过口岸租界、香港、澳门以至走出国门，直接观察西方近代文明，对中西文化加以比较并作历史与现实的反思。

"睁眼看世界"的第二代人物以华人基督徒为主，同年出生的容闳（1828—1912）与王韬（1828—1897）则是其中的代表性人物。容闳是先系统接受美国高等教育之后，再回到中国重温传统文化；王韬则是先长期接受中国传统文化教育，再到国外观察西方文化。容闳虽然日益西化，但仍然保持着中国之根。他不讲究什么主辅、道器、体用之分，目光全部集注于"以西方之学术，灌输于中国，使中国日趋于文明富强之境"。他具有基督宗教文明博爱与献身的精神，而这多少又包含若干士大夫以天下为己任的传统气概。而王韬，只有到西方，到一个纯粹的、业已真正近代化的西方，经过多年目睹耳闻，才能进一步理解中西文化之异同，并且全盘加以区别、比较和抉择。

陈才俊：比容闳、王韬晚出生38年的孙中山（1866—1925），同样也是一位深受西方文明熏染的基督徒。1879—1892年，也就是13—26岁期间，孙中山先后在檀香山（Honolulu）、广州、香港的基督教会学校接受完整的西式初等、中等和高等教育。他长期居住、奔走于以基督宗教思想文化为根基之欧美地区，是一位饱受现代西方文明影响的中国进步知识分子。孙中山的伟大之处，不仅在于"睁眼看世界"，而且在于从文化的视角反思和批判东西方两个世界，最后全身心致力于推翻旧的世界，创立新的世界。

章开沅：孙中山12岁前往夏威夷，"始见轮舟之奇、沧海之阔，自是有慕西学之心，穷天地之想"[①]。他这才知道中国之外还有这么一个无比广阔的世界，特别是近代文明已经高度发达的西方世界。尤其是他在伦敦蒙难滞留期间的苦读、交游与实地观察，对于"天下"的认识经历了一个由近及远、由小到大、由浅至深的过程。由于地域或亲缘关系，孙中山直接接受的是美国教育，所以早期很自然地比较敬仰西方。他努力学习西方，以美、法为榜样规划中国革命的前途，并且把革命的运营主要寄托于欧美，特别是当地侨界人士的帮助。但后来在革命的实践中，孙中山逐渐发现，民族主义才是世界主义的基础，只有恢复民族平等才配得上讲世界主义。

孙中山力图以"王道"与"霸道"这两个古老词汇来区分东西

---

① 孙中山：《复翟理斯函》，载广东省社会科学院历史研究室、中国社会科学院近代史研究所中华民国史研究室、中山大学历史系孙中山研究室合编《孙中山全集》第1卷，中华书局1981年版，第47页。

方文化的本质差异。他曾经明确指出："东方的文化是王道，西方的文化是霸道；讲王道是主张仁义道德，讲霸道是主张功利强权；讲仁义道德，是由正义公理来感化人，讲功利强权，是用洋枪大炮来压迫人。"① 古代的儒家历来主张行仁政。正统儒家政治哲学认为，道德的力量胜过军事的力量，民心的依违向背乃是施政者决策的根据与归宿。孙中山把这种古老儒家理念加以现代诠释，并且以此作为处理国与国之间关系的最高道德准则，力求在世界范围内形成和谐、平等、合作的新格局与新秩序。或许可以这样来概括：他试图以王道来实现世界大同。

陈才俊： 自近代中西文化交流的大幕拉开，中国知识分子便开启了关于东西方文化异同、优劣的论争，可谓持续至今。如何在人类文化的整体结构中认识东西方文化的角色、性质及其对人类文明的意义，以帮助人类为未来的继续生存做出最佳选择。这是一个非常重要的课题。进入 21 世纪之际，您在对人类所面临的各种冲突纷争与危机灾难所作的"世纪之思"时，提出运用"最大公约数"这一理念来解决各种纷争。应该说，这是对人类思想智慧的一大贡献。

章开沅： 最大公约数本是一个数学概念。人类凝聚共识、形成合力的过程，就是寻找最大公约数的过程。虽然世界异质文化的核心价值理念不同，不同地区和国度的族群生活方式、价值观念有异，但人类追求幸福生活的目标却是相同的。寻找最大公约数，其实质就是"求大同，存小异"。这既是一种思想方法，也是一种价值取向。寻找最大公约数，就是在坚守"同"的基本底线的前提下，谋求对"异"的最大包容。寻找东西方文化交流的最大公约数，就需要在尊重文化的差异性中增进共识，在包容文化的多样性中实现和谐，形成异质文化彼此认同的价值理念。各种文化由同而异，然后由异而同，最后归于大同，这是历史发展的趋势，也是进步的文化观。

---

① 孙中山：《大亚洲主义》，载中国国民党中央委员会党史委员会编订《国父全集》第二册，"中央"文物供应社 1973 年版，第 306 页。

比如，当今世界就存在一个因文化传统差异而导致的世界主义与民族主义之间的矛盾与冲突，而且似乎有愈演愈烈之势。寻找最大公约数不妨可以作为正确处理二者之间复杂关系的有益尝试。也就是说，世界主义与民族主义必须经受全球一体化的人类公理的重新评判。具体到中国，应该把中国固有道德扩大到融合世界各国道德的优良成分，作为新的世界公民道德的基础。

陈才俊：1979年9—11月，您作为中国改革开放之后首批内地学者访问美国和日本；1989年6月，由您倡导和主持的"中国教会大学史国际学术研讨会"在武汉华中师范大学召开，大批海内外著名学者出席会议（此次会议乃是第一次以中国教会大学史为主题的国际学术研讨会，被视为近代中国教会大学史研究的里程碑）；1992年7月，您在华中师范大学成立"中国教会大学史研究中心"；2001年12月，您将"中国教会大学史研究中心"更名为"东西方文化交流研究中心"。应该说，您是中国改革开放以来最早涉猎东西方文化交流研究的学者之一，而且引领一大批学者以近代中国教会大学为路径进入该领域研究。

章开沅：中国教会大学是19世纪末至20世纪上半叶由西方教会组织与传教人士在华创办的一批迥异于中国传统教育型制的新式高等教育机构。过去人们曾经将中国教会大学单纯看作帝国主义文化侵略的工具，殊不知它也是近代中西文化交流的产物，其发展变化是近代中西文化交流史的重要组成部分。大学是培养社会精英的高等教育机构，青年学生的世界观、人生观、价值观念、行为规范、学业基础乃至初步的工作能力，大多在这里滋育形成。因此，教会大学校园内连绵不绝的中西文化的碰撞与融会，便属于中西文化交流较高与较深的层次。我当时深信，教会大学史研究的进展，必将对近代中西文化交流史的探讨产生促进作用。三十来年过去后，这个预言已成为事实。

近代中西文化交流史，是一个双向对流的运动过程。中国教会大学既是基督宗教文化与近代西方文明的载体，同时它又处在东方传统文化环境与氛围之中，因而不可避免地要逐步走向本土化、世俗化。

中国教会大学的发展，归根到底，取决于它对中国国情与社会需要的适应能力。许多长期在中国教会大学工作的西方教职员（包括一些传教士），也不可避免地受到中华文化的熏染，在不同层次与不同程度上吸收中华文化，并且将其带回西方故土。所以，对于有些西方人来说，教会大学又是一个观察、了解中国社会与文化的不大不小的窗口。探讨中西文化的双向交流，是中国教会大学史研究中颇为有趣的课题。

四 异质文化的植根与中华文化的再造

陈才俊： 我们常说，中华文化博大精深，绵延不绝，具有非凡的生命力。在我看来，中华文化的生命力更多地体现在与异质文化交流中所秉持的巨大包容性。

章开沅： 中华文化的特点是统一和连续。中国虽然也曾被游牧部族入侵甚至统治，但最终的结果不是汉民族被迫接受入侵者的语言、习俗或者游牧经济，而是彻底地"汉化"外来者。所以，中华文化的发展相对比较连续，没有明显的停顿。造成这种现象的主要原因，恐怕是地理位置比较封闭所致。

陈才俊： 中国是一个很特别的民族国家。佛教传入之前，政治上的大一统在公元前221年秦始皇灭六国时达成。秦始皇废封建、立郡县，统一文字与度量衡，用的是法家思想。汉朝初年，统治者崇尚黄老之术。汉武帝时，"独尊儒术"成为中国政治与学术思想的主流。晋唐之间，中国高僧西行求法，引领时风。中华文化一直呈现出繁荣兴旺景象。

章开沅： 作为一个人文学者，我对唐朝文化情有独钟。成熟的唐朝文化绚烂夺目，充满自信，包容而开放。都城长安的对外经济文化交流非常兴盛；不同的民族和文化相互融合，呈现出一个真正意义上的国际都市的堂堂风范。当时的都城长安，不愧是"诗歌之都""文化艺术之都"，也是让世界向往的"丝绸之都"。

陈才俊：然而唐代之后，中外文化的交流再也没有过一帆风顺，而是充满逆流和曲折，不能适应历史发展的要求。中国的学术思想始终被隔绝于世界近代化的主流思潮之外，使中国近代化的过程落后于世界先进水平几个世纪之久。

章开沅：中国本来在世界历史上长期占有一席先进的地位，但由于自欧洲文艺复兴之后不能与时俱进，故而错过了好几百年的历史机遇，错过了赶超世界先进水平的大好时机。清初以来的两百年间，中国未曾有过西行求法和向西方寻求真理的行动，从而对中国的近代化，尤其是近代科学与近代思想，带来极其不利的影响。康雍乾号称盛世，但由于愚昧封闭、妄自尊大，所以从不派人西行，不与西方交流或向西方学习。统治者缺乏进取的态度和全球视野，故步自封，不能正确地了解世界和认识自己，对于一个正朝着近代化道路驰骋的世界不闻不问，从而导致中国未能汇入世界近代化的主流，所以整个民族为此付出了沉重的代价。

正因为此，明末清初来华的耶稣会士"垄断"了其时的中西文化交流。16、17世纪的西学有两种：一种是代表教会正统的经院哲学；另一种是代表新思想与新科学的近代西学。我们应该区别开这两种文化或者思潮。可以想象，如果明末清初中西文化交流的媒介者不是耶稣会士，而是另一批具有近代意识的知识分子；如果当时传入中国的不是中世纪的神学教条而是近代的世界观和方法论，不是西方中世纪传统的神本主义而是文艺复兴以来已成为西方思潮主流的人本主义，中国思想文化的发展可能会是另外一番景象。

陈才俊：近现代西方文化向中国传播的过程，也就是基督宗教与中华文化碰撞和融合的过程，俗称"西学东渐"。明末清初和晚清民国时期，是西方学术思想在中国传播的两个重要阶段，一直由传教士充当着主角。但由于传教士所代表的西方宗教价值体系与中国传统思想理念格格不入，所以，两种文化的相互融合可谓荆棘丛生，举步维艰。

章开沅：明末清初的西学东渐，主要是文艺复兴时期的西方文化在中国的传播。除了天主教神学知识外，还涉及哲学、语言、天文、历法、数学、物理、兵器、地理、建筑、水利、绘画、音乐等，为中国的科学发展和思想体系注入了新的元素。其时，西方科学技术正在迅猛发展，而中国科学技术的发展却异常缓慢，大大落后于同时期的欧洲。因此，传教士对西方科学技术知识的翻译与介绍，对推动中西文化的交流还是具有划时代的意义。以徐光启（1562—1633）为代表的开明士大夫，积极引进西学，并与来华传教士合译西方科技著作，为中国科学技术的发展催生了契机。

陈才俊：明清之际，天主教在中国得到较快的发展，天主教会遍及许多省份。传教士向中国介绍西方科学文化，开阔了中国少数士大夫认识世界的视野，对中国民众的生活习惯和思想观念也起到了一定的冲击作用。

章开沅：但是，明末清初西学的传入，虽然使中国的少数士大夫认识到西方学问之中有其优于中国之处，但这并未改变中国人对西学的基本看法。其时的中国知识分子，大都墨守成规，抱持以华夏文化中心主义为基本特征的"西学中源说"，认为中国古代学术无所不包，对外来文化异常排斥。事实上，当时传入中国的天文学、数学和地图学，由于只在少数士大夫阶层中间流传，而且大部分深藏宫禁，没有能够很好地普及，所以，其影响面只涉及精确历法的修订、全国版图的测绘、先进军用火器以及宫廷中供观赏和摆设的自鸣钟等机械玩具的制造等，而对中国传统学术思想本身以及科学技术的发展，整体上触动甚微，影响有限。

陈才俊：无论是明末清初还是晚清民国时期，传教士在向中国引介西学的同时，也把中国的文明传播到西方，使西方对中国有进一步的认识，对西方文化发展同样产生了冲击与助推作用。耶稣会士将中国的经籍、史地、文学、艺术等广泛传入欧洲，对18世纪的欧洲文化产生了很大的影响。尤其是基督新教近代来华后，传教士都能直接阅读中国古籍，深谙中国的风俗人情。他们将《论语》《中庸》《大学》等中国的重要经典翻译成西方文字，介绍到西方，再次掀起欧美的汉学热潮。

章开沅： 异质文化在相遇时，宜采取融会与合作的姿态，以促进自身的发展，推进世界文明的进步。中国的儒家文化经过两千多年的传播与对外交流，早已植根于朝鲜半岛、日本、越南、新加坡等地，形成"儒家文化圈"。其后，儒家思想又通过西方来华传教士传至欧洲，受到莱布尼茨（Gottfried Wilhelm Leibniz，1646—1716）、伏尔泰、狄德罗（Denis Diderot，1713—1784）、霍尔巴赫（Paul-Henri Thiry，1723—1789）等人的高度认同，还受到法国思想家魁奈（François Quesnay，1694—1774）的热情礼赞。

陈才俊： 罗素十分注重异质文化接触和互补的重要性。他说："不同文明的接触，以往常常成为人类进步里程碑。希腊学习埃及，罗马学习希腊，阿拉伯学习罗马，中世纪的欧洲学习阿拉伯，文艺复兴时期的欧洲学习东罗马帝国。学生胜于老师的先例不少。"[①] 池田大作也曾说："接受不同的文化，是从'学习'、'吸收'、'模仿'阶段，到'咀嚼'、'选择'、'适应'阶段，最后到'升华'、'发展'、'创造'阶段，这个过程就像化学反应一样，是一种编入新文化的价值创造。而且也可以说，这就是文化交流的动力。"[②]

章开沅： 对于这两位哲人的观点，我颇有同感。在这一方面，日本民族有值得称道之处。他们在历史上充分展现出出色学习外来文化的特质。他们不是单纯地模仿，而是有选择性地接受，并且在消化吸收的同时，还加入创新。所以，日本的近代化进程非常成功。

陈才俊： 有"跨越中西文化的巨人"之称的著名哲学家、教育家韦卓民（1888—1976）曾指出，一个国家的人不能完全摒弃自己的文化，一个民族没有自己的文化就不能生存。文化本质上是有机的。它会在与其他文化的交流互动中不断吸收或转化，通过转化与融洽而逐渐发展成长。韦卓民主张，应该对不同的文化抱有同情和欣赏的态

---

① ［英］罗素（Bertrand Russell）：《中国问题》，秦悦译，第146页。
② 章开沅、［日］池田大作：《世纪的馈赠：章开沅与池田大作的对话》，第92页。

度，不是用征服对方的态度，而是学习用欣赏的态度去保留不同文化的优良元素，并将它们整合为一个有机的整体。他还提出，保存中华文化最好的方式不是让它避免与其他文化接触，而是通过对不同文化的开放态度，吸收它们当中有价值的部分，寻求合适的方式将它们整合成一个有机的整体，从而促使中华文化更臻完善。①

其实，韦卓民是在20世纪20年代中国发生大规模"反基督教运动"的语境下发表上述主张的。这也是基督宗教文化自传入中国以来所一直面临的困境。

章开沅：的确，采取积极开放的态度，充分吸纳外来文化的有用养分，才是中华文化完善与再造的有效路径。中华文化发展至今，同样面临如何正确对待作为西方文化核心价值的基督宗教问题。

如同任何其他历史悠久的大宗教一样，基督宗教本来就不专属于某一国家或某一民族。它向全球传布的过程，也就是不断移植于一个又一个新的文化环境的过程；而教会人士梦寐以求的非基督宗教国家或地区的"基督化"，实际上也包含着基督宗教在这些国家或地区的本土化（本地化）。与佛教、伊斯兰教一样，基督宗教的普世性是由各种各样文化语言的诠释、发挥逐渐构成的。20世纪中期以来的基督宗教和基督宗教文化，早已不再专属于西方。仅就中国来说，基督宗教的传入已有一千多年的历史，其间虽然多经挫折与停顿，但即令从19世纪初马礼逊（Robert Morrison，1782—1834）将新教传入中国内地算起，也有两百多年的历史。在这两百多年中，并非全都是外国教会一味强行输入，其间也有基督宗教对于中国社会的顺应与调适，同时还有中国社会对基督宗教的认知与融合（尽管只有一定程度）。

陈才俊：您曾指出，我们现今常常说到的中国传统文化或中华文化，其中理应包括业已在相当程度上本土化（本地化）了的基督宗教文化。基督宗教神学是基督宗教文化的核心部分，它与佛教、道

---

① 参见韦卓民《东西文化之综合问题》，万先法译，载雷法章主编《韦卓民博士教育文化宗教论文集》，华中大学韦卓民纪念馆1980年版，第53—62页。

教、伊斯兰教的各自神学一样，都是世代流传而且不断发展丰富的宝贵人类文化遗产，其中固然有许多陈旧的糟粕，但同时也保存许多终极关怀的哲理与追求至善的理想。

章开沅：客观地说，历史的结果与历史上几次基督宗教入华的初衷是有很大距离的。直至今天，中国并没有变成"福音世界"，但西方文化借助传教运动却对中华文化的发展起到了一定的促进作用。而且，通过传播西方文化知识，使人们特别是青年知识分子增强了改变旧传统、图强变革的"紧迫感"，还促使许多中国人在民族危亡的时刻，能奋起投入到救亡运动中去。这些状况都是包括传教士在内的西方人士所没有预料到的。肯定中西文化交流的历史作用是十分重要的。如果说近代基督宗教入华是在中国丧权辱国、被动承受的局面下进行的话，那么今天的中国已是强盛的社会主义国家，我们应该以主动态势促成包括基督宗教文化在内的中西文化交流。

五　文化自信与中国道路

陈才俊：毋庸置疑，中国现在正走近世界舞台的中央。世界在接受中国丰富的经济和科技成果的同时，已开启对中华文化和价值的认知。中国向世界贡献经济和物质，世界也必然会向中国索求文化与价值。而中国对世界的回应，势必触及中华文化的精神底色与价值偏好。所以说，中华文化的发展与创新，不仅关涉民族文化的重振与再构，而且影响到世界文化的发展和方向。

章开沅：早在20世纪初期，当中国的政治与社会面临重大转折之际，就有许多谙熟中西文化的中国知识分子开始思考中华文化向何处去、中国应该选择什么样的文化道路等问题。一个多世纪以来，许多有识之士一直在不懈开掘、阐释、播扬中华文化的核心价值，寻觅、探求、设计中华文化的发展路径。康有为（1858—1927）、孙中山、梁启超（1873—1929）、章太炎（1869—1936）、胡适（1891—1962）、钱穆（1895—1990）、傅斯年（1896—1950）、费孝通

（1910—2005）、余英时、杜维明等等，一代又一代时代精英，曾从不同的思想视角出发，探寻弘扬光大中华文化的门径和中华文化贡献世界的可能。尤其是费孝通，他在20世纪90年代提出"美美与共，天下大同""文化自觉"等理念，引发知识界的普遍关注和社会的广泛认同。

陈才俊：1990年，费孝通在其80寿辰聚会上，针对世纪之末全球性文明冲突的日益加剧而发表16字箴言："各美其美，美人之美，美美与共，天下大同"。费孝通主张用"和而不同"来概括中华文化传统中人文价值的基本态度，也用"和而不同"来展望21世纪的人文世界可能出现的面貌。他认为，"21世纪要解决的主要问题之一是：各种不同文化的人，也就是怀着不同价值观念的人，怎样能在这个经济上越来越息息相关的世界上和平共处。人类在21世纪怎样才能和平地一起住在这个小小的地球上？"[①] "中国人从本民族文化的历史发展中深切地体会到，文化形态是多种多样的、丰富多彩的，不同的文化之间是可以相互沟通、相互交融的。推而广之，世界各国的不同文化也应该相互尊重、相互沟通，这对各个不同文化的进一步发展也是有利的。"[②] 此可谓对"君子和而不同"思想的极好现代阐释。

章开沅："和而不同"是典型的中国古代哲学智慧。在中华民族的历史发展长河中，多民族文化长期交融汇合，尽管出现过大大小小的摩擦、碰撞乃至冲突，但总体方向是和平相处、共同发展，甚至相互学习、取长补短，最终形成"多元一体"的中华文化。"和而不同"也是世界的本来面貌和应有状态。它不仅是中国古代处理不同学术思想流派之间关系的基本准则，而且可以是全球化时代促进不同文明交流对话、化解文明冲突的重要指导原则。

全球化的今天，世界发展的诸多方面已是"你中有我，我中有你"，但在文化的认同上尚缺乏共同认可的价值标准。费孝通的16字

---

① 费孝通：《费孝通文集》第11卷，群言出版社1999年版，第527页。
② 费孝通：《费孝通文集》第14卷，群言出版社1999年版，第408页。

箴言乃是用中国古代智慧尝试化解当今世界文明冲突的现代构想。费孝通的理想是，从肯定自己民族文化开始的"各美其美"，发展到肯定和认同其他民族文化的"美人之美"，再上升到不同文化之间取得文化价值标准共识的"美美与共"，进而走向"天下大同"，实现人类社会的美好愿望。

陈才俊：各个民族都有自己的价值标准，都有自认为美的东西。"各美其美"就是不同文化中的人群对自己传统的欣赏。这也是处于分散、孤立状态中的人群所必然具备的文化心态。不同民族之间频繁往来之后，人们开始对其他民族美的东西给予真正的理解和容忍。这是高一层次的境界，即"美人之美"。不同人群不仅能容忍不同价值标准的存在，还能赞赏不同的价值标准，由容忍上升到认同，且在人文价值上取得共识，由"多元"走向"一体"，即达至"美美与共"。这又是比"美人之美"更高的境界。这一境界再次升华，便能制定大家共同遵守的价值标准。如果把具有普世性价值的标准融成"一体"，则可实现人们理想中的"天下大同"。简而言之，全世界不同的文化共同体及个体，既能够保持、表达各自文化的个性或独特性，也能够尊重、欣赏异质文化的优点和特色，同时在认同、遵循普世价值的过程中"美美与共"，乃是通往"天下大同"的基本路径。

章开沅：21世纪以来，"文化排斥""文化霸权"乃至"文化征服"趋势日益显现，愈演愈烈。文明冲突已成为全球最严重的问题之一。历史证明，人位于文化的中心，人是文化存在的根本；文化植根于人的内心。所以，不能用征服或者消灭来解决文明冲突；征服或者消灭不但只能是暂时的，反而会制造新的仇恨，形成"冤冤相报"的恶果。在人与人、人与自然的关系上，中华传统文化历来主张和谐平衡。"以和为贵"是中华文化的根本特征和基本价值取向。"君子和而不同"正是对"和"这一理念的具体阐发。而且，"和而不同"的重点是"和"。所以，中华传统文化所追求的从来不是一种文化对另一种文化的"拯救"，更不是一种文化对另一种文化的征服或者覆盖，而是保护文化生态的自然发展，实现人类文化的多元共存。确立人类文化多元共存的理念，促进"天下大同"的终极理想，是中华传统文化一直强调的"和而不同"思想所主张的倾向。"和而不同"追求内在的和谐统一，而不是表象的相同一致。

陈才俊：1997年，费孝通在北京大学举办的第二届社会文化人类学高级研讨班上将"文化自觉"作为一种理论正式提出，更加丰富和完善了其"和而不同"思想体系。按照费孝通的理解，"文化自觉只是指生活在一定文化中的人对其文化有'自知之明'，明白它的来历，形成过程，所具的特色和它发展的趋向，不带任何'文化回归'的意思。不是要'复归'，同时也不主张'全盘西化'或'全盘他化'。自知之明是为了加强对文化转型的自主能力，取得决定适应新环境、新时代文化选择的自主地位"①。可以说，"文化自觉"追求的终极目标是实现人类美好的社会——"天下大同"；"和而不同"则是"文化自觉"理论的要义和精义所在。

章开沅："文化自觉"是费孝通积自己广博学识与人生阅历，且经过长期思考、深思熟虑而后提出的。虽然很早就有学者使用过"文化自觉"一词，但对该理念予以全面阐述，费孝通还是第一人。"文化自觉"回答了全球化时代应该怎样发展民族文化，怎样处理中华文化与其他民族文化的关系等问题。认知、理解和诠释自己民族的文化历史，尊重、欣赏并吸收异质文化的经验和长处，与异质文化共同建构新的文化语境，就是最好的"文化自觉"。

"各美其美，美人之美，美美与共"，是一种"和而不同"的包容、开放心态。不同的族群、民族或国家都应该对自己的文化有"自知之明"，要在对自己文化有充分"自知之明"的基础上予以传承和创新。同时，世界是多彩的，文化是多元的，任何一种文化都要尊重、理解乃至欣赏、吸收异质文化。只有这样，人类相互之间才能和平共处，才能从"多元"走向"一体"，最终达致"天下大同"的理想状态。"天下大同"既是对人类美好愿望的憧憬反映，也是"文化

---

① 费孝通：《费孝通论文化与文化自觉》，群言出版社2005年版，第190页。

自觉"所追求的终极目标。在"天下大同"尚未实现的景况下,"和而不同"是基本的相处之道,而且也是一种非常高的境界和理想。在"和而不同"的追求中,"天下大同"终将实现。可以说,迄今为止,"和而不同"仍不失为较好的人类共同生存的基本条件和公共准则。

陈才俊:"文化自觉"的实现是一个艰巨的过程,首先要认识自己的文化,根据其对新环境的适应力决定取舍;其次要理解所接触的文化,取其精华,去其糟粕,兼容并蓄,日臻完善。各种文化都自觉之后,这个文化多元的世界才能在相互融合中形成一个具有共同认可的基本秩序,产生一套各种文化和平共处、各抒所长、携手并进的共同准则。

全球化的现实,需要有一些共同遵守的行为秩序和文化准则。只有同情和理解多种文化,才有可能在这个正在形成的多元文化的世界里反观自我,确立自己的位置,并在此语境下找到民族文化的自我。具体到中华文化,就需要知道中华文化在全球化语境中存在的意义,了解中华文化在世界文化中处于何种地位,中华文化能为世界的未来发展作出什么样的贡献。

章开沅:提高中华民族的"文化自觉",一方面,需要进一步加深对中华文化的认识,阐析其内涵,把握其价值。对中华民族的文化遗产,既不能持历史虚无主义态度,一概加以否定,亦不可效历史复古主义手法,认为一切都是"古"好,推行"中体西用""文化保守主义"。另一方面,需要进一步加深对中华文化与世界文化之间关系的认识。要全面认识自己,必须离开封闭的自我,从外在的不同角度来审视、反观自身。

人类需要的不是一个单极统治的"帝国世界",而是一个多极均势的"社会世界",一个文明开化、多元发展的"世界联盟"。今天,所有民族或国家均生活、活动于全球化进程大潮之中。在这样的大背景下,"文化自觉"当然需要一种面向全球的开阔境界。

陈才俊:任何一个民族的文化发展和复兴,都离不开民族的"文化自觉";而民族的"文化自觉",则离不开文化传承,没有文化的传承就谈不上文化的自觉。离开对本民族优秀文化传统的传承，文化建设和发展就会成为无源之水、无本之木。同样，文化的传承也离不开文化的自觉，没有文化的自觉，就无法实现有意识、有目的的文化传承。中华文化传统就是以中华民族为主体、在中华大地上形成和发展起来的、具有鲜明特色和稳定结构的、世代传承并影响整个民族社会的文化形态，是中华民族智慧的结晶，是中华民族的历史遗产在现实生活中的展现。中华民族的"文化自觉"就是要在传承中创新，在创新中传承。

章开沅：中华传统文化中有很多先进的理念，值得我们进行认识、思考、发掘和凝练，进而为人类文化的发展做出积极贡献。比如，解决人与自然关系的"天人合一"思想，处理人与人之间关系的"己所不欲，勿施于人"思想；解决公私关系的"天下为公"思想，处理义利关系的"重义轻利"思想；解决异质文化相处的"求同存异""和而不同"思想，处理对立冲突的"以德服人""以理服人"思想；解决民族关系的"多元一体""天下一家"思想，处理国家关系的"和平共处""互不干涉内政"思想等等。再如，中国人相信"和实生物，同则不继"，推崇"设身处地，推己及人"，主张"冤家宜解不宜结"，等等。这些都是历史悠久的中华文化宝库中颇具特色的思想精华，都可以对解决当代世界面临的生态失衡、民族冲突、强权政治、霸权主义、道德沦丧、重利轻义、贫富分化、人情冷漠等问题，发挥积极的作用和影响。当然，中华传统文化中也有糟粕，而且仍在现实生活中发生作用与产生影响，需要我们予以清除。

陈才俊："文化自觉"首先是对自己的文化有"自知之明"，也就是充分认识自己的历史和传统。这是一种文化延续下去的根和种子。但是，一种文化仅有根和种子远远不够，还需要培育、护养和创新。传统失去创造，就会消失灭亡；只有不断创造，才能生机勃勃。另外，仅仅了解自己文化的基因也是远远不够的，还必须将传统与现代创造相结合，从传统与创造的结合中去把握未来。换言之，要以发展的观点结合过去及现在的条件和要求，向未来的文化展示新的起点。

因此,"文化自觉"不仅是理解与把握自己文化的根和种子,更重要的是要按现代的认知和需要来诠释自己的历史文化。要做到这一点,则必须向现代文化和异质文化学习。提高人的文化素质,最大限度地激发全民族文化的创造活力,就是提升全民族的"文化自觉"。

章开沅:无论是文化传承还是"文化自觉",其终极目的都是实现文化强国。对于今日中国而言,"文化自觉"首先要做的是摒弃对传统文化中的一些东西的盲目崇尚和过度自信,比如"国粹",而是应该从世界文化发展的宏观视野来审视中华文化的丰富资源与广博内涵,并在与异质文化的对话中重新认识自己,找到自我;尤其是要探寻中华文化在新的国际环境下存在的意义,中华文化在全球文明冲突中对世界的未来发展可能作出的贡献。中华文化只有充分把握自己的特点,加以现代思想的创造性诠释,并增强对异质文化的理解和宽容,才能开展对话沟通,促成多元文化的共同一体。

当今的中华文化,早已不是某一地域、某一民族、某一宗教的文化所能涵盖。它是由大千世界广阔地域的文化、众多族群的文化、本地和外来各种宗教的文化、各种学派的文化,乃至近五百年来陆续传入的西学所共同熔铸而成。中华文化只有自觉清除与文化转型不相适应的消极成分,诚恳地学习世界上一切先进文化,才能在文化转型中作出更好的选择,保持自主地位,寻找到具有世界意义的"中国道路"。

陈才俊:中国推翻封建帝制、结束专制统治已经一百多年了。在纪念辛亥革命诞生一百周年时,您曾提出要看"三个百年":即一百年历史背景,一百年历史本身,一百年的展望。请问您如何看待中国未来一百年的发展及中华文化的再造?

章开沅:至于未来的一百年,我们需要扩大视野,把中国置于全球化及至整个人类文明走向的大背景中来考察。中国要更勇于面对当今及今后本国乃至整个人类面临的新问题,特别是在多极化国际新格局中的和平发展与大国责任问题。诸如环保问题、能源问题等等,都涉及人类文明的生死存亡——是自我毁灭,还是自我救赎。任何一个国家的问题都是世界的问题，而面临每个世界重大问题，任何一个国家都难以独善其身。因此，就更需要国家与国家之间、地区与地区之间、民族与民族之间的对话、交流与沟通，以全球大局为重，从共同利害抉择中求同存异，也就是我经常所说的寻求易于导致趋同共识的最大公约数。这既是一种智慧，更体现为一种平等而宽容的精神。

今后的世界，必然是文化多元的世界。世界全球化决非意味着人类文化归于一统，各个地区、各个民族或国家必将各自带着具有个性魅力的文化，参与更为密切而又迅速的相互交流。在相互交流的过程中逐渐形成相互融合也是必然的，然而融合应该是平等的和互利的，不同于新老殖民主义的征服与强加。因此，在全球化大潮汹涌而来之际，我们对于各种各样的文化尤其应该抱以更多的理解与尊重。

（原载《澳门研究》2016年第2期）

构建基督宗教在华传播史的学术地标
——汤开建教授访谈录

  汤开建教授是当代知名历史学家。他先后致力于西夏史、安多藏族史、中国边疆民族史、澳门史、中国基督宗教史、中西文化交流史研究，视阈鸿博，著述宏富，于所涉各领域研究均建树非凡。汤开建教授深谙乾嘉考据学之精意，秉承王国维、陈垣历史考证学之新法，在迤久逶迤的史学磨勘中渐趋构建起自己独特的学术风格。其最显著特征：一是"竭泽而渔"的原典凿掘与史料搜求；二是"两条腿走路"的中西文献比对勘校；三是"抽丝剥茧""打破砂锅问到底"的辨析考证。自 20 世纪 90 年代末始，汤开建教授在倾力研治"澳门学"之余，以澳门为起点（或者说为中心）展开基督宗教在华传播史研究，推出一批重要学术成果，产生了重大影响，为该领域及中西文化交流史研究作出了巨大贡献。因于中西文化交流史，尤其是中法关系史研究之卓异功绩，汤开建教授于 2009 年被授予法国政府国家级最高荣誉——"法国骑士勋章"。

一　澳门乃基督宗教在华传播史研究之学术地标

  陈才俊：汤教授，您 1981 年兰州大学历史系研究生毕业之后，进入西北民族学院（现西北民族大学）任教，1986 年调入暨南大学，2008 年再履职澳门大学，穿行于从西北到华南再至境外的几大重要

构建基督宗教在华传播史的学术地标

学术圈。随着地域的迁徙、学术的积淀以及视阈的转移，您的研究领域日趋多元。以我浅见，如果一定要给您的学术研究予以归类的话，似乎主要是"边疆民族史"与"中外关系史"：从西北的边疆民族到东南的边疆民族，从陆路的中外关系至海上的中外关系。尤其是从20世纪90年代初开始，您将"澳门"作为一个新的学术地标，展开了规模化的、开创性的研究。

汤开建：可以这么认为吧！20世纪90年代初，由于澳门回归逐渐临近的原因，海内外学术界掀起一股新的澳门研究热潮。我因为比较早地接触到澳门档案文献，很快发现了其中的珍贵宝藏与澳门研究的巨大空间。

澳门本为一蕞尔半岛，曾有"澳门乡"之称，至今面积也不过二十多平方公里。然而，就是这么一块弹丸之地，却在近代世界历史的发展进程中起到了极不平凡的作用。它是16世纪中期至19世纪中期远东地区最繁盛的贸易中转口岸，吸引了亚洲、欧洲及美洲数十个国家的商贾、教士及移民停留与居住，是东西方各种宗教文化的交汇碰撞之地。澳门狭小的空间区域连接着宏大的全球历史，独特的文化蕴藏着深厚的文明积淀，曾在西方走向中国、中国连接世界的大航海时代扮演过极为重要的角色，故被著名葡萄牙历史学家、汉学家、耶稣会（Society of Jesus）神父潘日明（Benjamin Videira Pires，1916—1999）喻为"世界型的土地与海洋"。这一比喻准确地道出了澳门独特、鲜明的历史文化特色，凸现出澳门在世界历史上的重要地位。澳门作为近500年西学东渐和东学西传的桥梁，以及东西方各种宗教文化交汇碰撞的中转站，为中国乃至世界的文化衍演贡献了巨大的财富。对这一财富的挖掘阐释，使之形成对于人类社会发展具有重要价值的知识体系，应该说是一个具备敏锐学术嗅觉的学者的基本识见。

陈才俊：基督宗教（含天主教、东正教、基督新教）在中国有四次大规模的曲折传入经历，第一次为唐朝的"景教"，第二次为元朝的"也里可温教"，第三次为明末清初的天主教，第四次为19世纪初的基督新教。而其中最重要的两次，即天主教和基督新教的传入，乃是以澳门为基地或者据点。所以，您在研治澳门史的时候，逐渐介入到基督宗教在华传播史，并且选择了"从澳门出发"这一命题。

汤开建：在系统整理、解读有关澳门早期历史的档案文献时，我注意到一个非常重要的问题。那就是，当16世纪中叶葡萄牙人获准在澳门从事贸易活动时，西方的天主教传教士是与他们结伴而至的，甚至可以说二者是如影随形。而且，从16世纪中叶澳门开埠至18世纪，虽然澳门城市的发展经历过兴衰起伏的曲折历程，但天主教在澳门的繁盛却是持续稳定的。这是澳门天主教发展史上的"黄金时代"。在这百余年间，澳门一直是天主教传行中国内地的最重要基地。完全可以说，在天主教传华史上，没有澳门就没有中国的天主教。此足以反映澳门天主教在中国天主教史上的重要地位。

至20世纪90年代末，除了少数西方学者和澳门教会内学者关注到澳门天主教的历史及其影响外，几乎罕有人涉足此领域。于是，我投入很大精力进入该领域的研究，而且进入之后有一种"如获至宝"的兴奋，因为研究的空间比我早期预想的要远远宏大。

陈才俊：人类文明的发展一般都是从物质开始，然后进入精神层面，而精神层面的影响最终大于物质层面。另外，人类历史的发展又是伴随着异质文化的传播、碰撞、交流与融合而前进的，从历史影响来看，文化交流的意义往往要大于商业贸易的利益。所以，从某种意义来说，明清之际活动于澳门的天主教传教士在中国与西方世界的沟通方面，作用可能远远大于西方商人。

汤开建：这只能成为一家之言。但毋庸置疑，天主教以澳门为基地，在明末清初的影响的确是巨大的。

早在葡萄牙人正式获准居住澳门之前，已有天主教传教士进入。1555年，葡萄牙耶稣会神父格雷戈里奥·冈萨雷斯（Gregório González）抵达澳门，成为天主教在澳门传播的开拓者与奠基者。1557年，耶稣会士（Jesuit）随着澳门的正式开埠而大规模接踵而至。1576年1月23日，罗马教皇格列高利十三世（Pope Gregory XIII，1502—1585，又译格雷戈里十三世）颁布敕令，正式设立澳门主教区，管辖中国、日本、朝鲜、安南及相关毗连岛屿的传教事务。至此，澳门成为明清时期中国第一个天主教传教中心。至1569年，澳门已建造花王堂、风信堂、望德堂三座教堂，创建贫民医院、麻风病院两间医院，成立慈善会仁慈堂。1579年与1582年，两位极具影响的意大利耶稣会士罗明坚（Michele Ruggieri，1543—1607）和利玛窦（Matteo Ricci，1552—1610）先后到达澳门，并从澳门出发，到广东肇庆等地建造教堂，开启天主教在中国内地的传教事业。另外，澳门主教区成立后，耶稣会、方济各会（Franciscan Order）、奥斯定会（Augustinian Order）、多明我会（Dominican Order）等天主教修会纷至沓来，络绎不绝。据统计，1557—1644年，澳门天主教徒从400人发展到4万人；1581—1740年，有483名耶稣会士从澳门进入中国内地。这些进入内地的传教士，如利玛窦、汤若望（Johann Adam Schall von Bell，1591—1666）、安文思（Gabriel de Magalhães，1609—1677）、南怀仁（Ferdinand Verbiest，1623—1688）、徐日升（Tomás Pereira，1645—1708）等，还进入北京宫廷，对明末清初中国与西方的政治沟通与文化交流作出过重要贡献。天主教传教士是最初向中国传播西方文化的先驱。他们通过著述、翻译、办学、行医、刊印书籍以及深入内地传教等各种方式，传播西方文化与科技知识。而这些活动都是以澳门为基地进行的。如1569年，耶稣会士在澳门创办医院，用西医西药为人治病，开启西洋医学在中国的传播；1594年，耶稣会士在澳门创建圣保禄学院（Colégio de São Paulo），将之建设成为天主教在东亚传教和培训的总部，揭橥西方教育在中国的移植；利玛窦绘制《坤舆万国全图》，标志着中国第一张世界地图的诞生；艾儒略（Giulio Aleni，1582—1649）编写《职方外纪》《坤舆图说》，首次向中国人介绍五大洲的地理知识；熊三拔（Sabatino de Ursis，1575—1620）所撰《药露说》，是中国最早的西药学著作；被称为"佛郎机铳"和"西洋大炮"的西洋枪炮、天主教堂等西洋建筑、教堂壁画等西洋美术、风琴等西洋音乐，均由传教士经由澳门传入中国。1614年，传教士金尼阁（Nicolas Trigault，1577—1628）从罗马教宗那里获取西洋图书七千余部。他于1620年将这批图书运抵澳门，后来又将其中的一部分送至北京，藏于北京的教堂。如此种种，不胜枚举，充分证明澳门在天主教传华史上的重要地位。值得一提的是，澳门天主教的快速发展及其对中国内地教会的重要影响，也引起了明清政府的注意。

陈才俊：进入17世纪，澳门的天主教事业渐趋繁盛兴旺，生机勃勃；澳门亦迅即成为向中国内地以及远东地区传教的重要基地。大量史实证明，明清之际天主教在中国内地之所以能迅猛发展，澳门厥功至伟。

汤开建：明清之际澳门与中国内地天主教传播的关系，总括起来主要体现在五个方面：第一，澳门是明清之际传教士进入中国内地最重要的渠道；第二，澳门是中国内地各天主教修会传教的后勤供应站；第三，澳门是中国内地天主教传教事业培训人才的最重要基地；第四，澳门是中国内地民众信奉天主教的进教地；第五，澳门是中国内地天主教传教士的疗养院与庇护所。所以，我在撰述自己第一本天主教在华传教史论著《明清天主教史论稿初编：从澳门出发》①时，刻意强调"从澳门出发"这一理念：一是寓意中国天主教是从澳门起步；二是说明中国天主教的发展与兴衰均与澳门相关。

陈才俊：19世纪初，由于中国实行严厉的禁教政策，加之中英《南京条约》签订之前澳门是外国人唯一可以驻足和进入广州的口岸，所以，澳门也就成为基督新教传教士抵达中国的第一站。

汤开建：的确，基督新教在中国的传播也是以澳门为起点。最初，由于受清政府禁教政策所限，新教传教士只能以澳门为据点向中国传播基督宗教与西方文化。1807年，首位到中国内地传教的新教传教士、来自英国伦敦传教会（London Missionary Society）的马礼逊（Robert Morrison，1782—1834）抵达澳门，开展在华传教、文化、教育、出版活动。他首次把《圣经》完整翻译成中文，并撰写许多传

---

① 汤开建：《明清天主教史论稿初编——从澳门出发》，澳门大学出版中心2012年版。

教小册子，在澳门出版。他的儿子马儒翰（John Robert Morrison，1814—1843）出生于澳门，曾奉父命修改《圣经》汉译本。1839年，西方来华传教士为纪念马礼逊，在澳门创办马礼逊学校（Morrison School）。"留学生之父"容闳（1828—1912）就是从该校走向世界，并对中国历史产生过重大影响。继马礼逊之后，还有大量欧美新教传教士来到澳门，为基督新教的在华传教事业打下了坚实的基础，为近代中西文化的交流开启了崭新的篇章。《南京条约》签订之后，这些传教士才从澳门移师香港、广州、上海乃至内陆各地。

基督新教尽管在19世纪初就已经传入澳门，甚至可以说，澳门就是中国基督新教的发源地之一，但是由于天主教对新教的排斥与打击，所以，直至20世纪之前，新教在澳门几乎得不到生存的空间。进入20世纪，新教在澳门天主教管制的空隙中获得了一定的发展，但其影响力仍然有限。故此，很少有学者对晚清民国基督新教在澳门的传播历史展开深入的研究，具有严格学术规范的有价值的成果几乎为零。虽然我曾经试图在这方面做些工作，但还是因为时间和精力有限，未能如愿。这也是我的一个遗憾。

陈才俊： 历史上，澳门被称为"天主圣名之城"，天主教在澳门历史发展的过程中一直占有绝对的主导地位，正因为如此，学术界有关澳门基督宗教史的研究历来注重明清时期的天主教，而严重忽略晚清民国时期的基督新教。

汤开建： 应该说，澳门基督新教史的研究还是有很大空间和广阔前景的。这需要具有钻研精神、英语水平较高的史学工作者投身其中，因为新教传教士大多来自英语国家，英、美等国的差会总部保存着大量与之相关的英文档案文献，需要有志于此领域的研究者去搜寻、发掘。

二 厘清教会史与传教史的本质区别

陈才俊： 1929年，美国著名历史学家赖德烈（Kenneth Scott Latourette，1884—1968）的名著 A History of Christian Missions in China（《基督宗教在华传教史》）在美国出版。该书至今仍被中外学术界公认为非常权威的中国基督宗教史著作。但我发现一个重要问题，赖德烈在书名上并未使用"A History of Christianity in China"（中国基督宗教史），而是采用"A History of Christian Missions in China"（基督宗教在华传教史）。无独有偶，1965 年，另一位美国著名历史学家，1920—1950 年执教于金陵大学、后一直任职于纽约协合神学院（The Union Theological Seminary）的贝德士（Miner Searle Bates，1897—1978），曾经有一个未竟的宏大写作计划。他要在赖德烈著作的基础上倾力撰著一部鸿篇巨制：The Protestants' Endeavours in Chinese Society, 1890—1950（《新教徒奋进在中国社会：1890—1950》）。贝德士亦未使用"A History of Christianity in China"之名。这两位著名学者在撰写"中国基督宗教史"时，均非常慎重地未使用"中国基督宗教史"之名。这就给我们一个很大的启示，"中国基督宗教史"的写作有一个严格的学术规范问题。

汤开建：这不仅是一个写作的学术规范问题，而且与"中国基督宗教史"这一命题本身的宏渊及内涵的广博有关。毫无疑问，"基督宗教在华传播史"与"中国基督宗教史"是两回事，"基督宗教在华传播史"仅为"中国基督宗教史"之基础、之外来元素。而迄今为止，无论是中国学术界还是西方学术界，对基督宗教在华传播史的研究尚处于起步阶段。"传教史"尚未理清，何以言"教会史"之撰著？所以，以现今之研究基础，编纂"中国基督宗教史"无疑于痴人说梦，很不现实。早在若干年前，曾有出版界的朋友邀请我撰写一部"广东基督宗教史"。我即刻予以婉拒，原因即出于此。区域基督宗教史的撰写尚属不易，更遑论整个中国基督宗教史的编纂。

陈才俊：中国基督宗教史，既包括西方基督教会在华传播的历史，亦包括华人自立教会诞生、成长与发展的历史；不仅有西方传教士之在华事工，更有华人基督徒之主体参与。另外，中国基督宗教史还是西方基督宗教在中国"本土化（本地化）""处境化""地域化"

的衍演、流变过程。所以,"中国基督宗教史"的编纂无疑是一项宏巨而艰辛的工程。

汤开建：迄今为止,中国虽然已经出版不少各种冠以"基督宗教史"名称的著作,但真正下大力气研读原始中外文档案文献而作出精深细致个案研究者,非常罕见。发宏论者,虽然看似高屋建瓴、气贯长虹,有时甚至妙语连珠、发人警省,但于撰史则裨益甚少,遗患无穷。为何？因为并无新史实示人,亦无新资料扩张。一部中国基督宗教史,有多少空白领域无人涉及？以天主教的修会与新教的差会而言,中国学者又完成了对哪一个的专深精细、入木三分的研究呢？

天主教在华修会史研究,我算是进入得比较早、了解得比较全面的。我在研究中发现,虽然天主教来华修会组织并不繁杂,教区划分也非常明晰,但如果要完整地研究透某个修会的在华历史,也是一件很不容易的事情。到目前为止,水平较高的研究修会个案的著作,恐怕首推崔维孝的《明清之际西班牙方济会在华传教研究（1579—1732）》。[①] 该书是第一本以西班牙文为主体史料研究方济各会在华传播史的专著,但是,它也只是研究了西班牙的方济各会,而且仅仅写到雍正王朝。然而,明清之际活动于中国的方济各会还有来自意大利的；另外,乾隆以后及鸦片战争之后,西班牙及意大利的方济各会均在华有大量活动。这些至今均无人予以全面研究。修会在华传播史个案研究难度之大,由此可窥一斑。

陈才俊：基督新教来华差会繁多,传播地域广袤,人员构成复杂,所以,新教差会在华传播史的研究难度更大。

汤开建：基督新教差会在华传播史研究,我涉猎甚少,但一直在关注,并指导自己的博士生完成过几篇学位论文。在我看来,直到今天,真正有分量且在学界有影响的研究成果,似乎也不多见。像台湾

---

① 崔维孝：《明清之际西班牙方济会在华传教研究（1579—1732）》,中华书局2006年版。

学者林美玫著《追寻差传足迹：美国圣公会在华差传探析（1835—1920）》① 那样有价值的差会史著作太少了。然而，这一领域"泛论性"及"通史性"的著作却不在少数。事实上，进入中国境内之新教差会总数愈百家，有一定规模及一定影响者至少也有数十家，但是，有谁真正耗费五年、十年的精力去精深研究某个差会在中国的历史呢？在我看来，还有很多差会基本处于无人触碰的状态。不论哪个专业领域都会有人去整理、翻译出版相关的基本档案文献。特别奇怪的是，为什么就没有人对基督新教在华传播的史料予以详细搜集整理呢？现在的学者们大都愿意著书立说，忙于出版学术著作，"论尽天下基督之事"。其结果是，还有百分之七八十的档案文献尘封在馆藏之中而未被世人所知。这种悖论在中国基督宗教史研究中早已司空见惯，是一种极不正常的现象。

2013年春，我在给自己指导的博士吴宁的《没有终点的到达：美南浸信会在华南地区的传教活动》② 一书"序言"中坦言，21世纪初，我确实还有一点"野心"，想在基督宗教在华传教史领域，除了深掘明清天主教史之外，还在晚清民国基督新教各差会区域史研究上有所拓展，所以安排了几位博士生分别对循道会（Wesleyan Methodist Missionary Society）、长老会（Presbyterian Church）及浸信会（Baptist Church from South U. S. A.）的区域传播史展开研究。今天看来，我当时的想法实在太幼稚。新教入华，其差会之盛，传播区域之广，特别是各差会留存的中西档案文献数量之多，绝难毕数人之力于一役。所以，我的"基督新教史之梦"也就随着研究生的断层而日渐消失。

陈才俊：您对中国内地学界基督新教史研究的现状有何看法？

汤开建：内地的基督新教在华传播史研究，历来重视研究传教事

---

① 林美玫：《追寻差传足迹：美国圣公会在华差传探析（1835—1920）》，财团法人基督教宇宙光全人关怀机构2006年版。
② 吴宁：《没有终点的到达：美南浸信会在华南地区的传教活动》，宗教文化出版社2013年版。

业中的各项辅助事工，特别是对其教育、出版、医疗、慈善事工的研究相对集中，且成果颇多。但是，有关中国基督新教"内史"的研究，真正有价值的研究成果却不多见。其原因应是知识结构的缺陷、教会档案获取的困难、相关中文文献的稀少难寻等。尤其一些差会，神学理念相对保守，传教活动注重福传，宣教之地深入内陆，其传教辅助事工并不是差会工作的重心，故留存档案文献极少，研究起来难度就更大。

陈才俊：一部9卷本《剑桥基督宗教史》(*The Cambridge History of Christianity*)，乃是由世界各地的历史学家、宗教学家、人类学家、社会学家、文化学家等组成的团队，花费大量的人力、物力、财力集体撰著而成，且每一卷的撰著者均为该领域世界范围内的顶尖级学者。中国基督宗教史，同样也涉及不同的历史时代、不同的地域文化、不同的学科领域，所以，其撰著非一日之功，非一蹴而就。

汤开建：除了需要一个像《剑桥基督宗教史》撰著者那样的学术团队，如果没有对中国基督宗教史基本史料进行全面的爬梳与整理，"中国基督宗教史"的撰著，无疑还是纸上谈兵。

陈才俊：中国基督宗教史研究，目前还处于"传教史"研究阶段，无论在国内还是国际，至今仍是一个非常重要、难度颇大且有广阔前景的研究领域。虽然经过几代人的努力，该领域研究陆续推出一批成果，尤其是近些年有年青学者崭露头角，但总体而言，该研究依然步履维艰，任重道远。夸张一点说，万里长征才刚刚起步。

汤开建：2009年春，我曾经在给自己的博士颜小华的《相遇、对话与调适：美国长老会在华南的活动研究（1837—1899）》① 一书所撰写的序言中，提及三位在该领域有卓著成就的学者，与小华共勉。这三位学者，第一位是比利时汉学家高华士（Noël Golvers）。高华士的《清初耶稣会士鲁日满：常熟账本及灵修笔记研究》[*François*

---

① 颜小华：《相遇、对话与调适：美国长老会在华南的活动研究（1837—1899）》，兰州大学出版社2009年版。

de Rougemont, *S. J.*, *Missionary in Ch'ang-Shu*（*Ching-Nan*）: *A Study of the Account Book*（*1674 – 1676*）*and the Elogium*]① 一书，利用一部收藏于布鲁塞尔皇家图书馆的比利时耶稣会士鲁日满（François de Rougemont, 1624—1676）的账本手稿而完成。该账本完全可以称为一堆凌乱琐碎的"陈芝麻、烂谷子"。然而，高华士却极为巧妙地运用这些"芝麻、谷子"描绘出一幅色彩斑斓的"江南天主教史真实画卷"（张西平语）。高华士对史料的精研细析以及运用琐细资料构筑渊浩历史场境的能力，着实令人叫绝。我曾经惊言："此书可夺中国基督宗教史研究之冠。"比利时鲁汶大学韩德力（JeroomHeyndrickx）神父对高华士极为熟悉，称高华士"从来不会进行肤浅而匆促的研究"。这一评价看似平淡，然"肤浅""匆促"二端，于吾有之，于汝无焉？世何以罕？第二位是台湾"清华大学"的黄一农。黄一农的大著《两头蛇：明末清初的第一代天主教徒》②，利用 e 考据之法，遍寻明末清初天主教史料，在陈垣（1880—1971）、方豪（1910—1980）的基础上，对第一代华人天主教徒的奉教背景、因缘际会、心路历程及人际网络等予以出人意料的、精雕细凿的解读，示人以新资料，呈现以新结论。该书既具科学之精准，亦备史家之推证；考证精彩纷呈，绝无陈词滥调；文章珠玑满盘，证论推陈出新。一部属于"小历史"的著作在中国学界引起的震动之大，前所未见。据我所知，黄一农的著作仅此一部，然其已荣膺中国台湾"中研院"院士桂冠。第三位是在基督新教史研究中属于"殊相"的台湾学者苏精。苏精年轻时基本上名不见经传，实乃中国传统学术中"大器晚成"之类。临退休之际，他连续推出多部 19 世纪基督新教在华传播史的经典著作。这些著作，可谓部部精彩，篇篇扎实，句句谨严，且

---

① Noël Golvers, *François de Rougemont, S. J., Missionary in Ch'ang-Shu (Ching-Nan): A Study of the Account Book (1674 – 1676) and the Elogium*, Leuven: Leuven University Press, 1999. ［比利时］高华士：《清初耶稣会士鲁日满：常熟账本及灵修笔记研究》，赵殿红译，大象出版社2007年版。

② 黄一农：《两头蛇：明末清初的第一代天主教徒》，上海古籍出版社2006年版。

别开生面。苏精的著作，与我惯见他人的基督新教史著作大不相同，能于老生常谈的论题中迸发出如此众多的"新知"。比如，经其考证，沿用近两百年的首位华人基督（新教）徒之名"蔡高"，竟为"蔡轲"。苏精对英国、香港各档案馆及图书馆收藏的教会档案文献之熟悉，以及对"绝大部分是手稿"的英文档案用力之勤，在华人中恐无出其右者。上述三位学者，无一不是在史料的搜集及运用上高人一等；然而，也正是因为其史料搜寻的高人一等，才使他们创造出精彩绝伦的研究成果。

三 史料发掘的原典性与资料搜求的"竭泽而渔"

陈才俊：21世纪初，比利时著名汉学家钟鸣旦（Nicolas Standaert）在分梳剖析中国基督宗教史研究的新趋势时，提出"范式转换"这一重要理念，即该研究正在从"传教学"和"欧洲中心论"的范式转换到"汉学"和"中国中心论"的范式。我注意到，这个时间也正好是您研究基督宗教在华传播史的转折点。

汤开建：早些年的欧洲汉学家都喜欢谈中国基督宗教史研究的"范式转换"问题，中国亦有不少学者跟进。这样的呼喊一度很时髦。在他们的视野中，似乎基督宗教教会史、传教史研究已然过时，或者说只是一种低层次的研究，甚至将教会史、传教史研究完全归结于所谓"欧洲中心论"的产物。我很不赞成这种将事情叙述复杂化而结论得出又简单化的理论分类。我并不想对"欧洲中心论"与"中国中心论"的区分及转换发表意见，更不想在中国基督宗教史研究中的"自我"与"他者"的概念变换中做文章。我始终坚持的一点就是，历史研究的最根本问题取决于史料。我是史料至上主义者，研究一个问题，没有八成的史料把握，我会怯场。

在现今的中国基督宗教史研究中，虽然存在着以外文史料为主和以中文史料为主两种现象，但这一状况的存在是由于研究者们学识能力的局限造成的，也是一种无可奈何的"迫不得已"，而并非谁要刻意去营造一种"欧洲中心"或"中国中心"。早期的西方学者大都不通中文，而中国学者掌握和运用中、西不同语言的能力又实在有限，所以才形成这种"窘境"。虽然这种"窘境"正在逐渐改变，但仍远远不够。我希望看到，能真正将有关东、西方各种语言的中国基督宗教史资料凿掘、整理出来，使其融会贯通，互证互补，并在此基础上对中国基督宗教史予以较为系统、清晰的梳理与认识。在我看来，我们今天连一些基本的传教史实尚未理清，连绝大部分基础档案文献资料尚未发掘出来，何以奢谈什么"理念模式""范式转换"？近年来，欧美、中国学术界，如鲁汶大学、旧金山大学、北京外国语大学、上海大学、天主教辅仁大学等高等院校正在大力开展基督宗教汉语文献的调查、整理与研究。这是中国基督宗教史研究的基本路径和必然趋势。

陈才俊：您倾力研究的明清天主教史，涉及的语种较多，档案文献收藏分布较广，加之时间相隔久远，所以，资料搜集及研究的难度相对更大。

汤开建：的确，明清天主教史研究是一门很难的学问，对学者的史学功底、语言能力、场景意识等都要求极高。欧洲已经出现像谢和耐（Jacques Gernet，1921—2018）、许理和（Erik Zürcher，1928—2008）、钟鸣旦、杜鼎克（Adrian Dudink）等一批熟悉东、西方语言的中国天主教史家，而中国却尚未产生。这是不争的事实。要培养和训练出一些能同时充分运用拉丁文、意大利文、葡萄牙文、西班牙文、荷兰文、法文、德文、英文等语言史料的中国专家，即使再乐观，我估计也需要相当长的时间。虽然掌握一两种西方语言、正在投身于明清天主教史研究的中国专家也有一些，但这远远不够，一是因为掌握的语种太少，二是因为对各语种档案文献的开掘和翻译不足。虽然我们不断地强调中国天主教史研究要将东、西方文字史料同时并举，但不可否认的是，天主教在华传播史中主要的史料构成是多语种西文，而不是中文。中文史料往往只是在研究中国天主教徒的身份、履历，中国天主教徒对天主教的认识及反教运动的过程等几个方面表现相对重要。以前我们一般认为，许多天主教修会在华活动几乎无中文文献记载，但是，利玛窦的朋友、明代韶州同知刘承范《利玛传》的新近发现与挖掘，却在一定程度上冲击了我的认识。所以，在明清天主教史研究中，传教史的研究以及对各种西方语言档案文献的发现和利用，仍然是最基础的问题。只有通过对个别地区、个别修会、个案人物的专门研究，才有可能将这些沉寂湮没在梵蒂冈、巴黎、马德里、里斯本等地各修会档案馆中的多语种西文档案文献发掘出来。所以我很担心，如果天主教在华传教史的基础档案文献资料不开凿出来，中国天主教史研究很有可能重蹈中国20世纪50年代后中国历史研究之覆辙。这种离我们并不遥远的教训，不应重演。

陈才俊：有人称您为中国史学界"史料至上主义"的代表人物，甚至有点"唯史料论"。陈垣被视为中国宗教史研究的开创者与典范，其研究特点在于资料搜罗之勤、闻见之博、识断之精、体制之善。陈垣在给学生授课时，经常强调他的两句名言：一是"竭泽而渔"，二是"打破砂锅问到底"。台湾"中研院"院士、著名元史学家萧启庆曾评价您师法陈垣，在广阔的史料基础上，对所处理的课题皆经过严密的考证，确实做到"不讲无证之言，不下无据之论"。

汤开建：中国基督宗教史研究具有一定的特殊性。我以为，该研究必须把握两个最重要的原则：一是史料使用的原典性，二是资料搜集的"竭泽而渔"。不管是中文史料还是外文史料，既要重视原典，又要"竭泽而渔"。如果以此原则作为基本要求，我认为，现已面世的许多研究成果应该不能"达标"。西方学者会好一些，但他们在使用中文史料上存在着天然的缺陷；而中国学者对于众多的西方语言档案文献，基本上处于束手无策的状态。我撰述的《明清天主教史论稿初编：从澳门出发》就是力图打破这一尴尬局面。该书充分利用东、西方诸语种档案文献的原典史料，大量地、水乳交融地验证所研究时期的中西关系，而且从细节出发，尽量做到资料的"竭泽而渔"；在"竭泽而渔"的基础上再"打破砂锅问到底"。当然，最终是否"竭泽",验证是否准确,我也不敢保证,尚待后人检验。上述两种原则的提出,并非只是一种勉励;我研究天主教在华传播史,始终秉持遵循。当然,也有些人认为这是一种永远也无法达到的"境界"。我不同意选择性地使用档案文献资料,亦不同意在选择性使用史料的基础上得出的主观评判。

陈才俊:严耕望(1916—1996)将历史考证学分为"述证"与"辩证"两种类型与层次。"述证的论著只要历举具体史料,加以贯串,使史事真相适当地显露出来。此法最重史料搜集之详赡,与史料比次之缜密,再加以精心组织,能于纷繁中见其条理,得出前所未知的新结论。辩证的论著,重在运用史料,作曲折委蛇的辨析,以达成自己所透视所理解的新结论。此种论文较深刻,亦较难写。考证方法虽有此两类别、两层次,但名家论著通常皆兼备此两方面,惟亦各有所侧重。"陈垣、陈寅恪(1890—1969)分别为"述证"与"辩证"的代表人物。尤其是陈垣,"最重视史料搜集,至以'竭泽而渔'相比况。故往往能得世所罕见,无人用过的史料,做出辉煌的成绩……"①在您的著述中,我们可以看到,您娴熟地运用陈垣的"述证"之术,再辅以陈寅恪的"辩证"之法。

汤开建:陈垣、陈寅恪均为历史考证学巨擘,我一直非常尊崇。在研究中,我尽量在"竭泽而渔"的基础上达至"无征不信"的境界,尤其注重各种类型史料的搜集、甄别、分析、勘校和比对。在考证中,我重点注意如下三点。

第一,发掘原典。基督宗教在华的传播过程中,政教冲突频仍,各类教案频发,所以大量教会史中文文献遭到毁损乃至湮没。以明清天主教文献为例,由于受到诸多因素的影响,中国士大夫对教会历史的记载本来就颇为零星,更因百年禁教和文字狱案等重大历史事件,所能留存至今的中文文献可谓极其罕见。值得庆幸的是,明清时期在华的西方传教士,尤其是耶稣会士,大都中文水平较高,所以,他们早期曾留存过

---

① 严耕望:《治史三书》,上海人民出版社2011年版,第174页。

为数不少的中文文献。但是，随着1773年耶稣会被解散，巴黎外方传教会（Missions étrangères de Paris）、遣使会（Congrégation de Mission）成为在华传教事业的主导者并改变传教策略，排斥学术传教方式，故留存下来的中文文献亦相对稀少。所以，这就给我的传教史研究增加了很大的难度。有时为了一个很小的问题，我除了自己悉心觅寻史料，还要广泛求助国内外的朋友，并利用各种机会赴日本、越南、韩国及欧洲诸国搜寻。

第二，互证互补。能否搜集、甄别不同历史时期有价值的史料，乃是衡量一个研究者史学功底和学术识见的重要标尺。由于教会中文文献的稀缺，我不得不借助不同历史时期的史料，对历史的亲历者与后人相互矛盾的叙述进行互证互补，尽量还原历史的本相。此外，教会中文文献以教理为主，史事叙述较少，所以教会史研究还需要中、外文史料的互证互补。基于此，我认为，中国基督宗教史研究除大量征引原始文献外，还要积极吸收其他二手资料以及后人辑录的历史资料。以意大利耶稣会士毕方济（Francesco Sambiaso，1582—1649）与明清之际在华教会为例，长期以来，由于晚清教会史家黄伯禄（1830—1909）将"毕方济奏疏"时间错置，导致毕方济与南明政权之关系以及明代天主教在华传播的众多史实错谬。我通过对中西史料的比对、勘校，考定"毕方济奏疏"形成于弘光元年，从而还原四百年前南明政权与在华天主教会之间一段隐蔽却又决定中西关系以及澳葡政府走向的重大历史事件之真相。

第三，关注新史料。我长期、持续关注和搜寻国内外最新公布的新历史材料，并迅速运用于自己的研究之中。比如，清人刘后清修撰、民国甲寅续修本《存泽堂刘氏族谱》内，载有明万历年间韶州同知刘承范的《利玛传》。2010年，刘承范后人刘明强公布《利玛传》，成为关于利玛窦中文传记的最新资料。我很快意识到这一资料的公布是近年中国天主教史研究的重大发现，遂在自己的研究中率先引用此文，辅证阐释晚明时期在华天主教会的钟表外交及澳门与教会的关系等问题。又如，2013年，《徐家汇藏书楼明清天主教文献续编》中两部中国教徒撰写的《徐光启传》刚公布,我便成为最早使用这些新发现的徐光启(1562—1633)资料的研究者,并运用这些资料辅证徐光启在利玛窦影响下发展基督信仰的历史脉络与心路历程。除此之外,美国学者柏理安(Liam Mathew Brockey)、比利时学者高华士、意大利籍华人学者宋黎明等公布的最新资料,我都尽可能第一时间运用于自己的研究之中。

陈才俊:据张中鹏博士统计,《明清天主教史论稿初编:从澳门出发》一书共征引民国以前文献达140种、译著70余种、外文文献60余种。《明清天主教史论稿二编:圣教在中土》①则征引民国以前文献达170余种,译著80余种,外文文献70余种。可以说,无论在明清天主教会史域外文献的搜罗与庋藏上,还是在中、外文史料运用的广度与密度上,均用力甚勤。

汤开建:《明清天主教史论稿初编:从澳门出发》《明清天主教史论稿二编:圣教在中土》这两部书除了文献征引数量巨大外,更重要的是运用了一些稀见史料。中文方面,比如蔡汝贤的《东夷图像》、俞安性(1574—1654)的《香山墺散倭记事》、瞿式耜(1590—1651)的《仁会引》、何乔远(1558—1632)的《镜山全集》、张世伟的《孙元化墓志名铭》、朱吾弼的《皇明留台奏议》、叶益蕃的《三山仁会引》、韩霖(1598?—1649)的《守圉全书》、王廷钤的《香山县恭常都十三乡采访册》等稀见古籍,我可能是国内教会史学界的最早使用者。特别是对杨廷筠(1557—1627)《仁会广放生说》的发现,著名教会史家钟鸣旦曾认为该文已不存于世,而我却在韩霖的《守圉全书》中不仅发现了杨廷筠文,并利用该文完成了《晚明仁会考》这一新的天主教慈善组织研究。西文方面,比如《耶稣会士在亚洲》(*Jesuítas na Ásia*)、《方济各会中国传教志》(*Sinica Franciscana*)、《多明我会中国传教志》(*Historia de las Misiones Dominicanas de China*)、《远方亚洲》(*Asia Extrema*)、《巴黎外方传教

---

① 汤开建:《明清天主教史论稿二编:圣教在中土》,澳门大学出版中心2014年版。

会四川传播史》(*Histoire des Missions de Chine: Mission du Se-Tchoan*)以及《通事陆若汉：一位16世纪在中国和日本的葡萄牙耶稣会士》(*Rodrigues, O Intérprete: Um Jesuíta Português no Japão e na China do Século XVI*)、《安文思神父传：17世纪在中国的一位葡萄牙耶稣会士》(*Le Père Gabriel de Magalhães, un Jésuite Portugais en Chine au XVIIᵉ Siècle*)、《乾隆朝的宫廷画家王致诚》[*Le Frère Attiret au service de K'ien-long (1702—1768). Sa première biographie écrite par le P. Amiot, rééditée avec notes explicatives et commentaires historiques*]等文献，在我之前引用者亦不多见。我后续将出版的《明清天主教史论稿三编：走向西北》①，亦秉承史料发掘的原典性与资料搜求的"竭泽而渔"原则。

我常常将自己喻为一位裁缝，每完成一个史学作品，就好比用大大小小、长长短短的史料缝制成一件百衲衣。史学家研究历史，大概都只能缝制百衲衣。这恐怕就是傅斯年（1896—1950）所言"史学即史料学"之大旨。不能不承认，限于精力与学识，我的研究仍感到诸多不足，特别是外文档案文献的"竭泽而渔"和原典的使用上，目前尚无能力完全做到。我相信，除了已经搜寻到的外文档案文献外，尚有不少的漏网之"鱼"。另外，部分原典的使用，尽管原典已经获得，然而由于原典是手稿，仍无法自己阅读或找人翻译，所以，还是留下诸多遗憾。

四 "两条腿走路"的中外史料互证互补原则

陈才俊：毫无疑问，充分凿掘和"竭泽而渔"搜求原典性史料是历史研究极其重要的前提。然而，同样的历史事实，不同社会阶层、不同文化传统、不同宗教信仰、不同价值取向的人往往留存大相径庭乃至截然相反的记录。中国基督宗教史的记录者，少数为中国人，更多的则是外国人；尤其是中国天主教史的记录者，不仅涉及欧洲的许

---

① 汤开建：《明清天主教史论稿三编：走向西北》，澳门大学出版中心待出版。

多国家，而且还有东方的日本、安南等国。所以，中、外文文献的互证互补，显得非常重要。早期的中国学者，仅有方豪在研究中国天主教史时，不仅注重中文史料的搜集整理，而且擅长综合运用拉丁文、意大利文、法文等欧洲语言档案文献，努力做到中西文献互证互补，以尽可能还原历史真相。

汤开建：这就是我经常反复强调的，研究中国基督宗教史必须坚持"两条腿走路"的方针：一条腿坚实地站在中文档案文献的基础之上，另一条腿则要迈进浩瀚无涯的各种外文档案文献海洋之中。中国天主教史研究，尤应如此。

中国天主教史研究方面，当欧美学者拿出一部又一部既具宏观史识又有坚实史料的皇皇巨著时，中国学者才蹒跚迈步。从起步来讲，中国比欧美晚了近百年。中西学者对这一领域的研究有一个天然的分水岭，即西方学者多长于西方语言而获得葡萄牙、西班牙、荷兰、法国、意大利、英国诸国馆藏欧洲语系（包括拉丁语）档案文献资料，完成了许多极具学术分量的专著和论文，也涌现出一批卓有建树的中国天主教史家，如费赖之（Louis Pfister，1833—1891）、德礼贤（Pasquale M. d'Elia，1890—1963）、裴化行（Henri Bernard，1897—1940）、荣振华（Joseph Dehergne，1903—1990）、魏特（Alfons Väth，1874—1937）、高龙鞶（Augustin Colombel，1833—1905）、顾学德（Noël Gubbels，1874—1950）、陆南（Adrien Launay，1853—1927，亦译"劳内"）、托玛斯（A. Thomas）、玛乔蒂（Fortunato Margiotti，1912—1990）、冈萨雷斯（José Maria Gonzalez）等；而中国学者则多从中文文献（包括史书、文集、笔记、档案、谱牒、金石、碑刻）中收集资料，以传统的考据学方法展开对中国早期天主教史的研究，特别是对明清之际华人天主教徒的研究颇深，其中尤以陈垣、方豪、阎宗临（1904—1978）等甚为突出。在陈、方、阎之后，中国学界曾出现相当长时间的断层。20世纪80年代后，虽一度有振兴中国天主教史研究之壮举，但限于国内的环境，除张铠、林金水、韩琦、李天纲、张先清等少数几位的著作有所创新外，该领域出现的大多数作品或趋时应世,或空泛因袭,可取之处实在不多。近些年,台湾黄一农承继陈垣、方豪的传统,在深入发掘中文史料、研读史料与求证教史诸多方面显露出深厚的明清文献根柢与不同凡响的见解。

陈才俊:值得注意的是,近二十年来,以许理和、钟鸣旦、杜鼎克为代表的欧洲汉学家开始大规模地向基督宗教史中文文献领域进军,一边整理出版,一边发表研究成果,做出的成绩令人吃惊,足以超迈陈垣、方豪时代,令中国的同行们"汗颜"。

汤开建:研究中国基督宗教史,中国的专家应该走在学科的前沿。这是理所当然更是义不容辞的事。而要走到中国基督宗教史研究的前沿,"两条腿走路"的方针必不可少。中国学者能深入到西方语言档案文献中展开研究者本来就不多,特别是在小语种如拉丁文、意大利文、葡萄牙文及西班牙文方面,则更具弱势。而以上四种语言又是中国早期基督宗教史原始资料的最主要源头。中国早期天主教史研究大都集中于耶稣会,而对方济各会、多明我会、奥斯定会、巴黎外方传教会、遣使会及教廷传信部在中国的活动,则鲜有人问津。虽然,耶稣会在中西文化交流方面的贡献与对中国上层社会的影响,确实比其他来华的天主教修会更大,但从中国天主教史的宏观历史以及对中国基层社会的深入与渗透(特别是边远地区)层面而言,方济各会、多明我会、巴黎外方传教会的传教活动,意义则远远高出耶稣会。这一点,我们的教会史著作根本未曾触及。既然如此,为什么中国学者研究耶稣会的著作汗牛充栋,而研究其他修会则基本阙如呢?其中一个最重要的原因就是精通上述西方语言的人才不研究教会史,而正在研究教会史的中国学者尚未能熟练掌握上述西方语种。这一历史的遗憾始终是横亘在中国学者难以言表的情绪之中。

所喜的是,春天冰河的坚冰已经开始松动,一批熟练掌握西班牙文、葡萄牙文的中国专家已投入到中国天主教史及中西交流史的研究之中,如金国平、吴志良等;还有一批研究教会史的青年学者已进入到一些罕有人问津的小语种档案文献之中,如中国台湾的李毓中,中国大陆的张先清。坚持"两条腿走路"的方针,已使中国学者在中国早期天主教史研究中有所斩获。

陈才俊：要做到"两条腿走路"，中国学者不仅要熟悉西方的语言，而且要对相关的西语档案文献了然于心。最好是能将大量的西语档案文献整理、翻译成中文出版。

汤开建：这是一个非常浩大的工程，国内现在做得还非常有限。最值得一提的是，多卷本法国耶稣会士的《耶稣会士中国书简集：中国回忆录》（*Lettres édifiantes et curieuses*）已经出版中译本。虽然这套书的翻译有些瑕疵，但我以为，这仍是对中国天主教史研究的无量功德。然而，需要翻译出版的重要档案文献、著作就更多了。如多达70余卷宗的葡萄牙文档案《耶稣会士在亚洲》（*Jesuítas na Ásia*），可以说是研究早期耶稣会士最为原典的史料渊薮，但由于这套档案多为手稿，中国学者识葡文又能阅读手稿者寥寥无几，故组织力量、分工合作，翻译这部最为重要、最为原典的早期耶稣会士史料集，乃是当务之急。再如，法国学者陆南的《巴黎外方传教会在华传教史》（*Histoire des Missions de Chine*）以分省的方式出版了10部专著，至今仍无一部翻译成中文。还有，谁都知道《李安德日记》（*Journal d'Andre Ly, prêtre chinois, missionnaire et notaire apostolique, 1746–1763*）具有极高的史料价值，但学者们大都只能望"书"兴叹，因为李安德（1692—1775）日记的原版为拉丁文。

陈才俊：您所倡导的中国基督宗教史研究应该坚持"两条腿走路"的学术准则，无疑得到了学术界的广泛共鸣。但在您的研究成果中，大量直接运用葡萄牙文、西班牙文、法文、英文、日文等外文档案文献，也引起了学界有些人的质疑。

汤开建：毋庸讳言，虽然我力主中国基督宗教史研究的"两条腿走路"方针，可惜的是，我本人在这方面也是一条腿长、一条腿短，所以只能深一脚、浅一脚地蹒跚而行。虽然在中文资料的整理与研究上我有一定的自信，但是由于自己外文水平相当有限，所以，我对外文资料的发掘与利用，则是依靠一支"拐杖"来完成。我所说的这支"拐杖"是一支强大的学术翻译队伍，而且主要是我自己"打造"

而成的，既有学术界的朋友，也有我自己培养的学生。比如葡萄牙文有金国平、李长森、田渝、彭蕙；西班牙文有崔维孝；法文有解江红、刘清华、韦羽、刘芳；英文有赵殿红、陈玉芳；日文有戚印平、刘小珊。他们或向我提供其研究领域的重要史料译文，或直接帮助我翻译我所发现的珍贵史料。特别是金国平，他大批量翻译了16—18世纪的葡萄牙文档案文献，均无偿将译稿提供给我使用。戚印平亦是如此。他的《澳门圣保禄学院及耶稣会在东方的教育机构》尚未出版时，即给我参考使用。另外，到目前为止，我已经培养出数十名博士、硕士，其中许多人外文水平很高。我一直有规划地组织他们对一些我所掌握的外文珍贵档案文献及重要学术成果，予以翻译和研究。比如我最近组织翻译的葡萄牙文档案《1636，1643至1649年耶稣会中国副省年报》［Cartas ânusa da China（1636，1643 a 1649）］，就非常有价值。如果说我有关基督宗教在华传播史的研究还有一点点贡献的话，其中一半应归功于这支"拐杖"。从某种意义上说，这支"拐杖"已经早就充当我的一条腿了。另外，近些年来汉译出版的许多新的外文档案文献，对我的研究也帮助很大。

陈才俊：您在《明清天主教史论稿二编：圣教在中土》的"自序"中言："余治史还有一个特点，即在选题上或言人之所无，或详人之所略。言人之所无，详人之所略，换句话说就是创新，而可以创新的最大本钱就是新资料的发掘与利用。"所以，您为了自己学术研究的创新，还组织整理、翻译了大量天主教在华传教史的西文档案文献，体现了一位历史学家的宏阔视野与远见卓识，对中国史学的发展可谓功德无量。

汤开建：对新资料的发掘与利用，可以说是我学术研究的灵魂。每一篇文章的完成，没有新资料我是不写的。大家从我的文章中可以看出这种风格。对新资料的挖掘与利用，我是中西并举。比如，我手头正在进行的一个项目——《明代利玛窦中文资料汇释》，收录明清时期关于利玛窦在华活动的文献达180余种，其中很多都是前人未曾利用过的利玛窦资料，对深入研究利玛窦无疑多有裨益。而在西文文献的整理上，我更是有长远的计划，想组织力量对16—18世纪中西文化交往中的西语档案文献进行系统翻译，打算出版一个译丛，内容包括耶稣会、方济各会、多明我会、巴黎外方传教会、遣使会、教廷传信部的西文档案及一些著名的研究著作。现在已经完成或部分完成的有，何大化（António de Gouveia）的《1636，1643至1649年耶稣会中国副省年报》[Cartas ânusa da China（1636，1643 a 1649）] 和《远方亚洲》（Asia Extrema）、柏理安的《东游记：耶稣会士在华传教史，1579—1724》（Journey to the East: The Jesuit Mission to China, 1579—1724）、高华士的《中国天主教史论文集》、文德泉（Manuel Teixeira，1912—2003）的《澳门及其教区》（Macau e a Sua Diocesa）等。其实，我已经组织翻译出来的葡萄牙文、西班牙文、法文档案文献及学术著作很多，目前最难的是校对和审核工作。这需要大量的人力和极高的专业水平；也只有这样，才能保证翻译的品质。总之，这是一项需要投入巨大人力、财力且须长期跋涉的学术工作。我会坚持下去，尽量多做一点，为中国学者在中国天主教史研究领域中多增加一点砖石。

陈才俊：如果有更多像汤教授这样既高度重视学科基础档案文献的搜集、整理与翻译，又精深细微进行相关课题前沿专题研究，中国基督宗教史的整体研究定能迈上新的台阶。

（原载《澳门研究》2014年第1期）

近代早期天主教改革与
天主教世界的复兴运动

——评夏伯嘉《天主教世界的
复兴运动：1540—1770》

  近代早期（15—18 世纪）乃学界公认之西方文明的转型期。在此期间，西方的政治、经济、文化等领域发生剧烈嬗变，文明体系内所有的组织结构均受到巨大的影响和冲击。教会作为古代罗马社会保存下来的最大组织机构，所受到的影响和冲击尤其深刻而广泛。面对社会剧变，教会必须做出反应，予以调适，实现转变。故此，教会开始进行自我改造，并通过对自己进行"从信仰到仪式，从成员到首脑"的改革来完成这一使命。1517 年，神圣罗马帝国境内奥古斯丁修道院（St. Augustine's Abby）修士马丁·路德（Martin Luther，1483—1546）发起教会改革运动。面对这一新信仰的威胁和挑战，罗马公教不得不加快自我革新步伐。1545 至 1563 年，罗马教廷在意大利北部濒临德意志的边境小城特伦托（拉丁语：Concilium；英语：Trent）召开第 19 届大公会议，史称"特伦托大公会议"（Council of Trent，亦译"特利腾大公会议"等）。此次会议除澄清罗马公教的教义之外，最重要之目的乃是教会内部的重大改革。作为天主教历史上具有划时代意义的改革公会，特伦托大公会议的影响一直延续至今。

  长期以来，学界在论及西欧近代社会转型与蜕变时，多强调文艺复兴、地理大发现、宗教改革、启蒙运动等之巨大作用，而对天主教在此过程中之转变和作用则乏人问津。事实上，前述诸种影响欧洲近代历史的重大运动，无一不深深打下天主教的烙印。尤其是宗教改革，它不仅脱胎于天主教，更是在与天主教激烈的对抗和斗争中存在和发展起来的。厘清天主教在这一时段的历史，是精准、合理地解释近代早期发生在西欧所有历史性转变的关键因素。近代早期欧洲，天主教的影响无处不在。经历宗教改革冲击之后，天主教世界的自我革新与复兴运动，深刻影响着欧洲乃至整个世界的文明发展。故此，对天主教自我革新的深层原因进行探析，不仅有助于我们正确认知基督宗教历史上的相关问题，而且对我们客观认知西方文明史亦大有裨益。

夏伯嘉（Ronnie Po-Chia SHIA）的《天主教世界的复兴运动：1540—1770》（*The World of Catholic Renewal, 1540—1770*）[①] 中文版，是迄今为止唯一的一部论述近代早期天主教世界自我革新与复兴的中文著作。该书对特伦托大公会议之后两个多世纪的天主教历史进行极其有价值的探讨和阐析，企图梳理近代早期天主教阵营复杂的发展，试图对欧洲和更广大世界的天主教领土内经历的历史事件提供解释。作者参考至少8种不同语言的学术成果，立论严谨，文笔清晰，内容广泛而又细致，可谓该领域的最新权威著作。

夏伯嘉出生于中国香港，先后求学于香港地区、英国、德国和美国，现任美国宾夕法尼亚州立大学Edwin Erle Sparks讲座教授，兼任中国台湾"中研院"院士，是近代早期欧洲史和中西文化交流史研究领域的著名学者。有人观察以史学作为职业写作的学者，发现大致可分为两种风格：一种是专门为解决问题而来，另一种则是平平静静地写。前者不管涉及什么题材，也不管涉足哪个领域，都离不开入木三分的睿智；后者则在写作中保持敏感、平和，且文字典雅干净却不愿显山露水。夏伯嘉的风格显然属于后一种。透过像诗一般透明的文字，寻觅历史的确定性，乃是夏伯嘉的史学写作追求。

[①] ［美］夏伯嘉：《天主教世界的复兴运动：1540—1770》，余芳珍译，上海人民出版社2015年版。

夏伯嘉将本书命名为"天主教世界的复兴运动",旨在有意识地避开基督教会内部和学术界备受争议的历史概念。

由于1517年马丁·路德首倡的教会改革运动被称为"宗教改革"（Reformation）,故而对天主教在近代早期自我革新运动的认识,史学界一直存在严重分歧。许多学者将天主教的自我革新看成对新教宗教改革运动的一种被动的、敌视性反应,因而将其称为"反宗教改革"（Counter-Reformation）。"反宗教改革"是由新教学者创造出来的,出现在镇压耶稣会（Society of Jesus）的18世纪70年代,用来描述神圣罗马帝国的法律系统。1776年,哥廷根（Göttingen）的路德宗法律学者约翰·史蒂芬·皮特（Johann Stephan Pütter，1725—1807）首创这一概念。作为一个法律史概念,它最初用来描述一些新教地区（特别是德国）被迫重新皈依天主教信仰,且一开始以复数形式（Counter-Reformations）出现,指那些个体或地区的再皈依（天主教）运动。"反宗教改革"意谓在1555—1648年罗马帝国境内信仰忠诚的挫败。在叙述成立地区性教堂原则的1555年"奥格斯堡和约"（*Peace of Augsburg*）与稳固信仰疆界的1648年"威斯特伐里亚和约"（*Peace Treaty of Westphalia*）之间的这段时期,"反宗教改革"一词并不适用于罗马帝国疆界以外的地区。故此,该概念主要指地方性运动,并没有将天主教会围绕特伦托大公会议展开的种种举措视为一场整体的、有计划的"反新教"运动。单数"反宗教改革"（Counter-Reformation）和复数"反宗教改革"（Counter-Reformations）在19世纪30年代被学界接受。此后,德国著名新教学者利奥波德·冯·兰克（Leopld von Ranke，1795—1886）将17世纪以来流行于德国的"宗教改革"一词与皮特创设的"反宗教改革"概念进行系统的整合和界定。他去掉"反宗教改革"的复数形式,将其单数形式创设成一个专有名词,指称教会1555—1648年的一系列行为,以对应其将1517—1555年定为宗教改革时代的划分方法。自此,借助于兰克在教会史学界的巨大声望,与"宗教改革"在同一个框架内进行着对抗的"反宗教改革"被纳入世界各地学者的学术话语范畴。

"反宗教改革"被广泛使用之后,渐趋背离原初含义。很多新教学者(主要是德国人)将其理解为是对"宗教改革"运动的反动、仇视与镇压,且视教廷、世俗君主以及耶稣会等狂热的宗教团体和个人为"反宗教改革"的代表人物。这些新教学者根本不会或者很少关注天主教会内部的自我革新和改革举措。故此,天主教会及其学者自然不能认同这一概念,拒绝使用"反宗教改革"来概括1517年之后的天主教历史。然而,历史的吊诡还是发生在新教学者身上。德国新教学者威廉·毛伦布雷歇尔(Wilhelm Maurenbrecher,1838—1892)本想撰写一部"反宗教改革"历史的著作,但其在研究过程中通过接触西班牙的原始档案,发现1517年以前天主教自身就已经存在种种改革举措。因此他认为,不能把目光仅放在"反宗教改革"上,而是有必要充分认识被忽视的"天主教改革"。1880年,毛伦布雷歇尔发表其代表作《天主教改革史》(*History of the Catholic Reformation*)。于是,"天主教改革"(Catholic Reformation)这一前人难以想象的概念诞生了。

19世纪70年代和80年代,以重建耶稣会和教宗制度为特色的"复辟"(Restoration)精神成为天主教历史发展的重要转折。此际,由于晚近统一的德意志帝国之"文化抗争"(Kulturkampf)挑起,"复辟"一词在德国大学的课堂教学和学术研究中流行起来。因此,天主教学者便以"天主教革新"(Catholic Reform)、"天主教改革"(Catholic Reformation)或"天主教复辟"(Catholic Restoration)取代"反宗教改革"(Counter-Reformation),以反对其消极、反动意涵。

1946年,德国著名教会史家胡贝特·耶丁(Hubert Jedin,1900—1980)发表《天主教改革还是反宗教改革?》(Catholic Reformation or Counter-Reformation?)一文。在这篇深刻影响20世纪下半叶教会史研究的文章中,作者提出一个至关重要的史学理念——"天主教改革和反宗教改革"(Catholic Reformation and Counter-Reformation)。在耶丁看来,"天主教改革"和"反宗教改革"不是割裂的,而是一体的;"天主教改革"是灵魂,"反宗教改革"是躯体,灵魂统领躯体;"天主教改革"在先,"反宗教改革"跟进,二者在历史进程中融合为一体。美国教会史名家约翰·W.奥马利(John W. O'Malley, 1927—)1990年荣任美国天主教历史学会主席时,发表《伊纳爵·罗耀拉是教会改革者吗?如何看待近代早期天主教信仰》(Was Ignatius Loyola a Church Reformer? How to Look at Early Modern Catholicism)的演说,又提出新的研究理念——"近代早期天主教信仰"(Early Modern Catholicism),认为该表述可以涵盖此前那些流行概念所没能体现出来的重要内容。

然而,夏伯嘉认为,上述不同时期对近代早期天主教发展历史的认识与表达均存在明显的局限性。一方面,无论"天主教改革"还是"反宗教改革",都不足以完全涵盖近代早期天主教发展之全貌。另一方面,"近代早期天主教信仰"涵盖过于宽泛,不能精准表达其时天主教发展之个性特征。夏伯嘉言:"研究宗教历史不应该忽略社会面向,信仰活动和神学教义同样值得研究。"[①] 他细致审视特伦托大公会议之后两个多世纪的天主教历史,透辟分析近代早期欧洲基督宗教的分裂痕迹,得出自己独到的看法。他认为,"早期宗教改革的语言,暗示近古欧洲宗教改革和天主教历史之间的根本一致性。双方皆主张殉道、遵从礼拜仪式和重写教会历史:在分裂的基督(宗)教图像中,显示出远比'宗教改革'和'反宗教改革'这两个词汇的简单对立更为深邃、更为复杂的发展"[②]。在夏伯嘉看来,近代早期天主教发展的核心理念乃是复兴,其所实施的一系列自我革新行动就是一场宏大的教会复兴运动。上述认知构成了作者《天主教世界的复兴运动:1540—1770》一书的诠释基础。

夏伯嘉假借"天主教世界的复兴运动"(The World of Catholic Renewal)这一颇具全球史观的宏大视野,自然而精妙地将"天主教改

[①] [美]夏伯嘉:《天主教世界的复兴运动:1540—1770》,"致谢",余芳珍译,上海人民出版社2015年版。
[②] [美]夏伯嘉:《天主教世界的复兴运动:1540—1770》,"致谢",余芳珍译,上海人民出版社2015年版,第1页。

革"和"反宗教改革"两个概念融为一体,铺陈详述天主教复兴运动的四个主题:来自上层阶级的天主教及其教义;欧洲政治和宗教的互动;天主教复兴的社会和文化表现;天主教欧洲和非基督宗教世界的相遇。

首先,来自上层阶级的天主教及其教义方面,作者描述天主教会在面对新教和世俗挑战之下,重新维护教会司铎权威的方式。该书从第一章"特伦托大公会议"展开叙事,讨论早期天主教改革。接下来,共有五章探讨教会复苏的各种表现:第二章"新兴修会"介绍特伦托的领导修会在天主教复兴运动中扮演的重要角色;第六章"罗马教廷"分析近代早期的教宗制度,着重阐释教廷国性质的转变与教宗的社会史;第七章"主教和牧师"检视特伦托大公会议改革的两个进展——巩固主教权威和规训神职人员;第八章"反宗教改革的圣人"描述列入圣品和列入真福的男性与女性之身份背景,呈现近代早期天主教成圣的社会史;第九章"虔诚女性、守贞女、被魔鬼附身的人"关注修士和守贞女的终生,强调特伦托教会的女性经验。作者以常规的方式整合上述来自上层阶级的天主教及其教义,"这不仅是充分信任教会史,更是强调天主教复兴运动至少在早期阶段,展现教会巩固司铎权威的努力,犹如我们所见,从世俗权威和世俗界人士的立场来看,这是一场遭遇到与其他宗教幻想境界抗争的运动"①。

其次,欧洲政治和宗教的互动方面,作者将天主教欧洲区分为"胜利型教会""好战型教会"和"殉道型教会",用三章(即第三至五章)分别予以专论,讨论地理、国家情感和国际政治在塑造天主教复兴运动方面的角色。作者认为,国家差异是特伦托大公会议改革的开端:特伦托大公会议的敕令迅速在西班牙、比利时、意大利和波兰被采纳,而法国和德国则拖延至18世纪才执行。作者指出,当代著名学者亨利·乌特兰·伊凡聂特(H. Outram Evennett)曾言,以西

---

① [美]夏伯嘉:《天主教世界的复兴运动:1540—1770》,余芳珍译,上海人民出版社2015年版,第8页。

班牙和意大利为中心的16世纪天主教,逐渐使得17世纪法国属灵性取得优势。虽然伊凡聂特也许低估了17世纪地中海的贡献,但是其观察评论属灵风格和教会政治上的国家差异,则是相当正确的。在这些章节中,作者试图在详述细节的同时,紧扣主题结构,展示政治和宗教之间繁复的相互影响。

再次,天主教复兴的社会和文化表现方面,作者重点讨论"反宗教改革和天主教欧洲的人民"。其中,第十章"艺术和建筑"阐析天主教复兴运动对欧洲艺术的冲击;检视艺术的赞助、生产和消费,范围涵括从巴洛克(Baroque)教廷的雕刻和绘画到大量印刷给敬拜者的属灵图像集。第十四章"从胜利到危机"则深思特伦托大公会议改革对宗教情感和大众实践的影响。本章对传教成功提出质疑,从圣礼圣事顺服、堂区敬拜、民间崇拜和根除迷信的角度界定成功与否,由教会建立标准。从"基督教化"和"社会规则"的角度尝试诠释近代早期欧洲天主教经验。

最后,天主教欧洲和非基督宗教世界的相遇方面,作者分别在第十二章"伊比利亚半岛教会和帝国"和第十三章"亚洲的天主教传教团",以地理和分析的手法整理讨论天主教欧洲和非基督宗教文明的相遇。作者认为,占领、殖民、强迫传教:这是建立在美洲的模式,大幅度地复制家乡伊比利亚半岛(Iberian Peninsula)天主教经验——俗世和教会权威之间的合作与紧张关系、伊比利亚半岛教会的神秘主义和传教狂热,以及镇压异端和"迷信"。作者进一步指出,晚近的殖民地拉丁美洲研究,丰富了我们的理解;更为细致的文化相遇和适应理论,已取代早期的传教和属灵征服的典范。中国、日本和菲律宾展现出天主教扩张的另一种模式。在这些远离天主教欧洲核心地区的土地,托钵修士(Mendicant Friar)和耶稣会士(Jesuit)在没有刀枪威吓下,推展天主教事业。拉丁美洲基督教化的历史研究,完全基于欧洲史料。和拉丁美洲的经验不同,中国和日本的历史学家能够触及以当地语言撰写的庞大史料,是相遇的另一方信息。无论传教的结果是抗拒,犹如日本的例子,或是调适〔一些学者比较喜欢

"本土化"（inculturation）这个词汇］，犹如中国的例子，在这类分析中获得的洞察力，让史学家从新的角度检视欧洲经验。作者最后总结，欧洲牧师的缺乏、教会机构的疲弱、教化的不完全、未完全明了地方习俗，皆是传教团面临的议题。深思这些问题，让史学家建立一个比较性的框架，探讨在天主教欧洲，教会与人民、官方与民间宗教之间的关系。

在东西方学术界，非欧洲国家天主教的历史为传统近代早期天主教史研究所忽略。即便是今日，它依然被西方的教科书所忽视。在教会史研究中，传教团的历史的确是个重要的主题，但迄今为止，由于欧洲语言史料极其丰富，该领域的学者仍然只从欧洲传教团的角度描述基督宗教和非欧洲文明的相遇。而夏伯嘉发现，从天主教欧洲扩张期间欧洲和非欧洲文明相遇的角度，讨论欧洲的任何基督教化历史或构成民间宗教主题的元素，具有丰富的研究内容和广阔的研究前景。故此，他大胆提出，天主教复兴的世纪，乃是形成世界史的第一阶段；严格意义而言，反宗教改革需要以"世界—历史"为观察视角。此可谓夏伯嘉书写近代早期天主教复兴史的重要理论贡献之一。

近代早期天主教复兴的历史，乃是人类文明发展史上极其重要的转折时期，无论对欧洲还是全球均具有划时代的意义。然而，由于所涉地域广泛，语言丰富，族群众多，传统迥别，尤其是对该段历史认识的差异，所以没有一位历史学家能够终其一生，期盼精通史料和语言，撰著一部超越教会历史范围和近古世界史的"近代早期天主教通史"。夏伯嘉亦承认，其《天主教世界的复兴运动：1540—1770》的诠释是有选择性的。他试图借助浩如烟海的史料文献与前人的研究著述，对天主教世界的复兴运动予以以点带面的宏观叙述，以期对学界衍生出更广泛的辩论和更深入的探讨。此可谓作者撰著本书之基本目标，亦乃该书留给学界之小小遗憾。

（原载《汉语基督教学术论评》总第 22 期，2016 年 12 月。与江逸涵共同署名）

自西徂东：从内部审视明清耶稣会中国传教团

——评柏理安《东方之旅：1579—1724耶稣会传教团在中国》

明清之际耶稣会中国传教团（Jesuit Mission to China）近一个半世纪的活动，既是天主教在华传播史上的开创性事业，亦是中西文化交流史上的划时代篇章，更是近代早期天主教（Early modern Catholicism）历史的重要谱系。一段时期，西方学术界以"传教学"范式研究耶稣会（Society of Jesus）在华传教史的重要学术著作和档案文献，如《耶稣会士中国书简集：中国回忆录》《中国近事报道》《耶稣会士傅圣泽神甫传：索隐派思想在中国及欧洲》《清初耶稣会士鲁日满：常熟账本及灵修笔记研究》《耶稣会士张诚：路易十四派往中国的五位数学家之一》《耶稣会士白晋的生平与著作》《清代来华传教士马若瑟研究》等，陆续汉译出版，极大地弥补中国学界耶稣会在华传教史研究西文文献严重缺失之不足，并推进该领域研究的迅疾发展。美国学者柏理安（Liam Matthew Brockey）所著《东方之旅：1579—1724耶稣会传教团在中国》（*Journey to the East: The Jesuit Mission to China, 1579—1724*）一书①，乃是首部全面探究明清之际耶稣

---

① Liam Matthew Brockey, *Journey to the East: The Jesuit Mission to China, 1579 – 1724*, Cambridge: The Belknap Press of Harvard University Press, 2007. [美] 柏理安（Liam Matthew Brockey）：《东方之旅：1579—1724耶稣会传教团在中国》，毛瑞方译，江苏人民出版社2017年版。此书另有中译本《东游记：耶稣会在华传教史1579—1724》，陈玉芳译，澳门：澳门大学2014年版。

会中国传教团的"十分有趣、研究透彻的著作"(史景迁语)。其汉译本的问世,被视为"以全新的视角,极为丰富的新材料,向我们展现了耶稣会入华传教历史的一片崭新天地"①。

有关耶稣会士(Jesuits)在中国传教历史的书写,长期以来,学者们主要依靠传教士在近代早期所撰写的叙事文字。耶稣会远东传教之初,为了庆祝其远征成功和皈依新的教徒,曾在欧洲积极宣扬和鼓励海外传教活动。他们首次被允许定居中国之后,来自中华帝国的报告旋即在欧洲印刷、流传开来。不过在最初的30年里,只有关于传教者和传教进展的简单叙述。直至1615年,第一部内容翔实的"传教史"著作,也就是耶稣会中国传教团创始人利玛窦(Matteo Ricci,1552—1610)的日记——《基督教远征中华帝国史》(*De Christiana Expeditione a pud Sinas*),被翻译成拉丁语出版,才正式开启耶稣会在华传教史的宏大叙事。其后,耶稣会士及教会外的学者、评论家渐趋掌握这种叙事线索,并通过增加几百年间服务于明清朝廷的传教士天文学家的故事,进一步延续这种叙事方法。只是到了20世纪晚期,历史学家、语言学家和哲学家才借助从西方传教史料到亚洲档案文献的转变,催生出耶稣会士及其在中国历史上作用的概念重建。

总体而言,明末清初天主教在华传播史研究大致分为三种"范式":最传统者为"欧洲中心论",多以西方入华传教士为研究对象,以欧洲语言史料为文献基础,亦被称为"传教史"范式;其次是"文化交流论",解析欧洲传教士在"西学东渐"和"东学西传"的文化交流中扮演的角色及对东西方世界的影响;最后是"中国中心论",多从中国的社会环境、本土教徒视阈着手,阐释天主教在明清时期的存在、接受与反弹。《东方之旅:1579—1724耶稣会传教团在中国》一书,虽然未跳出传统的"传教史"范式,甚至被某些西方学者视为研究范式"过时",然而,其始终将"从内部的视角来考察

---

① 汤开建:"译序",载[美]柏里安(Liam Matthew Brockey):《东游记:耶稣会在华传教史1579—1724》,陈玉芳译,澳门:澳门大学2014年版,第Ⅱ页。

耶稣会传教的活动"① 作为贯穿全书的主旨，以迥异于传统教会史家及中西文化交流史家的全新视角和极其丰富的新文献、新史料，重构出明清之际耶稣会在华传教的历史场景，具有重要的学术价值。故此，有学者称，"这部书的最大特点就是从耶稣会教团内部的角度出发，对耶稣会来华史展开的研究，而非定位在耶稣会与欧洲或中国环境的互动影响上。从这一视角下出发的研究必然会带来与传统的传教史学、文化交流或中国中心研究不同的见解和内容。"②

《东方之旅：1579—1724 耶稣会传教团在中国》由两大部分组成：上半部分是扩增版的耶稣会中国传教团编年叙事；下半部分是耶稣会中国传教团的教育机制与组织建设。作者试图沿着自己的路径，从一个新的角度重新叙述耶稣会中国传教团的故事，根据新的评价标准编制耶稣会士在华传教的编年大事记，描述其传教事业的发展轨迹。正如作者所言，"如果能够抹去过去习惯赋予传教士的英雄特质，将传教士们置于他们合适的、在现代欧洲早期历史背景下的地位，这段传教史的轮廓将会更加真实地被呈现出来。由于传教士向中国传播基督教的历史事件是大量的——通常也是有意组织的，只有将传教活动从一连串此类历史事件分解开来，传教士们的意图和动机才能被清晰地揭示出来"③。

上半部分，作者按照一个与常规写法略有不同的年表，重新审视耶稣会在华传教的历史过程。该部分共有五章，重点讨论耶稣会在华事业的开始、巩固和衰变，期冀提供一个讨论耶稣会中国传教团的全新框架，构建一个对其内在动机进行分析的话语体系。作者对中国教会性质叙述的核心是：教会的性质按照耶稣会士自身的形象塑造；教徒的宗教活动体现耶稣会的传教理想；教会的组织根据耶稣会的机构

---

① ［美］柏理安（Liam Matthew Brockey）：《东方之旅：1579—1724 耶稣会传教团在中国》，毛瑞方译，江苏人民出版社 2017 年版，第 19 页。
② 汤开建：《东游记：耶稣会在华传教史 1579—1724》，"译序"，第Ⅳ页。
③ ［美］柏理安（Liam Matthew Brockey）：《东方之旅：1579—1724 耶稣会传教团在中国》，毛瑞方译，第 17 页。

范本建立。此部分的主角是耶稣会士、改宗的中国教徒以及与传教事业密切相关的其他中国人。有时候,非耶稣会士的欧洲人也会被提及,不过,他们只是在涉及与耶稣会和中国教徒交流时才出现。由于本书并非中国基督宗教通史,所以,作者只是把多明我会(Dominican Order)、方济各会(Franciscan)、奥古斯丁会(Augustinian Order)、巴黎外方传教会(Paris Foreign Missions Society)成员和教区代牧(Apostolic vicariate)的活动放在背景部分论述。另外,作者认为,建立于1687年的法国耶稣会传教团,与利玛窦创建的耶稣会传教事业的中国副教区关联不大,故着墨甚少。为了将耶稣会中国传教团作为一个整体进行研究,作者的编年叙事重点关注中国各省所发生的耶稣会士皈依教徒的主要细节,而非传教士与朝廷大臣的交流互动。于是,大量被早先研究者边缘化的耶稣会士,诸如费乐德(Rodrigo de Figueiredo,1594—1642)、潘国光(Francesco Brancati,1607—1671)、穆若瑟(José Monteiro,1649—1720)、方德望(Étienne Faber,1597—1657)等,便突显出来,成为本书叙事中教会建设的中坚力量。这些传教士广布于富饶的长江下游、福建沿海、陕西与山西黄河流域。由他们以及与他们通信的中国男女教徒所组成的、并在其指导下大量发展起来的社团的故事,便是本书上半部分叙事的核心内容。

下半部分,作者主要就传教事业的各个因素和教会团体——即耶稣会士和他们的中国教民——展开分析,探求耶稣会如何在与欧洲文化极不相同的地方,将创建、维持教会的基本技能成功地灌输给世代相传的教会成员。该部分的前两章,主要讲述耶稣会在欧亚各地的教育规模——始于语法学校,终于传道所。在欧洲和当时各个殖民地的教会学院里,未来的入华耶稣会士需要接受一套标准的学术训练,并且完成授课任务。这使他们拥有重要的智能和灵性技能。而在作为教会见习修士期间,年轻人要学习耶稣会士的灵性和传教士的技能等。在这种信仰和学术的环境中,他们萌生将自己献给海外传教事业的愿望。耶稣会士启航驶往亚洲之后,便开始履行职责;进入葡属印度区域航海的严酷环境时,开启心灵布道事业。进入中国之后,传教团的新成员要对中国语言文字和儒家思想进行系统学习。学习的内容由在华耶稣会士详细阐释，旨在使其成为有能力和有敏感度的文化传播者。一般而言，一位耶稣会传教士平均需要17年的技能学习。可以说，只有做好最充分准备，耶稣会士才可以冒险进入传教区，直面挑战。该部分的后三章，专门讨论受到高水平训练的传教士和与其对话者之间的交流。他们创建和维持教会团体，在耶稣会士传播教义的背景下评估中国教徒的信仰。虽然，尚有欧洲人和土著居民双方面因素决定的另一种跨文化交流形式，但本书却着力评价近代早期天主教信仰输入中华帝国的原理。最后，作者审视中国教会的基本元素，从皈依的情况开始，到各种形式的公共组织、凝聚力、互动的发展演变。在皈依天主教徒的过程中，耶稣会士深入城镇和村庄，利用言辞技巧将宗教信息传递给预期的皈依对象，并通过旨在传播的宗教仪式将这些内容放大。一旦大量民众回应，他们便建立新的团体，培养民众的群体凝聚力和献身教会的精神。当忠实信徒的数量超过耶稣会士的限度时，传教士们便开始招募男女讲授者充当维持分"教区"的助手，指派讲授者负责从基本监督到讲授教义等一系列的事务。中国教徒的级别有所不同，既有徒具虚名的成员，也有普通的追随者，还有狂热的信徒。狂热的信徒往往要求新的灵修形式，以区别于其他信徒。相应地，传教士们便帮他们详细阐明团体敬虔这种新的形式。祈祷、忏悔和慈善类的特别社团，最终遍布所有教省的教会中心，将那里变成宗教狂热之地，使新的天主教精英参与到形式越来越复杂的宗教敬虔活动中——这些活动的重要性一点也不亚于当时耶稣会为其最虔诚的追随者所制定的严格的敬虔活动的重要性。而当耶稣会中国传教团淡出人们的记忆时，这些教徒却带着神父们数十年来遗赠给他们的强大精神力量，在18世纪的中国继续保持着自己的基督宗教信仰。至此，作者已完整呈现出一个关于耶稣会中国传教团的"故事"。

为了精准把握耶稣会中国传教团的叙事，柏理安摒弃陈规，不落窠臼，尝试全新的理念思路与研究方法，最终形成"一家之言"。

首先，作者定位，"本书对16和17世纪进入中国的耶稣会士的

下编　知识传播与文明互鉴

记载……跟大家熟悉的西方将耶稣会士传教视为中西文化相遇的史诗故事也不尽相同";"明清时期中国耶稣会的故事不是一个英雄主义的载体";"正是耶稣会士东方之旅的冒险经历,而不是他们所传播的宗教教义,构成了本书的核心内容"①。本书讲述一群从欧洲抵达中国传教的耶稣会士的故事。他们相信,凭借自己坚定的信仰和上帝的庇佑,一定能使中国人皈依耶稣基督。故事的主要人物既有神父和修士,也有受洗入教的中国教徒(截至1700年,人数已达到20万)。他们分散在中国各地,从北京的宫廷到山西的小村庄,从长江三角洲喧闹的城市到福建偏僻的小山村。这个故事,从1579年中国南部边缘的一个欧洲人据点——澳门开始。正是在澳门据点,第一位耶稣会士决定学习中文。耶稣会在中国的传教事业持续一个半世纪,传教士在中国各地建立起很多据点和天主教社团。然而,1705年教宗使节在北京不愉快的出使经历和20年后清朝皇帝颁布禁止传教士在中国传播基督宗教的命令,使传教士一个多世纪以来的努力付之东流。与传统研究截然不同的是,作者否定以往那种耶稣会士走上层与精英路线的主流观点,指出绝大部分耶稣会士的传教方法仍是吸纳、皈依城市和农村中的普罗大众。

其次,作者认为,"入华耶稣会士努力传教的故事并非一个简单的繁荣与衰落的过程,欧洲和中国的新形势所引起的诸多复杂因素都影响到传教士的命运,因此,本书还会探研异质文化交流过程中政治、文化和科技等多种因素的影响"②。该书呈现的是耶稣会中国传教团"白手起家"的故事。全书着重考察耶稣会士将天主教传入中国的历史活动和天主教在特定背景下采用的传教方式。作者既尽力回溯一个欧洲驻外教派的发展轨迹,又设法还原在耶稣会赞助下产生、并通过神职人员的努力而发展起来的中国天主教会的轨迹,还深入讨

---

① [美]柏理安(Liam Matthew Brockey):《东方之旅:1579—1724耶稣会传教团在中国》,毛瑞方译,第4页。
② [美]柏理安(Liam Matthew Brockey):《东方之旅:1579—1724耶稣会传教团在中国》,毛瑞方译,第5页。

论传教士劝诫中国人皈依教会的策略、促使某个团体或个体甘愿受洗的技巧,以及促进中国教徒精神成长的方法。作者透辟解析耶稣会中国传教团支撑和延续传教事业的内部因素,详细阐释由这些因素决定的在华发展教徒和组织教会的方法与结构。"作者从教团内部构造了一部属于在华耶稣会传教团自己的历史。这个教团自然与欧洲和中国当时的历史背景都密不可分,构成形成中国传教历史的部分影响因素;然而更重要的是,这是一群由耶稣会士组成的团体,他们的思维和行动从本质上说是由耶稣会机制所塑造的,而充分体现这种机制特点在中国的具体表现方式就成为这本著作的主线。"①

再次,作者指出,"中国耶稣会传教团的活动被视为近代早期天主教史的组成部分";"它们也是整个欧洲天主教历史的一部分"②。这一观点影响巨大。"近代早期天主教"这一概念由约翰·W. 奥马利(John W. O'Mallley,1927—)创造,用来代替"天主教改革"(Catholic Reformation)、"反天主教改革"(Counter-Reformation)以及"教派对立化"(Confessionalization)等术语。与耶稣会中国传教团相关的问题不能简单归入以上门类,因为它们拥有一个共同的天主教历史和欧洲政治、社会、经济、文化的具体特点。柏理安认为,在个体虔诚信仰、团体努力传教以及各项制度发展的过程中,各种要素之间的相辅相成和历史矛盾交织在一起,便构成16—18世纪天主教的整体特征。耶稣会中国传教团不是被隔离在世界之外的奇特实验品。不远万里来到中国的传教士都是十足的文化人,他们在亚洲的传教工作带有当时欧洲的学术、宗教和社会背景的特点。所以,虽然本书讨论的事情发生在中国,但它们也是近代早期天主教史,乃至整个欧洲天主教历史的有机组成部分。在耶稣会士致力于将天主教的教义、态度和制度带入中国的同时,欧洲各种政治的和社会的力量也一直在推动着天主教的发展和变化。这个阶段的时间区间,也就是16世纪80年

---

① 汤开建:《东游记:耶稣会在华传教史1579—1724》,"译序",第Ⅳ页。
② [美]柏理安(Liam Matthew Brockey):《东方之旅:1579—1724耶稣会传教团在中国》,毛瑞方译,第5页。

代至18世纪20年代,受罗马教会和欧洲社会发展变化的影响,一代又一代传教士东来,并带来不尽相同的基督宗教文化。16世纪欧洲南部虔诚信仰的活力体现在耶稣会等一些修会逐渐创立,以及海外传教活动的方兴未艾。天主教传教士在不同地域和国家传播天主教的丰富实践活动,在遇到耶稣会强有力的统一身份时,其态度则趋于统一。但随着宗教改革的发展和正统观念、教宗权威的强化,一些教堂机构兴起反对势力。正是这股势力后来反对中国耶稣会士。因此,早期天主教最有代表性、最具生命力的故事(在很多方面也是最富启迪性的),可以通过生活在遥远东方的传教士和他们的中国教徒反映出来。故此,该书也是一部关于现代欧洲早期宗教状况的著作。

最后,作者强调,"即使耶稣会士在中国的传教事业已经被公认为中国历史的一部分,它在很大程度上也是一个欧洲故事"①。明末清初中国的政治、社会、经济、宗教等因素对于耶稣会在华传教事业的发展是很重要的。它们构成本书的背景。然而,很有可能相对于中国宗教史,学者们将会获得更多欧洲宗教的知识。作者尝试努力平衡对传教士与中国人的描述和对冲击中国社会的基督宗教各个方面的叙述。如此做法,可以避免故事中的核心元素惨遭扭曲。就像在传教士的历史中时有发生形象被曲解的例子,如耶稣会士多被描述成英雄豪杰,中国则多被说成是冥顽不化的国家那样。出于同样的考虑,作者选择回避一些长期为前辈学者所津津乐道却颇具争议性的话题,诸如耶稣会士在中国历史中的角色与地位。在该书中,作者并未刻意总结耶稣会在中国的辉煌功业,辩解天主教会在中国的最终失败,指责西方各种间接(或直接)的王朝主义,哀悼中国文化为外国所浸染。作者认为,这是一个欧洲的故事,只不过巧合发生在中国,所以其研究内容是耶稣会中国传教团从形成、兴旺到衰落的过程,包括传教团如何进入晚明帝国,如何在明末清初站稳脚跟,如何获得政治认可和

---

① [美]柏理安(Liam Matthew Brockey):《东方之旅:1579—1724耶稣会传教团在中国》,毛瑞方译,第5页。

合法地位，如何使中国教区从一个附属的教区转变成一个独立的副省。所以，该书所展现的"是一个欧洲组织机制在另一片土地上的发展历史"①。

众所周知，明清之际来华耶稣会士的通用语是葡萄牙语。长期以来，天主教在华传播史研究，汉语文献的挖掘与利用已得到广泛而足够的重视，并极大地丰富了该领域的研究。然而，大量以葡萄牙语撰写的、收藏于欧洲档案馆的纪实性材料、信函和官方文件却一直被忽略，即便是法国、比利时、德国、意大利的学者——其中许多还是耶稣会士或其他天主教修会的成员——同样忽略葡萄牙文档案文献。柏理安认为，"重新研读以往被忽视了的西文资料也能产生对中国传教团历史的新理解"②。故此，《东方之旅：1579—1724 耶稣会传教团在中国》在西文档案文献的开掘方面有重大突破。作者大量利用里斯本阿儒达王室图书馆（Biblioteca da Ajuda）和罗马耶稣会档案馆（Archivum Romanum Societatis Iesu）的收藏，特别是将阿儒达王室图书馆所藏 62 卷《耶稣会士在亚洲》（*Jesuítas na Ásia*）作为该书立足的基本史料。作者对新史料的开掘，为研究耶稣会的在华传教事业提供独特的视角，既为以往学界的一些观点提供反证，亦对一些偏颇的观点予以纠正；通过将这些文献与学术界利用最新问世的中文资料和新近翻译成西文的中文材料所作的研究相比对，更加全面地呈现出耶稣会中国传教团的在华传教历史。这也正是该书的最可贵之处。

（原载《汉语基督教学术论评》总第 26 期，2018 年 12 月。
与王昊共同署名）

---

① 汤开建：《东游记：耶稣会在华传教史 1579—1724》，"译序"，第Ⅶ页。
② ［美］柏理安（Liam Matthew Brockey）：《东方之旅：1579—1724 耶稣会传教团在中国》，毛瑞方译，第 17 页。

全球史视阈下明清天主教教育史研究的典范

——评李向玉《澳门圣保禄学院研究》

澳门自古以来就是中国的神圣领土。自 16 世纪中叶起，这个土地面积狭小的半岛便扮演着深深影响中国历史乃至世界历史的重要角色，成为中国与欧洲诸强交往、东方与西方文化交流的重要枢纽。创办于 1594 年的澳门圣保禄学院（葡萄牙语：Colégio de São Paulo de Macau；英语：St. Paul's College of Macao，1762 年关闭）便是澳门辉煌历史中的精彩华章。该学院不仅是澳门西式高等教育的肇始，也是中国土地上第一个西式高等教育的样本，而且还是远东最早的欧洲中世纪式高等教育机构之一。① 如果把它写进"中国教育史"，恐怕好几个"第一""最早"要改写；如果把它写进"世界教育史"，也是极其光辉璀璨的篇章。然而令人遗憾的是，很长一段时间，"不仅一般人，甚至对中国教育史作过专门研究的学者也未必知道"这所大学；而且，"在相当长的时间内，西方学者对这个学校也知之甚少"②。迄 20 世纪 90 年代，"以往的论著，特别是有关的中文出版物，对它的叙述基本上都语焉不详，甚至有不少讹错之处。研究该学院的西文论著也很少见，特别是有分量的专著仍然缺乏"③。直至 21

---

① 参见陈才俊《澳门圣保禄学院与中国西式高等教育的开端》，《高等教育研究》2003 年第 4 期。
② 李向玉：《澳门圣保禄学院研究》，澳门日报出版社 2001 年版，第 1 页。
③ 陈胜粦：《澳门圣保禄学院研究》，"序言"，第Ⅲ页。

世纪初李向玉所著《澳门圣保禄学院研究》出版,才终结这一尴尬局面。该书第一次比较全面而深刻地对澳门圣保禄学院作了颇为细致的研究。

关于澳门圣保禄学院研究的历史,诚如中山大学陈胜粦教授所言:"历代研究澳门历史文化的著作,或多或少都会提到圣保禄学院。历代学者中也不乏了解该学院之重要性的人士。之所以没有人对这个宗教文化机构进行认真透彻的研究,一方面固然是因为人们对它的历史价值认识不足,另一方面则是因为难以寻找研究这个学院的资料,特别是比较系统全面地反映其历史面貌的第一手资料。有关中文资料零散而琐碎,无法再现当年之旧貌。似乎随着该学院在1762年的关闭,有关它的种种记载也消失在历史的烟尘之中,只在浩瀚的文献里留下若干蛛丝马迹供人们浮想推测。"[①] 所以,20世纪90年代以前,国内外尚未出现对澳门圣保禄学院有全面、系统而深入研究的成果。

中外史书中,迄今被发现的述及澳门圣保禄学院有关情况的,恐怕要首推1615年出版的《利玛窦中国札记》。清人印光任(1691—1758)和张汝霖(1709—1769)合著的《澳门纪略》(1751年成书)是中国人第一部系统研究介绍澳门的著作,也是世界上最早刊行的一部关于澳门历史的著作,有相当多的内容谈及澳门圣保禄学院。其后,许多中外文学术著作都不同程度地涉及这所学院。

1993年,澳门举行"东西方文化交流——历史与展望"国际学术研讨会。1994年,澳门又举办"第一届澳门历史文化国际研讨会"和纪念澳门圣保禄学院400周年的"宗教与文化国际研讨会"。在上述三次研讨会上,均有不少学者从不同角度探讨澳门圣保禄学院的历史与影响。至20世纪末的澳门圣保禄学院研究,呈现出如下特点:一是国际化。对该学院的研究已成为一门国际性的学科,东西方许多国家的学者都对之发生浓厚的兴趣。二是多元化。不同学科背景的学

[①] 陈胜粦:《澳门圣保禄学院研究》,"序言",第Ⅲ—Ⅳ页。

者分别从历史学、宗教学、教育学、文学、医学、艺术学等领域出发，广泛挖掘有关该学院的文献史料，对其予以深入研究。三是规模化。此期涉猎该领域研究的人数和出版的成果均可谓空前，且形成一定的规模。四是争鸣化。不同的学者通过不同的史料考证，对某些史实得出不同的结论，形成不同的学术观点。五是专题化。所有的学者都是就某个侧面对澳门圣保禄学院进行专题研究，所以，还没有形成比较综合而全面的研究成果。

李向玉涉猎澳门历史文化研究，始自20世纪70年代。特别是在对澳门高等教育发展历史进程的考察中，他发现澳门圣保禄学院是一个在中国历史上发挥过重要影响的宗教文化教育机构。因为明清时期，中国尚处于传统私塾教育时代，推行的是先生讲、学生听，学生完全处于被动地位的教学理念，强调死记硬背、囫囵吞枣的学习方法。而澳门圣保禄学院则全盘移植欧洲中世纪大学的教育模式，无论从学校管理、课程设置，还是教学方法与学位考试，均严格有序，科学规范，而且充分体现学生的主体意识。这种全新的教育理念，无疑是对传统的中国教育体制的全新挑战，为促进中国教育近代化拉开了序幕。作为远东耶稣会（Society of Jesus）传教士的摇篮，澳门圣保禄学院曾经是辐射力达到整个东亚地区和东南亚部分国家的宗教重镇，在天主教东传史上具有毋庸置疑的独特地位。李向玉还注意到，造成以往无法形成对该学院比较综合而有分量研究成果的原因，恐怕主要有两点：一是该学院毕竟已经关闭200多年，历史过于久远，给研究者造成了困难；二是有关该学院的档案文献大部分用葡萄牙文写成，而且保存在一些欧洲国家，中国内地学者很难有机会利用。

李向玉具有精通中、英、葡三种语言的优势和扎实的史学功力。他利用多次访问葡萄牙之便，到该国包括阿儒达图书馆（Biblioteca da Ajuda）在内的诸多图书馆，仔细查找、分析当年耶稣会士（Jesuit）保存下来的档案文献，重点发掘、利用以葡文写成的、比较完整的《澳门圣保禄学院年报》（*Cartas Ânuas Colégio de Macau, 1594—1740*），以确凿的史料为基础，认真考查澳门圣保禄学院的历史文化价值。他先后发表过《圣保禄学院在中西文化交流中的作用及其对我国教育的影响》[1]、《澳门圣保禄学院的中文教学》[2]、《澳门圣保禄学院的教学内容与方法初探》[3]、《中国历史上第一所西式大学——澳门圣保禄学院》[4]、《澳门圣保禄学院给予我们的启迪》[5]、《澳门圣保禄学院关闭时间之辨析》[6] 等专题论文，并于 2001 年出版专著《澳门圣保禄学院研究》。而且，其研究成果有令人耳目一新之感，为中国教会教育史的研究展示出全新的视野，具有十分重要的学术价值。

《澳门圣保禄学院研究》共分五大部分。第一部分主要考证耶稣会士东来澳门及其初期教育活动，澳门圣保禄学院的创办过程及初期情况、关闭及其后果等。第二部分着重研究澳门圣保禄学院的教学内容与方法、教学与行政管理制度、经费来源等。第三部分主要分析澳门圣保禄学院的历任校长、教师队伍、中国籍学生等情况。第四部分简要介绍澳门圣保禄学院的附属机构，如印刷厂、药房等。第五部分则重点论述澳门圣保禄学院在中西文化交流中的巨大贡献，阐释其在对远东传教士的培养、西学东渐和对欧洲汉学的影响等方面之历史作用。全书通过对大量中外文第一手原始史料的考订、校勘、辨伪，尽可能还原澳门圣保禄学院存世 168 年的历史状貌。

总体而论，较之海内外同行的相关研究成果，《澳门圣保禄学院研究》取得了突破性的进展。而且其最可贵之处，是纠正了他人已有研究成果中的一些讹误。下面择其要者予以阐述。

---

[1] 李向玉：《圣保禄学院在中西文化交流中的作用及其对我国教育的影响》，《清史研究》2000 年第 4 期。
[2] 李向玉：《澳门圣保禄学院的中文教学》，《世界汉语教学》2000 年第 3 期。
[3] 李向玉：《澳门圣保禄学院的教学内容与方法初探》，《澳门日报》2000 年 6 月 18 日"学海版"。
[4] 李向玉：《中国历史上第一所西式大学——澳门圣保禄学院》，《中国大学教学》2002 年第 Z2 期。
[5] 李向玉：《澳门圣保禄学院给予我们的启迪》，《中西文化研究》（澳门）2000 年第 1 期。
[6] 李向玉：《澳门圣保禄学院关闭时间之辨析》，《行政》（澳门）2000 年第 49 期。

第一，关于澳门圣保禄学院成立的起因。中国内地学者大都认为，该学院在澳门成立的目的，是想使其成为培养耶稣会士精通汉语、熟悉中国礼仪的教育基地。而该书作者却发现，1594年10月28日的《澳门圣保禄学院年报》对于建立该学院的目的有如下记载："既然于1592年在日本召开的总协商会议认为，为了保持与发展耶稣会在日本的事业，以及传播福音，在中国的澳门（这里住着很多澳门人）建立一所学院是至关重要的，是一个可行的方法。于是，此时正在澳门的范礼安（Alexandra Valignani，1538—1606，意大利人，1566年在罗马入耶稣会。澳门圣保禄学院创办人——引者注）动员一些朋友协助创办圣保禄学院。"① 为了求证此说，作者又引用法国耶稣会士裴化行（Henri Bernard，1897—1940）所著的《利玛窦评传》中的说法："范礼安既在日本体认到大名（大名，日本封建时代的豪门大领主——原译者注）封建纷争更迭的危险，便认为迫切需要在足够安全的地点准备好一处避难所，来收容受迫害者或用作进行培训基本工作的场所；果阿太遥远，马六甲太易遭受战祸，于是，就在澳门，经那位在罗马的教长同意，不顾难以置信的反对，他决定设立一所公学，作为在远东的天主教'堡垒'。"② 另外，该书作者还通过美国学者维特克（John W. Witek）的《着眼于日本——范礼安及澳门学院的开设》③ 和葡萄牙学者山度士（Domingos Mauricio Gomes dos Santos）的《澳门：远东第一所西方大学》④ 等论文与著作，印证了上述说法。于是作者得出"创办澳门圣保禄学院的真正原因，至少可以说它开设的初衷是着眼于日本的传教活动"⑤ 的有力结论。

---

① *Cartas Ânuas Colégio de Macau*，28-10-1594. 转引自李向玉《澳门圣保禄学院研究》，第46页。

② [法] 裴化行（Henri Bernard）：《利玛窦神父传》，管震湖译，商务印书馆1993年版，第73页。

③ [美] 维特克（John W. Witek）：《着眼于日本——范礼安及澳门学院的开设》，陈用仪译，《文化杂志》（中文版）1997年春季刊总第30期。

④ [葡] 多明戈斯·马乌里西奥·戈麦斯·多斯·桑托斯（Domingos M. G. dos Santos）：《澳门：远东第一所西方大学》，孙成敖译，澳门基金会1994年版。

⑤ 李向玉：《澳门圣保禄学院研究》，第47页。

第二，关于澳门圣保禄学院关闭的时间。许多中国学者，如南京大学的黄鸿钊、中山大学的黄启臣、台湾辅仁大学的张春申、澳门的刘羡冰及《澳门百科全书》的作者等，均认为该学院关闭于1835年，而多数外国史学家，如葡萄牙的山度士，美国的爱德华·马拉特斯塔（Edward J. Malatesta，1932—1998）、葡裔澳籍史学家文德泉（Padre Manuel Texeira，1912—2003）与施白蒂（Beatriz A. O. Basto da Silva）等，则持该学院关闭于1762年的观点。为了弄清事实的真相，该书作者仔细分析当时耶稣会在中国传教的背景和其时的国际背景，发现几条重要线索。其一，18世纪初曾发生轰动世界的"中国礼仪之争"，终于导致雍正皇帝于1724年下令封闭教堂。其二，1758年葡萄牙国内发生一起严重的政治事件，即国王若瑟一世（José I，1714—1777）被刺。有人怀疑此事系耶稣会所为。故此，1759年，葡萄牙颁布法令，宣布耶稣会为非法组织。1760年，葡王下令没收耶稣会的全部财产。由于当时通讯与交通不便，直至1762年7月5日凌晨，澳葡当局才查封包括圣保禄学院在内的澳门耶稣会财产，并逮捕诸多耶稣会士。另外，通过刘芳辑、章文钦校《清代澳门中文档案汇编》、文德泉著《澳门及其教区》（*Macau e a Sua Diocese*）等著作的旁证，作者肯定澳门圣保禄学院关闭于1762年的说法。①

第三，关于澳门圣保禄学院的中文教学。大多数中国和葡萄牙史学家认为，该学院自始至终都十分重视中文教育；中文不仅是主科，而且学时最多。但该书作者却发现，至今在葡萄牙有关澳门圣保禄学院最完整的研究著作《澳门：远东第一所西方大学》中有关课程设置的记载，并没有提及中文教学。于是，他提出"圣保禄学院成立之初的宗旨是培养赴日本传教的会士，暂无必要学习中文"的大胆猜测。进而，作者通过查阅1594年及其后几年的《澳门圣保禄学院年报》、利玛窦（Matteo Ricci，1552—1610）与金尼阁（Nicolas Trigault，1571—1628）所著的《利玛窦中国札记》、裴化行所著的《利玛窦神

---

① 参见李向玉《澳门圣保禄学院研究》，第64—71页。

父传》、曾德昭（Alvare de Semedo，1585—1658）所著的《大中国志》等文献及权威著作，反复推敲论证，得出在该学院"传教士学习中文是一件颇为普遍的事情，但有关课程是否正式开设，尚需进一步研究"的观点，并认为"即使有这一类课程，看来也是不太完备的"①。

第四，关于澳门圣保禄学院印刷厂印刷机的误传。有学者曾撰文指出，"圣保禄学院为保证教学和科研的需要，建立一个藏书四千多册的图书馆，在当时算是远东藏西方书籍最多的图书馆。同时成立了一间印刷所，1588年，新式活字印刷机运来使用生产，于1590年8月印刷出版了孟三德（Duarte de Sande，1547—1599——引者注）所著拉丁文《出使日本记》（De Missione Legatorum Japonensium ad Romanam Curiam）。同年，范礼安又将日本肥前有马的印刷厂搬来学院，使印刷厂规模进一步扩大。"② 该书作者通过查阅范礼安1578年12月1日从印度果阿写给葡萄牙埃武拉市大主教唐·德奥托尼奥·布拉干萨（D. Teotónio de Bragança，1530—1602）的信件和考证文德泉的研究发现，1588年范礼安携带印刷机离开果阿，打算经澳门去日本，结果因办手续竟在澳门居住近两年时间。而就在1588年，范礼安在澳门圣保禄学院的前身——耶稣会开设的圣保禄公学停留期间，又不失时机安装随身携带的印刷机，且于1588年和1590年在澳门印过两本书。之后，范礼安偕一日本使团乘船赴日，并带走暂时安装在澳门的印刷机。1590年至1592年，这台印刷机安装在日本的天草（Katusa）；1592年至1598年，印刷机被迁到上总（Amatusa）。之后，该印刷机又被安装在长崎（Nagasaqui），直至东瀛发生迫害耶稣会士事件为止。也正是因为这一迫害，耶稣会决定将宝贵的印刷机运往安全的大本营——澳门。1616年，这台印刷机又被运回澳门，重新安装在澳门圣保禄学院。于是，作者得出结论：1588年澳门圣保禄公学

---

① 参见李向玉《澳门圣保禄学院研究》，第83—87页。
② 黄启臣：《澳门第一所大学：圣保禄学院》，《文化杂志》（中文版）1997年春季刊总第30期。

印刷所使用的印刷机与之后在日本天草、上总和长崎使用的印刷机均为同一台，是范礼安从欧洲运来的。此结论澄清了所谓"同年，范礼安又将日本肥前有马的印刷厂搬来学院，使印刷厂规模进一步扩大"的混淆说法。①

第五，关于澳门圣保禄学院药房的规模问题。据1594年10月28日的《澳门圣保禄学院年报》记载，"新学院已告竣工。拥有……两座教堂和一所遐迩闻名的极大药房"②。但有学者感到疑惑：当时这所规模并不太大的学院何以要建一间极大的药房呢？该书作者通过对有关资料的分析，得出如下的判断：首先，最早的耶稣会士大都为欧洲人，他们已习惯于使用西药而不使用中药，治病防病唯有依赖西药。西药从遥远的欧洲运来，要远涉重洋，途中时间很长，因此必须储备充足的西药，才可应付急需，这样就需要较大的药房。其次，澳门圣保禄学院除负责医治本院病号外，尚要保障入华传教士的诊治所需药物。再次，耶稣会历来有借医传教的传统，以医人治病之道来拯救心灵，传播宗教。据作者推测，该学院设有这么大的药房也可能有另一个目的，即用来研究中国的"草药"。③

另外，关于澳门圣保禄学院与中国天主教的最初领导人之关系，它是否曾为中华教团的早期指挥所等问题，都曾是中外史学界的存疑。该书作者皆以确凿的第一手史料，一一予以令人信服的解答。

澳门是16—18世纪中西文化、科学技术交流的窗口，被誉为"东西交汇第一门"。澳门圣保禄学院作为澳门历史的重要组成部分，在中华文化发展史上，特别是在中国教育史上，具有划时代的意义，所以，《澳门圣保禄学院研究》将其置身于全球史的背景下，着重考察其在明末清初西学东渐大潮中对中国教育近代化的启蒙意义。作者的研究表明，作为耶稣会在远东创办的最早大学之一，澳门圣保禄学

---

① 参见李向玉《澳门圣保禄学院研究》，第164—166页。
② *Cartas Ânuas Colégio de Macau*，28 - 10 - 1594. 转引自李向玉《澳门圣保禄学院研究》，第170页。
③ 参见李向玉《澳门圣保禄学院研究》，第170—171页。

院是按照西方大学的模式建立和管理的。其课程设置,除了神学之外,还开设数学、天文、物理等课程。这在当时的中国教育中可谓标新立异,开近代之先河。其灵活多样的教学方法,如课堂上辩论、竞猜和课后游戏、表演等方式,为中国当时的办学模式提供了有益的尝试。该学院的教师来到澳门后,均学习中国语言,熟悉中国文化,把中国悠久的传统文化介绍到西方。这些教师大多为饱学之士,有的精通音乐、美术、天文学。他们以介绍西方科技为手段进行传教,把西方科技文化传到中国,成为中西文化交流的使者。从培养对象来看,该学院不仅招收外国传教士和普通学生,而且也招收华人学者和华人子弟,如吴渔山(1632—1718)、陆希言(1631—1704)等,这些人学成之后返回内地,对西方教育思想在中国的传播起到了举足轻重的作用。

综而观之,《澳门圣保禄学院研究》对澳门圣保禄学院建立、演变和结束的历史过程以及该学院各方面的情况进行了系统的研究,对该学院在澳门早期史、中国教育史、中西文化交流史以及中国天主教发展史上的地位与影响,予以深刻的分析与客观的阐述,为推进相关学术领域的研究,作出了卓著的贡献。

(原载《澳门研究》2004 年第 6 期。原题为
《李向玉与澳门圣保禄学院研究》)

全球地域化：基督宗教在华传播史的一种诠释

——评章开沅《传播与植根——基督教与中西文化交流论集》

历史往往会发生一些巧合。1945年，教会大学华中大学校长韦卓民（1888—1976）作为首位美国"亨利·W. 鲁斯世界基督宗教客座教授"（Henry W. Luce Visiting Professorship of World Christianity）在美国发表题为"让基督教会在中国土地上生根"（"Rooting the Christian Church in Chinese Soil"）的著名演讲。40年之后的1985年，华中大学衍演而成的华中师范大学校长章开沅，在美国普林斯顿大学（Princeton University）刘子健（1919—1993）教授等人的推举促请下，决定从中国教会大学史着手涉足中国基督宗教史研究。再过20年之后的2005年，凝聚章开沅廿载中国基督宗教史研究学术结晶的重要成果出版。不知是否受到自己曾相识共事近30年，而且一直倾仰心仪的先贤韦卓民那次著名演讲的影响，章开沅将自己的著作定名为《传播与植根——基督教与中西文化交流论集》。① 其实，"传播与植根"这一理念，是章开沅站在全球化、现代化的视域，从基督宗教思想内核出发，对基督宗教在华传播史的一种"全球地域化"诠释。

---

① 章开沅：《传播与植根：基督教与中西文化交流论集》，广东人民出版社2005年版。

一 "传播与植根":本土化的世界观与价值观

诞生于古代巴勒斯坦(Palestine)的基督宗教,在其两千来年的发展进程中,经历了一个由东至西而又自西向东的传播轨迹,由一个起初势单力薄的教派分支发展而为当今信仰人数最多、影响领域最广的世界性宗教。除了其教理教义自身具有广泛的普世性外,恐怕更多地要归功于其"与时俱进"的传播理念。章开沅指出,"基督(宗)教的传播从一开始便受其传播地社会、政治、文化的制约与影响,而其表现形式无非是通过挑战—适应而进入融合"①。他认为,基督宗教对于中国来说诚然是一种外来宗教,然而其在西方国家的传播究其初始而言,又何尝不是一种外来宗教。该教当初进入西方,首先受到的"礼遇"是歧视与迫害,继而则是更多地吸收西方文化特别是希腊文化,并逐渐将希腊哲学思想渗透至自己的教理教义之中。俄国哲学家尼古拉·别尔嘉耶夫(Nikolai Berdyaev,1874—1948)曾说:"基督(宗)教乃是东西方精神的和历史的力量之汇合和交融。没有这种交融基督(宗)教便不可思议。这是唯一的世界性宗教,它有其东方的直接发源地,但它首先是以自身反映西方全部特点的西方宗教。基督(宗)教产生于人类通过罗马帝国和希腊文化形成统一、东方和西方彻底联合的时期。"② 当该教在西方国家确立其主流地位之后,进而向东亚传播时,同样也经历了"挑战—适应—融合"的漫长而又曲折的过程。如中国人熟知的利玛窦(Mathew Ricci,1552—1610),当面临中国传统文化的强大挑战时,他明智地采取合儒、补儒的传教策略,甚至为进入上层社会而改穿儒服。章开沅认为,基督宗教早期在西方及其后利玛窦在东方的成功传播,都是因为恰如其分

---

① 章开沅:"自序",《传播与植根:基督教与中西文化交流论集》,第2页。
② [俄]别尔嘉耶夫:《历史的意义》,张雅平译,学林出版社2002年版,第97页。

地把握好了宗教"传播与植根"的基本规律,即建立本土化的世界观与价值观。

然而,当19世纪初新教传教士到达广州时,世界和东亚的整体格局均发生了极大的变化。西方的强盛与东方的衰败形成鲜明的对比,基督宗教在东方的传播则是伴随殖民主义的狂潮而至。显而易见,基督宗教在亚洲的传播不再像早先那么温文尔雅。也正因此,自19世纪中期始,发生在中国的民教冲突日益激化,各地教案连绵不断,终至酿成两个世纪之交庚子、辛丑的悲剧结局。而随着帝国主义瓜分世界浪潮的高涨,基督宗教的传播仍然与殖民主义结伴东行。西方传教士,包括那些虔诚的真正基督徒,似乎并没有从历次教案与义和团等惨烈事件中吸取应有的教训,他们在20世纪20年代初再次与中国重新高涨的民族主义浪潮发生正面碰撞,而且碰得头破血流。章开沅认为,之所以造成19世纪至20世纪上半叶基督宗教在中国及至东亚如此狼狈不堪的境遇,同样是因为其抛离了"传播与植根"的思想内核。①

章开沅非常欣赏蒋梦麟在《西潮》中所表达的思想。蒋梦麟说:"中国人与基督(宗)教或任何其他宗教一向没有什么纠纷,不过到了十九世纪中叶,基督(宗)教与以兵舰做靠山的商业行为结了伙,因而在中国人的心目中,这个宣扬爱人如己的宗教也就成为侵略者的工具了。人们发现一种宗教与武力形影不离时,对这种宗教的印象自然就不同了。而且中国人也实在无法不把基督(宗)教和武力胁逼相提并论,慢慢地人们产生了一种印象,认为如来佛是骑着白象到中国的,耶稣基督却是骑在炮弹上飞过来的。"② 其实类似的思想,许多华人基督徒学者亦有过表达。徐宝谦(1892—1944)曾于1939年坦率地指出:"基督徒通常喜欢采用军事术语。在一九二二年,一本调查报告被取名为'基督(宗)教占领中国'。其他人士或许会用

---

① 参见章开沅"自序",《传播与植根:基督教与中西文化交流论集》,第3页。
② 蒋梦麟:《西潮》,天津教育出版社2008年版,第5—6页。

'基督（宗）教征服'的字眼。现在我们以历史的角度来看，必须说，虽然中国在某种程度上是被基督（宗）教占领了，但她从未被征服过。对此失败，必有其原因。"① 徐宝谦认为这个原因，"即是整个方法上的错误，其根源在于对基督（宗）教思考不够周全。基督（宗）教是一个爱的宗教，在精神、目的，以及在方法上都绝对如此。爱的宗教不能用武力传布。方法与目的必须是一致的。否则我们会引来悲剧性的失败"。当然，基督宗教在华传播并非是完全失败，所以徐宝谦又紧接着指出："为什么基督（宗）教没有遭到更大的失败？原因即是凭借武力的方法并未被普遍认同，亦未被全面的实施。传教士、医生和教育工作者，大多有着爱心、奉献与牺牲精神，因此能够超越或克服一般宣教事工机构的困难，为中国的宣教建立一个良好的基础。"② 故此，徐宝谦认为，"尽管基督（宗）教有初期的错误与后来的兴衰，现在正稳定的成长"③。

由此可见，章开沅解读基督宗教在华发展史的"传播与植根"观念是有广泛理论基础与史实依据的。

二　本土化："传播与植根"观念的核心

"本土化"是章开沅在中国基督宗教史研究中着墨较多的篇章，因为此乃其"传播与植根"理念的核心。通过深入考察基督宗教在中国传播的艰辛历程与经验教训，精辟阐释中西文化的巨大差异，透彻解析中外基督徒有识之士的经典著述，章开沅指出，本土化乃基督宗教在中国"传播与植根"的必由之路。

---

① 徐宝谦：《基督教——用武力散播爱的宗教》，载［美］鲁珍晞（Jessie G. Lutz）编《所传为何？基督教在华宣教的检讨》，王成勉译，台北："国史馆"2000年版，第131—132页。
② 徐宝谦：《基督教——用武力散播爱的宗教》，载［美］鲁珍晞（Jessie G. Lutz）编《所传为何？基督教在华宣教的检讨》，王成勉译，第134页。
③ 徐宝谦：《基督教——用武力散播爱的宗教》，载［美］鲁珍晞（Jessie G. Lutz）编《所传为何？基督教在华宣教的检讨》，王成勉译，第134—135页。

对于大多数中国人来说，19世纪以来传入中国的基督宗教依然是难以理解和接受的。上帝对于东方人而言仍然是一个外来的"主"，"归主"与"征服"则严重损害中国人的民族感情与民族尊严，而且很容易被理解为西方人的狂妄乃至殖民主义的张扬。在20世纪20年代"非基督教运动"的冲击下，许多中外基督宗教领袖人物都认识到不应以外国武力与不平等条约为靠山来传播基督福音，传教士必须摒弃盎格鲁—撒克逊（Anglo-Saxon）与西方文明的傲慢，力求平等地对待中国人（as man with man）。于是乎，一种新的宣教理念迅速被引入在华传教事工，即除直接宣教与引人归主外，教育、医疗、农业与社会改革等也被用以扩大基督宗教的影响。传教士们试图把"事奉上帝"（serve God）寓于为满足中国社会需要的"服务社会"（serve the society）之中，甚至主张通过新的社会与经济重建运动，形成更好的社会格局以实现基督宗教文化的精神价值。尽管此举在改变基督形象、扩大福音影响、增多信众教友等诸多方面取得了明显成效，但是，章开沅还是发现基督宗教没有妥善解决好其在华传播的两个深层次问题：一是所传为何；二是由谁来传。他认为，如果不解决好这两个问题，则很难完全实现基督宗教在中国的"生根"（rooting）与"落户"（settlement）。①

章开沅以中国教会大学的历史命运为例来展开这一讨论。20世纪20年代，中国民族主义运动的高涨，特别是"非基督教运动"与"收回教育权运动"的兴起，促使教会大学内部中国因素更为迅速增长，如华人出任校长，董事会乃至教职员工中华人比例的大幅提高，中文课程和中国文化研究的加强，以及相关专业（如农学、医学、社会学、经济学等）更加密切地为中国社会服务等。人们习惯称之为"本土化"或"中国化"。章开沅认为："从历史学家的眼光来看，这乃是无可避免的发展趋势。因为历史发展的趋势总是多种因素合成的，其中必然也包括互相对立的因素，这些因素相互作用而形成合

---

① 参见章开沅"自序"，《传播与植根：基督教与中西文化交流论集》，第6页。

力。从终极因果关系来说，历史就是合力运动产生的结果。正因为如此，任何历史事物的创始者，从来不可能实现完全如同自己预期的那样的结果。"① 所以，西方传教士来华兴教会办学校，当然是为了"基督（宗教）化中国"，亦即是使中国"基督（宗教）化"，但结果更为明显的却是其自身被"中国化"了。据此，章开沅提出一个颇耐人寻味的命题："为了中华归主，首先要主归中华。换句话说也是一样：为了中国基督化，首先要基督中国化。"② 此可谓章开沅对基督宗教在中国本土化之睿见。

章开沅客观地认为，外来宗教在中国社会土壤上真正落户必然需要几个世纪的艰苦努力，而既往众多中外基督徒的坚毅奋进也并非没有在历史上留下痕迹。他始终相信海斯格芮夫（David J. Hesselgrave, 1924—2018）说过的一句话："宗教运动必须具有本土化的世界观和价值观意义，也要采用传统的方式。如果这个运动产生于本土文化内部，它自然企望传播、示范这些观念、价值和方式。如果它是从外介绍进来，它必须使之便于本土理解，否则便要费力重新解释才能使之成长。"③ 具体到基督宗教在中国的本土化问题上，章开沅又非常赞同韦卓民的观点。韦卓民在其《让基督教会在中国土地上生根》（"Rooting the Christian Church in Chinese Soil"）的演讲中说："以其他一种文化来解释基督（宗）教教义和制度，最重要的第一件事，就是体会那种文化的精神。那种文化愈复杂，历史愈悠久，这种了解，也就变得更重要。找出基督（宗）教和另外一种伦理宗教体系的同异，永远是可能的。""我们宁可尽量深入中国文化的精神以及多少世纪以来为中国文化所吸取的各种宗教、社会以及知识传统的精神，来看有没有和基督（宗）教生活观念能够配合的地方，在不抵触中

---

① 章开沅：《〈百年树人——中国教会大学史研究反思〉读后》，载《传播与植根——基督教与中西文化交流论集》，第99页。
② 章开沅："自序"，《传播与植根：基督教与中西文化交流论集》，第8页。
③ David J. Hesselgrave ed., *Dynamic Religious Movement: Case Studies of Rapidly Growing Religious Movement Around the World*, Grand Rapids, Michigan: Baker Book House, 1978, p. 304.

国人观感的情况下,有没有若干因素可以利用作为表达媒介和作为接触的交点,用以将基督教义和制度传播与中国人民。"① 韦卓民的基督宗教"本土化"思想,为章开沅的中国基督宗教史研究"传播与植根"理念丰富了理论内涵。

章开沅还以两位已故美国著名中国基督宗教史学者为例,进一步深入地解析其"传播与植根"观点。他说,赖德烈(Kenneth S. Latourette,1884—1968)将自己有关基督宗教在华传播史研究的专著定名为《基督教差会在华史》(*A History of Christianity Mission in China*),贝德士(Miner Searle Bates,1897—1978)把自己未完成的遗著称之为《新教徒奋进在中国社会》(*The Protestants' Endeavors in Chinese Society*),都不敢自命为《中国基督宗教史》(*A History of Christianity in China*)。他由此提出两个值得深思的问题:其一,"基督(宗)教在中国植根与落户仍然是一个有待继续艰苦努力的漫长过程";其二,"撰写完全意义的中国基督(宗)教史,应该由中国人自己来完成"②。

三 普世性与全球化:基督宗教与
   人类社会发展

基督宗教自视为普世性宗教,自认为具有超越人类存在之时间与空间意义,因而也就彰显出全球化的价值取向。在章开沅看来,基督宗教本来就不专属于某一个国家或某一个民族。它向全球逐渐传布的过程也就是不断移植于一个又一个新的社会文化环境的过程;而教会人士世世代代梦寐以求的非基督宗教地区的"基督化",实际上也就包含着基督宗教在这些地区的本土化。他说:"从我们历史学者的眼光来看,基督(宗)教的普世性,与其他各种世界大宗教一样,不

---

① 韦卓民:《让基督教会在中国土地上生根》,沈宝环译,载雷法章主编《韦卓民博士教育文化宗教论文集》,华中大学韦卓民纪念馆1980年版,第130、132页。
② 章开沅:"自序",《传播与植根:基督教与中西文化交流论集》,第8—9页。

仅在于其固有的神学内核,而且也是经过千百年来各种语言和文化的诠释阐发,逐步磨合融通渐进形成的。"① 同时他还指出,国人对宗教普世性的认识存在两个误区:一是认为西方具体性的东西就是普世性;一是认为西方具体性的东西中根本不存在任何普世性,或者干脆把普世性的东西一概附合成中国古已有之。而章开沅的理解是:其一,普世性应该是超越于区域或国家、民族的具体性之上的,如果认为只有经过西方诠释的基督宗教才是真正的基督宗教,那仍然未免流于西方中心主义的佞妄。其二,中国的基督宗教毕竟是从西方传来的,并非本土所固有;因此中国对于基督宗教的理解,终究不能背离基督宗教的原来基本教义。②

针对基督宗教在中国传播过程中存在的问题,章开沅指出,百余年来几代中外有识之士似乎很难取得比较一致的共识。严重的分歧始终存在:许多传教士及其从属的差会认为"中国归主必须有中国文明的基督化,也就是西方化";而也有一部分传教士,特别是中国传教士,始终反对这种简单的甚至带有文化殖民主义的"基督化"与西方化。在章开沅看来,"明清以来,特别是20世纪20和30年代许多中外基督徒的不懈努力,基督(宗)教在教会与神学两方面的本土化都已取得有目共睹的进展。……在历经磨难数十年之后,基督(宗)教之所以能够在中国城乡各地得到发展,在一定程度上满足了社会转型期一些迷茫的人们寻求精神家园的需要,弥补了他们在现实生活中的某种失落感与飘零感……当然它与中国主流文化的整合依然是一个艰苦而漫长的过程。"③ 故此,章开沅认为,"宗教自由与其自身的独立自主是密不可分的,无论是来自哪一方面的政治干扰都会妨碍宗教的健康发展。时至今日,如果仍然把基督(宗)教简单地看

---

① 章开沅:《"中华归主"与"主归中华"》,载刘家峰编《离异与融合:中国基督徒与本色教会的兴起》,上海人民出版社2005年版,第2页。
② 参见章开沅《"中华归主"与"主归中华"》,载刘家峰编《离异与融合:中国基督徒与本色教会的兴起》,第3页。
③ 章开沅:《世局变迁与宗教发展——以教会大学史研究为视角》,载《传播与植根:基督教与中西文化交流论集》,第25页。

作帝国主义的文化侵略工具,那必然会伤害众多真诚基督徒的感情。同样,如果有任何外在势力出于政治目的,蓄意挑动基督徒与本国政府的对立,那也会把基督(宗)教引入危险的歧途"①。由是观之,只有包括基督徒在内的教内外人士,客观评估、理性思考与正确对待基督宗教在中国乃至其他非基督化地区的拓展,才能促进这种文明的有效传播与植根。

宗教与民族、宗教信仰与民族主义,古往今来都是困扰人类社会发展的至关重要而又极为棘手的问题。"民族精神乃民族文化的核心内容,是其民族优秀成分的集中体现及其民族文化之精华所在。""宗教在某种意义上亦属于相关民族所具有的民族精神。因此,宗教在民族主义和爱国主义中占有极为重要的地位。"② 从某种意义上说,宗教是影响人类社会发展的一个不可逾越的要素。

章开沅一向将自己的学术研究倾注于民族的命运与社会的发展。面对当今世界暴露出的诸多不安定因素,他指出,物质文明与精神文明,科学技术与人文科学,仿佛车之双轮、鸟之双翼,缺一不可,单纯依靠科技绝不能建立合理而完善的社会。现今的人类社会,自然还不能说是缺一轮或缺一翼的社会,但至少可以看作跛足的或倾斜的社会。如果任其恶性发展,也许有一天人类将会走上自己毁灭自己的道路。他迫切感受到,"时代呼唤人文精神,精神文明急需健康发展,而关键仍在于人类的自我完善,首先则在于人性的复苏"。"现今为了复苏人性和纠正人类文明偏失,就应该具有这种兼容并包的博大胸怀,努力发掘包括基督(宗)教与其他优秀宗教在内的历史文化遗产中有益的精神资源,营造人与人、人与自然和谐共处的新文化,共同挽救整个人类的沉沦!"③

---

① 章开沅:《世局变迁与宗教发展——以教会大学史研究为视角》,载《传播与植根:基督教与中西文化交流论集》,第25页。
② 卓新平:《民族主义、爱国主义与宗教信仰在中国》,载氏著《神圣与世俗之间》,黑龙江人民出版社2004年版,第280页。
③ 章开沅:《文化危机与人性复苏》,载《传播与植根——基督教与中西文化交流论集》,第11—12页。

现今世界，由于意识形态与精神信仰的多元化乃至多极化，不同的国家、不同的民族对宗教与民族问题亦有不同的诠释。对此，章开沅强调全人类的精神信仰应该首先建立在一种共识上，那就是，"只要是真正的对真善美的追求，我们都支持，应该相互沟通、相互交流。我认为我们共同面临的任务是挽救人类精神文明"。他呼吁全球有识之士，要"不分信仰、不分主义、不分党派、不分国界，携起手来，吸取一切健康、有益的精神资源，来建设新的人类文明，来挽救全人类"①。此乃章开沅一贯倡导的"参与的史学与史学的参与"这一著名论断在中国基督宗教史研究中的具体显现。

四 "全球地域化"：基督宗教传播的本真

21世纪到来之际，基督宗教传教史学者、美国波士顿大学教授（Boston University）达娜·L. 罗伯特（Dana L. Robert）发表《第一个全球化运动：世界大战期间新教传教运动的国际化》（"The First Globalization: The Internationalization of the Protestant Missionary Movement Between the World Wars"）一文。作者开始使用全球化的概念审视基督宗教的宣教运动，将之称为"第一个全球化运动"（The First Globalization Movement）。在她看来，基督宗教宣教运动本身即可被视为全球化的运动。早期基督宗教的宣教运动已经具有一种普世性、全球化的意识，这种意识驱使西方传教士向全世界传播基督宗教。②不过，达娜·L. 罗伯特及其他西方学者的研究仍是单向的，他们多以基督宗教为主体，只重视基督宗教的全球化运动本身，而忽略全球化与地域化两者之间的互动历程及其结果。当然同时，亦有学者指出，在全

---

① 章开沅：《世纪之思》，载《传播与植根——基督教与中西文化交流论集》，第30—31页。

② Dana L. Robert, "The First Globalization: The Internationalization of the Protestant Missionary Movement Between the World Wars", *International Bulletin of Missionary Research*, Vol. 26, No. 2, 2002, pp. 50–67.

球化（globalization）的浪潮中，地域化（localization）的呼声亦与日俱增。全球化与地域化看似矛盾、指归不一，却在今日世界中有机共构，在二者之张力下彼此共存。自美国匹兹堡大学（Universiey of Pittsburgh）教授罗兰·罗伯逊（Roland Robertson）等人提出"全球地域化"（glocalization）这一理念以来，人们开始关注这种张力与关联之共在，并由此辨认当代社会发展中所出现的一些新迹象及时代特色。中国基督宗教史的发展，亦自觉或不自觉地卷入到这种全球化和地域化的交织进程之中，成为"全球地域化"特色鲜明的宗教。人们所深入讨论的基督宗教之普世性和中国化，正是这一发展趋势和中国教会现状的生动写照。在"全球地域化"语境中，究竟什么是中国基督宗教的"本真"和应有"存在之态"？"中国基督宗教神学"的特色何在？这是中国基督宗教界和学术界所普遍关注的问题。实际上，中国基督宗教在"全球地域化"影响下正出现与其以往传统不同的存在方式、信仰特色、神学理论和人员构成之嬗变。当然，要了解中国基督宗教的历史、现状和发展趋势，不可能仅限于某一静止的横截面，而必须善于捕捉其动态的发展线索。"这样，中国基督宗教历史的回溯之纵向，以及其与世界、中国社会发展密切关联之横向，都应该纳入我们的研究视域，值得我们去发掘、去深思。"①

世纪之交，章开沅同样对基督宗教的"传播与植根"进行新的思考。20世纪80年代中期，他本想从文化史、教育史和现代化的路径探析中国教会大学史，以弥补中国近现代史学术领域的一个空缺。然而后来二三十年，他的研究视域已拓展至中国基督宗教史乃至整个宗教问题。1991年的海湾战争及其后的世局变幻，使章开沅认识到，"民族与宗教乃是当今乃至下个世纪困扰世界的两大复杂问题"；"包括基督（宗）教在内的宗教研究，其意义已经远远超越文化、艺术、教育、历史、神学等等专门领域，实乃涵盖整个人类相互理解、沟通

---

① 卓新平：《"全球地域化与中国基督宗教"学术研讨会欢迎辞》，载卓新平、许志伟主编《基督宗教研究》第7辑，宗教文化出版社2004年版，第2页。

乃至和谐相处的终极关怀"①。1997年，章开沅在《世纪之思》的演讲中指出："当前人类最大的危机是精神文明的缺失，是物欲横流，单纯追求物质享受。有人说我这种危机感是就中国而言，不是的，这是全球性的问题，遍及全世界。"②进入21世纪，章开沅又高瞻远瞩："今后的世界，必然是文化多元化的世界。世界全球化绝非意味着人类文化归于一统，各个地区、各个国家、各个民族必将各自带着具有个性魅力的文化，参与更为密切而又迅速的相互交流。在相互交流的过程中逐渐形成相互融合也是必然的，然而融合应该是平等的和互利的，不同于新老殖民主义式的征服与强加。因此，在全球化大潮汹涌而来之际，我们对于各种各样文化尤其应该持有更多的理解与尊重。"③具体到基督宗教在中国的"地域化"，章开沅明确提出："基督（宗）教不能再被认为是一个洋教了，是中国宗教，中国宗教的一部分。……尽管基督（宗）教本土化没有完成，本色化没有形成一个很成熟的体系，但是作为一种宗教来讲，不能老说是一个洋教。基督（宗）教是中国宗教里边一个重要的组成部分。"④这正是章开沅站在跨文化对话的高度，对中国基督宗教史予以"全球地域化"解读的思想根基与理论源泉。

五　结语

章开沅对中国基督宗教史的研究有其一以贯之的核心理念。他一再强调，如同世界上其他历史悠久的大宗教一样，基督宗教本来就不专属于某一国家或某一民族。它由东而西而又自西向东，向全球逐渐传布的过程，也就是不断移植于一个又一个新的社会文化环境的过

---

① 章开沅："自序"，《传播与植根：基督教与中西文化交流论集》，第1页。
② 章开沅：《世纪之思》，载《传播与植根——基督教与中西文化交流论集》，第31页。
③ 章开沅：《〈百年树人——中国教会大学史研究反思〉读后》，载《传播与植根：基督教与中西文化交流论集》，第103页。
④ 章开沅：《中国基督教区域史研究》，载陈建明、刘家峰主编《中国基督教区域史研究》，巴蜀书社2008年版，第4页。

程；而教会人士世世代代梦寐以求的非基督教地区的"基督化"，实际上也就蕴含着基督宗教在这些地区的本土化。他颇为赞同韦卓民曾经发表过的精辟论断："中国人需要基督（宗）教，而教会也需要中国人。当我们以中国文化来解释基督教义的时候，由于中国人的重视，我们宗教新展望，也会超于显赫。我们将会产生一个中国神学，就像我们过去有希腊、拉丁和欧美的神学一样，不要将在中国的教会和其他国别地区的教会分开，而且要将过去历史上所继承的精华，用以充实基督（宗）教的传统。为此教会可根据中国社会生活的方式，有一种新的形貌、一种新的显现或表现。"①

总而言之，章开沅在中国基督宗教史研究中，始终将宗教与人类命运、社会发展紧紧联系起来，将全球化、普世性、本土化、民族性等理念渗透其中。换言之，他是在做一种基督宗教在中国"传播与植根"的"全球地域化"诠释。

(原载《宗教学研究》2009 年第 1 期)

---

① 韦卓民：《让基督教会在中国土地上生根》，沈宝环译，载雷法章主编《韦卓民博士教育文化宗教论文集》，第 137 页。

中国基督教大学历史的理性重构

——评吴梓明《基督宗教与中国大学教育》

中国基督教大学是西方传教士于19世纪下半叶至20世纪上半叶这一特定历史时期在中国境内创办的特殊教育机构,从一个侧面反映了近代基督宗教的在华传播、中西文化的融通交流以及中国社会的风云变迁。西方学人对此课题的涉足起步较早,而中国学者对该领域予以相当关注则是到了20世纪80年代中叶的事。1985年春,美国普林斯顿大学教授刘子健(1919—1993)访问中国,曾在武汉就中国基督教大学史的研究与华中师范大学教授章开沅进行交流,并建议由章氏领衔推动对该课题的深入探究。于是,在章开沅的率领下,中西学界多名学者展开了这一任务艰巨而又意义深远的历史重寻工作。自1989年6月在华中师范大学举办第一次中国教会大学史国际学术研讨会以来,一批视野宏瞻与见地创新的学者活跃于国际舞台,形成世纪之交一道独特的学苑风景。香港中文大学教授吴梓明博士不仅是最早对中国基督教大学史情有独钟者之一,而且是该领域研究成果最为宏富者之一。其专著《基督宗教与中国大学教育》①就是这重寻工作的结晶。

章开沅早于1989年第一次中国教会大学史国际学术研讨会上就指出,中国教会大学"是近代中西文化交流的产物";"教会大学史又是中国近代教育史不可缺少的重要篇章","对于研究近代中国政

---

① 吴梓明:《基督宗教与中国大学教育》,中国社会科学出版社2003年版。

治史、革命史也有一定的意义"。"对于有些西方人来说，教会大学又是一个观察、了解中国文化与中国社会的不大不小的窗口。""探讨中西文化的双向流动，可能会成为教会大学史研究中很有趣的课题。"① 吴梓明的这本论著正是章开沅中国教会大学史研究思想的具体实践。该书是作者关于中国基督教大学史研究的论文结集，分"历史篇""师生篇""现代篇"三大部分，虽然论题包括宏观的与微观的许多侧面和个案，但其中却穿透着一以贯之的重要理念——基督宗教与中国文化，因而形成自己鲜明的学术特色。

《基督宗教与中国大学教育》的首要特色，用章开沅的话说，就是"非常重视基督教大学内部的'中国因素'"②。

由于诸多原因，过往诸多学者一直视中国的基督教大学为西方传教士的宣教机构之一，将其定位于传教士在中国设立的西方教育体系。而吴梓明却留意到，早期在华的教会大学于20世纪20年代后已逐渐由华人接任校长，并纷纷改向中国政府立案，成为中国私立大学的重要组成部分。中国基督教大学中有不少华人信徒，他们有的是学生，有的是教职员，其在基督教大学活动中的参与（也就是吴梓明所指的"中国元素"）更值得研究。所以他认为，若是从中西文化交流的角度去研究中国基督教大学史，"单是研究传教士的活动实在是不足够的，我们还须细看华人信徒在基督教大学的努力，尤其是这些有关的中国元素"③。该书中《从广州私立岭南大学看基督教大学应以何种形式为国家教育事业服务》及《中国基督教大学——近代中西文化交流史的一个个案研究》等文，就是将中国基督教大学置身于近代中西文化交流的宏大背景下予以审视，深刻剖析基督教大学的"中国元素"。

---

① 章开沅："序言"，第1—3页，载章开沅、[美]林蔚（Arthur Waldron）主编《中西文化与教会大学——首届中国教会大学史学术研讨会论文集》，湖北教育出版社1991年版。
② 章开沅："序"，载吴梓明《基督宗教与中国大学教育》，第2页。
③ 吴梓明：《基督宗教与中国大学教育》，第7页。

吴梓明的基督教大学"中国因素"论是得到学术界认可的,章开沅在为《基督宗教与中国大学教育》所作的序中便予以肯定。"章序"指出,只要从历史事实出发,就可以看出,"中国因素"并非在基督教大学向中国政府注册以后才开始出现,而是从其创办之日就与生俱来。道理很简单:一是其施教对象是中国学生;二是它处于中国社会历史文化的特定环境之中。在中国社会文化背景下出生成长的学生具有中国因素自不待言,就是校园以外的中国历史文化氛围也不可能不对它产生或多或少的影响。即使是西方的传教士,在中国这样具有悠久文化的环境中长期生活,也不可能完全不受其影响。①

《基督宗教与中国大学教育》的第二大特色是在研究范式上否定西方的"冲击—回应"说,提出东方的"冲击—回应"观。

西方人研究中国基督教大学的传统范式,多采用美国学者费正清(John King Fairbank,1907—1991)的"冲击—回应"说,即西方传教士来华将冲击带到中国,往后中国的改变便是对西方冲击的一种回应。另一位美国学者柯文(Paul A. Cohen)在20世纪80年代初则提出研究中国历史不应从西方的观点出发,而应采用"以中国为中心"的研究方法。吴梓明认为,事实上"冲击—回应"说也可以从相反的方向来阐释:基督宗教在中国所设立的大学可以被视为传教士将西方的教育搬进中国的一种尝试,但在中国却遇到社会及文化上很大的冲击。为了回应中国的冲击,西方传教士也在不断修正他们办学的宗旨及方向;中国基督教大学的演变正可视作西方传教士面对中国冲击的一种回应。该书中《义和团运动前后的中国基督教教育》和《从神学教育到宗教研究——燕京大学宗教教育的考察》等文所讨论的,正是寻求这样一种新的研究思路的有益尝试。

《基督宗教与中国大学教育》的第三大特色是客观评述基督教大学内华人信徒的真实心灵轨迹与文化价值取向。

20世纪初,中国社会出现一个新的知识分子群体——基督徒知识

---

① 参见章开沅"序",载吴梓明《基督宗教与中国大学教育》,第2页。

分子。这个特殊群体中的大多数人出身于中国基督教大学，接受了西方基督宗教思想文化的洗礼；同时，他们又置身于东、西方两个截然不同的思想、文化体系中，不可避免地面对着很大的文化冲击与抉择，并且必须尝试寻求基督宗教与中国文化之间冲突和融通问题的解决路径。有学者曾用"上帝与玛门"的选择来比喻华人信徒在面对来华西方基督宗教的时候，必须在"基督宗教"与"中国文化"之间作出非此即彼的抉择。吴梓明在《基督宗教与中国大学教育》中用大量的实证研究否定了此说。他发现，华人信徒所面对的并不是"非此即彼"的选择问题，而是如何可以同时拥有二者的"兼得"之效。①

吴梓明将中国基督徒知识分子就如何解决中西方文化之间冲突的响应，大致分为三种类型。一种类型认为，在中国传统的思想、文化中可以寻得与基督宗教相同的地方。此类学者是站在中国传统文化的基础上，主张只局部吸取基督宗教信仰中有助于解释中国文化的部分加以阐明，其典型的例子是燕京大学首位华人校长吴雷川。另一种类型强调，针对中国文化的不足之处，要以基督宗教的信仰予以弥补，譬如提出基督宗教可以在"心理建设"与"精神重建"上解救中国的问题等，出色的范例是燕京大学宗教学院院长赵紫宸。第三种类型则宣称，基督宗教与中国文化须在平等的地位上对话，两者可以相辅相成、互为补足，其代表人物是华中大学首位华人校长韦卓民及岭南大学哲学系主任谢扶雅。②该书中《岭南大学的第一位学生——陈少白》《谢扶雅对基督教与中国文化之沟通融合的睿见》《韦卓民博士眼中的基督教及其与中国文化之关系》《从吴雷川、赵紫宸、徐宝谦的案例再思中国基督徒知识分子的救国尝试》《作为华人基督徒学人的陈垣先生》等文，揭示华人信徒在肯定自己基督徒身份的同时，并没有放弃中国文化。中国基督教大学虽然只有百多年历史，但在华人

---

① 参见吴梓明《基督宗教与中国大学教育》，第9页。
② 参见吴梓明《基督宗教与中国大学教育》，第147—148页。

信徒身上却体现出深厚的文化内涵。吴梓明通过剖析这些中西文化相遇、共融的具体案例，对深入研究近代中西文化交流的历史和进一步探索中西文化融合的原貌，提供了非常宝贵的经验。

《基督宗教与中国大学教育》的第四大特色是否定基督教大学的"世俗化"必然走向。

不论中国的学者还是西方的学者，过去在研究基督教大学时，多采用"世俗化"的观念去论证基督教大学必然走向衰弱。但吴梓明却发现，"世俗化"理论的背后存在着一个预设，那就是基督教大学必然会随着社会的进步而衰弱。他进而明确指出，"'世俗化'的理论是站不住脚的，因为它不能全面地解释现代社会的演变历程"[①]。该书中《岭南大学与中国现代化》《从中国基督教大学看世俗化处境中的基督宗教》《宗教多元化的挑战与学校宗教教育的困境和出路》等文，则从全新的角度审视中国基督教大学在现代世俗化社会中的演变历程，且强有力地证明基督教大学并没有因受到世俗化的冲击而导致消亡，而是仍在自强不息地不断发展。从《基督宗教与中国大学教育》中可以清晰地看到，历史的发展已经证明，中国基督教大学的宗教教育并没有因"世俗化"而完全消亡，反而是在默默地、不断地自我调整，以响应中国社会"世俗化"之需。宗教教育在危机中孕育出转机，在失望中仍倪露着希望。它通过不懈改革、调适，经历了一个从"以神学教育为主"到"以宗教教育为主"的转变过程。吴梓明更将这种转变定论为"宗教教育的现代化历程"。此所谓"现代化历程"，是指宗教教育之目的不再是纯以宣传或培训传道人员为主，而是强调它的教育功能，以符合现代教育的原则，为大学教育提供高质素、较学术性的宗教研究的转变历程。[②]

过往有关基督教大学历史的研究，中、西方学者在思考方法和对历史的认识方面有着明显的差异。一般而言，西方学者比较重视宏观

---

① 吴梓明：《基督宗教与中国大学教育》，第12页。
② 吴梓明：《基督宗教与中国大学教育》，第57页。

理论、抽象观念以及客观分析；中国学者则较重关注历史事件的实际处境及从个人的经验出发去对其予以解析。吴梓明在《基督宗教与中国大学教育》中，则尽量尝试糅合中、西传统中的不同思想方法或作相关的比较研究，力图达到客观公允之效。此可谓本书的又一特色。

吴梓明一直强调，研究基督教大学的视野应该不断开阔，不单要着眼于中国的基督教大学，更应留意世界其他地区尤其是亚洲地区基督教大学的发展情况。同样，有关基督教大学的研究也不应仅局限于对过往历史的研究，更应审视当代基督教大学的演变规律，并且进一步探求基督教大学的未来发展趋势。正是根据这种史学观念，《基督宗教与中国大学教育》对中国基督教大学既有总体的考察又有个案的研究，既追溯历史又观测现状，既评判其已有贡献又探讨其未来发展，既阐析施教者又着眼于其受众，处处彰显出卓尔不凡的睿见灼识。

（原载《中国图书评论》2005年第6期）

《圣经》中译与晚清本土圣经话语体系的构建

——评赵晓阳《域外资源与晚清语言运动：以〈圣经〉中译本为中心》

　　《圣经》既是集宗教、哲学、历史、文学、艺术价值之大成的传世经典，亦是融古希伯来文化和古希腊文化精髓于一体的文献宝藏，更是构筑现代西方文明的思想源流与核心价值。《圣经》的中译不仅历史悠久——始自唐代初年，盛于清末民初，而且拥有诸多历史之"最"——版本最多、汉语言文字表现形式最多（同时拥有白话和文言两种语体）、汉语方言文字形式最多、少数民族文字译本最多（近20种，并由此创制出12种少数民族文字）、印刷发行数量最多。故此，《圣经》中译及在华传播，堪称绵延不绝的世界基督宗教大宣教运动中的一股洪流，成为耶教东传、西学东渐之重要载体。

　　清末民初，《圣经》中译空前繁盛，版本众多，以至于20世纪末以来该领域研究成为本土基督宗教话语体系研究之"显学"，曾有诸多学界鸿硕耕耘其中。然而，由于《圣经》中译研究关涉宗教学、历史学、文献学、语言学、民族学等学科，且诸多版本散藏于海外图书馆或少数民族地区，故大部分学者均浅尝辄止，难以深掘。赵晓阳则是其中难得的持之以恒者。她长期潜心搜寻珍稀《圣经》中译版本，执着探究《圣经》中译与基督宗教在华传播之神学内核，成果宏富，且因著述"史料翔实，论述谨严"而"颇受同道称赞"①。其新著《域外资源与晚清语言运动：以〈圣经〉中译本为中心》（下称《域外资源与晚清语言运动》），堪称首部对《圣经》中译活动予以整体历史考察和文本考辨的研究著作，亦可谓对《圣经》中译于中国宗教、思想、文化、语言等方面影响予以全面研究的开山之作。

19 世纪 60 年代至 20 世纪 20 年代，是汉语言文字变化最为剧烈的时期，所以《圣经》中译活动异常活跃，迈向鼎盛。而《圣经》作为基督宗教的唯一经典，其中译必然涉及怎样译成中国本土语言文字、如何适应中国本土文化等基本问题。更确切地说，此亦为"基督宗教中国化"这一宏大命题之中首先要回答和解决的问题。《域外资源与晚清语言运动》正好恰如其分地以"晚清"为切入点，上溯下延，对近 1400 年的《圣经》中译历史及其对汉语神学乃至中国思想文化的影响，予以细密考辨和透辟解析。作者融合宗教学、历史学、文献学、语言学、民族学等相关理论与方法，"做多学科的整合研究，体现出真正的开拓与创新"②。

首先，《域外资源与晚清语言运动》从文献考辨入手，用历史叙事和文献考证的方法对早期《圣经》中译活动既追根溯源，又正本清源，厘清早期《圣经》中译版本的谱系，匡正过往研究中的谬见。

《圣经》中译肇始于基督宗教进入中国，伴随唐、元、明、清基督宗教先后四次在华传播。唐贞观九年（635），聂斯脱利派（Nestorianism）叙利亚传教士阿罗本（Olopen）从波斯抵达唐都长安传教，乃是《圣经》中译活动的发端。元代，天主教开始传入中国。方济各会（Franciscan Order）北京教区主教、意大利人若望·孟高维诺（Giovanni da Montecorvino，1246—1328）曾在寄给罗马教宗的信中提及，已将《新约》的部分内容译为鞑靼文。该书作者通过考证历史

---

① 黄兴涛："序二"，载赵晓阳《域外资源与晚清语言运动：以〈圣经〉中译本为中心》，北京师范大学出版社 2019 年版，第 1 页。
② 章开沅："序一"，载赵晓阳《域外资源与晚清语言运动：以〈圣经〉中译本为中心》，第 2 页。

文献，明确得出结论：尽管唐、元两代的《圣经》译本可能失传，但有文献确凿记载传教士们已经翻译部分《新约》。①

明朝末年，天主教再次传入中国。按照罗马教廷的规定，圣礼必须使用拉丁文；若想用当地语言举行弥撒，必须得到教宗的特别批准。虽然17世纪初教宗准许将《圣经》译成文言汉语，但由于各种原因，直至爆发"礼仪之争"、清廷禁教、天主教被迫离开中国之时，仍未有完整的《圣经》全译本问世。但是，早期入华耶稣会（Society of Jesus）传教士，如罗明坚（Michael Ruggieri，1543—1607）、利玛窦（Matteo Ricci，1552—1610）、艾儒略（Giulio Aleni，1582—1649）等，大胆采取变通措施，按弥撒书或祈祷书的形式，用中文对《圣经》教义进行诠释，对圣经史实予以解析。该书作者认为，这些传教士的释经活动，亦可视为《圣经》中译的尝试。严格而言，天主教真正意义上的《圣经》中译活动，始自巴黎外方传教会（Society of Foreign Missions of Paris）在华传教士白日升（Jean Basset，1662—1707）。其留存下来的377页《圣经》中译手抄本，珍藏于大英图书馆。该书作者考证辨析，校勘比对，认定白日升这部从未出版的译本，乃是百余年后最早《圣经》汉文全译本——"马士曼译本"（Marshman's Version）和"马礼逊译本"（Morrison's Version）——的基础性文本。清廷禁教之后在华最后余存的极个别耶稣会士（Jesuit）之一、法国人贺清泰（Louis de Poirot，1735—1814），晚年退隐于北京天主教北堂，专事《圣经》汉译。他以拉丁文本为依据，将大部分《圣经》译为非常通俗的汉语官话（即汉语白话），仅《旧约》中的"雅歌"及部分先知书未译。在这本以《古新圣经》命名的中译本的"序言"里，贺清泰阐释了自己的翻译原则，且在每章后附有简单的注释。该书作者通过将"贺清泰译本""思高译本""和合官话译本"三者的神学词汇进行比较研究，发现天主教《圣经》的中译具有相当的传承性，"贺清泰译本"亦对早期基督新教《圣经》中

---

① 参见赵晓阳《域外资源与晚清语言运动：以〈圣经〉中译本为中心》，第21页。

译有一定的影响。赵晓阳进而指出,明清之际天主教虽然没有完成一本《圣经》全译本,但其释经文字则为晚清新教的《圣经》翻译,尤其是《圣经》词语方面,奠定了良好基础。作者同时指出,明末清初,在华天主教传教士面对的是拥有强大文本和经典传统的中国社会,他们只能与这种文化环境相调适。他们也只有经过长期而艰苦的本土化努力,对中国社会、文化、语言的认知和理解能力有极大的提高后,才可能创造和建立有别于其他宗教、反映其自身特质、便于中国人理解和信仰的基督宗教语境和神学话语体系。[1]

19世纪初,基督新教传教士入华。历史上最早的新教《圣经》汉语完整译本——"马士曼译本"和"马礼逊译本"(统称"二马译本")分别于1822年、1823年在印度和马六甲出版,标志着新教翻译出版多达30余种汉语文言、白话和方言版本《圣经》历史的开启。该书作者通过对"二马译本"和"白日升译本"精细勘校,首次厘清三者之间的复杂关系,解决了长期悬而未断的一桩学术公案。作者发现,《新约》翻译,"二马译本"均受"白日升译本"的奠基性影响,而且"马士曼译本"还参考了"马礼逊译本";《旧约》翻译,"二马"因其他事务发生纠纷,最终各自独立完成;"二马译本"在参考天主教译本的基础上尝试剥离天主教话语系统,创建新教汉语圣经话语体系。鉴于新教传播有一个非常明显的特征——对所进入文化的适应,亦即"本土化",故作者得出结论:正是因为新教愿意并且能够与世界各种语言和文化交往,所以才会出现清末民初轰轰烈烈的《圣经》中译活动和本土圣经话语体系的构建。[2]

其次,《域外资源与晚清语言运动》从基督宗教传播与中西文化交流的宏大叙事出发,探究中国本土基督宗教话语体系如何通过《圣经》中译而得以构建,剖析《圣经》中译词汇的翻译与创制所表达、传递的基督宗教思想。

---

[1] 参见赵晓阳《域外资源与晚清语言运动:以〈圣经〉中译本为中心》,第16—17页。
[2] 参见赵晓阳《域外资源与晚清语言运动:以〈圣经〉中译本为中心》,第16页。

《圣经》中译既涉及不同语言文字的译介,又涉及作为传教方的基督宗教与被传教区域的中国本土文化之间的调适,还涉及异质宗教在中国本土化过程中如何被认同的问题。人类历史上的任何宗教,其主神名号都是凝聚历史、文化、信仰、教义、政治、利益等中心价值的象征,其意义不仅涉及宗教教义和经典,而且蕴含更为广阔的文化语境。故此,该书作者以基督宗教唯一尊神的汉语译名为突破口,讨论天主教和新教在不同理念下对此问题的争论和处理。赵晓阳认为,主神名号与其说是一个有具体所指的专名,不如说是承纳历史、汇聚信仰的象征,其终极意义是无法在所指和能指的二元关联中确立的,而是取决于这个专名被普遍言说且变化无限的文化语境,以及其赖以产生、流传、变异、被理解、被误解的整个文化系统。[①] 作者通过讨论对主神名号(如"Deus"或"God")的翻译过程和中国人的接受历程,深入揭示其所历经的长时段的各种争论(如是译成"天主""神"还是"上帝"),其所包含的西方教会不同的传教策略、对待中国传教区域本土文化的不同态度,以及在中国的不同传播方式与接受效果等,可谓分析透辟,见解独到。

任何宗教的思想、概念、礼仪、历史等,均要通过语言词汇来表达和传递。基督宗教既然是一种外来宗教,其所带来的无疑是中国传统文化中没有的思想和概念,于是,《圣经》中译必然会产生许多中国原有语言中没有的新词汇。在新的思想和概念的范畴内,《圣经》中译者便会重新阐释中文固有词汇,再生中国式新概念和新理念,力图实现基督宗教概念的中西语言对等,最终构建中国式的圣经话语体系。故此,该书作者从词源学的角度对《圣经》中译产生的大量新词汇予以源流探究,且认定复音词乃是创制中文《圣经》新词汇的重要途径。作者将这些复音词的创制划分为两种主要方式:一是移译,即利用汉语中原有的复音词,增加基督宗教的内涵,如上帝、先知、天使、圣灵、恩宠、恩典、地狱等。二是创造,具体类型有:纯

---

① 参见赵晓阳《域外资源与晚清语言运动:以〈圣经〉中译本为中心》,第16页。

音译词（如耶稣、基督、保罗、耶路撒冷等《圣经》中的人名、地名）、音译+有含义的汉字（如以色列人、伊甸园、加利利海）、音译兼顾汉字含义（如挪亚方舟）、纯意译词（如福音、复活、永生）、意译词+有含义的汉字（如十字架、五旬节、千禧年）、意译兼顾汉字含义（如洗礼、圣歌、创世纪）、同义复音词（如徒——圣徒、使徒、宗徒；恩——救恩、恩典、恩宠）、音译+音译词的含义解释（如弥赛亚、哈里路亚、阿门）。

更值得称道的是，作者选择"耶稣基督""亚当夏娃""摩西""犹太人""耶路撒冷""伊甸园""十字架""福音""洗礼""先知""圣灵""天使""五旬节""安息日""阿门""弥赛亚""撒旦""以马内利"18个中文《圣经》神学新词，讨论其在漫长《圣经》中译历史长河中的译写与演变，包括从唐代景教译本、明末清初天主教译本，到晚清民国新教深文理本、浅文理本、官话译本、华人《圣经》学者译本、天主教思高译本，及这些词语被汉语世界所渐趋接受的过程。作者最后指出，中文基督宗教词汇千余年来走过一条由纷繁多种到逐渐统一的道路，最后形成天主教和新教两大分类，而最终进入中国世俗社会的基本上是新教《圣经》词语。

中文《圣经》词汇无疑是构建本土基督宗教话语体系的核心元素。该书作者对"《圣经》新词语溯源与流布""本土基督宗教话语体系的建立"的考证与阐述，既全面又深刻，为探究本土圣经话语体系的构建具有开创性意义。

再次，《域外资源与晚清语言运动》从语言学分类着手，一方面，对早期《圣经》汉译本、汉语方言汉字译本、汉语方言罗马字本、西南少数民族语言文字译本等进行系统实证考查和科学分类；另一方面，紧紧抓住"域外资源"与"晚清语言运动"这一主线，对整个《圣经》中译所产生的语言文字变革予以深刻阐释。

清末民初，《圣经》中译对汉语言文字的变革和少数民族语言文字的创制，均影响重大。面对这一汉语言文字变化颇为剧烈的特殊时期，该书从追求"言文一致"的《圣经》白话翻译实践、"欧化白话"的形成及结构特点、用罗马字母"拼写汉字"的各种尝试，以及西南少数民族文字的创制等多个方面，逐一进行论述阐析，"就其整体性把握与研究而言，在学术界尚属首次"①。

该书作者掌握现今遗存的各种汉字、教会罗马拼音字和中国少数民族文字《圣经》译本近百种，被誉为"目前国内圣经中文译本涉猎最广的学者之一"②。作者在考证辨析、校勘比对这近百种《圣经》中译本之后，从语言学的维度对其予以详尽梳理，科学分类。具体而言，按语言种类分为两大类：汉语言译本和少数民族语言译本；按汉语语体分为三大类：文言译本（即深文理译本）、半文半白译本（即浅文理译本）、白话译本（包括各种方言译本）；按汉语文字形式分为七大类：汉字本、教会罗马字方言本、王照官话注音字母本、国语注音字母本、盲文字本、快字本、威妥玛拼音本；按文本形式分为：汉字本、汉字与外文对照本、汉字与国语注音字母对照本、汉字与王照官话注音字母对照本、汉字与教会罗马字对照本、教会罗马字与国语注音字母对照本等。作者"从文本形式与版本角度，分门别类，力求网罗无遗，其工作量之大与条分缕析之细密，均属难能可贵"③。

19世纪以来，《圣经》中译本是涉及中国各地的方言白话最多的书籍，白话《圣经》汉字几乎包括粤、闽、吴、客家等各种南方方言及其主要分支，乃至南北官话方言。教会罗马字是鸦片战争后西方来华新教传教士创制和推行的各种罗马字母（拉丁字母）拼音文字方案的产物，主要指新教传教士用来翻译《圣经》和帮助基督徒学习文化的汉语方言罗马字。清末民初，教会罗马字《圣经》数量繁多，分布甚广。中国西南地区少数民族众多，新教传教士为了传播宗教，开始创制民族文字，并翻译出近百种少数民族语言《圣经》。上述诸问题，过往罕有

---

① 黄兴涛：" 序二"，载赵晓阳《域外资源与晚清语言运动：以〈圣经〉中译本为中心》，第3页。
② 章开沅：" 序一"，载赵晓阳《域外资源与晚清语言运动：以〈圣经〉中译本为中心》，第3页。
③ 章开沅：" 序一"，载赵晓阳《域外资源与晚清语言运动：以〈圣经〉中译本为中心》，第3页。

学者涉猎，几乎成为《圣经》中译研究领域的空白。该书则对这些重要问题逐一予以深入考证，详尽阐析，具有重要学术价值。

比如，该书对各地汉语方言罗马字《圣经》版本的搜集，种类繁多，几近齐全，令人惊奇。作者追源溯流，条分缕析，对传教士如何辨别汉字的读音，并在此基础上创制能够准确表达语音符号系统的贡献，进行深入细致的论述，并将其置于晚清中国汉字拼音化运动之中予以恰如其分的把握和评价。作者认为，以罗马字母拼写汉字乃是中国现代语言运动的另一重要方式。

又如，作者认为，传教士在翻译《圣经》和传播基督宗教的过程中，通过对西南少数民族地区的语言接触和调查，利用自己母语拼音的优势，为那些仅有语言而无文字的民族创制了12种文字，其中景颇文、西傈僳文、柏格里苗文、拉祜文等使用至今。中华人民国共和国成立之后新创制或改进的文字，一般都是基于本民族发音而采取拉丁字母来拼写，可以说直接借鉴了传教士的有关成果和经验，丰富了中华民族大家庭的语言文字。

再如，作者认为，《圣经》中译白话实践既与新教注重底层民众的传教取向有关，也与新教在华传播是从方言最为复杂的东南沿海进入内地有关，还与新教有别于天主教，各个差会都能各自为政有关。而其之所以能在中国开启现代白话运动的过程中发挥格外重要的作用，更在于其由此涵育一种超越中国传统"土白"的"欧化白话"的风格与特质。这一点，正是古代白话与现代白话的关键区别所在。《圣经》中译过程中的白话实践和书写白话，对于"五四"白话文运动具有先驱意义。

该书作者通过对《圣经》汉语方言汉字译本、汉语方言罗马字本、西南少数民族语言文字译本的分门别类研究，得出一个重要结论：以《圣经》中译为载体的基督宗教文化进入中国之后，引发汉语表达方式的变化、汉语言文字形式的增加、汉语语法结构的变化、少数民族文字的创制、汉字拉丁化形式的开始、汉语词语的丰富。《圣经》翻译过程中，一方面，借用传统旧有词汇创制新词语，对现代汉语和西南少数民族文字的形成起到了一定的开拓与促进作用；另一方面，基督宗教文化主动撞击中国传统文化，对传统中国语言的现代转型起到了借鉴和启示作用。作者强调，在清末民初西方强势文化和本土弱势文化的所谓"东西方文化相遇"之时，弱势文化除了本能性的抵抗外，还有被迫的学习和转变，而这种被迫学习则为新的转型提供了机遇、装备和能力，并成为本土圣经语言体系转型的借鉴和手段。[①]

最后，《域外资源与晚清语言运动》将清末民初空前繁盛的《圣经》中译活动，置于晚清波澜壮阔的语言变革大潮之中予以宏观考量；将基督宗教的思想和概念作为一种可资借鉴的"域外资源"，阐释其在构建本土基督宗教话语体系的同时，对汉语言文字的现代转型所产生的重要影响。可以说，该书无论对《圣经》中译研究、中国基督宗教史研究，还是对现代汉语转型研究，均具有开创性贡献和里程碑意义。

（原载《汉语基督教学术论评》总第28期，2019年12月。
与江亚柔共同署名）

[①] 参见赵晓阳《域外资源与晚清语言运动：以〈圣经〉中译本为中心》，第15页。

征引文献

一 西文文献
(一) 档案

Annual Report of the President and Deans of Peking University to the Board of Managers.

Cartas Ânuas do Colégio de Macau.

China Centenary Missionary Conference, held at Shanghai, April 25 – May 8, 1907.

Peking University Bulletin—Yenching University School of Religion Catalogue, 1925 – 1926.

Records of the General Conference of the Protestant Missionaries of China, held at Shanghai, May 10 – 24, 1877.

Records of the General Conference of the Protestant Missionaries of China, held at Shanghai, May 7 – 20, 1890.

Report of the Board of Managers of Peking University.

United Board for Christian Higher Education in Asia Archives.

(二) 报刊

American Register: or, General Repository of History, Politics, and Science.

Canton Register.

China Mail.

Chinese Courier and Canton Gazette.

Chinese Repository.

International Bulletin of Missionary Research.

Pacific Historical Review.

The Chinese Recorder and Missionary Journal.

Yenching University Bulletin.

（三）征引论著

Anthony Sweeting, *Education in Hong Kong Pre-1841 to 1941: Fact and Opinion*, Hong Kong: Hong Kong University Press, 1990.

Brian Harrison, *Waiting for China: The Anglo-Chinese College at Malacca, 1818 – 1843, and Early Nineteenth-Century Missions*, Hong Kong: Hong Kong University Press, 1979.

Carl J. Friedrich, *Transcendent Justice: The Religious Dimension of Constitutionalism*, Durham, N. C.: Duke University Press, 1964.

Dana L. Robert, "The First Globalization: The Internationalization of the Protestant Missionary Movement Between the World Wars", *International Bulletin of Missionary Research*, Vol. 26, No. 2, 2002.

David J. Hesselgrave ed., *Dynamic Religious Movement: Case Studies of Rapidly Growing Religious Movement Around the World*, Grand Rapids, Michigan: Baker Book House, 1978.

Edmund H. Worthy, Jr., "Yung Wing in America", *Pacific Historical Review*, Vol. 34, No. 3, Aug., 1965.

Elijah Coleman Bridgman, "Notices of the Medical Missionary Society in China, and of the Morrison Education Society in China", *Chinese Repository*, Vol. XI, June, 1842, No. 6.

Elijah Coleman Bridgman, "Proceedings relative to the formation of the Morrison Education Society; including the Constitution, named of Trustees and members, with Remarks Explanatory of the Object, of the Institution", *Chinese Repository*, Vol. V, No. 8, December 1836.

Elijah Coleman Bridgman, "The Second Annual Report of the Morrison Education Society", read 3rd October, 1838, *Chinese Repository*, Vol. Ⅶ, No. 6, October 1838.

Eliza A. Morrison ed., *Memoirs of the Life and Labours of Robert Morrison*, London: Longman, Orme, Browen, Green, and Longmans, 1839.

Emily Hahn, *China Only Yesterday*, *1850 – 1950: A Century of Change*, Garden City, New York: Doubleday, 1963.

George H. Danton, *The Culture Contacts of the United States and China: The Earliest Sino-American Culture Contacts*, *1784 – 1844*, Columbia: Columbia University Press, 1931.

Jean-Paul Wiest, *Ma Xiangbo: Pioneer of Educational Reform in China*, Hong Kong: Centre for the Study of Religion and Chinese Society, Chung Chi College, The Chinese University of Hong Kong, 2002.

Jeffrey William Cody, *Building in China: Henry K. Murphy's Adaptive Architecture*, *1914 – 1935*, Hong Kong: Chinese University Press, 2001.

Jessie Gregory Lutz, *China and the Christian Colleges*, *1850 – 1950*, Ithaca & London: Cornell University Press, 1971.

Jessie Gregory Lutz, *Opening China: Karl F. A. Gützlaff and Sino-Western Relations*, *1827 – 1852*, Grand Rapids, Michigan / Cambridge, U. K.: William B. Eerdmans Publishing Co., 2008.

John King Fairbank, *The Great Chinese Revolution*, *1800 – 1985*, New York: Harper & Row, 1987.

John Leighton Stuart, *Fifty Years in China-The Memoirs of John Leighton Stuart, Missionary and Ambassador*, New York: Random House, 1954.

John Leighton Stuart, "The Future of Missionary Education in China", *The Chinese Students' Monthly*, Vol. 21, No. 6, April 1926.

José de Jesus Maria, *Ásia Sínica e Japónica*, Vol. Ⅰ, Macau: Instituto Cultural de Macau, 1988.

J. B. Jeter ed., *A Memoir of Mrs. Henrieta Shuck, The First American Fe-

male Missionary to China, Boston: Gould, Kendall, and Lincoln, 1846.

Karl Friedrich August Gützlaff, *The Journal of Two Voyages along the Coast of China, in 1831, & 1832*, New York: John P. Haven, 1833.

Kenneth Scott Latourette, *A History of Christian Missions in China*, London: Society for Promoting Christian Knowledge, 1929.

Liam Matthew Brockey, *Journey to the East: The Jesuit Mission to China, 1579 – 1724*, Cambridge: The Belknap Press of Harvard University Press, 2007.

Louis Schneider, *Sociological Approach to Religion*, New York & London: John Wiley & Son, Inc. , 1970.

Lt. -Col. Sir Richard Carnac Temple ed. , *The Travels of Peter Mundy, in Europe and Asia, 1608 – 1667*, Vol. Ⅲ, Second Series, No. XLV, Cambridge: Printed for the Hakluyt Society, 1907 – 1925.

Luís Sá Cunha, *Portugalbum: 55 quadros para conhecer Portugal e o Seu povo*, Macau: Institito Cultural de Macau, 1990.

MelchiorYvan, *Six Months Among the Malays, and a Year in China*, London: James Blackwood, Paternoster Row. , 1855.

Michael C. Lazich, *E. C. Bridgman (1801 – 1861), America's First Missionary to China*, New York: The Edwin Mellen Press, 2000.

Milton T. Stauffer ed. , *The Christian Occupation of China: a General Survey of the Numerical Strength of Geographical Distribution of the Christian Forces in China*, Shanghai: China Continuation Committee, 1922.

Ng Lun Ngai-ha, *Interactions of East and West: Development of Public Education in Early Hong Kong*, Hong Kong: The Chinese University Press, 1984.

Noël Golvers, *François de Rougemont, S. J. , Missionary in Ch'ang-Shu (Ching-Nan): A Study of the Account Book (1674 – 1676) and the Elogium*, Leuven: Leuven University Press, 1999.

Rev. Dr. F. X. Biallas, S. V. D. , "Monumenta Serica by its editor", *Fujen Magazine*, Vol. V. May 1936.

R. Po-Chia Hsia. *The World of Catholic Renewal, 1540 – 1770*, Cambridge: Cambridge University Press, 1998.

T. C. Chao, "A Glimpse at One Chinese Christian Worker", *The Chinese Recorder*, Vol. 54, December 1923.

T. T. Lew, "Annual Report of the Dean of the School of Religion", *Yenching University Bulletin*, Vol. 8, No. 27, June 1926.

William Campbell, *Handbook of the English Presbyterian Mission in South Formosa*, Hastings: F. J. Parsons, Ltd. , 1910.

William Haller, *The Rise of Puritanism*, Philadelphia: University of Pennsylvania Press, 1972.

William Milne, *A Retrospect of the First Ten Years of the Protestant Mission to China*, Malacca: Anglo-Chinese Press, 1820.

Yung Wing, *My Life in China and America*, New York: Henry Holt and Company, 1909.

"College of Theology: Report of the Dean for *1917 – 1918*", *Report of the Board of Managers of Peking University*, June 6, 1918.

"General Plan of an Institution forming at Malacca under the superintendence of the Rev. W. Milne", in Eliza A. Morrison ed. , *Memoirs of the Life and Labours of Robert Morrison*, Vol. I , London: Longman, Orme, Browen, Green, and Longmans, 1839.

"Journal of Occurrences", *Chinese Repository*, Vol. XII , No. 4, April 1842.

"Remarks on Specimens of literary composition written by pupils in the school in the Morrison Education Society, and exhibited at its annual examination September 24th, 1845 ", *Chinese Repository*, Vol. XIV, No. 11, November, 1845.

"Report of the Dean of the School of Theology", *Annual Report of the Presi-*

dent and Deans of Peking University to the Board of Managers, June, 1922.

"The Report of the Anglochinese College", read 3rd October, 1838, Chinese Repository, Vol. Ⅳ, No. 2, June, 1835.

二 中文文献

（一）档案

《北平辅仁大学文学院概况（民国二十四年度）》

《辅仁大学年刊》

《金陵大学校刊》

《金陵神学志：金陵神学院四十周年纪念特刊》

《圣约翰大学五十年史略：一千八百七十九年至一千九百廿九年》

《燕京大学1920至1921年各科简章》

《燕京大学神科简章》

《中华基督教会年鉴·1916》

（二）报刊

《德华朔望报》

《辅仁生活》

《万国公报》

《文社月刊》

《真理与生命》

《中华基督教教育季刊》

《中央日报》

（三）征引论著

（宋）黎靖德编，王星贤校点：《朱子语类》，中华书局1986年版。

（明）韩霖著，孙尚扬、肖清和等校注：《〈铎书〉校注》，华夏出版社2008年版。

（明）陆世仪撰：《陆桴亭思辨录辑要》，中华书局1985年版。

（明）王守仁撰，（清）张问达辑：《王阳明先生文钞二十卷》卷2，载四库全书存目丛书编纂委员会编《四库全书存目丛书·集部四九》，齐鲁书社1997年版。

（明）徐光启、李之藻、杨廷筠著，李天纲编注《明末天主教三柱石文笺注——徐光启 李之藻 杨廷筠论教文集》，道风书社2007年版。

（明）徐光启撰：《辨学章疏》，朱维铮、李天纲主编《徐光启全集》（玖），上海古籍出版社2010年版。

（明）徐光启撰：《景教堂碑记》，朱维铮、李天纲主编《徐光启全集》（玖），上海古籍出版社2010年版。

（清）刘显第等修纂，康熙《绛州志》卷二。

（清）吕留良撰：《四书讲义》，中华书局2017年版。

（清）印光任、张汝霖著，赵春晨校注：《澳门记略校注》，澳门文化司署1992年版。

《本校兼办社会教育概况》，《金陵大学校刊》1939年1月16日、1月27日、2月3日第247—249期。

《格雷戈里奥·龚萨雷斯神父给胡安·德·波尔哈的信》（约1571年），陈用仪译，载［葡］罗理路（R. M. Loureiro）《澳门寻根》（附录文献12），澳门海事博物馆1997年版。

《介绍辅仁的教育学系》，《辅仁生活》1940年第4期。

《南大百年实录》编辑组编：《南大百年实录（共3卷）：金陵大学史料选》，南京大学出版社2002年版。

《圣约翰大学五十年史略》出版委员会编：《圣约翰大学五十年史略：一千八百七十九年至一千九百廿九年》，圣约翰大学1929年初版；台湾圣约翰大学同学会1972年重印。

《文史哲》编辑部：《治学之道》，齐鲁书社1983年版。

《校史述略》，《辅仁大学年刊》，辅仁大学1937年。

《燕京大学宗教学院退休会讨论会记录》，《真理与生命》第4卷第19期（1930年6月1日）。

《震旦学院开学记》，载复旦大学校史编写组编：《复旦大学志》第一卷（1905—1949），复旦大学出版社1985年版。

澳门博物馆专案组编：《与历史同步的博物馆——大炮台》，澳门博物馆1998年版。

北京辅仁大学校友会编：《北京辅仁大学校史（一九二五——一九五二）》，中国社会出版社2005年版。

北京太平天国历史研究会编：《太平天国史译丛》，中华书局1983年版。

蔡元培：《就任北京大学校长之演说》，载高平叔编《蔡元培全集》（第三卷），中华书局1984年版。

陈传德：《马师相伯先生创办震旦学院之特种精神》，载宗有恒、夏林根编《马相伯与复旦大学》，山西教育出版社1996年版。

陈建明、刘家峰主编：《中国基督教区域史研究》，巴蜀书社2008年版。

陈胜粦：《澳门圣保禄学院研究》"序言"，载李向玉《澳门圣保禄学院研究》，澳门日报出版社2001年版。

陈述、马文蔚：《陈述教授谈陈垣先生教育青年治学的几件事》，《文史哲》编辑部《治学之道》，齐鲁书社1983年版。

陈晓青：《书写平安的智者——刘廷芳》，载李金强等《风雨中的彩虹：基督徒百年足迹》（3），财团法人基督教宇宙光全人关怀机构2011年版。

陈炎：《东西方建筑的古代、现代、后现代特征》，《天津社会科学》2003年第3期。

陈友松主编：《当代西方教育哲学》，教育科学出版社1982年版。

陈裕光：《回忆金陵大学》，载钟叔河、朱纯编《过去的大学》，长江文艺出版社1982年版。

陈裕光：《教育的整个性》，《金陵大学校刊》第271期，1940年3月10日。

陈裕光：《以沟通中西文化为职志》，《金陵大学校刊》（金陵大学60周年纪念8号）第376期，1948年11月30日。

陈垣：《办学文件》，载陈垣著，陈智超编《陈垣全集》（第二十二册），安徽大学出版社2009年版。

陈垣：《重刊铎书序》，载陈垣著、陈智超主编《陈垣全集》（第二册），安徽大学出版社2009年版。

陈垣著、陈智超主编：《陈垣全集》，安徽大学出版社2009年版。

陈泽成：《从澳门城市建筑看中西文化交流》，《文化杂志》（中文版）2003年春季刊，总第46期。

陈志先：《国父的学生时代》，台湾省立师范学院国父遗教研究会1955年版。

程千帆、陶芸：《三十年代金大文学院的课程结构及其它》，《高教研究与探索》（南京大学校史研究专刊）1988年第2期。

崔成达：《余信道之原因》，《中华基督教会年鉴·1916》，中华续行委办会1916年版。

崔维孝：《明清之际西班牙方济会在华传教研究（1579—1732）》，中华书局2006年版。

董黎：《教会大学建筑与中国传统建筑艺术的复兴》，《南京大学学报》（哲学·人文科学·社会科学）2005年第5期。

董黎：《中国教会大学建筑研究——中西建筑文化的交汇与建筑形态的构成》，珠海出版社1998年版。

董黎：《中国近代教会大学校园的建设理念与规划模式——以华西协合大学为例》，《广州大学学报》（社会科学版）2006年第9期。

董鼐总编辑：《学府纪闻——私立辅仁大学》，南京出版有限公司1982年版。

段琦：《奋进的历程——中国基督教的本色化》，商务印书馆2004年版。

方豪：《方豪六十自定稿》，台湾学生书局1969年版。

方豪：《英敛之先生创办〈大公报〉的经过》，载氏著《方豪六十自定稿》（下册），台湾学生书局1969年版。

方豪：《中国天主教史人物传》，宗教文化出版社2007年版。

方韶毅：《民国文化隐者录》，秀威资讯科技股份有限公司2011年版。

费孝通：《费孝通论文化与文化自觉》，群言出版社2005年版。

费孝通：《费孝通文集》，群言出版社1999年版。

费孝通：《中华民族多元一体格局》，中央民族学院出版社1989年版。

冯增俊主编：《澳门教育概论》，广东教育出版社1999年版。

辅大编辑委员会编：《辅大五十年》，辅仁大学出版社1979年版。

辅仁大学文学院编：《北平辅仁大学文学院概况（民国二十四年度）》，辅仁大学印书局1935年版。

复旦大学校史编写组编：《复旦大学志》第一卷（1905—1949），复旦大学出版社1985年版。

傅试中：《忆余季豫先生》，载董鼐总编辑《学府纪闻——私立辅仁大学》，南京出版有限公司1982年版。

高平叔编：《蔡元培全集》，中华书局1984年版。

高时良主编：《中国教会学校史》，湖南教育出版社1994年版。

龚鹏程：《晚明思潮》，商务印书馆2005年版。

顾长声：《从马礼逊到司徒雷登——来华新教传教士评传》，上海书店出版社2005年版。

顾卫星：《马礼逊学校的英语教学》，《苏州大学学报》2000年第1期。

关肇硕、容应萸：《香港开埠与关家》，广角镜出版社有限公司1997年版。

广东省社会科学院历史研究室、中国社会科学院近代史研究所中华民国史研究室、中山大学历史系孙中山研究室合编：《孙中山全集》，中华书局1981—1986年版。

郭美华：《与朱熹王阳明对话》，上海古籍出版社2002年版。

郭永亮：《澳门香港之早期关系》，"中央研究院"近代史研究所1990年版。

韩希愈：《马相伯的办学治校》，载宗有恒、夏林根编《马相伯与复旦大学》，山西教育出版社1996年版。

郝先中：《西医东渐与中国近代医疗卫生事业的肇始》，《华东师范大学学报》（哲学社会科学版）2005年第1期。

何建明：《辅仁国学与陈垣》，载章开沅主编《文化传播与教会大学》，湖北教育出版社1996年版。

何劲松编选：《池田大作集》，上海远东出版社2003年版。

何树德：《宗教别择论》，《德华朔望报》1909年1月第二十六册。

黄季陆等主编：《革命人物志》，中国国民党中央委员会党史史料编纂委员会1969—1983年版。

黄启臣：《澳门第一所大学：圣保禄学院》，《文化杂志》（中文版）1997年春季刊总第30期。

黄书光：《论马相伯在中国近代高等教育史上的地位》，《高等教育研究》2003年第6期。

黄书光：《马相伯治校探微》，《南京晓庄学院学报》2004年第2期。

黄一农：《两头蛇：明末清初的第一代天主教徒》，上海古籍出版社2006年版。

嵇文甫：《晚明思想史论》，东方出版社1996年版。

纪希荣述：《基督徒应如何对王家》，黄庆初译，《德华朔望报》1909年5月第三十册、1909年6月第三十一册。

蒋梦麟：《西潮》，天津教育出版社2008年版。

金陵大学南京校友会编：《金陵大学建校一百周年纪念册：1888—1988》，南京大学出版社1988年版。

康志杰：《基督徒参加辛亥革命平议——以武汉基督徒参加辛亥革命为例》，载卓新平、许志伟主编《基督宗教研究》第十五辑，宗教文化出版社2012年版。

雷法章主编：《韦卓民博士教育文化宗教论文集》，华中大学韦卓民纪念馆1980年版。

李洪岩编，张荫麟著：《素痴集》，百花文艺出版社2005年版。

李金萍、辛显铭：《教育电影化的先驱——金陵大学电教软件编制与推广事业纪实》，《电化教育研究》2007年第4期。

李金强等：《风雨中的彩虹：基督徒百年足迹》（3），财团法人基督教宇宙光全人关怀机构2011年版。

李良佑、张日昇、刘犁：《中国英语教学史》，上海外语教育出版社1988年版。

李凌瀚：《韩霖〈铎书〉与中西证道：明末天主教徒参与的地方教化活动》，博士学位论文，香港中文大学，2005年。

李青崖：《马相伯先生与震旦学院和复旦公学》，载宗有恒、夏林根编《马相伯与复旦大学》，山西教育出版社1996年版。

李申：《儒学与儒教》，四川大学出版社2005年版。

李向玉：《澳门圣保禄学院的教学内容与方法初探》，《澳门日报》"学海版"2000年6月18日。

李向玉：《澳门圣保禄学院的中文教学》，《世界汉语教学》2000年第3期。

李向玉：《澳门圣保禄学院给予我们的启迪》，《中西文化研究》（澳门）2000年第1期。

李向玉：《澳门圣保禄学院关闭时间之辨析》，《行政》（澳门）2000年第49期。

李向玉：《澳门圣保禄学院研究》，澳门日报出版社2001年版。

李向玉：《圣保禄学院在中西文化交流中的作用及其对我国教育的影响》，《清史研究》2000年第4期。

李向玉：《中国历史上第一所西式大学——澳门圣保禄学院》，《中国大学教学》2002年第Z2期。

李永泰：《李小缘所长》，载金陵大学南京校友会编《金陵大学建校一百周年纪念册：1888—1988》，南京大学出版社1988年版。

李志刚：《香港教会掌故》，三联书店（香港）有限公司1992年版。

梁发：《劝世良言》，台湾学生书局1965年版。

梁家麟：《徘徊于耶儒之间》，财团法人基督教宇宙光传播中心出版社 1997 年版。

梁寿华:《革命先驱——基督徒与晚清中国革命的起源》,宣道出版社 2007 年版。

梁漱溟:《中国文化要义》,上海人民出版社 2005 年版。

梁元生:《十字莲花:基督教与中国历史文化论集》,基督教中国宗教文化研究社 2004 年版。

林美玫:《追寻差传足迹:美国圣公会在华差传探析(1835—1920)》,财团法人基督教宇宙光全人关怀机构 2006 年版。

林启彦:《严复与何启——两位留英学生近代化思想模式的探讨》,《近代史研究》2004 年第 3 期。

林仁川、徐晓望:《明末清初中西文化冲突》,华东师范大学出版社 1999 年版。

林亦英编:《学府时光:香港大学的历史面貌》,香港大学美术博物馆 2001 年版。

林永胜:《澳门前地空间》,《文化杂志》(中文版)2004 年冬季刊总第 53 期。

林治平主编:《基督教入华百七十年纪念集》,宇宙光出版社 1977 年版。

刘半农:《半农杂文二集》,良友图书公司 1935 年版。

刘半农:《辅仁大学的现在和将来》,载氏遗著《半农杂文二集》,良友图书公司 1935 年版。

刘东主编:《中国学术》总第十二辑,商务印书馆 2003 年版。

刘乃和:《陈垣老师勤奋的一生》,载氏著《励耘承学录》,北京师范大学出版社 1992 年版。

刘乃和:《励耘承学录》,北京师范大学出版社 1992 年版。

刘廷芳:《我信——我对于基督教在中国教育事业的信条》,《中华基督教教育季刊》1925 年 3 月第 1 卷第 1 期。

刘廷芳:《一个大学的宗教学院的任务和标准》,《真理与生命》1934 年 12 月第 8 卷第 7 期。

刘廷芳：《制造宗教教育课程的原则》，《真理与生命》1934 年 4 月第 8 卷第 2 期。

刘廷芳：《制造宗教教育课程的原则》（续），《真理与生命》1934 年 5 月第 8 卷第 3 期。

刘廷芳：《制造宗教教育课程的原则》（二续），《真理与生命》1934 年 6 月第 8 卷第 4 期。

刘廷芳：《制造宗教教育课程的原则》（三续），《真理与生命》1934 年 10 月第 8 卷第 5 期。

刘廷芳：《中国人信徒和圣歌》，《真理与生命》1932 年 12 月第 7 卷第 3 期。

刘廷芳：《宗教教育目标》，《真理与生命》1932 年 11 月第 7 卷第 2 期。

刘廷芳编：《中国教会问题的讨论》，中国基督教青年会书报局 1922 年版。

刘托：《濠镜风韵：澳门建筑》，文化艺术出版社 2005 年版。

刘先觉、陈泽成主编：《澳门建筑文化遗产》，东南大学出版社 2005 年版。

刘贤：《陈垣基督教信仰考》，《史学月刊》2006 年第 10 期。

刘羡冰：《澳门教育史》，人民教育出版社 2000 年版。

陆永玲：《站在两个世界之间——马相伯的教育思想和实践》，载朱维铮主编《马相伯集》，复旦大学出版社 1996 年版。

罗香林：《国父在香港之历史遗迹》，香港大学出版社 2002 年版。

罗香林：《香港与中西文化之交流》，中国学社 1961 年版。

马敏：《官商之间：社会剧变中的近代绅商》，华中师范大学出版社 2003 年版。

马敏、周洪宇、方燕主编：《跨越中西文化的巨人——韦卓民学术思想国际研讨会论文集》，华中师范大学出版社 1995 年版。

马若龙（Carlos Marreiros）：《澳门的多元化建筑风格和城市布局》，张雨虹译，《文化杂志》（中文版）2003 年秋季刊，总第 48 期。

南溪赘叟：《救时策》，《万国公报》卷七十五（合订本第 24 册），华民书局 1968 年影印本。

齐康：《意义·感觉·表现》，天津科学技术出版社 1998 年版。

覃莺、刘塨：《中国近代大学校园中心区沿革概要（1840—1949）》，《华中建筑》2002 年第 2 期。

屈德印：《从传统园林到现代校园——清华大学早期校园环境设计初探》，《装饰》2000 年第 6 期。

容纯甫：《西学东渐记》，徐凤石、恽铁樵译，商务印书馆 1915 年版。

容万城：《香港高等教育：政策与理念》，三联书店（香港）有限公司 2002 年版。

桑新民、陈建翔：《教育哲学对话》，河北教育出版社 1999 年版。

尚明轩、王学庄、陈崧编：《孙中山生平事业追忆录》，人民出版社 1986 年版。

沈定平：《明清之际中西文化交流史——明代：调适与会通》，商务印书馆 2001 年版。

沈亚伦：《四十年来的中国基督教会》，载《金陵神学志：金陵神学院四十周年纪念特刊》第廿六卷，第一、二期合刊（1950 年 11 月）。

石中英：《教育哲学导论》，北京师范大学出版社 2004 年版。

史树青：《励耘书屋问学札记》，载《励耘书屋问学记：史学家陈垣的治学》，生活·读书·新知三联书店 1982 年版。

私立北平辅仁大学编：《北平辅仁大学教育学院概览（民国二十一年度）》，辅仁大学秘书处 1932 年印。

四库全书存目丛书编纂委员会编：《四库全书存目丛书》，齐鲁书社 1997 年版。

孙邦华：《论陈垣的大学教育思想》，《天津师范大学学报》（社会科学版）2011 年第 5 期。

孙邦华：《身等国宝 志存辅仁——辅仁大学校长陈垣》，山东教育出版社 2004 年版。

孙邦华：《试论北京辅仁大学的创建》，《世界宗教研究》2004 年第

4期。

孙邦华：《试论北京辅仁大学的国学教育》，《北京社会科学》2005年第4期。

孙邦华：《试析北京辅仁大学的办学特色及其历史启示》，《清华大学教育研究》2006年第4期。

孙尚扬：《基督教与明末儒学》，东方出版社1994年版。

孙尚扬：《明末天主教徒韩霖对儒教伦理的批判性反思》，载许志伟主编《基督教思想评论》第2辑，上海人民出版社2005年版。

孙穗芳：《我的祖父孙中山》，禾马文化事业有限公司1995年版。

汤开建：《东游记：耶稣会在华传教史1579—1724》"译序"，载［美］柏里安（Liam Matthew Brockey）《东游记：耶稣会在华传教史1579—1724》，陈玉芳译，澳门大学2014年版。

汤开建：《明清天主教史论稿初编——从澳门出发》，澳门大学出版中心。

汤开建：《明清天主教史论稿二编：圣教在中土》，澳门大学出版中心2014年版。

汤开建：《天朝异化之角：16—19世纪西洋文明在澳门》，暨南大学出版社2016年版。

唐逸主编：《基督教史》，中国社会科学出版社1993年版。

陶行知：《中国教育改造》，东方出版社1996年版。

童乔慧、盛建荣：《澳门城市规划发展历程研究》，《武汉大学学报》（工学版）2005年第6期。

万明：《中葡早期关系史》，社会科学文献出版社2001年版。

王炳耀：《时要论下》，《万国公报》卷八（合订本第3册），华民书局1968年影印本。

王齐乐：《香港中文教育发展史》，三联书店（香港）有限公司1996年版。

王世翔：《〈旧约〉中女性文化的考察》，载赵建敏主编《天主教研究论辑》第三辑，宗教文化出版社2006年版。

王运来：《诚真勤仁　光裕金陵——金陵大学校长陈裕光》，山东教育出版社 2004 年版。

王增进：《后现代与知识分子社会位置》，中国社会科学出版社 2003 年版。

王治心撰：《中国基督教史纲》，上海古籍出版社 2004 年版。

韦格尔及视察团编，缪秋笙校：《培养教会工作人员的研究》（上编），中华基督教宗教教育促进会 1935 年版。

韦卓民：《东西文化之综合问题》，载万先法等译《韦卓民博士教育文化宗教论文集》，台北：华中大学韦卓民纪念馆 1980 年版。

韦卓民：《让基督教会在中国土地上生根》，沈宝环译，载雷法章主编《韦卓民博士教育文化宗教论文集》，华中大学韦卓民纪念馆 1980 年版。

吴昶兴：《基督教教育在中国：刘廷芳宗教教育理念在中国之实践》，浸信会出版社（国际）有限公司 2005 年版。

吴宁：《没有终点的到达：美南浸信会在华南地区的传教活动》，宗教文化出版社 2013 年版。

吴义雄：《大变局下的文化相遇：晚清中西交流史论》，中华书局 2018 年版。

吴义雄：《在宗教与世俗之间——基督教新教传教士在华南沿海的早期活动研究》，广东教育出版社 2000 年版。

吴义雄、恽文捷编译：《美国所藏容闳文献初编》，社会科学文献出版社 2015 年版。

吴志良、章文钦、刘羡冰、陈继春、肖丰硕著：《澳门——东西交汇第一门》，中国友谊出版公司 1998 年版。

吴梓明：《基督教大学华人校长研究》，福建教育出版社 2001 年版。

吴梓明：《基督宗教与中国大学教育》，中国社会科学出版社 2003 年版。

夏林根、曹宠、宋全夫：《一老南天身是史——复旦大学创始人马相伯传》，载宗有恒、夏林根编《马相伯与复旦大学》，山西教育出

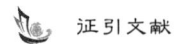

版社 1996 年版。

夏咸淳：《晚明士风与文学》，中国社会科学出版社 1994 年版。

谢扶雅：《百龄诗文集》，基督教及中国宗教文化研究社 1991 年版。

邢荣发：《明清澳门城市建筑研究》，华夏文化艺术出版社 2007 年版。

熊月之：《西学东渐与晚清社会》，上海人民出版社 1994 年版。

徐以骅：《教会大学与神学教育》，福建教育出版社 1999 年版。

徐以骅：《中国基督教神学教育史论》，财团法人基督教宇宙光全人关怀机构 2006 年版。

许高勇：《刘廷芳中国教会本色化思想及实践研究》，硕士学位论文，暨南大学，2014 年。

许政：《澳门宗教建筑》，中国电力出版社 2008 年版。

许政雄：《清末民权思想的发展与歧异——以何启、胡礼垣为例》，文史哲出版社 1992 年版。

严耕望：《治史三书》，上海人民出版社 2011 年版。

颜小华：《美北长老会在华南的活动研究（1837—1899）》，博士学位论文，暨南大学，2006 年。

颜小华：《相遇、对话与调适：美国长老会在华南地活动研究（1837—1899）》，兰州大学出版社 2009 年版。

严忠明：《一个海风吹来的城市：早期澳门城市发展史研究》，广东人民出版社 2006 年版。

杨秉德：《早期西方建筑对中国近代建筑产生影响的三条渠道》，《华中建筑》2005 年第 1 期。

杨友真：《十安架道有关国家兴衰论》，《德华朔望报》第三十册（1909 年 5 月）。

叶继元、徐雁：《南京大学在西方图书馆学中国本土化过程中的贡献》，《中国图书馆学报》2002 年第 5 期。

叶世芙：《辅大男部生活杂写》，《辅仁大学年刊》，辅仁大学 1939 年，未标页码。

英敛之：《北京公教大学附属辅仁社简章》，《辅仁生活》1940 年第

5 期。

英敛之：《大公报序》，见《大公报》1902 年 6 月 17 日。

英敛之、奥图尔：《美国圣本笃会创设北京公教大学宣言》，纳爵《辅仁大事记（续）》，《辅仁生活》1940 年第 4 期。

于右任：《为国家民族祝马先生寿》，《中央日报》1937 年 5 月 16 日。

张德明、苏明强：《燕京大学宗教学院史话》，《北京档案》2013 年第 8 期。

张东正：《中国外语教学法理论与流派》，科学出版社 2006 年版。

张建华、王德蓉：《〈华裔学志〉的创办及其对中西文化交流的影响》，《北方论丛》2004 年第 4 期。

张廷茂：《耶稣会士与澳门海上贸易》，《文化杂志》（中文版）2002 年春、夏季刊总第 40—41 期。

张晓林：《天主实义与中国学统——文化互动与诠释》，学林出版社 2005 年版。

张荫麟：《论中西文化的差异》，载李洪岩编，张荫麟著《素痴集》，百花文艺出版社 2005 年版。

张永福：《孙先生起居注》，载尚明轩、王学庄、陈崧编《孙中山生平事业追忆录》，人民出版社 1986 年版。

章开沅：《〈百年树人——中国教会大学史研究反思〉读后》，载氏著《传播与植根——基督教与中西文化交流论集》，广东人民出版社 2005 年版。

章开沅：《传播与植根：基督教与中西文化交流论集》"自序"，载氏著《传播与植根——基督教与中西文化交流论集》，广东人民出版社 2005 年版。

章开沅：《传播与植根——基督教与中西文化交流论集》，广东人民出版社 2005 年版。

章开沅：《金陵之光——陈裕光办学理念试析》，载氏著《传播与植根——基督教与中西文化交流论集》，广东人民出版社 2005 年版。

章开沅：《离异与融合：中国基督徒与本色教会的兴起》"序一'中

华归主'与'主归中华'",载刘家峰编《离异与融合：中国基督徒与本色教会的兴起》，上海人民出版社2005年版。

章开沅：《世纪之思》，载氏著《传播与植根——基督教与中西文化交流论集》，广东人民出版社2005年版。

章开沅：《世局变迁与宗教发展——以教会大学史研究为视角》，载氏著《传播与植根：基督教与中西文化交流论集》，广东人民出版社2005年版。

章开沅：《陶行知——一位基督徒教育家的再发现》"章序"，载何荣汉著《陶行知——一位基督徒教育家的再发现》，基督教文艺出版社2004年版。

章开沅：《文化危机与人性复苏》，载氏著《传播与植根——基督教与中西文化交流论集》，广东人民出版社2005年版。

章开沅：《西学东渐与东学西渐——对容闳的再认识》，载氏著《传播与植根——基督教与中西文化交流论集》，广东人民出版社2005年版。

章开沅：《先驱者的足迹——耶鲁馆藏容闳文献述评》，载氏著《传播与植根——基督教与中西文化交流论集》，广东人民出版社2005年版。

章开沅：《域外资源与晚清语言运动：以〈圣经〉中译本为中心》"序一"，载赵晓阳《域外资源与晚清语言运动：以〈圣经〉中译本为中心》，北京：北京师范大学出版社2019年版。

章开沅：《章开沅文集》华中师范大学出版社2015年版。

章开沅：《中国基督教区域史研究》"代序"，载陈建明、刘家峰主编《中国基督教区域史研究》，巴蜀书社2008年版。

章开沅：《中西文化与教会大学》"序言"，载章开沅、［美］林蔚（Arthur Waldron）主编《中西文化与教会大学——首届中国教会大学史学术研讨会论文集》，湖北教育出版社1991年版。

章开沅、［美］林蔚（Arthur Waldron）主编：《中西文化与教会大学——首届中国教会大学史学术研讨会论文集》，湖北教育出版社

1991年版。

章开沅、［日］池田大作：《世纪的馈赠：章开沅与池田大作的对话》，湖北人民出版社2011年版。

章开沅、陈才俊：《价值体系的重建与人类文明的重构——关于"人类文明建构"的对话》，《南国学术》2014年第2期。

章开沅主编：《文化传播与教会大学》，湖北教育出版社1996年版。

赵敦华：《性善和原罪：中西文化的一个趋同点》，载［芬］罗明嘉、［芬］黄保罗主编《基督宗教与中国文化：关于中国处境神学的中国—北欧会议论文集》，中国社会科学出版社2004年版。

赵建敏主编：《天主教研究论辑》第三辑，宗教文化出版社2006年版。

赵建敏主编：《天主教研究论辑》第四辑，宗教文化出版社2007年版。

赵晓阳：《域外资源与晚清语言运动：以〈圣经〉中译本为中心》，北京师范大学出版社2019年版。

郑聪武：《宋居仁》，载黄季陆主编《革命人物志》第三集，中国国民党中央委员会党史史料编纂委员会1969年版。

中国宗教历史文献集成编纂委员会编纂：《中国宗教历史文献集成》之《东传福音》第二册，黄山书社2005年版。

中华续行委办会调查特委会编：《1901—1920年中国基督教调查资料》（原《中华归主》修订版），蔡咏春、文庸、段琦译，中国社会科学出版社1987年版（2007年第2次印刷）。

钟叔河：《走向世界——近代知识分子考察西方的历史》，中华书局1985年版。

朱杰人、严佐之、刘永翔主编：《朱子全书》，上海古籍出版社，安徽教育出版社2002年版。

朱维铮：《走出中世纪》，复旦大学出版社2007年版。

朱维铮、李天纲主编：《徐光启全集》，上海古籍出版社2010年版。

朱维铮主编：《马相伯集》，复旦大学出版社1996年版。

卓新平：《"全球地域化与中国基督宗教"学术研讨会欢迎辞》，载卓新平、许志伟主编《基督宗教研究》第七辑，宗教文化出版社

2004年版。

卓新平：《民族主义、爱国主义与宗教信仰在中国》，载氏著《神圣与世俗之间》，黑龙江人民出版社2004年版。

卓新平：《神圣与世俗之间》，黑龙江人民出版社2004年版。

卓新平、许志伟主编：《基督宗教研究》第七辑，宗教文化出版社2004年版。

宗有恒、夏林根编：《马相伯与复旦大学》，山西教育出版社1996年版。

左斗山：《人事有更天道不移论》，载《万国公报》卷一一三（合订本第28册），华民书局1968年复印本。

［比利时］高华士：《清初耶稣会士鲁日满：常熟账本及灵修笔记研究》，赵殿红译，大象出版社2007年版。

［波兰］魏思齐（Zbigniew Wesolowski）编：《有关中国学术性的对话：以〈华裔学志〉为例》，辅仁大学出版社2004年版。

［德］彼得·克劳斯·哈特曼（Peter C. Hartmann）：《耶稣会简史》，谷裕译，宗教文化出版社2003年版。

［德］花之安：《自西徂东》，上海书店出版社2002年版。

［德］莫尔特曼（Jürgen Moltmann）：《被钉十字架的上帝》，阮炜等译，生活·读书·新知三联书店1997年版。

［俄］别尔嘉耶夫：《历史的意义》，张雅平译，学林出版社2002年版。

［法］裴化行（R. P. Henri Bernard）：《利玛窦神父传》，管震湖译，商务印书馆1993年版。

［法］谢和耐（Jacques Gernet）：《中国与基督教：中西文化的首次撞击》（增补本），耿昇译，上海古籍出版社2003年版。

［荷］柯博识（Jac Kuepers）著、袁小涓译：《私立北京辅仁大学1925—1950：理念·历史·教员》，辅仁大学出版社2007年版。

［美］柏理安（Liam Matthew Brockey）：《东方之旅：1579—1724耶稣会传教团在中国》，毛瑞方译，江苏人民出版社2017年版。

［美］柏理安（Liam Matthew Brockey）：《东游记：耶稣会在华传教史1579—1724》，陈玉芳译，澳门大学2014年版。

［美］芳卫廉（William P. Fenn）：《基督教高等教育在变革中的中国1880—1950》，刘家峰译，珠海出版社2005年版。

［美］郭伟杰：《谱写一首和谐的乐章——外国传教士和"中国风格"的建筑，1911—1949年》，载刘东主编《中国学术》总第十二辑，商务印书馆2003年版。

［美］杰西·格·卢茨（Jessie G. Lutz）：《中国教会大学1850—1950》，曾钜生译，浙江教育出版社1987年版。

［美］柯约翰（John L. Coe）：《华中大学》，马敏、叶桦译，珠海出版社1999年版。

［美］鲁珍晞（Jessie G. Lutz）编：《所传为何？基督教在华宣教的检讨》，王成勉译，台北："国史馆"2000年版。

［美］牟复礼、［英］崔瑞德编：《剑桥中国明代史1368—1644》，张书生、黄沫、扬品泉、思炜、张言、谢亮生译，中国社会科学出版社1992年版（2006年重印）。

［美］乔治·F. 奈勒（George F. Kneller）：《教育哲学导论》，载陈友松主编《当代西方教育哲学》，教育科学出版社1982年版。

［美］斯塔夫里阿诺斯（Leften S. Stavrianos）：《全球通史——1500年以前的世界》，吴象婴、梁赤民译，上海社会科学院出版社1988年版。

［美］维特克（John W. Witek）：《着眼于日本——范礼安及澳门学院的开设》，陈用仪译，《文化杂志》（中文版）1997年春季刊，总第30期。

［美］吴小新著：《北京辅仁大学——天主教本笃会时期的个案研究》，张晓明译，珠海出版社2005年版。

［美］夏伯嘉：《〈天主教世界的复兴运动：1540—1770〉"致谢"》，载氏著《天主教世界的复兴运动：1540—1770》，余芳珍译，上海人民出版社2015年版。

［美］夏伯嘉：《天主教世界的复兴运动：1540—1770》，余芳珍译，上海人民出版社2015年版。

［葡］巴拉舒（Carlos Baracho）：《澳门中世纪风格的形成过程》，范维信、喻慧娟译，《文化杂志》（中文版）1998年夏季刊总第35期。

［葡］多明戈斯·马乌里西奥·戈麦斯·多斯·桑托斯（Domingos M. G. dos Santos）：《澳门：远东第一所西方大学》，孙成敖译，澳门基金会1994年版。

［葡］罗理路（R. M. Loureiro）：《澳门寻根》，陈用仪译，澳门海事博物馆1997年版。

［葡］施白蒂（Beatriz Basto da Silva）：《澳门编年史：16—18世纪》，小雨译，澳门基金会1995年版。

［瑞典］龙思泰（Anders Ljungstedt）：《早期澳门史》，吴义雄、郭德焱、沈正邦译，东方出版社1997年版。

［新加坡］卓南生：《中国近代报业发展史：1815—1874》，中国社会科学出版社2002年版。

［意］刚恒毅（Celso Benigno Luigi Costantini）：《辅仁大学的建校目的——刚恒毅枢机的演讲词》，张振东、李贵荣译，载辅大编辑委员会编《辅大五十年》，辅仁大学出版社1979年版。

［意］利玛窦（Matteo Ricci）：《天主实义》，中国宗教历史文献集成编纂委员会编纂《中国宗教历史文献集成》之《东传福音》第二册，黄山书社2005年版。

［印度］桑贾伊·苏布拉马尼亚姆（Sanjay Subrahmanyam）：《葡萄牙帝国在亚洲1500—1700：政治和经济史》，何吉贤译，纪念葡萄牙发现事业澳门地区委员会1997年版。

［英］爱德华·泰勒（Edward B. Tylor）：《原始文化：神话、哲学、宗教、语言、艺术和习俗发展之研究》，连树声译，广西师范大学出版社2005年版。

［英］罗杰·斯克鲁顿（Roger Scruton）：《建筑美学》，刘先觉译，中国建筑工业出版社1992年版。

［英］罗素（Bertrand Russell）：《中国问题》，秦悦译，学林出版社1996年版。

［英］苏特尔（William E. Soothill）：《李提摩太传》，周云路译，基督教辅侨出版社1957年版。

后　　记

　　常戏言历史与我开了个玩笑，只因自己涉足史学研究领域纯属偶然。

　　我高中原本学理科，然高考前夕临时改报文科的英语专业，结果因历史仅考40分导致离录取线差两分而落第；复读一年后考进华中师范大学英语系，但此次高考的历史成绩也只是勉强及格。记得当时数学考得不错，但报考英语专业，数学仅作为参考而不记入总分。大学毕业，先后在华中师范大学出版社、暨南大学出版社编辑码字逾十五载，亦发表过一些探讨语言学、文学、编辑学等方面的文字，其间师从华中师范大学黄曼君教授获得中国现当代文学硕士学位。一路走来，得过且过，生活无忧，算是知足常乐。因为平淡而满足，自信而从容，所以从未想过有一天会与史学有所交集，更未料到在不惑之年选择研究历史作为自己职业的重新起步。

　　2004年秋，因为机缘，我有幸忝列华中师范大学章开沅教授门墙，攻读中国近现代史博士学位，自此迈进史学大门，开启无知无畏而又踉跄蹒跚的史学研究之旅。开沅师乃改革开放后（其实也是19世纪末西方教育制度引进中国以来）内地首批博士生导师之一，亦乃首位中国近现代史博士生导师。其在长期的研究生培养实践中，形成一套行之有效的"量体裁衣""因材施教"方法。初入章门，先生给予我最多的是激励。他不断鼓励我扬己所长，开掘优势，渐趋拓展学术视域，潜心觅索研治门径。

　　唐代刘知几（661—721）曾谓"史才须有三长"，即"才、学、识"。此实乃古今国人治史所循之不二法门与追求之至高境界。当然，刘知几亦自言"世无其人，故史才少也"。而当我决意涉足史学研究领域之时，尚属无"才"、无"学"、无"识"之"三无人员"，明显先天不足。于是，我谨遵开沅师所嘱，尽量扬长避短，力争从"无"到"有"。一方面，我把自己的英语专业背景作为语言优势充分发挥到对研究领域的取舍之中；另一方面，我供职的暨南大学乃"中国第一侨校"，毗邻港澳，与港澳地区交流密切，而其时内地学界对港澳历史却甚少问津。是故，我决定选择港澳历史文化作为自己研究的门阈。

2004年夏天，我到香港中文大学访学一个月，趁此机会对香港几所大学的图书馆进行过全方位的披览，并复印回一百多部以英文为主的档案文献及购买未易的学术著作，尤其是当时被视若珍宝的一整套20年的英文报刊《中国丛报》（*Chinese Repository*）。就是这样，我开启了以中西文化交流为路径的港澳史研究，后来亦延展至台湾历史文化研究。

港澳地区是西方人最早踏足的中国土地，亦乃近世中国了解西方世界的最早窗口。明朝末年，西学东渐，东西方文化最早在澳门融合交汇。19世纪上半叶，西方文化再次经澳门、香港而进入中国内地，并触发中国早期现代化。当我真正进入港澳历史文化研究之时，很快发现，中国与西方世界的接触，中西文化的直接碰撞，均以基督宗教（包括天主教、新教和东正教）之在华传播为前提，西方来华传教士在其中扮演着至关重要的角色。于是，我渐趋将研究视域扩展至明清以降基督宗教之在华传播，且重点聚焦于19世纪初以来新教传教士之在华活动。具体而言，治明末清初天主教在华传播史时，我重点关注基督宗教文明与儒家文明的对话、天主教传教士与西学东渐两个话题；治19世纪初以来新教在华传播史时，则重点关注传教士与中西文化交流、传教士与中外关系、传教士与中国现代化等领域。

清人章学诚（1738—1801）在论及治史者品格时言："能具史识者，必知史德。德者何？谓著书者之心术也。"章开沅先生终身倡导

后 记

史学研究之史德,且以"治学不为媚时语,独寻真知启后人"作为自己践行史德之座右铭。他经常教导我们,史学应该保持独立的科学品格,史学家亦应保持独立的学者人格。我一直谨记先生的谆谆教导,虽学业无甚造诣,然人格则崇尚独立。我认为,历史的独特智慧乃是记录。每一个人都是历史的书写者乃至创造者;今天我们之一言一行,即乃明天历史记录之一痕一印。若历史研究者无好的品格,岂能有好的史德?史德不佳者,岂能治出良史?更遑论留"清"名于"清"史了。

收入本书的文字,均关涉明清以降的中西文化交流,主要包括西学东渐与中学西传、文化会通与教育交流、知识传播与文明互鉴等方面的内容;另外收入与两位史学大家分别就中西文化交流和基督宗教在华传播史展开的学术对话,以及本人对几本中外经典基督宗教史著作的学术评论。这些文字虽然不太成熟,但敝帚自珍,算是对自己从事此领域研究的一个阶段性纪念。这些文字的问世,有赖于所发表原期刊各位编辑老师的睿智灼见和辛勤劳动。在此,特向他们表达诚挚的谢意。

20世纪90年代末,暨南大学涌现一批才华横溢、意气风发的中青年人文社会科学俊杰,张其凡、汤开建、莫世祥等历史学教授乃其中之翘楚。正是在与他们的长期密切接触中,我深受其醉心史学研究之忘我境界的濡染,萌生对历史学产生兴趣,并最终走向史学研究之路。特别是后来,我又有幸与张其凡、汤开建两位教授成为同事,更是多方面得到他们的教导、启悟与奖掖。惠我至多,没齿难忘。

华中师范大学是我人生旅程的福地。我先后入读该校英语系、中文系和中国近代史研究所,受到诸多良师的教诲、惠爱与恩泽。尤其是攻读博士学位期间,不仅有开沅师的耳提面命与言传身教,还有严昌洪、罗福惠、马敏、朱英、彭南生等蜚声海内外的中国近现代史大家的热心鼓励和悉心指导,令我铭感终身。华中师范大学近代史研究所贤达云集,名师荟萃,学术活跃,氛围温馨。我曾有幸置身其中,如沐春风,如饮甘醇。此亦成为伴随我永远的幸福记忆。

后 记

  于我而言,虽然治史之路充满坎坷,亦有波折,但我一直觉得自己很幸运,因为一路走来都能得到诸多师友、同事的热心鼓励、大力支持和无私帮助。我在学界结交了非常多的好朋友,包括许多青年隽秀。这也是我人生的宝贵财富。有道是:"赠人玫瑰,手留余香。"对这些"玫瑰"的馈赠者,哪怕是滴水之恩,我也会永远铭记。

  最后也最重要的是,我要感谢我的太太和女儿。她们善良、阳光、豁达,深刻领悟生命成长之"道"。她们的宽容、鼓励和支持,一直是我问学的动力。我们仨自称是一个"幸福学习小组",虽然经常各处一地,但总是相互砥砺,乐观积极,宠辱不惊,差足自喜。我们一直行进在感恩生活、知足常乐、品味幸福、创造自我的人生旅途。本书能够出版,有她们太多的爱与付出。

陈才俊
2022年初春于暨南大学且过斋